Geschichte und Geschehen

Herausgeber:
Michael Sauer

Autorinnen und Autoren:

Ulrike Bill
Jens Breitschwerdt
Tobias Dietrich
Gerrit Dworok
Michael Epkenhans
Matti Münch
Peter Witzmann

Ernst Klett Verlag
Stuttgart · Leipzig

Umschlagbild: Das Foto zeigt die Skyline Hongkongs mit einer traditionellen Dschunke im Vordergrund. Diese Holzboote mit Drachensegeln sind heute eine Touristenattraktion; Werften gibt es für den Dschunkenbau kaum noch. Zwischen 1843 und 1997 war Hongkong britische Kronkolonie. Nach 154 Jahren Kolonialherrschaft ist Hongkong als chinesischer Sonderverwaltungszone bis zum Jahr 2047 weitgehende Autonomie zugestanden worden.

1. Auflage 1 6 5 4 3 2 | 25 24 23 22 21

Alle Drucke dieser Auflage sind unverändert und können im Unterricht nebeneinander verwendet werden.
Die letzte Zahl bezeichnet das Jahr des Druckes.

Herausgeber: Prof. Dr. Michael Sauer, Hannover
Autorinnen und Autoren: Ulrike Bill (Freiburg i. Breisgau): S. 10, 18–23, 25; Jens Breitschwerdt (Heilbronn): S. 11–17, 24; Dr. Tobias Dietrich (Koblenz): S. 27–41, 70; Dr. Gerrit Dworok (Langenhagen): S. 110, 124–137, 144–149, 151; Prof. Dr. Michael Epkenhans (Bardowick): S. 72–109; Dr. Matti Münch (Balingen): S. 111–123, 138–143, 150; Dr. Peter Witzmann (Nürtingen): S. 26, 42–69, 71, 152–167

Entstanden in Zusammenarbeit mit dem Projektteam des Verlages.
Externe Redaktion: Jörg Peter Müller, Siegburg

Gestaltung: Petra Michel, Essen
Umschlaggestaltung: Petra Michel, Essen
Satz: Anne Lehmann, Leipzig
Reproduktion: Meyle+Müller GmbH+Co. KG, Pforzheim
Druck: PASSAVIA Druckservice GmbH & Co. KG, Passau

Printed in Germany
ISBN 978-3-12-443250-6

Inhaltsverzeichnis

•⊣⊢• Fakultative Inhalte

•⊣⊢• Fakultative Inhalte

So arbeitest du mit Geschichte und Geschehen

In das Thema einsteigen

Die **Kompetenzbox** verrät dir, was du lernen und analysieren wirst.

Geschichte im Alltag begegnen

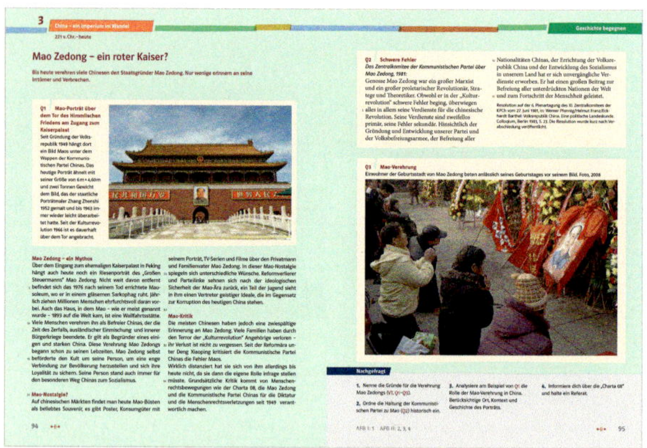

Die Seiten **Geschichte begegnen** ermöglichen dir in diesem Band die Auseinandersetzung mit geschichtskulturellen Themen in Russland, China und der Türkei.

Geschichte analysieren und entdecken

Jedes Unterkapitel beginnt mit einer **historischen Frage** und einem **Einleitungstext**, der dir erklärt, warum das Thema wichtig ist.

Gemeinsam lernen wirft eine Frage auf und zeigt einen Weg, wie ihr diese gemeinsam analysieren und lösen könnt.

2 Russland – ein Imperium im Wandel
1500–heute

Gorbatschow – Krise oder Neubeginn?

Im Westen ist Michail Gorbatschow, der letzte Staatschef der Sowjetunion, nach wie vor sehr beliebt und gilt als mutiger Erneuerer. In Russland und den anderen Nachfolgestaaten der Sowjetunion glauben hingegen viele Menschen, dass seine Politik in eine Sackgasse und ins Chaos geführt hat.

Gemeinsam lernen — Gruppenpuzzle

Friedensnobelpreis für Gorbatschow?

Ein Mitglied des Nobel-Komitees hat 1990 Michael Gorbatschow für den Friedensnobelpreis vorgeschlagen. Das Komitee soll nun Gorbatschows Leistungen in der Innen- und Außenpolitik beurteilen und eine Entscheidung treffen.

Bildet zunächst Expertengruppen zu den Themen:
- Wirtschaftliche Stabilität (VT, D1, D2),
- Demokratie (VT, Q2, D3),
- Neuordnung Osteuropas (VT, Q2, D3, S. 60 VT) und
- Beziehungen zum Westen (VT, Q2, D3).

Stellt euch in den Stammgruppen eure Ergebnisse gegenseitig vor, diskutiert die Ausgangsfrage und einigt euch auf eine gemeinsame Entscheidung.
Bereitet nun in den Stammgruppen die Argumente zu eurem Thema so auf, dass sie die Entscheidung stützen.

Tipp: Methodische Hinweise zum Gruppenpuzzle findet ihr auf S. 194.

Glasnost
(russ. = Offenheit)
Transparenz der politischen Arbeit der Partei

Perestroika
(russ. = Umgestaltung)
Umbau der Gesellschaft und Wirtschaft

Dissidenten
Menschen, die öffentlich gegen die politische Meinung auftreten. In totalitären Staaten werden sie meist verfolgt, verhaftet oder ausgebürgert.

Krise in der Sowjetunion

In der Zeit des Kalten Krieges hatten die USA und die Sowjetunion ungeheure Summen für teure Waffensysteme ausgegeben. Vor allem US-Präsident Reagan trieb den Rüstungswettlauf in den 1980er-Jahren so voran, dass die Sowjetunion schließlich nicht mehr mithalten konnte und vor dem finanziellen Ruin stand. Die Bevölkerung litt unter der zunehmend schlechten Versorgungslage und wurde immer unzufriedener. Als Michail Gorbatschow 1985 zum Staatschef des Landes gewählt wurde, war ihm völlig klar, dass nur weitreichende Reformen von Staat und Gesellschaft die Krise und die starren Strukturen des Landes überwinden konnten. Gleichzeitig setzte er auf Abrüstungsverträge mit den USA.

Lösungen durch „neues Denken"?

Gorbatschow sorgte zunächst dafür, dass viele alte Parteimitglieder durch jüngere Fachleute ersetzt wurden, die seiner Reformpolitik offen gegenüberstanden. Er glaubte, dass durch ***Glasnost*** sowie ***Perestroika*** das Land auf neue Grundlagen gestellt werden könne. Zunächst ergriff Gorbatschow Maßnahmen gegen die Korruption, gegen Amts- und den weit verbreiteten Alkoholmissbrauch.

Diese Maßnahmen „von oben" reichten allerdings nicht aus, um die Krise zu beenden. Das sollte durch eine stärkere Beteiligung aller am gesellschaftlichen Leben erreicht werden. Gorbatschow ließ **Dissidenten** und Kritiker des Systems aus den Gefängnissen entlassen. Staat und Partei lockerten die strenge Kontrolle über Medien und Künstler. Zum ersten Mal gab es in der Sowjetunion Meinungsfreiheit und eine Opposition, die die neue Offenheit nutzte. Schließlich ließ sich Gorbatschow auch auf eine Verständigung und Aussöhnung mit der im Sozialismus bisher häufig unterdrückten orthodoxen Kirche ein. Eher vorsichtig begann dagegen die Umgestaltung der Wirtschaft. Gesetze erlaubten in begrenztem Maß Privateigentum an Produktionsmitteln und Boden. Aber auch staatliche Betriebe sollten nun eigenverantwortlich geführt und zu einem gewissen Maß marktwirtschaftlich ausgerichtet werden. Allerdings behielt der Staat die Planung und Lenkung der Wirtschaft in der Hand.

Unkontrollierte Entwicklungen?

Gorbatschow konnte mit seinen Reformen die wirtschaftlichen Strukturen nicht grundlegend ändern. Die meisten Menschen waren außerdem nicht an eigenverantwort-

56

Die Unterkapitel deines Buches sind unterteilt in den informierenden **Verfassertext (VT)** und einen **Materialteil**.

Q2 Ansicht des Kremls (Kreml = Festung) von Kasan, der Hauptstadt der autonomen Republik Tatarstan
Die ursprünglich tatarische Festungsanlage wurde nach der Eroberung durch Zar Iwan IV. im 16. Jahrhundert von russischen Baumeistern teilweise neu errichtet. Die neuen Herrscher ließen die Moscheen in Kirchen verwandeln. Die hier abgebildete Kul-Scharif-Moschee (rechts) ist 2005 fertiggestellt worden. Sie ist eine der größten Moscheen in Russland. Sie wurde in Erinnerung an die gefallenen Tataren bei der Eroberung Kasans durch die Russen im 16. Jahrhundert erbaut. Die Moschee steht in unmittelbarer Nähe zur orthodoxen Verkündigungskathedrale (links).

Q3 Fremd im ersehnten Land?
Die Aussiedlerin Viktoria Morasch aus Kasachstan über das Leben in Deutschland:
Wir landeten in Düsseldorf. […] Meine Eltern hatten uns Kinder aus dem Sand der Steppe gehoben und wollten uns hier wieder einpflanzen. Und auch sich selbst, so gut das eben ging. Heute, 25 Jahre später, werden wir als Teil einer gelungenen Integration gesehen, als Erfolgsgeschichte. Etwa drei Millionen Aussiedler kamen zwischen 1987 und 2005 aus der ehemaligen Sowjetunion und Osteuropa. […] Meine Eltern hatten Arbeit und eine schöne Wohnung. Wir sind gegangen, weil wir Deutsche sind, Russlanddeutsche, keine Russen. […] Unsere Ausreise im Sommer 1990 lief offiziell unter dem schönen Wort „Heimkehr". […] Die Russlanddeutschen stellten damals fest: Wir können noch so oft beteuern, dass wir deutsch sind, wir sind nicht willkommen. Also taten sie, was sie am besten konnten: nicht auffallen. Das hatten sie in der Sowjetunion ja geübt. Meine Eltern haben sich lange gewünscht, diesen verdammten russischen Akzent zu verlieren. Weil das erste Wort immer gleich die Frage nach sich zieht: Wo kommen Sie her? Uns Kindern fiel das leichter. […] Unsere Integration war keine Voraussetzung für unseren rechtlichen Status. Sondern der rechtliche Status beförderte unsere Integration. Wahrscheinlich hat uns auch der starke Zusammenhalt untereinander geholfen.

Viktoria Morasch, Russlanddeutsche: Angekommen, in: DIE ZEIT Nr. 16/2016, 7. April 2016. Auf: https://www.zeit.de/2016/16/russlanddeutsche-kasachstan-integration-sowjetunion-aussiedler (Zugriff: 10.04.2019).

und Christen. Überprüfe diese Aussage mithilfe des VT.

5. Arbeite aus Q3 heraus, wie die Aussiedlerin die Situation der Russlanddeutschen in der Bundesrepublik beurteilt. ○

6. Stelle die Situation der russischsprachigen Bevölkerung in den baltischen Staaten dar (VT).

7. Beurteile, warum die baltischen Staaten aus ihrer historischen Erfahrung heraus gegenüber der russischen Minderheit skeptisch eingestellt sind. Wirf dazu auch nochmals einen Blick auf Seite 48. ●

8. Informiere dich über die Konflikte in Tschetschenien (VT, Internet) und präsentiere deine Ergebnisse.

AFB I: 2 AFB II: 1, 3, 5, 6, 8 AFB III: 4, 7

63

Die Anforderungsbereiche der verwendeten Operatoren findest du hier.

Am Ende der Unterkapitel befinden sich die Aufgaben **Nachgefragt**. Alle Aufgaben verwenden den Operatoren.

Der Blick in den „Westen“

Die Seiten **Fenster nach Westen** verdeutlichen die Beziehungen zwischen Russland, China sowie dem Osmanischen Reich/der Türkei und dem europäischen Westen.

Kompetenzen trainieren und festigen

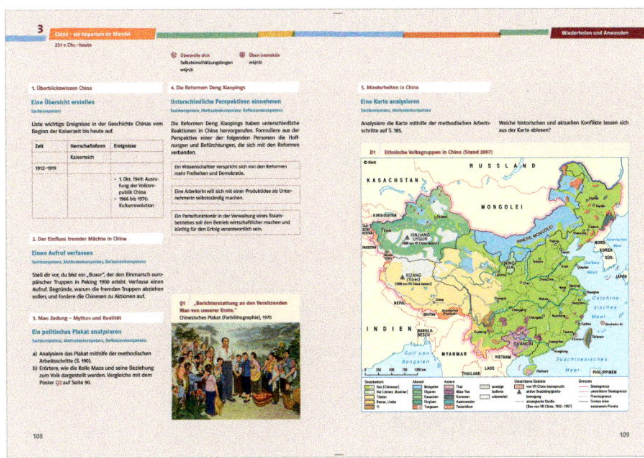

Wiederholen und Anwenden ermöglicht dir, deine Kompetenzen zu überprüfen. Im Online-Bereich kannst du das Gelernte wiederholen und festigen.

Auf einen Blick

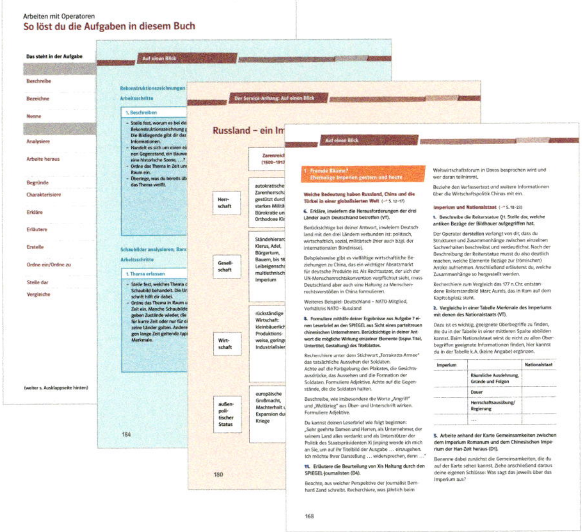

Denkanstöße unterstützen dich bei der Lösung von Aufgaben. **Kapitelsteckbriefe** fassen die Themen für dich noch einmal zusammen. Im **Glossar Kompetenztraining** findest du alle methodischen Arbeitsschritte zum Nachschlagen. Auf dem **aufklappbaren Vorsatz** (vorne und hinten) wird dir erklärt, wie du mit den Operatoren arbeitest.

Symbole	Erklärung
○	Aufgaben mit Denkanstößen (Verweis zu Lösungshilfen ab S. 168)
●	Aufgaben zum Weiterdenken
→	Verweis auf verwandte Themen (Themen verknüpfen)
🌐	Zusatzmaterialien im Online-Bereich
●⊣⊢●	Fakultative Inhalte

Russland – ein Imperium im Wandel
Online-Material
56af3p

Auf den Auftaktseiten im Buch findest du **Geschichte-und-Geschehen-Codes**. Diese führen dich zu weiteren Informationen im Internet.
Gib den Code einfach in das Suchfeld auf **www.klett.de** ein.

Im Unterricht differenzieren

Gemeinsam lernen und **Nachgefragt** unterbreiten sowohl **niveau-** als auch **neigungsdifferenzierende Angebote**. So gelangen alle zum gleichen Ziel.

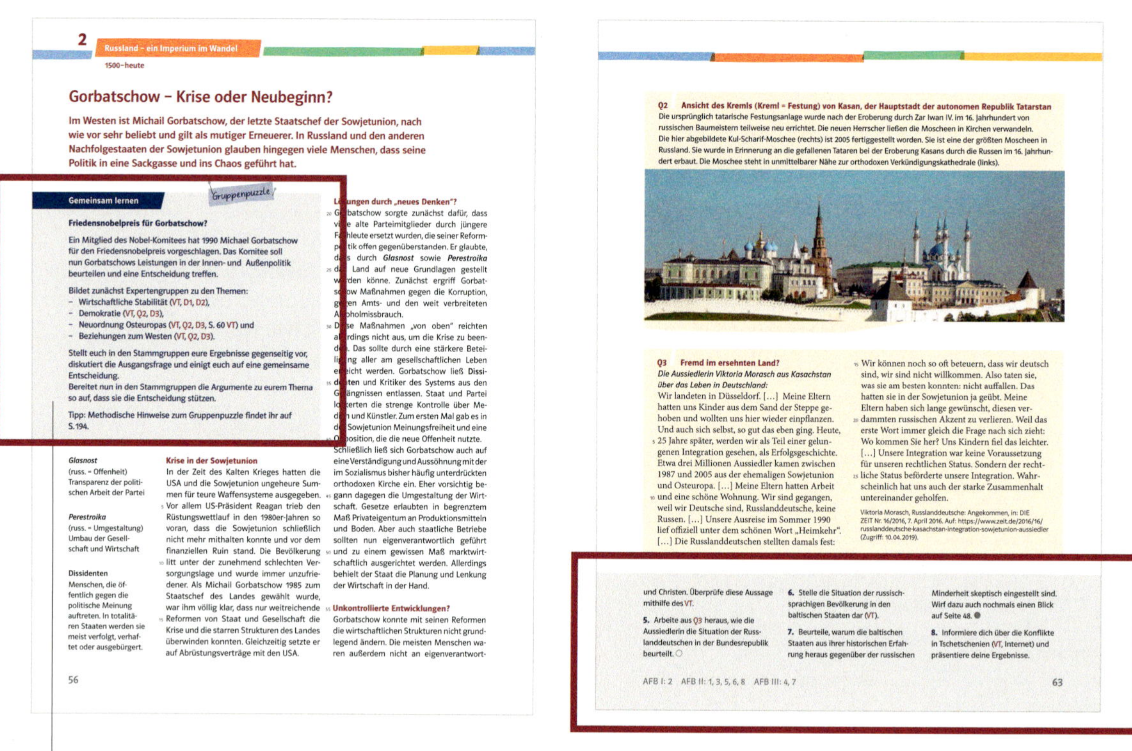

Neigungsdifferenzierung

Unterrichtsvorschläge in der **Gemeinsam-lernen-Box** ermöglichen Differenzierung in vielfältiger Weise. In kooperativen Lernformen wie Partnerarbeit, Gruppenpuzzle oder Think-Pair-Share können sich alle ihren **Fähigkeiten und ihren Interessen gemäß einbringen.**

Niveaudifferenzierung

○ Aufgaben mit Lösungshilfen

Zwei bis drei ausgewählten Aufgaben pro Unterkapitel sind sogenannte **Denkanstöße** beigefügt. Diese Denkanstöße **geben Tipps und Hinweise** zur Lösung der Aufgabe. Sie erleichtern es jenen, die Unterstützung brauchen, zu einem **fundierten** Ergebnis zu kommen.

● Aufgaben zum Weiterdenken

In jedem Unterkapitel gibt es eine **Aufgabe zum Weiterdenken.** Diese geht über den inhaltlichen Schwerpunkt des Unterkapitels hinaus und richtet sich an alle, die sich **intensiver** mit dem Thema beschäftigen möchten.

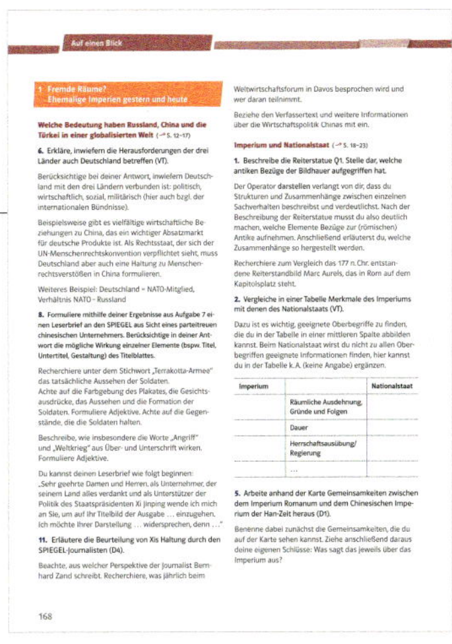

Auf einen Blick

1 Fremde Räume? Ehemalige Imperien gestern und heute

Welche Bedeutung haben Russland, China und die Türkei in einer globalisierten Welt (→ S. 12–17)

6. Erkläre, inwiefern die Herausforderungen der drei Länder auch Deutschland betreffen (VT).

Berücksichtige bei deiner Antwort, inwiefern Deutschland mit den drei Ländern verbunden ist: politisch, wirtschaftlich, sozial, militärisch (hier auch bzgl. der internationalen Bündnisse).

Beispielsweise gibt es vielfältige wirtschaftliche Beziehungen zu China, das ein wichtiger Absatzmarkt für deutsche Produkte ist. Als Rechtsstaat, der sich der UN-Menschenrechtskonvention verpflichtet sieht, muss Deutschland aber auch eine Haltung zu Menschenrechtsverstößen in China formulieren.

Weiteres Beispiel: Deutschland – NATO-Mitglied, Verhältnis NATO – Russland

8. Formuliere mithilfe deiner Ergebnisse aus Aufgabe 7 einen Leserbrief an den SPIEGEL aus Sicht eines parteitreuen chinesischen Unternehmers. Berücksichtige in deiner Antwort die mögliche Wirkung einzelner Elemente (bspw. Titel, Untertitel, Gestaltung) des Titelblattes.

Recherchiere unter dem Stichwort „Terrakotta-Armee" das tatsächliche Aussehen der Soldaten.
Achte auf die Farbgebung des Plakates, die Gesichtsausdrücke, das Aussehen und die Formation der Soldaten. Formuliere Adjektive. Achte auf die Gegenstände, die die Soldaten halten.

Beschreibe, wie insbesondere die Worte „Angriff" und „Weltkrieg" aus Über- und Unterschrift wirken. Formuliere Adjektive.

Du kannst deinen Leserbrief wie folgt beginnen: „Sehr geehrte Damen und Herren, als Unternehmer, der seinem Land alles verdankt und als Unterstützer der Politik des Staatspräsidenten Xi Jinping wende ich mich an Sie, um auf Ihr Titelbild der Ausgabe … einzugehen. Ich möchte Ihrer Darstellung … widersprechen, denn …"

11. Erläutere die Beurteilung von Xis Haltung durch den SPIEGEL-Journalisten (D4).

Beachte, aus welcher Perspektive der Journalist Bernhard Zand schreibt. Recherchiere, was jährlich beim Weltwirtschaftsforum in Davos besprochen wird und wer daran teilnimmt.

Beziehe den Verfassertext und weitere Informationen über die Wirtschaftspolitik Chinas mit ein.

Imperium und Nationalstaat (→ S. 18–23)

1. Beschreibe die Reiterstatue Q1. Stelle dar, welche antiken Bezüge der Bildhauer aufgegriffen hat.

Der Operator **darstellen** verlangt von dir, dass du Strukturen und Zusammenhänge zwischen einzelnen Sachverhalten beschreibst und verdeutlichst. Nach der Beschreibung der Reiterstatue musst du also deutlich machen, welche Elemente Bezüge zur (römischen) Antike aufnehmen. Anschließend erläuterst du, welche Zusammenhänge so hergestellt werden.

Recherchiere zum Vergleich das 177 n. Chr. entstandene Reiterstandbild Marc Aurels, das in Rom auf dem Kapitolsplatz steht.

2. Vergleiche in einer Tabelle Merkmale des Imperiums mit denen des Nationalstaats (VT).

Dazu ist es wichtig, geeignete Oberbegriffe zu finden, die du in der Tabelle in einer mittleren Spalte abbilden kannst. Beim Nationalstaat wirst du nicht zu allen Oberbegriffen geeignete Informationen finden, hier kannst du in der Tabelle k. A. (keine Angabe) ergänzen.

Imperium		Nationalstaat
	Räumliche Ausdehnung, Gründe und Folgen	
	Dauer	
	Herrschaftsausübung/ Regierung	
	…	

5. Arbeite anhand der Karte Gemeinsamkeiten zwischen dem Imperium Romanum und dem Chinesischen Imperium der Han-Zeit heraus (D1).

Benenne dabei zunächst die Gemeinsamkeiten, die du auf der Karte sehen kannst. Ziehe anschließend daraus deine eigenen Schlüsse: Was sagt das jeweils über das Imperium aus?

168

und Christen. Überprüfe diese Aussage mithilfe des VT.

5. Arbeite aus Q3 heraus, wie die Aussiedlerin die Situation der Russlanddeutschen in der Bundesrepublik beurteilt. ○

6. Stelle die Situation der russischsprachigen Bevölkerung in den baltischen Staaten dar (VT).

7. Beurteile, warum die baltischen Staaten aus ihrer historischen Erfahrung heraus gegenüber der russischen Minderheit skeptisch eingestellt sind. Wirf dazu auch nochmals einen Blick auf Seite 48. ●

8. Informiere dich über die Konflikte in Tschetschenien (VT, Internet) und präsentiere deine Ergebnisse.

Fremde Räume?
Ehemalige Imperien
Online-Material
24324k

1 Fremde Räume? Ehemalige Imperien gestern und heute

Der kulturelle und politische Einfluss Chinas, Russlands und der Türkei auf Europa reicht weit zurück in die Vergangenheit. Bereits in der Antike vernetzte die Seidenstraße das chinesische mit dem römischen Weltreich. China, Russland und die Türkei eint ihre imperiale Vergangenheit, die zunehmend auch Teil der öffentlichen Erinnerungskultur wird. Dabei stehen alle drei Räume heute vor unterschiedlichen Herausforderungen.

Q1 Imperiale Erinnerungskultur: Inszenierung und Indienstnahme der Vergangenheit?

oben: Der russische Präsident Wladimir Putin in den Räumen des Großen Kremlpalastes, einst Hof der russischen Zaren, heute Amtssitz des Präsidenten. Foto 2016

Mitte: Militärparade auf dem Platz des Himmlischen Friedens in Peking, anlässlich des 62. Jahrestages der Gründung der Volksrepublik China. Am Tor zur „Verbotenen Stadt" befindet sich ein Bild des kommunistischen Führers Mao Zedong. In der „Verbotenen Stadt" lebten bis 1911 die chinesischen Kaiser. Der Bevölkerung war der Zutritt dorthin verwehrt. Foto 2011

unten: Der türkische Präsident Recep Tayyip Erdoğan bei einem Staatsempfang, umgeben von einer Garde in Uniformen der Osmanischen Armee. Foto 2011

1. Formuliere deine Gedanken beim Betrachten der Bilder.

2. Erarbeitet in Gruppen, welcher Bezug auf die jeweilige imperiale Vergangenheit in den Bildern hergestellt wird. Beachtet dabei, wie sich die Präsidenten/Länder jeweils inszenieren (Q1).

3. Formuliert Fragen, die sich aus Q1 und der Karte auf der rechten Seite für euch ergeben.

RUSSLAND

EUROPÄISCHE UNION

TÜRKEI

CHINA

Einwohnerzahlen und Bruttoinlandsprodukt (BIP)

0 500 1000 1500 2000 km

Einwohner
ein Kästchen entspricht 40 Mio. Einwohner

BIP pro Einwohner
ein Kästchen entspricht 1000 US-$

Bruttoinlandsprodukt
Ausdruck für die Wirtschaftsleistung eines Landes. Es beschreibt den Gesamtwert aller Waren und Dienstleistungen, die in diesem Land innerhalb eines Jahres produziert werden.

Bruttoinlandsprodukt pro Einwohner
Das Bruttoinlandsprodukt einer Region oder eines Staates geteilt durch die Anzahl der Einwohner. Dieser Wert ermöglicht die Vergleichbarkeit unterschiedlich großer Regionen oder Staaten.

Daten:
Statistics Division United Nations (UNSD), National Accouts 2017, New York

Kompetenzen

Am Ende dieses Kapitels weißt und kannst du Folgendes:

Sachkompetenz

- Du kannst die Bedeutung Russlands, Chinas und der Türkei in einer globalisierten Welt charakterisieren.
- Du kannst den Begriff Imperium erläutern und mit dem europäischen Nationalstaat vergleichen.

Methodenkompetenz

- Du kannst Textquellen kritisch analysieren.

Fragekompetenz

- Du kannst Fragen zur imperialen Vergangenheit Russland, Chinas und der Türkei formulieren.

Reflexionskompetenz

- Du kannst erläutern, inwiefern sich globale politische und wirtschaftliche Prozesse auf die Lebenswelt der Menschen auswirken.

Orientierungskompetenz

- Du kannst die Bedeutung Russlands, Chinas und der Türkei für deine Lebenswelt erläutern.

Welche Bedeutung haben Russland, China und die Türkei in einer globalisierten Welt?

Staaten sind in einer globalisierten Welt auf vielfältige Weise miteinander verbunden. Russland, China und die Türkei geraten dabei zunehmend ins Blickfeld. Wie stehen diese Staaten miteinander und mit der restlichen Welt in Beziehung? Und welchen Einfluss hat die Globalisierung auf unser Leben?

D1 Was Jugendliche mit dem Begriff Globalisierung verbinden (2010)

Die Shell Jugendstudie wird seit 1953 bei Wissenschaftlern in Auftrag gegeben, um Sichtweisen, Gewohnheiten und Erwartungen deutscher Jugendlicher zu untersuchen.

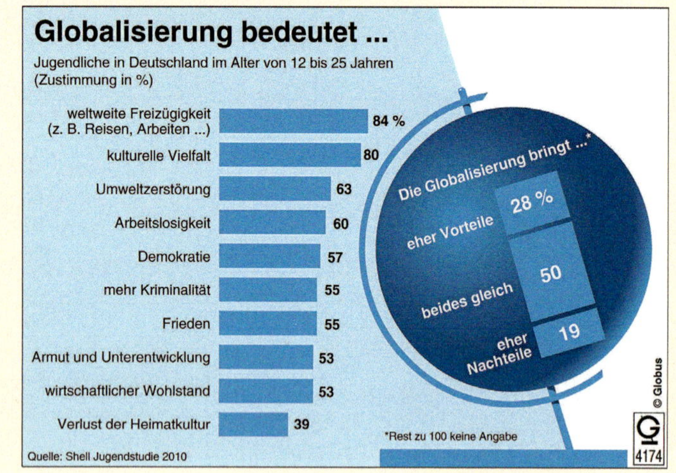

Liberalisierung
Abbau von Eingriffen bzw. Beschränkungen des Handels und der Wirtschaft durch staatliche Maßnahmen

xenophob
(von griech. xenos = Fremder und phobein = fürchten) fremdenfeindlich

Dimensionen der Globalisierung

Die Welt ist heute durch ein Netz aus wirtschaftlichen, politischen, sozialen und kulturellen Beziehungen miteinander verbunden. Seit den 1980er-Jahren werden diese Verflechtungen mit dem Begriff Globalisierung bezeichnet. Wesentliche Ursachen für die Globalisierung sind der technische Fortschritt, anhaltendes Bevölkerungswachstum, die Zunahme des Verkehrs und nicht zuletzt Maßnahmen zur **Liberalisierung** des Welthandels. Globalen Handel gibt es jedoch nicht erst in der Neuzeit. Die Verbindungen zwischen dem antiken China und dem römischen Weltreich über die Seidenstraße, aber auch der freie Warenverkehr der mittelalterlichen Hansestädte zeigen, dass verschiedene Regionen der Welt bereits seit der Antike miteinander verbunden sind.

In den letzten Jahren haben sich nationalistische Abschottungstendenzen sowie ökonomische, politische und kulturelle Protestbewegungen gegen die Globalisierung verstärkt. Von rechtspopulistischen Globalisierungsgegnern in Europa und Nordamerika wird die Zuwanderung von Migranten abgelehnt, wobei sich globalisierungskritische und rassistisch-**xenophobe** Argumente überschneiden und vermischen.

Globalisierung – Fluch oder Segen?

So vielgestaltig die Globalisierung ist, so unterschiedlich sind auch Haltung und Interessenlagen einzelner Staaten innerhalb dieses Prozesses. So verteidigt China die wirtschaftliche Globalisierung, lehnt aber die damit verbundene gesellschaftliche und politische Öffnung strikt ab. Produkte und Dienstleistungen aus dem Ausland werden akzeptiert, solange sie die heimischen Industrien nicht stören. Auch die EU erhebt ggf. Zölle, um die eigene Wirtschaft zu stärken. Die Präsidenten Russlands und der Türkei kritisieren die Globalisierung vor allem in wirtschaftlicher Hinsicht als für den eigenen Staat ungerecht und ausbeuterisch.

Russland: größtes Land der Welt

Russlands Wirtschaftskraft beruht zum großen Teil auf dem Export der reichlich vorhandenen Bodenschätze Öl und Gas. Sie ist damit allerdings auch stark abhängig vom Weltmarktpreis für diese Rohstoffe. Aufgrund fehlender Wirtschaftsreformen, des niedrigen Ölpreises sowie wirtschaftlicher Sanktionen der EU und der USA kommt es seit 2014 zu einem allmählichen Abschwung der Wirtschaft. Zugleich ist der russische Präsident Wladimir Putin mit seiner zunehmend repressiven Innenpolitik zu einem Schreckensbild für Demokraten geworden: die imperiale Vergangenheit des Zarenreichs wird instrumentalisiert; **Autoritarismus**, Festsetzung regierungskritischer Journalisten und Aktivisten, Unterdrückung Homosexueller und andere Menschenrechtsverstöße kennzeichnen die russische Innenpolitik. Außenpolitisch sind die diplomatischen Beziehungen zu Deutschland durch die Annexion der Krim und die militärischen Interventionen in der Ostukraine und Syrien angespannt.

Zugleich ist die Beziehung zwischen Deutschen und Russen historisch gewachsen, ihre Geschichte ist auf vielfältige Weise miteinander verknüpft. Als Sieger- und Besatzungsmacht des Zweiten Weltkrieges war die Sowjetunion insbesondere für die Staaten Osteuropas von zentraler Bedeutung: Als sog. Satellitenstaat hatte die DDR kulturell und ideologisch enge Verbindungen zum „Großen Bruder“ Sowjetunion. Seit dem Zusammenbruch der Sowjetunion und dem Zuzug vieler ***Russlanddeutscher*** ist der Anteil der russischsprachigen Bevölkerung in Deutschland gestiegen. In Zeiten der Globalisierung sind Deutschland und Russland also eng miteinander verbunden, nicht zuletzt aufgrund gegenseitiger wirtschaftlicher Abhängigkeiten.

China: Sozialismus chinesischer Art

Eine besondere Faszination übt seit Jahrhunderten die chinesische Kultur aus: Papiergeld und Schießpulver, zentrale Erfindungen der Menschheit, stammen aus China. Eines der bedeutendsten Bauprojekte der Geschichte ist die „Große Mauer“. Im Zuge des Globalisierungsschubes im 19. Jahrhundert kam es in Europa zu einem regelrechten „China-Hype“ in Bezug auf Mode, Literatur und Kunst. Als populäre Versatzstücke chinesischer Kultur gelten aufgrund ihrer Fremdartigkeit, aber auch ihrer Komplexität die chinesische Schrift, zudem auch „chinesisches“ Essen. China ist für Deutschland eines der größten Exportländer. Zugleich verstärken sich Bedrohungsängste angesichts chinesischer Wirtschaftsspionage, Produktpiraterie und der Übernahme europäischer (Traditions-) Unternehmen oder ehemals staatlicher Infrastruktureinrichtungen durch chinesische Investoren.

Seit 2013 wird die Volksrepublik China durch Staatspräsident Xi Jinping geführt. Mithilfe einer Verfassungsänderung im Jahr 2018 kann er nunmehr unbegrenzt im Amt bleiben. Zugleich ist er Generalsekretär der Kommunistischen Partei und verfügt damit über eine große Machtfülle. Die politische Führungsrolle der Kommunistischen Partei, umfassende Durchgriffsbefugnisse der Zentralregierung gegenüber regionalen Führungen, fehlende Gewaltenteilung und der Vorrang der Gemeinschaft vor individuellen Interessen prägen das sozialistische Land. Auch in China kommt es trotz wirtschaftlicher Öffnung zu Menschenrechtsverstößen: Freiheitsrechte wie die Religions- und Versammlungsfreiheit sind stark eingeschränkt; kritische Journalisten und Künstler werden inhaftiert, das Internet

Q1 China und die Globalisierung
Karikatur von Horst Haitzinger, 2006

Autoritarismus
diktatorische Form von Herrschaft, die jedoch im Gegensatz zur Diktatur zumindest formal noch pluralistische Züge aufweist

Russlanddeutsche
Nachfahren von Siedlern aus dem deutschsprachigen Mitteleuropa, die sich seit der zweiten Hälfte des 18. Jahrhunderts in verschiedenen Regionen des Russischen Reiches niedergelassen hatten

zensiert. Ein System von belohnenden bzw. bestrafenden Sozialpunkten für die umfassend überwachte Bevölkerung entscheidet über Lebenschancen und hält die Kritik klein.

Mit Xi Jinpings Projekt der „Neuen Seidenstraße“ soll Chinas internationaler Einfluss wachsen. Nicht nur dem Namen nach soll das Projekt an die ruhmreiche Vergangenheit der Kaiserdynastien anknüpfen.

Die Türkei: zwischen Europa und Asien

Die Türkei gilt seit 1999 offiziell als EU-Beitrittskandidat, wobei ihre Aufnahme in die EU gegenwärtig in weite Ferne gerückt zu sein scheint.

Im Kalten Krieg kam der Türkei als strategisch wichtigem NATO-Partner eine Brückenfunktion zu. Auch heute ist die geostrategische Bedeutung der Türkei groß angesichts der Kriege im Nahen Osten und der Bedrohung durch den internationalen Terrorismus. In Fragen der Migration ist die Türkei als Transit- bzw. Aufnahmeland ein wichtiger Gesprächspartner für die EU und Deutschland. Enge Beziehungen zwischen Deutschen und Türken ergeben sich nicht zuletzt aus der Tatsache, dass seit dem Anwerbeabkommen in den 1960er-Jahren und dem Zuzug türkischer „Gastarbeiter“ die türkische Kultur zu einem festen Bestandteil des Alltags in Deutschland geworden ist. Knapp drei Millionen Menschen mit türkischen Wurzeln leben in Deutschland. Zahlreiche türkischstämmige Politikerinnen und Politiker auf Kommunal-, Landes- oder Bundesebene, Kunst- und Kulturschaffende, Lehrende und Sportler zeigen, wie eng und weit zurückreichend die Verbindungen zwischen Deutschland und der Türkei sind.

Mit Präsident Recep T. Erdoğans Machtantritt im Jahr 2002 gelang es der Türkei zunächst Vertrauen für ausländische Investitionen zu schaffen, die auch in großem Stil erfolgten. Doch der Aufschwung kam nur bei einem kleinen Teil der Türken an, viele Menschen leben weiterhin in ärmlichen Verhältnissen. Die Folgen des autoritären Präsidialsystems Präsident Erdoğans und die auf Eis liegenden EU-Beitrittsverhandlungen führen die Türkei in wirtschaftliche Schwierigkeiten. Menschenrechtsverstöße wie die Inhaftierung kritischer Journalisten und Aktivisten und eine insgesamt repressive Innenpolitik werden zunehmend zu einer Bewährungsprobe deutsch-türkischer Beziehungen.

Q2 Titelblatt SPIEGEL
Ausgabe vom 11. September 2006

D2 Russland in der internationalen Politik

Dr. Margarete Klein von der Stiftung Wissenschaft und Politik in Berlin über die Rolle Russlands im globalen Zeitalter:

[…] Im Selbstverständnis seiner Eliten und Bevölkerung stellt Russland eine Großmacht dar. Konsequenterweise bezeichnet die außenpolitische Konzeption vom Juli 2008 das Land als „eines der einflussreichen Zentren der modernen Welt“ (Foreign Policy Concept, 2008), Präsident Dmitrij Medwedew [2008–2012 Präsident Russlands] nennt es in seiner jährlichen Rede vor der Föderalversammlung im November 2010 eine „moderne Weltmacht“ […]. Über welche Ressourcen verfügt Russland, um seinen Großmachtanspruch zu untermauern? Zwar ist es flächenmäßig mit 17 Millionen km² der größte Staat der Erde und liegt von der Bevölkerungszahl her mit 142 Millionen Einwohnern weltweit auf Platz neun. Territorium und Population alleine sagen jedoch kaum etwas aus über die Fähigkeit eines Landes, international eine führende Rolle zu übernehmen. Wichtiger sind hierfür wirtschaftliche, militärische und politische Stärke. […] Lediglich im Energiebereich nimmt Moskau als weltgrößter Gasexporteur und zweitgrößter Ölexporteur eine Schlüsselstellung ein, insbesondere in Europa und dem postsowjetischen Raum. Hier versucht die russische Führung auch, Energiemacht in politische Macht umzuwandeln – mit bislang unterschiedlichem Erfolg. Militärisch nimmt Moskau zusammen mit den USA eine Ausnahmeposition ein, da beide Staaten zusammen über 90 Prozent der weltweiten Atomwaffen verfügen. Da Nuklearwaffen aber der Abschreckung dienen, lassen sie sich nur bedingt in politische Macht umsetzen. […] Zu den politischen Ressourcen des russischen Großmachtanspruchs gehören der permanente Sitz im UN-Sicherheitsrat, die Mitgliedschaft in wichtigen global governance-Foren (G8 und G20) sowie die Beteiligung an Vermittlungsformaten in zentralen Schlüsselregionen (3+3-Gespräche zum Iran-Konflikt; 6-Parteien-Gespräche zum Nordkorea-Konflikt). […] Anders als die Sowjetunion verfügt das heutige Russland auch nicht über nennenswerte soft power, d. h. ein attraktives Gesellschafts-, Herrschafts- und Kultursystem. Weder entwickelte sich Russland zu einem Modell erfolgreicher Demokratisierung, noch zu einem erfolgreicher autoritärer Modernisierung wie China. […] Das heutige Russland verfügt also nur bedingt über die nötigen Ressourcen, um seinen Großmachtanspruch international umzusetzen.

Dr. Margarete Klein: Russland: eine Großmacht in der internationalen Politik? (09.05.2011) Unter: http://www.bpb.de/internationales/europa/russland/47969/grossmacht?p=all (Zugriff: 03.09.2018).

D3 Standpunkte zur Globalisierung

a) Das globalisierungskritische Bündnis Attac in einer Erklärung für eine demokratische Kontrolle der Finanzmärkte:

Die Globalisierung ist ein Umbruch von historischen Dimensionen. […] Sie wird bisher einseitig von mächtigen Wirtschaftsinteressen dominiert […]. Das neoliberale Versprechen, die Globalisierung bringe Wohlstand für alle, hat sich jedoch nicht erfüllt, im Gegenteil: Die soziale Kluft zwischen Nord und Süd wird tiefer. Während die Reichen immer reicher werden, wächst die Armut in der Dritten Welt. Durch Finanz- und Wirtschaftskrisen werden über Nacht ganze Volkswirtschaften ruiniert und verlieren Hunderttausende ihren Arbeitsplatz.

Unter: www.attac.de/was-ist-attac/selbstverstaendnis (Zugriff: 25.01.2019).

b) Der ehemalige Präsident des Bundesverbandes der Deutschen Industrie, Hans-Olaf Henkel, 2002:

Für mich ist die Globalisierung nach der Aufklärung und der Erklärung der Menschenrechte die größte gute Nachricht für die Menschheit überhaupt. Globalisierung bedeutet ja nicht nur, dass Waren und Dienstleistungen um die Welt gehen. Sie beinhaltet vielmehr einen Austausch der besten Ideen. […] Die Vorteile sind das, was ich als magisches Dreieck bezeichnen würde: Demokratie, Menschenrechte und soziale Marktwirtschaft. Diese Ideen haben durch die Globalisierung einen wahren Siegeszug um die Welt gefeiert.

Aus einem Interview von Oliver Schilling mit Hans-Olaf Henkel: „So bedeutend wie die Aufklärung“. (01.08.2002) Unter: https://www.dw.com/de/so-bedeutend-wie-die-aufkl%C3%A4rung/a-600618 (Zugriff: 25.01.2019).

D4 Xi Jinping auf dem Weltwirtschaftsforum

Der Journalist B. Zand äußerst sich über die Rede Xi Jinpings auf dem Weltwirtschaftsforum, 2017:

Selten hat ein Vortrag zur Lage der Weltwirtschaft so enthusiastisches Lob hervorgerufen[.] Doch [...] die Rede [war] gespickt mit Phrasen [...], die man zwei Mal lesen muss, um zu verstehen, was genau Xi mit ihnen sagen – und was er nicht sagen wollte:

„Wir müssen Nein sagen zum Protektionismus."

Ein Freihandels-Bekenntnis, dem [...] viele Wirtschaftsliberale zustimmen würden, gerade in einem Exportland wie Deutschland. Tatsächlich aber schirmt China selbst ganze Sektoren seiner Wirtschaft ab, erhebt hohe Zölle auf zahlreiche Produkte und lässt ausländische Investoren oft nur ins Land, wenn sie ein Gemeinschaftsunternehmen (Joint Venture) mit einem chinesischen Partner eingehen. Manche Sektoren sind Ausländern grundsätzlich verwehrt: Während chinesische Investoren [...] europäische Flughäfen kaufen und betreiben dürfen, wäre das im umgekehrten Fall undenkbar.

„Wir stehen für offene und transparente Freihandelsabkommen."

Dieser Aussage Xis ließ die Regierung noch am Tag seiner Rede eine Ankündigung folgen, ausländischen Banken und Versicherungen werde es künftig leichter gemacht, in China zu investieren. Die Europäische Handelskammer begrüßte das: „Wir sind neugierig, was diese Ankündigung einer weiteren Öffnung genau beinhaltet." Der letzte, im Dezember [2016] bekanntgewordene Entwurf eines neuen „Investment-Katalogs" sei allerdings „enttäuschend" gewesen. [...]

„Wirtschaftliche Globalisierung"

Es ist bezeichnend, dass Xi das Wort „Globalisierung" in seiner Rede fast immer mit dem Adjektiv „wirtschaftlich" versah. Globalisierung als Ausdruck gesellschaftlicher, politischer Öffnung ist Pekings Führung ein Graus, daran lässt sie seit Xis Amtsantritt vor vier Jahren keinen Zweifel. Produkte, Dienstleistungen aus dem Ausland? Wenn sie die heimischen Industrien nicht stören – warum nicht? Aber fremde Ideen, gar politische Ideen aus dem Westen? Auf keinen Fall.

„Protektionismus heißt, sich in einer dunklen Kammer einzuschließen ..."

[...] Die Metapher der „dunklen Kammer", [...] ist [...]eine der fragwürdigsten: Man sollte anderen keine Ratschläge erteilen, sich nicht „einzuschließen", wenn man wie Xis Internetzensoren selbst 1,3 Milliarden Menschen hinter einer „Großen Brandmauer" einsperrt und Hunderte von Websites blockt. [...]

„... dann bleiben zwar Wind und Regen draußen, aber auch Licht und Luft."

Wer in Peking lebt und in den vergangenen Wochen morgens das Fenster öffnete, war sich oft nicht ganz sicher, ob die Sonne schon aufgegangen war, so dicht lag der Smog über der Stadt. Von Licht und Luft zu sprechen, ist für chinesische Politiker gefährlich: Wenn sie selbst, etwa bei Militärparaden oder Gipfeltreffen, blauen Himmel wollen, dann schalten sie einfach Kraftwerke und Fabriken ab.

Bernhard Zand: Xi Jinping auf dem Weltwirtschaftsforum Der Phrasenmeister von Davos (18.01.2017). Unter: http://www.spiegel.de/wirtschaft/soziales/xi-jinping-auf-dem-weltwirtschaftsforum-der-phrasenmeister-von-davos-a-1130581.html (Zugriff: 31.08.2018).

Nachgefragt

1. Beschreibe mithilfe von D1, was Jugendliche mit dem Begriff Globalisierung verbinden.

2. Macht eine Umfrage in der Klasse (ggf. anonym): Was versteht ihr unter dem Begriff Globalisierung? Sprecht gemeinsam über das Ergebnis.

3. Arbeitet in Gruppen stichpunktartig aus D3 die Pro- und Kontraargumente zur Globalisierung heraus. Setzt euch in der Klasse mit den genannten Argumenten auseinander.

4. Recherchiert in Gruppen weitere Argumente pro/kontra Globalisierung. ●

5. Erläutere Herausforderungen und Probleme, vor denen China, Russland und die Türkei aktuell jeweils stehen (VT, Q1).

6. Erkläre, inwiefern die Herausforderungen der drei Länder auch Deutschland betreffen (VT). ○

7. Analysiere das Titelblatt des SPIEGEL (Q2).

8. Formuliere mithilfe deiner Ergebnisse aus Aufgabe 7 einen Leserbrief an den SPIEGEL aus Sicht eines parteitreuen chinesischen Unternehmers.

D5 Die Türkei – ein wichtiger Partner

Der Politikwissenschaftler Jan Techau über die Rolle der Türkei, 2017:

[...] Wer über das Verhältnis des Westens zur Türkei spricht, muss wissen, dass er es nicht nur mit Recep Tayyip Erdoğan zu tun hat. Die Türkei ist ein Akteur von höchster strategischer Bedeutung im Südosten Europas, der aufgrund seiner Größe schon jetzt erheblichen Einfluss auf die Machtbalance in Europa hat und auf absehbare Zeit eine europäische Großmacht werden kann. [...] Aus deutscher Sicht ist zudem wichtig, dass es aufgrund der hohen Zahl türkischer und türkischstämmiger Mitbürger in Deutschland kaum ein anderes Land gibt, das aus innenpolitischer Perspektive so wichtig ist wie die Türkei. [...] Die Türkei ist für den Westen zum klassischen politischen Dilemma geworden. Sie ist zu wichtig, um sie abzuschreiben oder durch Sanktionen und Ausgrenzung aus dem Kreis der Partner zu entlassen. Andererseits ist für die offenen, demokratischen Gesellschaften des Westens die politische Umgestaltung des Landes durch Erdoğan und seine Partei, die AKP, unerträglich und nicht hinnehmbar. Der Spagat zwischen geopolitisch begründeter Realpolitik und wertebasierter Reaktion auf Erdoğans Entdemokratisierung der Türkei droht die EU zu zerreißen. Was also tun mit der Türkei? Zunächst einmal ist es erforderlich, dass die EU und ihre Mitgliedstaaten in ihrer Kritik an der Zerstörung des Rechtsstaats, der Gleichschaltung der Verwaltung, der Gängelung der Medien, und der Drangsalierung und Verhaftung von Oppositionellen nicht nachlassen. Wichtig ist hierbei, nicht moralische Überlegenheit zu demonstrieren, sondern auf die politischen und ökonomischen Kosten hinzuweisen, die diese Akte der Selbstverstümmelung zweifelsfrei erzeugen werden. [...]
Auch auf EU-Seite wäre eine einseitige Suspendierung der Beitrittsverhandlungen ein kapitaler Fehler [...]. Ein gemeinsam vereinbartes Einfrieren hingegen verhindert einseitige Schuldzuweisungen und lässt die Tür für eine Rückkehr an den Verhandlungstisch offen.

Neben diesem passiven Ansatz steht der EU auch ein aktiver zur Verfügung. Es ist jetzt an der Zeit, die in die Jahre kommende Zollunion zwischen der EU und der Türkei neu zu verhandeln und erheblich zu erweitern. Zwar ist wirtschaftliche Integration kein Garant für freundlichere politische Beziehungen, aber jeder Kontakt auf geschäftlicher Basis ist ein Beitrag zu einer Win/Win-Beziehung und vor allem eine Investition in die Zukunft. Gleiches gilt für die überfällige Gewährung der Visafreiheit für türkische Bürgerinnen und Bürger, die nach Europa reisen wollen. Je mehr Türken ihr Land von außen sehen und eine andere politische Lebensrealität erfahren, desto besser.

All dies sind eher langfristige Ansätze, die für den Umgang mit der Aufregung des Tagesgeschäfts wenig anbieten, die aber dennoch von großem Nutzen sein können. Ihnen allen ist gemein, dass sie auf eine Zukunft nach Erdoğan zielen. Wer diese Zeit fest im Blick hat und die Türkei nicht mit ihrem Präsidenten gleichsetzt, der untergräbt nicht nur sein autoritäres Narrativ, der baut auch die Kontakte und Strukturen auf, die wichtig werden, wenn der Spuk vorbei ist.

Jan Techau: Was tun mit der Türkei? Eine geostrategische und zugleich wertebasierte Handlungsanweisung. (19.05.2017) Unter: https://www.ipg-journal.de/rubriken/aussen-und-sicherheits-politik/artikel/was-tun-mit-der-tuerkei-2051/ (Zugriff: 03.09.2018).

Berücksichtige in deiner Antwort die mögliche Wirkung einzelner Elemente (bspw. Titel, Untertitel, Gestaltung) des Titelblattes. ○

9. Arbeite aus D2 die Rolle Russlands im Jahr 2011 heraus und überprüfe, inwiefern sich diese Rolle gewandelt hat. Begründe deine Meinung.

10. Arbeite mithilfe von D4 heraus, was Präsident Xi Jinping unter Globalisierung versteht und welche Vorteile er sich für China verspricht.

11. Erläutere die Beurteilung von Xis Haltung durch den SPIEGEL-Journalisten (D4). ○

12. Erläutere die Bedeutung der Türkei für Westeuropa nach Einschätzung Techaus (D5).

13. Welche politische, wirtschaftliche und gesellschaftliche Bedeutung haben Russland, China und die Türkei in der globalisierten Welt? Bildet für die Beantwortung der Frage drei Gruppen.

Imperium und Nationalstaat

Bevor im 19. Jahrhundert Nationalstaaten zunehmend die Geschicke der Welt bestimmten, hatten jahrhundertelang Imperien ihren Einfluss in der Welt geltend gemacht. Bis heute üben diese Großreiche, wie das Chinesische Reich oder das antike Imperium Romanum, eine große Faszination aus. Was kennzeichnet Imperien und wie unterscheiden sie sich vom Nationalstaat?

Imperium
(von lat. imperare = herrschen)
Man bezeichnet damit ein Reich, das große Teile der Welt beherrscht. Weitere Kennzeichen von Imperien sind u.a. ihre lange Dauer und ethnische Vielfalt.

Imperium – Wandel eines Begriffs

Mit dem Begriff des ***Imperiums*** werden überwiegend negative Eigenschaften verknüpft. Oft wird er assoziiert mit einer kriegerischen und diktatorischen Macht, man denke dabei nur an das Imperium aus der berühmten Science-Fiction-Serie „Star Wars". Doch diese Vorstellung trifft den eigentlichen Charakter von Imperien nur in Teilen. Länder wie Russland oder die Türkei berufen sich heute ganz bewusst auf ihre imperiale Vergangenheit und verbinden mit ihr neben Macht auch kulturelle Größe. Als Paradebeispiel für ein Imperium gilt das antike Imperium Romanum.

Imperium: Expansion und Mission

Imperien sind durch eine überdurchschnittlich große räumliche Ausdehnung gekennzeichnet. So erstreckte sich das Imperium Romanum unter Kaiser Trajan 116 n.Chr. über den gesamten Mittelmeerraum. Würde das Imperium heute noch bestehen, gehörten Städte wie London, Lissabon, Tunis, Kairo, Damaskus oder Istanbul dazu. Auch der südliche Teil Baden-Württembergs würde zu diesem Reich gehören.
Gründe dafür lagen in der militärischen Überlegenheit, zugleich gab es aber auch Randbezirke, die sich freiwillig dem Machtanspruch des Imperiums unterstellten. Sie erhofften sich davon Vorteile, v.a. Schutz, Frieden und wirtschaftlichen Gewinn.
Die Motivation zur Expansion, also zur Vergrößerung des eigenen Machtbereichs, ist bei Imperien unterschiedlich. Neben wirtschaftlichen und machtpolitischen Überlegungen spielten oft religiöse oder ideologische Überlegungen eine Rolle. Man spricht in diesem Zusammenhang von der sog. imperialen Mission, der Berufung der Imperien. So war im Imperium Romanum die Durchsetzung der Pax Romana seit Augustus 27 v.Chr. eines der obersten Regierungsziele. Durch die Sicherung des Friedens versprach das Imperium sichere Handelswege, ermöglichte damit einen florierenden Wirtschaftsraum und garantierte vielen Bewohnern Wohlstand. Idee und Erfolg der Pax Romana boten damit eine hohe Identifikationsmöglichkeit mit dem Reich.

Stabilität durch Kontrolle ...

Ein weiteres Merkmal von Imperien ist ihre lange Dauer. Trotz seiner Expansionspolitik konnte das Imperium Romanum in seiner über 600jährigen Geschichte seine Macht festigen und so den Fortbestand des Imperiums sichern. Im Vergleich dazu überdauerte das Reich der Hunnen unter Attila (gest. 453 n.Chr.) kaum dessen Lebenszeit

Q1 Reiterstandbild Peters des Großen
1782 errichtet, steht es in Sankt Petersburg auf dem Senatsplatz.

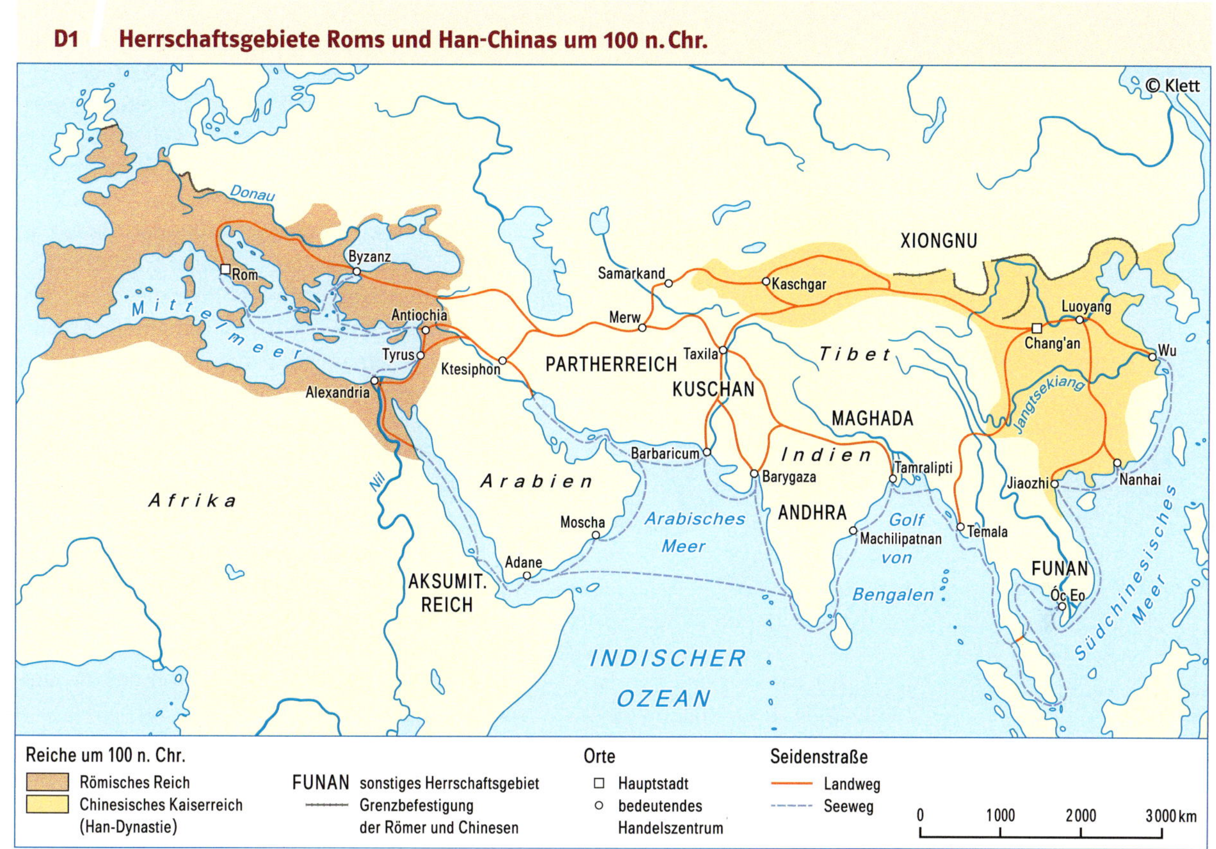

D1 Herrschaftsgebiete Roms und Han-Chinas um 100 n. Chr.

und kann somit zwar als ein Großreich gelten, jedoch nicht als ein Imperium.

Um die Herrschaft zu sichern, wird in Imperien die Macht vom Zentrum des Reiches aus gesteuert. Für das Imperium Romanum war dies unbestreitbar die Stadt Rom. Hier konnten sich die Könige und späteren Caesaren auf eine gut funktionierende Verwaltung stützen. Die Anbindung der einzelnen Provinzen und Völkergruppen an das Herrschaftszentrum nahm mit zunehmender Entfernung vom Zentrum ab.

Gleichzeitig spielte für die Herrschaftssicherung in Imperien die Loyalität der verbundenen Provinzen bzw. Bezirke eine entscheidende Rolle.

... und Toleranz

Aus dem großen Herrschaftsbereich der Imperien ergibt sich zwangsläufig ein weiteres Merkmal: alle Imperien umfassten eine Vielfalt an Volksgruppen und Kulturen. Um den inneren Frieden zu wahren und Aufstände zu vermeiden, mussten diese Gruppen in das Reich integriert werden. Dies gelang teilweise durch militärische Kontrolle, v.a. jedoch mithilfe der politischen Einbindung regionaler Eliten. Auch hier ist Rom ein Paradebeispiel: Verfügte man über ausreichend finanzielle Mittel, konnte man es unabhängig von seiner Herkunft bis in die höchsten politischen Ämter schaffen.

Der Umgang mit der kulturellen und religiösen Tradition unterschied sich in den Imperien der Weltgeschichte. Unterworfene Völker wurden häufig als Barbaren angesehen, die die Kultur und Lebensweise des jeweiligen Imperiums annehmen mussten. So versuchte das Imperium Romanum seine Traditionen auch in den eroberten Gebieten durchzusetzen. Ein heute noch sichtbares Beispiel sind die Ruinen römischer Bäder, die sich überall auf dem ehemaligen Gebiet des Imperiums finden. Das Osmanische Reich hingegen baute auf türkische,

Q2 „Studt bringt den polnischen Kindern das deutsche Vaterunser bei."
Konrad von Studt war preußischer Kultusminister. Auf der Flasche in seiner Hand steht „Deutscher Religionsunterricht". Im Hintergrund ist ein Zitat aus dem Lied „Die Wacht am Rhein" zu sehen. Karikatur aus der Satirezeitschrift „Der Wahre Jacob", 1906

Assimilation
Anpassung, Angleichung

Nationalstaat
Staat, in dem Menschen, die sich einer Nation zugehörig fühlen, zusammenleben.

byzantinische, arabische, mongolische und persische Traditionen und stützte seine Herrschaft auf die Zusammenarbeit mit den Eliten der verschiedenen Religionsgruppen. Alle Imperien verfügten über variable Herrschaftsstrategien und waren deshalb überaus anpassungsfähig. Diese Offenheit verhalf Imperien zu ihrer Langlebigkeit.

Der Nationalstaat – ein Gegenmodell?

Während Imperien auf eine lange Tradition zurückblicken können, ist die Idee des ***Nationalstaats*** deutlich jünger: Erst infolge der Französischen Revolution setzte sich in Europa die Idee durch, dass all jene Menschen auch in einem Staat zusammenleben sollen, die sich einer Nation zugehörig fühlen. Um Teil der Nation zu sein, musste man damals nicht nur die gleiche Sprache, Kultur und Geschichte teilen, sondern auch gleicher Abstammung sein. Minderheiten, sowohl ethnischer als auch religiöser Art, wurden häufig ausgegrenzt oder unterdrückt. Die Idee einer „einheitlichen" Nation blieb in allen Staaten also ein Konstrukt. So gehörten dem 1871 gegründeten Deutschen Reich bspw. auch Polen, Dänen oder Elsässer und Lothringer an.

Abhängig von ihrer Größe und militärischen Stärke konnte die Intoleranz gegenüber Minderheiten im Innern mit einer aggressiven Außenpolitik einhergehen. Eroberte Gebiete wurden nicht integriert, sondern beherrscht und ausgebeutet. Grundlage dafür war in diesen Fällen der Glaube an die Überlegenheit der eigenen Nation. Die nationalsozialistische Diktatur bildet historisch dabei den grausamen Höhepunkt. Auch der im 19. Jahrhundert gewachsene Imperialismus erklärt sich aus der Überhöhung der eigenen Nation. Aus dem Überlegenheitsgefühl ergab sich häufig ein Konkurrenzkampf zwischen den Nationen. Dies führte in Europa Ende des 19. bzw. Anfang des 20. Jahrhunderts zu einem Wettlauf der Nationen um Kolonien, den „Platz an der Sonne".

Nationalstaaten werden unterschiedlich regiert. Im 19. und zu Beginn des 20. Jahrhunderts überwiegen monarchische und autoritäre Herrschaftsformen. Dennoch lässt sich eine Tendenz zu demokratischen Strukturen erkennen. So saßen im Reichstag des Deutschen Reichs die Abgeordneten des Volkes. Sie wurden vom wahlberechtigten Teil des Volkes, Männern über 25 Jahre, gewählt. Der Reichstag konnte zwar kaum Einfluss auf die Legislative nehmen, bestimmte dafür jedoch zunehmend die politischen Debatten.

Nationsbegriff heute

Die Nation definiert sich im Europa des 21. Jahrhunderts vor allem über die politische Gemeinschaft und über gemeinsame Werte. So können Menschen unterschiedlicher Herkunft eine Nation bilden, so lange sie sich zur gemeinsamen Verfassung und den darin enthaltenen Werten bekennen. Die Nation entfaltet dadurch eine integrative Kraft ohne den Zwang zur **Assimilation**. Diese moderne und deutlich offenere Definition des Begriffs Nation ist v.a. bei Nationalisten und rechtskonservativen Bewegungen jedoch keineswegs unumstritten.

D2 Der Nationalstaat – ein Institutionenbauer

Der Historiker Dieter Langewiesche in einem Gespräch mit dem Magazin DER SPIEGEL (2007):

SPIEGEL: […] Was macht die Faszination der Nation und des Nationalstaats aus?

LANGEWIESCHE: Die Menschen versprechen sich davon Schutz gegenüber Einmischung von außen, etwa durch mächtige Nachbarn, und dann Selbstbestimmung nach innen, also die Entscheidung darüber, wie man sich entwickelt. Die Nation ist ein Instrument, um Ressourcen zu verteilen: Machtressourcen, aber auch das, was gemeinsam erwirtschaftet wird, der Zugang der Bevölkerung zur Kultur. Das wird alles unter dem Etikett Nation verhandelt.

SPIEGEL: Aber solche abstrakten Überlegungen haben doch nicht Slowenen, Slowaken oder Ukrainer bewogen, in den neunziger Jahren eigene Nationalstaaten zu gründen.

LANGEWIESCHE: Da ging es um Freiheit, darin können Sie auch eine Ressource sehen, die die Nation zuteilt.

SPIEGEL: Was erhoffen […] westliche Politiker oder Uno-Mitarbeiter, die Nation-Building in Afghanistan betreiben?

LANGEWIESCHE: Wenn man auf die letzten zwei Jahrhunderte blickt, muss man sagen, dass es keine andere Idee gegeben hat, die Menschen so wirkungsmächtig zu einem Kollektiv zusammenfasst, das handlungsfähig ist. Das hat nur die Nation geschafft. Und darauf setzen heutige Staatenbauer. Sie wollen eine Gesellschaft schaffen, die Strukturen und Institutionen aufbaut, ein Parlament, eine Verwaltung, eine funktionierende Wirtschaft.

SPIEGEL: Ohne Nation ist das nicht möglich?

LANGEWIESCHE: Ich sehe bislang keine Alternative. Gesellschaften, die keine Nationen bilden, zerfallen in Gruppen anderer Art, etwa in Stämme, die nicht fähig sind, ein – über die eigene Gruppe hinausgehendes – Zusammengehörigkeitsbewusstsein zu entwickeln und dann auch Institutionen zu schaffen. […]

Dieter Langewiesche: DIE NATION SCHAFFT FREIHEIT. (20.02.2007) Unter: http://www.spiegel.de/spiegel/spiegelspecialgeschichte/d-50620284.html (Zugriff: 13.11.2018)

D3 Das Imperium und seine Mission

Der Politikwissenschaftler Herfried Münkler (2005):

Der Begriff des Imperiums hat in der westlichen Welt einen schlechten Klang. In der Regel werden damit Expansion und Unterdrückung, Ausbeutung und Gewalt assoziiert. Von den friedensstiftenden Leistungen der Imperien ist selten die Rede, was wohl auch damit zu tun hat, dass der imperiale Frieden als einer gilt, der mehr auf Zwang und Unterdrückung denn auf freiwilliger Zustimmung beruht. […]

Es dominiert die Vorstellung, Imperien seien nichts anderes als große Staaten. Aber das ist falsch: Staaten nämlich gibt es immer nur im Plural, [e]in Imperium dagegen gibt es in der von ihm beherrschten „Welt“ nur im Singular. Es schafft und garantiert die Regeln, nach denen innerhalb dieses Raumes Politik gemacht wird, es sichert diesen Raum nach außen ab und erhebt schließlich noch den Anspruch, die sozialen und wirtschaftlichen Entwicklungsrhythmen des Raumes zu kontrollieren […].

Das Bindeglied zwischen Anspruch und Verpflichtung ist das, was man die imperiale Mission nennen kann. In ihr ist zusammengefasst, worin die Aufgabe eines Imperiums für den von ihm beherrschten Raum liegt: Das kann die Ausbreitung der Zivilisation sein wie etwa bei Römern und Briten, die Ausbreitung des Christentums wie bei den Spaniern und im zaristischen Russland, der Sieg des Kommunismus im Weltmaßstab wie im Falle der Sowjetunion oder die Durchsetzung von Demokratie, Marktwirtschaft und Menschenrechten wie bei den USA. Man kann dies auch eine Ideologie nennen, doch wird damit die Selbstbindung zu gering gewichtet, die von der imperialen Mission ausgeht. Imperien müssen sich den in der imperialen Mission vorgegebenen Aufgaben immer wieder unterziehen. Wenn sie sich dem entziehen oder versagen, schwindet ihre Legitimität und damit auch die Folgebereitschaft der Menschen innerhalb des imperialen Raumes. Das ist der Anfang von ihrem Ende. […]

Herfried Münkler: Nutzen und Nachteil des amerikanischen Imperiums – Essay. (02.11.2005) Unter: http://www.bpb.de/apuz/28708/nutzen-und-nachteil-des-amerikanischen-imperiums-essay?p=all (Zugriff: 13.11.2018)

D4 Steckbrief Russland

Entwicklung des Imperiums
- Anfänge des Reichs: Mitte des 9. Jahrhunderts (sog. Kiewer Rus)
- Aufstieg zum Imperium beginnt mit Moskauer Großfürsten Iwan dem Großen, Mitte 15. Jh.
- Peter I. nimmt 1721 den Imperatortitel an
- mit der Russischen Revolution 1917 endet das Russische Reich

Maximale Ausdehnung (s. Karte S. 27)
- um 1867 von Turkmenistan im Süden bis Finnland im Norden, von Warschau im Westen bis zum heutigen Sitka (Stadt in Alaska) im Osten: damit war das Russische Reich das größte zusammenhängende neuzeitliche Reich

Regierungsform
- zentral gelenkter Staat mit einem Zaren an der Spitze (Monarchie)
- herrschende Dynastie: seit 1613 Familie der Romanows
- Machtzentrum: Hof des Zaren in Moskau bzw. ab 1721 in St. Petersburg

Religion/Ethnien
- orthodoxes Christentum
- zugleich große Vielfalt an Religionen und Ethnien, die bis Mitte des 19. Jh. weitgehend toleriert und akzeptiert wurden
- Mitte des 19. Jh. zunehmende Russifizierungspolitik, parallel nationale Bewegungen

weitere Kennzeichen
- Stärke beruhte auf zentral gelenktem Militär sowie gut ausgebauter Verwaltung
- Wirtschaft: v.a. Land- und Holzwirtschaft; Industrialisierung setzte erst spät ein

D5 Steckbrief Chinesisches Reich

Entwicklung des Imperiums
- Anfänge des Kaiserreichs 221 v. Chr. (Qin-Dynastie)
- Ende des Kaiserreichs 1911 (Qing-Dynastie)

Maximale Ausdehnung (s. Karte S. 73)
- im Jahr 1759 erstreckte sich das Reich über das heutige China, die Mongolei und Tibet

Regierungsform
- zentral gelenkter Staat mit einem Kaiser an der Spitze (Monarchie), der auch „Sohn des Himmels" genannt wurde
- herrschende Dynastie: im Lauf der Geschichte häufig wechselnd; nicht alle Herrscherhäuser entstammten der Volksmehrheit der Han-Chinesen (z. B. 1644–1911 Qing-Dynastie: Kaiser aus ethnischer Minderheit der Mandschuren)
- Machtzentrum: Peking

Religion/Ethnien
- Mehrheit im Reich bildet bis heute die Volksgruppe der sog. Han-Chinesen, daneben aber verschiedene Völker und Kulturen
- großer Einfluss: die sog. Drei Lehren Chinas (Konfuzianismus, Buddhismus, Daoismus)
- darüber hinaus Duldung weiterer Religionen, solange sie das Herrscherhaus unterstützten

weitere Kennzeichen
- Stärke beruhte auf zentral gelenktem Militär und hoch gebildeter Beamtenelite
- Wirtschaft: u.a. Landwirtschaft, Textilindustrie (v.a. Seidenproduktion), Teeverarbeitung und Porzellanmanufakturen
- Handel über die Seidenstraße

Nachgefragt

1. Beschreibe die Reiterstatue Q1. Stelle dar, welche antiken Bezüge der Bildhauer aufgegriffen hat. ○

2. Vergleiche in einer Tabelle Merkmale des Imperiums mit denen des Nationalstaats (VT). ○

3. Arbeite aus D2 heraus, welche Vorteile der Historiker Dieter Langewiesche dem Nationalstaat zuschreibt.

4. Erkläre mithilfe von D3 den Begriff der „imperialen Mission". Beachte dabei auch, welche Funktion der „imperialen Mission" zugeschrieben wird.

5. Arbeite anhand der Karte Gemeinsamkeiten zwischen dem Imperium Romanum und dem Chinesischen Imperium der Han-Zeit heraus (D1). ○

6. Begründe, dass es sich bei dem Osmanischen Reich, China und Russland um Imperien gehandelt hat (D4–D6).

D6 Steckbrief Osmanisches Reich

Entwicklung des Imperiums
- Anfänge des Reichs unter Sultan Osman I. (1281?–1324?)
- Zerfall des Imperiums: 1923, durch die Gründung der Republik Türkei

Maximale Ausdehnung (s. Karte S. 111)
- im Jahr 1672 erstreckte sich das Reich über drei Kontinente: den Norden Afrikas, Westen Asiens, Südosten Europas

Regierungsform
- zentral gelenkter Staat mit einem Sultan an der Spitze (Monarchie)
- herrschende Dynastie: Haus Osman
- sog. Wesire unterstützen in Verwaltung und Rechtsprechung

Religion/Ethnien
- sunnitischer Islam
- andere Religionen wurden geduldet, jedoch höher besteuert und besitzen hohes Maß an Selbstständigkeit und Autonomie („Millet-System"); Nichtmuslime waren rechtlich nicht gleichgestellt
- neben anderen Religionen gehörten auch verschiedene Völker und Kulturen zum Reich

weitere Kennzeichen
- Stärke beruhte auf zentral gelenktem Militär, das dem Sultan unterstellt war
- Wirtschaft: v.a. Landwirtschaft, die für Eigenbedarf produzierte; gehandelt wurde mit Olivenöl und Baumwolle

D7 Steckbrief Deutsches Reich

Entwicklung
- Reichseinigung und Nationalstaatsbildung mit Kaiserproklamation 1871
- Zerfall im Inneren mit Machtübernahme durch Nationalsozialisten 1933; nach außen: mit Ende des Zweiten Weltkriegs 1945

Maximale Ausdehnung
- 1871 kleindeutsche Lösung
- im Zuge der imperialistischen Außenpolitik Gebietserweiterungen durch Kolonien

Regierungsform
- konstitutionelle Monarchie bis 1918, 1919–1933 Republik mit demokratischer Verfassung und dem Volk als Souverän, 1933–1945 NS-Diktatur
- herrschende Dynastie bis zum Ende des Kaiserreichs 1918: Familie der Hohenzollern

Religion/Ethnien
- vorherrschende Religion war das Christentum, das Judentum stellte ca. 1% der gesamten Reichsbevölkerung
- zu den Minderheiten zählten z.B. Polen, Dänen, Elsässer und Lothringer

weitere Kennzeichen
- Militär war im Kaiserreich dem Kaiser unterstellt und bildete dessen Machtstütze
- Wirtschaft: Landwirtschaft verliert mit Beginn der Industrialisierung im 19. Jh. an Bedeutung, große Industriezentren entstehen

7. Nenne Merkmale mithilfe von D7, die zeigen, dass es sich beim Deutschen Reich um einen Nationalstaat gehandelt hat (VT).

8. Erläutere mithilfe von Q2, dass die Idee einer einheitlichen Nation im Kaiserreich ein Konstrukt blieb.

9. Formuliere Fragen, die sich dir beim Analysieren von D4–D6 stellen. Beantworte die Fragen im Laufe des Schuljahres mithilfe deines Schulbuchs. Lege dir dazu eine Tabelle an. Eine Vorlage zum Herunterladen findest du unter dem Code auf Seite 10. ○

10. Dieter Langewische (D2) geht davon aus, dass es bislang keine Alternative zur Nation gibt. Erkläre, wie er diese These begründet, und nimm kritisch Stellung dazu. ●

AFB I: 7 AFB II: 1, 2, 3, 4, 5, 6, 8, 9 AFB III: 10

Überprüfe dich
Selbsteinschätzungsbogen
24324k

 **Üben interaktiv**
24324k

1. Überblickswissen

Begriffe erklären

Sachkompetenz

Verfasse zu mindestens drei der folgenden Begriffe bzw. Begriffspaare einen kurzen Beitrag für ein Schülerlexikon:

Nation/Nationalismus
Patriotismus
Nationalstaat/Imperium
Imperialismus

Notiere dir zunächst stichpunktartig wichtige Merkmale zu den Begriffen und beginne dann mit deiner Ausformulierung. Bedenke, dass manche Begriffe im Laufe der Geschichte auch einen Bedeutungswandel erfahren haben.

2. Globalisierung: Was hat das mit mir zu tun?

Eine Karikatur entschlüsseln

Sachkompetenz, Methodenkompetenz, Reflexionskompetenz

a) Analysiere die Karikatur Q1.
b) Erstelle eine Mind-Map zum Thema Globalisierung. Ergänze einen Ast zum Thema „Auswirkungen auf meine Lebenswelt".
c) Stellt euch eure Ergebnisse in der Klasse vor und diskutiert sie.

Q1 Globalisierung ... ein Naturgesetz?
Karikatur von Thomas Plaßmann, 2005

3. Imperium: China

Eine Textquelle kriteriengeleitet analysieren

Sachkompetenz, Methodenkompetenz

Erarbeite aus Q2, inwieweit hier der imperiale Anspruch Kaiser Qins deutlich wird. Lege dir dazu eine Tabelle an:

Kennzeichen Imperium	Textstelle Q2 (Zeilenzahl)

4. Die USA – ein Imperium der Moderne?

Begriffe anwenden

Sachkompetenz, Methodenkompetenz, Reflexionskompetenz

Recherchiert, mit welchen Argumenten die USA heute als Imperium bezeichnet werden. Vergleicht mit den im Kapitel erarbeiteten Merkmalen von Imperien. Diskutiert anschließend gemeinsam in der Klasse: „Die USA – ein Imperium der Moderne?"

Q2 Stelen-Inschrift des Ersten Erhabenen Kaisers

Nachdem der chinesische Kaiser Qin die Einigung des Reiches vollendet hatte, machte er eine Pilgerfahrt zu sieben heiligen Bergen im Osten Chinas. Dort ließ er eine Stele mit Inschrift aufstellen – und zwar ganz oben auf dem Berg. Außer den Tempelpriestern kam niemand dorthin, und auch diese mussten ganz dicht an die Stele herangehen, um den Text lesen zu können. Die folgende Inschrift stammt aus dem Jahre 218 v. Chr.

Nun im 29. Jahr
unternimmt der Erhabene Kaiser die
Frühlingsreise,
die fernen Gegenden (des Reiches) zu überblicken
und zu untersuchen,
er erreicht den äußersten Winkel am Meer,
besteigt daraufhin den Berg Chih-fu,
bestrahlt und überschaut die östlichen Lande.
Schauend und schweifend über die weite Pracht
besinnen sich alle folgenden hohen Beamten und
Priester,
ergründen die Ursprünge des höchst leuchtenden
Weges:
Seit die Gesetze des Heiligen (= Erhabener Kaiser)
begannen Verbreitung zu finden,
ordnete er mit Klarheit das Reich innerhalb der
Grenzen,
und außerhalb vernichtete er die Grausamen und
Gewalttätigen.
Seine kriegerische Macht dehnte sich allseitig aus
(…).
Weithin hat er die Welt unter dem Himmel vereint,
Katastrophen und Unheil sind gestoppt und
beendet,
auf ewig zum Einhalt gebracht sind Militär und
Waffen.
Des Erhabenen Kaisers leuchtende Tugendkraft
durchdringt und ordnet das Universum –
er schaut und lauscht ohne Rast. (…)
Alles hat Regel und Rangzeichen:
Die Beamten beachten ihre Aufgaben,
ein jeder kennt seine Tätigkeit,
und in den Unternehmungen gibt es weder Unklar-
heiten noch Zweifel.
Die schwarzhaarigen Köpfe [gemeint ist das einfa-
che Volk] wandeln sich zum Guten,
fern und nah gelten dieselben Maße –
gegenüber dem alten Reich ist dieses neue Reich
entschieden überlegen.
Die bleibenden Dienste sind gefestigt,
die Nachfolger werden die Tätigkeiten fortführen
und empfangen dauerhaft die Regierungsordnung
des Heiligen.
Die anwesenden Beamten und Priester rühmen
seine Tugendkraft,
besingen laut ehrfürchtig die Strahlkraft des
Heiligen
und bitten um Erlaubnis, den Text in die Stelle
einritzen zu dürfen.

Zit. nach Martin Kern: Die Hymnen der chinesischen Staatsoper: Literatur und Ritual in der politischen Repräsentation von der Han-Zeit bis zu den Sechs Dynastien. Steiner Verlag, Stuttgart 1997, S. 154. Auf: http://www.schule-bw.de (Zugriff: 21.03.2019).

Russland – ein Imperium im Wandel
Online-Material
56af3p

2 Russland – ein Imperium im Wandel

9. Mai: Wie jedes Jahr zeigen Fernsehnachrichten Bilder von Militärparaden in Moskau. Russland erinnert sich an diesem Tag an das Ende des „Großen Vaterländischen Krieges". Erinnert wird damit auch an eine Zeit, die den militärischen und politischen Aufstieg der Sowjetunion zur Supermacht einläutete. Mit Ende des Kalten Krieges hat sich Russlands Rolle in der Welt und in Europa erneut verändert. Welchen Herausforderungen steht das Land aktuell gegenüber?

1900 | **1915** | **1930** | **1945**

15. Jahrhundert
Beginn der Zarenherrschaft

1917
Der Zar dankt ab (Februarrevolution). Die Bolschewiki übernehmen die Macht in Russland (Oktoberrevolution).

1922
Gründung der Sowjetunion
Josef Stalin wird Generalsekretär der Kommunistischen Partei.

1924
Lenin stirbt; Stalin übernimmt die Macht.

1934–1939
Während der „Großen Säuberungen" beseitigt Stalin seine politischen Gegner.

8./9. Mai 1945
bedingungslose Kapitulation Deutschlands

Kompetenzen

Am Ende dieses Kapitels weißt und kannst du Folgendes:

Sachkompetenz

- Du kannst das Zarenreich als Imperium charakterisieren und seine Probleme um 1900 benennen.
- Du kannst u.a. folgende Begriffe erklären: Stalinismus, Modernisierungsdiktatur.
- Du kannst die Situation von Minderheiten in Russland seit dem Zarenreich beschreiben.

Methodenkompetenz

- Du kannst Text- und Bildquellen, Statistiken und Historikertexte analysieren.

Fragekompetenz

- Du kannst Hypothesen formulieren, warum das Zarenreich zusammenbrach.
- Du kannst hinterfragen, dass Stalin ein Modernisierer der Sowjetunion war.

Reflexionskompetenz

- Du kannst beurteilen, inwieweit die Ideen von Marx und Lenin die Entwicklung der Sowjetunion beeinflusst haben.
- Du kannst die Reformpolitik Gorbatschows sowie ihre Folgen beurteilen.

Orientierungskompetenz

- Du kannst aktuelle Herausforderungen Russlands vor dem Hintergrund historischer Entwicklungen analysieren.

◂ **D1 Militärparade zum 70-jährigen Ende des Zweiten Weltkriegs am 9. Mai 2015 in Moskau**

1960 | **1975** | **1990**

3
Stalins

1985
Michael Gorbatschow wird Partei- und Staatschef der Sowjetunion.

1989
Fall der Berliner Mauer

1991
Auflösung des Warschauer Paktes und der Sowjetunion
Gründung der Russländischen Föderation

2000
Wladimir Putin wird Präsident der Russländischen Föderation.

Die Herrschaft der Zaren

Vom 15. bis zum Beginn des 20. Jahrhunderts regierten in Russland die Zaren mit fast unumschränkter Macht. Sie erichteteten ein Imperium. Im Jahr 1917 jedoch dankte Zar Nikolaus II. ab. Warum konnte er sich nicht an der Macht halten?

Orthodoxe Kirche
(orthodox, griech. = rechtgläubig)
Im oströmischen Reich von Konstantinopel (Byzanz) entwickelte sich seit dem 4. Jh. n. Chr. ein eigenständiges Christentum, das sich in den slawischen Ländern ausbreitete.

Autokratie
(griech. = Selbstherrschaft)
Autokratie bezeichnet die unkontrollierte und uneingeschränkte Herrschaft eines Einzelnen.

Modernisierung
So bezeichnen Historiker die Prozesse, die zur Herausbildung einer wirkungsvollen staatlichen Verwaltung und zu planvollem wirtschaftlichen Handeln führten.

Die Entstehung des Zarenreichs

Vor dem Jahr 1000 wanderten skandinavische Wikinger in das westliche Gebiet des heutigen Russland sowie der heutigen Länder Ukraine und Weißrussland ein. Zusammen mit der slawischen Bevölkerung entwickelten sie erste staatliche Organisationen: die Rus. Um das Jahr 1000 brachten Missionare der ***orthodoxen Kirche*** das Christentum von Byzanz aus in die Gebiete der Rus. So stieg die Kiewer Rus unter dem 988 getauften Fürsten Wladimir I. zum ersten religiösen und politischen Machtzentrum auf. Ab dem 14. Jahrhundert nahm Moskau diese Rolle ein. Dessen Herrscher trugen nun den Titel „Großfürsten der ganzen Rus". Seit Iwan III. (1462–1505) bezeichneten sie sich als Zaren. Der von Caesar abgeleitete Titel betonte ihre Gleichrangigkeit mit den (ost-)römischen Kaisern. Die orthodoxe Kirche unterstützte die Zaren in ihrem Machtanspruch. Sie sah Moskau in der Nachfolge von Rom und Byzanz als „Drittes Rom". Iwan IV. (1530–1584) festigte seinen Anspruch als Nachfolger der oströmischen Kaiser durch erfolgreiche Feldzüge im Osten. Er baute seine Macht gegenüber dem Adel aus, vereinheitlichte die Gesetze, schuf eine zentrale Verwaltung und Gerichtsbarkeit und ergänzte das Heer um loyale Berufssoldaten. So legte er den Grundstein für die ***Autokratie*** der Zaren.

Zar Peter I. – ein autokratischer Herrscher

Zar Peter I. (1672–1725) verkündete 1716, er habe das Recht, das Land nach eigenem Willen und Gutdünken zu regieren, und sei niemandem Rechenschaft schuldig. Damit formulierte er das Selbstverständnis eines Autokraten und orientierte sich zugleich an den absolutistischen Monarchien Europas. Zar Peter I. sah sich wie König Ludwig XIV. in Frankreich als Herrscher von Gottes Gnaden. Gleichzeitig strebte er als aufgeklärter Monarch die ***Modernisierung*** seines Landes an. Besonders die orthodoxe Kirche, die Verwaltung, der Hof und das Heer sollten durch Reformen zu festen Säulen seiner Macht werden. Der Staat wurde zentralistisch organisiert: Peter I. führte einen Senat als oberste Verwaltungs- und Justizbehörde sowie Fachministerien zur Durchsetzung seiner Entscheidungen ein. Er stellte die Kirche unter staatliche Aufsicht und begrenzte die Anzahl der Priesterstellen. Außerdem stufte er den gesamten Adel nach seinen Leistungen für den Staat ein. Adelige bekamen ihre Güter und Titel vom Zaren verliehen und dienten dafür als Offiziere und Beamte.
Am wichtigsten aber war die Heeresreform, denn die Armee sicherte die Macht des Zaren nach innen und außen. Peter I. führte während seiner Regierungszeit fast ununterbrochen Krieg, um sein Reich vor allem an der Ostsee auszubauen. Er ließ dazu eine riesige Kriegsflotte bauen, moderne Waffen produzieren und stellte ein stehendes Heer aus Berufssoldaten auf. Auch die wirtschaftlichen Reformen waren in erster Linie auf die Erfordernisse des Krieges ausgerichtet. Denn das oberste Ziel des Zaren war es, Russland zu einer europäischen Großmacht zu machen.

Russland als Vielvölkerreich

Um 1900 war Russland der größte Flächenstaat der Erde. Die Zaren hatten ihr Reich seit Iwan IV. stetig erweitert. Bereits Mitte des 17. Jahrhunderts war die Eroberung Sibiriens abgeschlossen. Dann nahm Zar Peter I. das Baltikum in Besitz und machte Russland zur europäischen Großmacht. Später besetzten russische Truppen Teile Polens, drangen bis ans Schwarze Meer

Q1 Russische Bauernfamilie vor ihrem Haus
Foto um 1910

und in den Kaukasus vor. Im 19. Jahrhundert kolonisierten sie weite Gebiete in Zentralasien. So entstand ein ***multiethnisches Imperium***, in dem über 130 Sprachen gesprochen wurden und neben der Mehrheit orthodoxer Christen Muslime, Buddhisten, Protestanten und Katholiken lebten. Die aus Deutschland stammende Zarin Katharina II. (1729–1796) förderte die Einwanderung weiterer Volksgruppen, u.a. von heute als ***Russlanddeutsche*** bezeichneten deutschen Siedlern. Sie siedelte deutsche Handwerker und Kaufleute am Schwarzen Meer und an der Wolga an und stattete sie mit Privilegien aus.

Lange war das Zusammenleben der verschiedenen Ethnien und Gruppen im Zarenreich unproblematisch. Doch seit dem Ende des 18. Jahrhunderts betrachteten sich die Russen zunehmend als überlegenes Volk. Die Regierung befahl Ukrainern, Weißrussen, Finnen oder Polen, die russische Sprache zu sprechen. Diese Russifizierung verband sich mit einem wachsenden Nationalismus: dem **Panslawismus**. Vor allem russische Adelige traten für einen Zusammenschluss der slawischen Völker unter russischer Führung ein. Die Slawen seien seit Langem durch den richtigen christlichen Glauben, die enge Verbundenheit von Herrschern und Volk und die bäuerliche Kultur geprägt. Dagegen forderten viele russische Wissenschaftler und Schriftsteller, dass das Land dem europäischen Weg folgen, Reformen durchführen, die politische Macht begrenzen und die technische und industrielle Entwicklung übernehmen sollte. Die Zaren waren im 19. Jahrhundert zwischen beiden Wegen hin- und hergerissen. Der Panslawismus bestärkte ihren Machtanspruch. Doch der Blick nach Westen zeigte ihnen, dass die wirtschaftliche und soziale Situation des Landes verbessert werden muss.

Strukturkrisen des Zarenreichs

In den westeuropäischen Ländern fand seit dem 18. Jahrhundert ein tief greifender wirtschaftlicher und politischer Wandel statt. ***Agrarreformen***, Industrialisierung und bürgerliche Revolutionen prägten die Epoche. Die Zaren hatten bislang jede Reform verhindert, um ihre Herrschaft nicht zu gefährden. Diese Rückständigkeit schwächte ihr Reich. Daran wollte Zar Alexander II. (1818–1881) etwas ändern. Im Jahr 1861 beendete er die seit dem 16. Jahrhundert

multiethnisches Imperium
Im Gegensatz zu einem Nationalstaat, der sich meist über eine einheitliche Sprache, Ethnie oder Kultur definiert, leben in einem multiethnischen Imperium viele Gruppen mit unterschiedlicher Herkunft, Sprache und Kultur zusammen.

Panslawismus
eine Bewegung, die die Verbundenheit der slawischen Völker propagierte

Agrarreformen
Die Aufhebung persönlicher Abhängigkeitsverhältnisse zwischen Bauern und Grundherren, die Durchsetzung von privatem Landbesitz sowie der Einsatz neuer Methoden und Techniken in der Produktion bestimmten die Agrarreformen in Europa seit dem 18. Jahrhundert.

 **Arbeitsblatt**
Das Zarenreich in Zahlen
56af3p

Leibeigenschaft
Bauern, die persönlich unfrei waren, lebten in Leibeigenschaft. Sie waren zu kostenloser Arbeit verpflichtet und konnten von ihren Herren wie „Besitz“ behandelt werden.

Urbanisierung
Damit werden das Wachstum der Städte und die Ausbreitung typisch städtischer Lebensformen bezeichnet. Durch die Industrialisierung zogen immer mehr Menschen in die Städte (Großstadt), wo die meisten Fabriken entstanden. Die Mehrheit lebte dort eng in gleichförmigen Wohnvierteln zusammen. Für ihre Versorgung, Beförderung und Freizeit entstanden neue Einrichtungen.

Zarismus
Das System der autokratischen Herrschaft, das durch militärische und Polizeigewalt durchgesetzt und von der Kirche gestützt wurde.

Duma
Bezeichnung für das 1906 erstmals gewählte russische Parlament. Die Macht der Duma war gegenüber dem Zaren und der Regierung stark eingeschränkt.

bestehende **Leibeigenschaft** der Bauern. Die Bauernbefreiung führte jedoch dazu, dass die Bauern massenhaft verarmten. Sie mussten ihre ehemaligen Herren für das überlassene Land bezahlen, durften es aber nicht verlassen oder verkaufen. Viele Bauern konnten die Belastungen nicht tragen, zumal ihre Höfe meist zu klein waren, um sich ausreichend selbst zu versorgen. Manchen Bauern blieb nur, als Wanderarbeiter in die Städte zu gehen, wo sie unter elenden Verhältnissen lebten. Anders als in Westeuropa gelang es in Russland nicht, die Landwirtschaft zu modernisieren.
Die Städte und Fabriken konnten die verarmte Landbevölkerung kaum aufnehmen. Die **Urbanisierung** setzte in Russland spät ein. Von den 932 Städten um 1900 hatten nur 19 mehr als 100 000 Einwohner, darunter die beiden Millionenstädte Moskau und Sankt Petersburg. Auch die Industrialisierung nahm erst ab 1890 Fahrt auf. Der Staat trieb den Eisenbahnbau voran und rüstete das Militär auf. So beförderte ausländisches Kapital die Gewinnung von Kohle und Erzen und die Stahlproduktion. Insgesamt blieb die russische Industrie jedoch weit hinter den führenden Industrieländern zurück. Bis 1913 waren nur 1,9 Prozent der Bevölkerung in der Industrie beschäftigt.
Sowohl in den heimischen Textilfabriken als auch in der Schwerindustrie waren die Arbeitsbedingungen schlecht und die Löhne niedrig. Kinderarbeit, 12-Stunden-Arbeitstage, fehlender Gesundheits- und Kündigungsschutz prägten das Leben der russischen Industriearbeiter. Zu gleicher Zeit hatten in Deutschland der Staat und die Arbeiterbewegung die Lage der Arbeiter bereits deutlich verbessert.

Das Ende des Zarismus

Die schwierige Lage der Bauern, aber auch die Missstände in den Fabriken führten immer wieder zu Unruhen und Streiks. Bauern und Arbeiter forderten eine Verbesserung ihrer Arbeitsbedingungen. Sie fanden Unterstützung bei Gruppen, die der Intelligenzija zugerechnet werden. Das waren verarmte Adelige oder Söhne von Geistlichen, Studenten, Künstler, Lehrer und Journalisten. Sie einte eine Ablehnung des ***Zarismus***. Aus dieser sozialen Gruppe heraus entstanden politische Bewegungen wie die Narodniki oder die Russische Sozialdemokratische Partei. Die autokratische Regierung interessierte sich nicht für die Situation der verarmten Bauern und Arbeiter. Stattdessen unterdrückte sie Streiks, politische Kundgebungen und Organisationen und ließ die Opposition durch ihre Geheimpolizei verfolgen.
Als sich infolge des Krieges gegen Japan 1904/1905 die Versorgungslage in Russland verschlechterte, demonstrierten zehntausende Arbeiter in St. Petersburg. Der Zar ließ seine Soldaten auf die Protestierenden schießen; über 100 Arbeiter kamen ums Leben. Nun weiteten sich die Aufstände in den Städten und auf dem Land aus. Sie veranlassten Nikolaus II. im Oktober 1905 dazu, Wahlen zu einer **Duma** zuzulassen und dem Volk Grundrechte zu gewähren, etwa das Recht auf freie Meinungsäußerung. Die Volksvertreter konnten jedoch kaum Veränderungen, zum Beispiel die Verteilung des Gutsbesitzes, durchsetzen, da der Zar jede Möglichkeit nutzte, sie zu behindern. Am Ende sorgte er dafür, dass in der Duma seine konservativen Anhänger die Mehrheit bekamen und er weiter als Autokrat herrschen konnte.
Erst die Beteiligung am Weltkrieg sorgte für den endgültigen Zusammenbruch des Zarismus. Die Bevölkerung wollte die kriegsbedingte soziale Not nicht mehr hinnehmen. Arbeiter, Bauern und bürgerliche Gruppen forderten den Rücktritt des Zaren. Dieser dankte am 15. März 1917 ab ab (am 2. März 1917 nach dem Julianischen Kalender, der in Russland bis 1918 gültig war), da die Soldaten ihm eine weitere Unterstützung verweigerten. Die Februarrevolution brachte eine Übergangsregierung an die Macht, mündete aber bald in eine sozialistische Revolution.

Q2 Die autokratische Herrschaft der Zaren

Der britische Diplomat Giles Fletcher veröffentlichte 1591 eine Schrift, in der er über seine drei Jahre zuvor gewonnenen Erfahrungen mit der russischen Herrschaft berichtet:

Zustand und Form ihrer Regierung sind offen tyrannisch, da alles in die Zuständigkeit des Fürsten fällt. Dies erfolgt in einer unverhüllten und barbarischen Weise, was aus den politischen Regeln ihrer Regierungsart deutlich wird, die weiter unten dargelegt sind. [...]
Was nun die grundlegenden Punkte und Angelegenheiten betrifft, in denen die Souveränität besteht [...], so sind diese so vollständig und absolut dem Kaiser und seinem Rat vorbehalten. [...]
Denn die Gesetze und die öffentliche Ordnung des Reiches liegen immer schon fest, wenn eine öffentliche Versammlung oder ein Parlament einberufen wird. Und außer mit seinem Rat muss er sich in diesen vorab entschiedenen Angelegenheiten mit niemandem besprechen [...].
Zweitens gibt es unter den öffentlichen Ämtern und Obrigkeiten des Reiches, ob groß oder klein, keine, die erblich sind – der Kaiser vergibt alle Ämter selbst und unmittelbar [...].
Drittens kann man über alle Rechtsangelegenheiten dasselbe sagen, besonders über die, welche auf Leben und Tod gehen. Nirgends wird eine eigene Autorität oder ein öffentliches Rechtsverfahren wirksam, in dem Widerspruch möglich wird [...], sondern alle Rechtsprechung geschieht durch mit Zustimmung des Kaisers ernannte Richter.
Damit wird deutlich, welch schwierige Aufgabe es wäre, den Zustand der russischen Regierung zu ändern. [...] Deshalb haben weder der Adel noch das Volk die Mittel, um irgendeine Neuerung zu versuchen, solange das Militär des Kaisers (wenigstens achttausend Mann in festem Sold) fest zu ihm und zum gegenwärtigen Zustand steht. Da sie nun einmal Soldaten sind, müssen sie das tun.

Zit. nach Hans-Heinrich Nolte u.a. (Hrsg.), Quellen zur Geschichte Russlands. Reclam, Stuttgart 2014, S. 47–49, übers. vom Hrsg.

D1 Sozialstruktur Russlands 1913

soziale Gruppen	1913 (in Mio.)	Prozent
Großbourgeoisie, Gutsbesitzer, höhere Beamte	4,1	2,5 %
wohlhabende Besitzer	31,5	19,0 %
ärmere, kleine Besitzer	42,0	25,3 %
Halbproletarier*	55,6	33,6 %
Proletarier	32,5	19,6 %
Gesamtbevölkerung	165,7	

* Als Halbproletarier werden zum Beispiel Wanderarbeiter bezeichnet.

Zahlen nach: Hans-Heinrich Nolte/Bernhard Schalhorn/Bernd Bonwetsch (Hrsg.), Quellen zur Geschichte Russlands. Reclam, Stuttgart 2014, S. 149.

D2 Vergleich der Industrieproduktion verschiedener Länder 1913

	Indien	Russland	England	Deutschland	USA
Einwohner (Mio.)	315	178	42	65	115
Roheisen (Mio. t)	0,3	4,6	10,4	19,3	31,5
Erdöl (Mio. t)	–	9,2	–	–	33,1
Kohle (Mio. t)	16	29,1	292	173	516
Baumwollspindeln (in Mio.)	6,6	9	55,6	11,2	32,1

Zahlen nach: Hans-Heinrich Nolte, Kleine Geschichte Rußlands. Reclam, Stuttgart 1998, S. 162.

Q3 Russland: Kolonie oder Großmacht?

Finanzminister Witte teilt Zar Nikolaus II. 1899 seine Einschätzung der wirtschaftlichen Lage Russlands mit:

Russland ist auch heutzutage ein im wesentlichen agrarisches Land geblieben. Für alle seine Verpflichtungen gegenüber Ausländern zahlt es mit der Ausfuhr von Rohstoffen, hauptsächlich von landwirtschaftlichen Produkten, vornehmlich von Getreide. Seinen Bedarf an Fabrikerzeugnisen, metallurgischen Produkten deckt es in hohem Maße durch die Einfuhr vom Ausland. Die wirtschaftlichen Beziehungen Russlands zu Westeuropa entsprechen völlig den Beziehungen der Kolonialländer zu ihren Metropolen [Industrieländer mit Kolonialbesitz]: Letztere schauen auf ihre Kolonien als einen vorteilhaften Markt, auf den sie frei die Produkte ihrer Arbeit, ihrer Industrie absetzen und aus denen sie mit starker Hand die für sie notwendigen Rohstoffe schöpfen können […]. Russland ist auch heutzutage in einem gewissen Grade eine solche gastfreundliche Kolonie für alle wirtschaftlich entwickelten Staaten, die sie großzügig mit billigen Erzeugnissen ihres Landes versorgt und teuer für ihre Arbeitserzeugnisse bezahlt. Es gibt aber einen grundsätzlichen Unterschied von der Lage der Kolonien: Russland ist eine politisch unabhängige, starke Macht. […] Die Schaffung unserer eigenen Industrie ist die Kernaufgabe […]. Die neue Industrie kann nicht in kurzer Zeit heranwachsen. Deshalb müssen die Schutzzölle [Zölle auf ausländische Güter, um die heimische Produktion vor billigerer Konkurrenz zu schützen] zehn Jahre beibehalten werden, damit es gelingt, positive Resultate zu erzielen.

Zit. nach Hans-Heinrich Nolte u.a. (Hrsg.), Quellen zur Geschichte Russlands. Reclam, Stuttgart 2014, S. 244 f., übers. vom Hrsg.

Q4 Die Hierarchie der russischen Gesellschaft

Um 1900 im Ausland veröffentlichtes Flugblatt, das die ausgeprägte Hierarchie in der russischen Gesellschaft kritisierte. Auf der Spitze der Pyramide ist der schwarze Adler, Symbol für das Russische Reich zu sehen.

1 Wir herrschen über euch
2 Wir lenken euch
3 Wir streuen euch Sand in die Augen
4 Wir schießen auf euch
5 Wir essen für euch
6 Auf der Fahne steht: Leben in Freiheit – Sterben im Kampf.

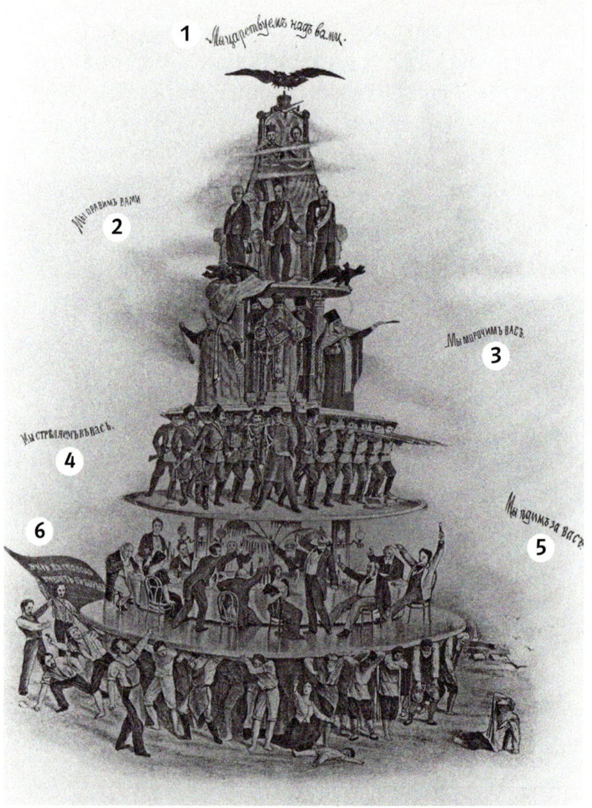

Nachgefragt

1. Charakterisiere die autokratische Herrschaft der Zaren (VT, Q2, Q5).

2. Erkläre, in welcher Beziehung der Zar zur Kirche bzw. zur Armee stand (VT, Q4).

3. Nenne wirtschaftliche, politische und soziale Probleme des Zarenreichs (VT, Q1–Q3, D1, D2).

4. Erläutere die positiven und negativen Folgen der Bauernbefreiung (VT). ○

5. Vergleiche die Aussage der Karikatur Q4 und der Statistik D1.

6. Begründe, warum das Flugblatt im Ausland veröffentlicht wurde (VT, Q4).

7. Analysiere das Foto Q6. Beurteile das Selbstverständnis des Zaren

Q5 Programm der „Sozialdemokratischen Arbeiterpartei Russlands"

Am 2. März 1903 erklärt die Sozialdemokratische Arbeiterpartei Russlands ihre politischen Ziele:

In Rußland, wo der Kapitalismus schon zur herrschenden Produktionsweise geworden ist, haben sich noch sehr zahlreiche Überreste unserer alten, vorkapitalistischen Ordnung erhalten, die sich auf die Versklavung der werktätigen Massen durch die Gutsbesitzer, den Staat oder das Oberhaupt gründete. Diese Überreste, die dem wirtschaftlichen Fortschritt in stärkstem Maße im Wege stehen, verhindern eine allseitige Entwicklung des Klassenkampfes des Proletariats, unterstützen die Erhaltung und Verstärkung der barbarischen Ausbeutung der viele Millionen zählenden Bauernschaft durch den Staat und die besitzenden Klassen und halten das Volk in Unwissenheit und Rechtlosigkeit.

Das bedeutendste aller Überbleibsel und das mächtige Bollwerk dieser ganzen Barbarei ist die zaristische Selbstherrschaft. Sie ist in ihrer ganzen Natur nach jeglicher gesellschaftlichen Bewegung feindlich gesinnt und muß der schlimmste Gegner aller Freiheitsbestrebungen des Proletariats sein. Daher stellt sich die Sozialdemokratische Arbeiterpartei Russlands als nächste Aufgabe den Sturm der zaristischen Selbstherrschaft und deren Ersetzung durch eine demokratische Republik.

Zit. nach Rüdiger Thomas, Marxismus und Sowjetkommunismus. Klett, Stuttgart 1972, S. 52, übers. von Johannes Dietrich.

Q6 Zar Nikolaus II. in der Duma

Zur Eröffnung des Parlaments am 27. April 1906 verliest der Zar vor den Mitgliedern des Hofes, den Ministern, Vertretern der Kirche und den Abgeordneten seine Thronrede im Sankt-Georg-Saal des Winterpalais. Der Zar ist von den Insignien seiner Herrschaft umgeben: dem Krönungsmantel, der Krone, dem Reichsapfel und dem Zepter. Unbekannter russischer Fotograf

anhand seiner Position im Saal und seiner Herrschaftsinsignien. ○

8. Erkläre, welche Faktoren zum Sturz des Zaren führten (VT, Q4, Q5).

9. Vergleiche die wirtschaftliche Lage Russlands mit der Lage anderer Länder (D2, Q3). ○

10. Erläutere, welche anderen politischen Wege für Russland 1905 und 1917 möglich gewesen wären (VT, Q5). Denke an die Rolle des Zaren und der Provisorischen Regierung.

11. War der Sturz des Zaren unausweichlich (VT, Q5, Q6)? Erörtere.

12. War Russland ein rückständiges Entwicklungsland oder eine Großmacht? Diskutiert. ●

AFB I: 3 AFB II: 1, 2, 4, 5, 6, 8, 9, 10 AFB III: 7, 11, 12

Marx und der Marxismus

Karl Marx gilt als einer der bedeutendsten Denker der Weltgeschichte – er ist als Prophet des Kommunismus bezeichnet worden. Welche richtungsweisenden Gedanken entwickelte er? Wie wirkte sich der Marxismus auf die Weltgeschichte aus?

Revolution
grundlegende politische, soziale oder wirtschaftliche Veränderung der Gesellschaft

Bourgeoisie
Besitzer der Produktionsmittel wie Fabriken, Maschinen, Grund und Boden sowie von großem Finanzkapital

Proletariat
besitzlose und abhängig beschäftigte Arbeiter

Karl Marx (1818–1883)

Karl Marx wurde am 5. Mai 1818 in Trier geboren. Nach seinem Studium arbeitete er ab 1842 als Journalist bei der Rheinischen Zeitung, die sich für die demokratische Bewegung in Deutschland einsetzte. Hier traf er auch auf seinen späteren Weggefährten und Förderer, den Fabrikantensohn Friedrich Engels (1820–1895) aus Barmen (Wuppertal). Dessen Berichte zur „Lage der arbeitenden Klasse in England" prägten Marx' politische Haltung. Als die preußische Regierung die Zeitung 1843 verbot, emigrierte Marx zunächst nach Paris. Dort lernte er französische Sozialisten, aber auch eine Organisation deutscher Handwerksgesellen kennen, den „Bund der Gerechten". Aus ihm sollte 1847 der „Bund der Kommunisten" hervorgehen, für den Marx gemeinsam mit Friedrich Engels ein Programm verfasste: das „Kommunistische Manifest". Die Autoren forderten darin die Arbeiter zu einer kommunistischen ***Revolution*** auf. Auch später unterstützten beide in zahlreichen Briefen und Artikeln die revolutionäre Bewegung. Marx beteiligte sich 1864 an der Gründung des ersten internationalen Zusammenschlusses der Arbeiter: der Internationalen Arbeiter-Assoziation. 1867 veröffentlichte er nach langer Vorarbeit sein Hauptwerk „Das Kapital", in dem er den Kapitalismus als Wirtschaftsordnung untersuchte. Er starb am 14. März 1883 in London.

Q1 Bronzedenkmal von Karl Marx und Friedrich Engels
Im Auftrag der Staatsführung der DDR wurde das Denkmal 1986 in Berlin-Mitte aufgestellt. Das Graffito stammt aus dem Jahr 1990.

Das Ende des Kapitalismus?

Zu Marx' Lebenszeit setzte sich der Kapitalismus in den Industrieländern als Wirtschaftsform durch. Eigentümer von Kapital investierten in Fabriken, Maschinen und Anlagen und stellten Arbeitskräfte ein, um massenweise Güter für Märkte zu produzieren und damit Gewinn zu machen. Marx erkannte die ungeheure Produktivität dieser Wirtschaftsform, sah aber auch deren Anfälligkeit für Krisen und die zunehmende soziale Ungerechtigkeit.

Er erklärte die Ausbeutung und Verelendung der Arbeiter so: Im Kapitalismus stehen sich die Klasse der Besitzer der Produktionsmittel, die ***Bourgeoisie***, und die besitzlosen Arbeiter, das ***Proletariat***, gegenüber. Die Arbeiter haben nichts als ihre Arbeitskraft und sind gezwungen, diese zu verkaufen, um ihr Leben zu bestreiten. Ihre Arbeitskraft ist die Quelle des Reichtums der Bourgeoise, weil sie mehr produziert, als zu ihrer eigenen Erhaltung nötig ist. Diesen Mehrwert eignen sich allein die Kapitalisten an. Sie wollen ihn ständig erhöhen. Die Fabrikbesitzer verlängerten deshalb tatsächlich in den Anfängen der Industrialisierung die Arbeitszeiten und drückten die Löhne bis auf ein Existenzminimum. Die Verelendung großer Teile der

Arbeiter war die Folge. Doch die Arbeiter begannen sich zu wehren und für höhere Löhne, bessere Arbeitsbedingungen und politische Mitbestimmung zu kämpfen. Aus Marx Sicht erkannten sie, dass sie sich durch gemeinsames Handeln als Klasse befreien können. Er erwartete für die nahe Zukunft eine Revolution des Proletariats.

Was treibt Geschichte an?

Für Marx waren der Mensch und seine Geschichte ökonomisch bestimmt. Engels bezeichnete diese Auffassung als ***historischen Materialismus***. Danach zeige sich der Fortschritt in der Geschichte in der Entfaltung der **Produktivkräfte** und der wachsenden Beherrschung der Natur. Dagegen hemmten die jeweiligen Produktionsverhältnisse die Entwicklung der Produktivkräfte. Dieser Gegensatz prägte nach Marx die verschiedenen Gesellschaftsstufen und ihre Abfolge (D1) und fand seinen sichtbaren Ausdruck in den ***Klassenkämpfen*** zwischen Unterdrückern und Unterdrückten, Besitzenden und Besitzlosen. Erst im Kapitalismus würden sich diese Klassengegensätze so zuspitzen, dass ihre Überwindung möglich sei.

Vom Sozialismus zum *Kommunismus*

Der Kapitalismus konzentriere alle Produktionsmittel wie Fabriken, Maschinen, Grund und Boden als Privateigentum in den Händen der Bourgeoisie. Auf der anderen Seite gebe es nur noch ein Heer besitzloser Proletarier. Entsprechend müsse das Proletariat nur in einer Revolution die Macht ergreifen und die Produktionsmittel zum Besitz aller machen, um die endgültige Freiheit und Gleichheit der Menschen zu erreichen. Die Herrschaftsform, die die Bourgeoisie enteignet und bekämpft, bezeichnete Marx als ***„Diktatur des Proletariats"***. Er rechtfertigte diese Diktatur damit, dass erst dann eine übergroße Mehrheit über eine kleine Minderheit herrschen würde. In der sozialistischen Gesellschaft gibt es nach Marx noch einen Staat und einen Klassengegensatz, der aber schließlich von selbst verschwindet. Den darauf folgenden ***Kommunismus*** hat er in seinem gesamten Werk nur vage beschrieben: als eine Gesellschaft ohne Besitz, in der jeder seine Tätigkeiten frei wählt und sich nimmt, was er zum Leben braucht.

Von Marx zum Marxismus

Schon zu seinen Lebzeiten hatten Marx Gedanken zunehmende Aufmerksamkeit erhalten. Friedrich Engels sorgte dafür, dass Marx Schriften und Ideen über seinen Tod hinaus bekannt blieben. Er veröffentlichte aber nicht nur die Texte seines Freundes, er erklärte und deutete sie auch. Daher haben Historiker Engels als Urmarxisten bezeichnet. Ihm folgten Wissenschaftler und Politiker, die Marx' Ideen weitergeführt und in die politische Praxis umgesetzt haben. Die entstehenden Arbeiterparteien beriefen sich in ihren Programmen meist auf den ***Marxismus***. Wenn kommunistische Parteien an die Macht kamen, nutzten sie Marx' Ideen, um ihre Herrschaft und den Weg dorthin zu rechtfertigen.

Stärken und Schwächen des Marxismus

Einige Wissenschaftler sehen in der weltweiten Ungleichheit der Vermögen und Einkommen eine Bestätigung für das Modell der Klassengesellschaft von Marx. Seine Anhänger sind sogar der Ansicht, dass die von ihm beobachtete Verelendung der Arbeiter sich heute im zunehmenden Abstand von Arm und Reich bestätigt. Es handele sich nicht mehr um absolute Armut wie in den Anfängen der Industrialisierung, sondern um relative Armut im Verhältnis zum tatsächlichen Reichtum der Gesellschaft. Es sind aber auch Einwände gegen Marx' Lehre erhoben worden: Marx' Vorhersage des Kommunismus sei eine Wunschvorstellung. Geschichte verlaufe nicht zielgerichtet auf einen Endpunkt zu. Außerdem werde Geschichte nicht nur von wirtschaftlichen Faktoren bestimmt. Marx habe mit der Idee der Diktatur des Proletariats reale sozialistische Diktaturen legitimiert und sich gegen die Demokratie gestellt. Das Gleichheitsideal habe sozialistische Staaten zudem dazu gebracht, das Kollektiv über das Individuum zu stellen und den Pluralismus zu bekämpfen.

Historischer Materialismus
Lehre von Marx und Engels, nach der die Geschichte der Menschheit von den materiellen, ökonomischen Bedingungen bestimmt wird, die sie selbst durch Arbeit erschafft.

Produktivkräfte
die Verbindung von menschlicher Arbeit mit Werkzeugen, technischen Instrumenten und Wissen, die neue Werte schafft

Klassenkampf
Auseinandersetzung zwischen den herrschenden und besitzenden und den unterdrückten, besitzlosen sozialen Gruppen um Macht und wirtschaftliche Güter

„Diktatur des Proletariats"
Nach Marx und Engels ergreift die Mehrheit der Proletarier die Macht und unterdrückt die Reste des Bürgertums, um die völlige Gleichheit zu erreichen.

Kommunismus
Idee einer Gesellschaftsordnung ohne Eigentum, mit sozialer Gleichheit und unbeschränkter Freiheit

Marxismus
Lehren, die auf den Gedanken von Marx und dem Historischen Materialismus aufbauen

D1 Die Gesellschaftsformationen und ihre Abfolge nach Marx

Karl Marx hat in seinem Werk an verschiedenen Stellen Hinweise auf die Abfolge der gesellschaftlichen Entwicklung gegeben, die hier zusammengefasst werden.

Urgesellschaft	Es gibt Jäger und Sammler. Es gibt kein Eigentum.
Sklavenhalter-gesellschaft	Es gibt Sklavenhalter und Sklaven. Sklavenhalter besitzen Land und Menschen.
Feudal-gesellschaft	Es gibt adelige Grundherren und Bauern. Die Grundherren besitzen das Land und beherrschen die Bauern (Leibeigenschaft, Abgabepflichten, Fronarbeit).
Kapitalismus	Es gibt die Bourgeoisie und das Proletariat. Die Bourgeoisie besitzt die Produktionsmittel (Privateigentum).
Sozialismus	Das Proletariat übernimmt die Macht und verstaatlicht die Produktionsmittel.
Kommunismus	Es gibt nur gleiche und freie Menschen. Es gibt kein Privateigentum mehr; alles gehört der Gesellschaft.

Q2 Die Geschichte von Klassenkämpfen

Im kommunistischen Manifest stellen Marx und Engels die Geschichte des Klassenkampfs als Abfolge von Revolutionen dar:

Die Geschichte aller bisherigen Gesellschaft ist die Geschichte von Klassenkämpfen. Freier und Sklave, Patrizier und Plebejer, Baron und Leibeigener, Zunftbürger und Gesell, kurz, Unterdrücker und Unterdrückte standen in stetem Gegensatz zueinander, führten einen ununterbrochenen, bald versteckten, bald offenen Kampf, einen Kampf, der jedes Mal mit einer revolutionären Umgestaltung der ganzen Gesellschaft endete oder mit dem gemeinsamen Untergang der kämpfenden Klassen. In den früheren Epochen der Geschichte finden wir fast überall eine vollständige Gliederung der Gesellschaft in verschiedene Stände, eine mannigfaltige Abstufung der gesellschaftlichen Stellungen. Im alten Rom haben wir Patrizier, Ritter, Plebejer, Sklaven; im Mittelalter Feudalherren, Vasallen, Zunftbürger, Gesellen, Leibeigene, und noch dazu in fast jeder dieser Klassen wieder besondere Abstufungen. Die aus dem Untergang der feudalen Gesellschaft hervorgegangene moderne bürgerliche Gesellschaft hat die Klassengegensätze nicht aufgehoben. Sie hat nur neue Klassen, neue Bedingungen der Unterdrückung, neue Gestaltungen des Kampfes an die Stelle der alten gesetzt.
Unsere Epoche, die Epoche der Bourgeoisie, zeichnet sich jedoch dadurch aus, daß sie die Klassengegensätze vereinfacht hat. Die ganze Gesellschaft spaltet sich mehr und mehr in zwei große feindliche Lager, in zwei große, einander direkt gegenüberstehende Klassen: Bourgeoisie und Proletariat.

Karl Marx/Friedrich Engels, Manifest der Kommunistischen Partei, Reclam, Stuttgart 1969, S. 23 f.

Nachgefragt

1. Benenne Marx' politische Ziele (VT, Q2, Q3).

2. Erläutere den historischen Materialismus an einem Beispiel (D1, Q2).

3. Ordne die Gesellschaftsformationen (D1) den Geschichtsepochen zu, die du bereits kennst. ○

4. Analysiere, wie Marx das Verhältnis von Proletariat und Bourgeoisie sieht (VT, Q2, Q3).

5. Begründe, warum die Kommunisten international zusammenarbeiten sollen (VT, Q2–Q4).

6. Beurteile, inwiefern Marx als Revolutionär bezeichnet werden kann (VT, Q4).

Q3 Kommunistische Ziele

Marx und Engels nennen im Kommunistischen Manifest die Ziele und die Gegner der Kommunisten:

In Deutschland kämpft die Kommunistische Partei, sobald die Bourgeoisie revolutionär auftritt, gemeinsam mit der Bourgeoise gegen die absolute Monarchie, das feudale Grundeigentum und die Kleinbürgerei.

Sie unterläßt aber keinen Augenblick, bei den Arbeitern ein möglichst klares Bewußtsein über den feindlichen Gegensatz zwischen Bourgeoisie und Proletariat herauszuarbeiten, damit die deutschen Arbeiter sogleich die gesellschaftlichen und politischen Bedingungen, welche die Bourgeoisie mit ihrer Herrschaft herbeiführen muß, als ebenso viele Waffen gegen die Bourgeoisie kehren können, damit, nach dem Sturz der reaktionären Klassen in Deutschland, sofort der Kampf gegen die Bourgeoisie selbst beginnt. [...]

Mit einem Wort, die Kommunisten unterstützen überall jede revolutionäre Bewegung gegen die bestehenden gesellschaftlichen und politischen Zustände. [...]

Die Kommunisten verschmähen es, ihre Ansichten und Absichten zu verheimlichen. Sie erklären es offen, daß ihre Zwecke nur erreicht werden können durch den gewaltsamen Umsturz aller bisherigen Gesellschaftsordnung. Mögen die herrschenden Klassen vor einer kommunistischen Revolution zittern. Die Proletarier haben nichts zu verlieren als ihre Ketten. Sie haben eine Welt zu gewinnen. Proletarier aller Länder, vereinigt euch!

Karl Marx/Friedrich Engels, Manifest der Kommunistischen Partei, Reclam, Stuttgart 1969, S. 59 f.

Q4 Karl Marx als moderner Moses

Ansichtskarte von D. Bernstein aus dem Jahr 1906. Marx hält hier wie Moses eine Gesetzestafel. Darauf steht „Das Kapital" und „Kommunistisches Manifest". Die Blitze sind beschriftet mit Zitaten aus dem Manifest. Die Bildunterschrift zitiert den letzten Satz des Manifests.

7. Recherchiere, welche Staaten sich heute noch auf Marx und den Kommunismus berufen. Wähle einen Staat aus und halte ein Kurzreferat.

8. Vergleiche die Urteile, die das Graffito bzw. die Ansichtskarte über den Marxismus fällen (Q1, Q4). ○

9. Was spricht für und was gegen den Marxismus (VT)? Diskutiert. ●

Lenin und die Revolution

Die Ideen von Karl Marx verbreiteten sich in der zweiten Hälfte des 19. Jahrhunderts in ganz Europa. Auch in Russland wurde die revolutionäre Theorie begeistert aufgenommen. Doch wie wurde sie umgesetzt? Und wen brachte die Revolution an die Macht?

Leninismus
auf den Ideen von Karl Marx beruhende politische Lehre, die die führende Rolle der Kommunistischen Partei in der Revolution betont und die Revolution in einem wenig entwickelten Land für möglich hält

„Partei neuen Typs"
Nach Lenins Vorstellungen sollte die Partei streng hierarchisch organisiert sein und aus Berufsrevolutionären bestehen. Er verstand sie als den klassenbewussten Teil der Arbeiterbewegung, der die Arbeiter im Kampf anleiten müsse.

Sozialismus
Der Sozialismus strebt Veränderungen zum Wohle der Arbeiter an. Nach Marx übernimmt das Proletariat die Macht und verstaatlicht die Produktionsmittel.

Sowjets
(russ. = Räte) gewählte Arbeiter- und Soldatenräte, die Verwaltungsaufgaben übernehmen

Revolution in einem rückständigen Land?

Viele russische Intellektuelle sahen in Marx' Theorie eine Grundlage für ihren Kampf gegen den Zarismus. Allerdings diskutierten sie, ob und wie der Kommunismus in Russland umsetzbar sei. Die sogenannten Narodniki (Volkstümler) sahen die Voraussetzung für eine kommunistische Gesellschaft in der bäuerlichen Dorfgemeinde und ihrer Selbstverwaltung. Die russische Gesellschaft müsse von der autokratischen Herrschaft befreit werden, zum Beispiel durch Terror und Attentate auf den Zaren. Revolutionäre wie Wladimir Iljitsch Lenin (1870–1924) wiederum propagierten den von Marx beschriebenen Weg von der bürgerlichen zur sozialistischen Revolution. Lenin ging davon aus, dass der Kapitalismus in der Industrie und selbst in der Landwirtschaft Russlands auf dem Vormarsch sei. Entsprechend wachse das Proletariat zur revolutionären Klasse heran. Deshalb gründete er 1898 zusammen mit acht Revolutionären in Minsk die Sozialdemokratische Arbeiterpartei Russlands (SDAPR).

Vom Marxismus zum *Leninismus*

In Westeuropa kämpften die Arbeiterorganisationen zu dieser Zeit bereits erfolgreich für höhere Löhne und die Verbesserung der Arbeitsbedingungen. Arbeiterparteien konnten über Wahlen und Parlamente am politischen Prozess mitwirken. Ganz anders war die Lage in Russland: Dort unterdrückte eine autokratische Regierung jede Opposition. In dieser Situation veröffentlichte Lenin seine Schrift „Was tun?" (1902). Er entwarf darin das Konzept einer ***„Partei neuen Typs"***, die stellvertretend für die Arbeiter die Revolution vorantreibt. Eine solche Untergrundorganisation schien Lenin im Kampf gegen den zaristischen Geheimdienst erfolgversprechend. Auf dem Parteitag der SDAPR in Brüssel und London 1903 folgte eine Mehrheit dem Konzept Lenins: Diese Gruppe nannte sich Bolschewiki (Mehrheitler) im Gegensatz zu den unterlegenen Menschewiki (Minderheitler), die 1912 aus der Partei ausgeschlossen wurden.

Die gescheiterte Revolution von 1905

Arbeiter, Bauern und Intelligenzija begehrten 1905 in der Revolution gegen den Zarismus auf und zwangen den Zaren zur Einführung eines Parlaments, der Duma. Lenin sah den Zeitpunkt für eine sozialistische Revolution jedoch noch nicht gekommen. Deshalb arbeiteten seine Parteianhänger, die Bolschewiki, in den neu entstandenen Sowjets mit und entsandten Abgeordnete in die Duma. Am wichtigsten blieb aber ihre Tätigkeit im Untergrund. Nach der Beendigung der Revolution mussten viele Parteimitglieder und auch Lenin selbst vor der zaristischen Geheimpolizei ins Ausland fliehen.

Bürgerliche oder sozialistische Revolution?

Der Erste Weltkrieg bedeutete militärisch und vor allem wirtschaftlich einen Niedergang für das Zarenreich. Im Februar 1917 führte die katastrophale Versorgungslage zu Massenprotesten und schließlich zur Abdankung des Zaren. Die Februarrevolution erfasste große Teile der russischen Bevölkerung: Soldaten, Arbeiter, Bauern und die verschiedenen nationalen Minderheiten protestierten. Sie gründeten Räte in Kasernen, Fabriken, Städten und Provinzen. Lenins Vorhersage, dass Imperialismus und Krieg in Bürgerkrieg und Revolution münden würden, erfüllte sich. Die Bolschewiki

Q1 Lenin als Anführer
Die Ankunft Lenins im April 1917 in Petrograd (Bezeichnung Sankt Petersburgs 1914 bis 1924, danach Leningrad von 1924 bis 1991), Ölgemälde von V. Lyubimov, 1969

überließen den bürgerlichen Kräften vorerst die Macht in der Provisorischen Regierung. Doch es war eine Doppelherrschaft entstanden: Die Provisorische Regierung konnte nicht gegen den Willen der Sowjets regieren. Außerdem schaffte sie es nicht, die Probleme des Landes zu lösen: den fortdauernden Krieg, die schlechte Versorgungslage, die Unruhen unter den nationalen Minderheiten.

Die Bolschewiki gewannen mit ihrer Forderung nach „Brot und Frieden" immer mehr Einfluss in den Sowjets. Lenin verkündete nach seiner Rückkehr aus dem Exil seine sogenannten Aprilthesen, in denen er die Provisorische Regierung ablehnte und alle Macht für das Proletariat und die armen Bauern forderte. Er wollte entgegen der „klassischen" marxistischen Lehre jetzt nicht mehr auf die Entfaltung der bürgerlichen Gesellschaft und des Kapitalismus warten, sondern die Revolution bis zum Sozialismus vorantreiben. Eine Begründung für die Aktualität der sozialistischen Revolution lieferte Lenin in seiner **Imperialismustheorie** gleich mit. Die Revolution beginne in einem rückständigen Land wie Russland, weil hier die Unterdrückung am spürbarsten und gleichzeitig ein klassenbewusstes Proletariat entstanden sei. Die Bolschewiki übernahmen nun die Kontrolle der Räte.

Putsch oder Revolution?

Lenins Konzept ging auf: Die Partei wurde zum Schrittmacher der Revolution. Im Alleingang beschloss und organisierte das Zentralkomitee der Bolschewiki die Verhaftung der Mitglieder der Provisorischen Regierung und die Besetzung wichtiger Einrichtungen am 6./7. November (24./25. Oktober nach dem alten russischen Kalender). Wohl auch deshalb verlief die sozialistische Oktoberrevolution unblutig. Lenin verkündete das Ausscheiden Russlands aus dem Krieg und erklärte Grund und Boden zum Volkseigentum. Auch der Aufbau des neuen Staates lag nun in den Händen der Bolschewiki und vor allem Lenins. Während er im Sommer 1917 noch propagiert hatte, dass sich im Sozialismus das Volk selbst regieren solle, war davon in den ersten Tagen nach der Oktoberrevolution nicht mehr die Rede. Lenin setzte stattdessen einen Rat der Volksbeauftragten als Regierung ein und sich selbst an dessen Spitze. Mit dem beginnenden Bürgerkrieg ab 1918 übernahmen die Bolschewiki, die sich nun Kommunistische Partei Russlands nannten, die Macht in allen Bereichen von Staat, Wirtschaft und Gesellschaft. Lenin ließ die Pressefreiheit einschränken, Arbeitermilizen bewaffnen und die berüchtigte politische Polizei Tscheka gründen. Die „Diktatur des Proletariats" entpuppte sich als Diktatur der Partei.

Imperialismustheorie
Nach Lenins Theorie ist der Imperialismus eine höhere Stufe des Kapitalismus. In den entwickelten kapitalistischen Ländern haben sich marktbeherrschende Großunternehmen und Banken gebildet, die Waren und Kapital exportieren. Ihr Kapital hat die ärmeren Länder abhängig gemacht, ihre Staaten haben die Welt unter sich aufgeteilt. Die Klassengegensätze spitzen sich zu, weil sie auf die Gegensätze von reichen und armen Ländern übertragen werden.

Putsch
die überraschende gewaltsame Übernahme der Macht durch eine Einzelperson oder kleine Gruppe

Q2 Arbeiter und Partei

Im März 1902 veröffentlichte Wladimir Uljanow, genannt Lenin, die Schrift „Was tun? Brennende Fragen unserer Bewegung". Er legte dar, wodurch sich die Aufgaben der Partei und der Arbeiter im Kampf für den Kommunismus unterscheiden:

Das politische Klassenbewußtsein kann dem Arbeiter nur von außen gebracht werden, das heißt aus einem Bereich außerhalb des ökonomischen Kampfes, außerhalb der Sphäre der Beziehungen zwischen Arbeitern und Unternehmern. […]
1. Keine einzige revolutionäre Bewegung kann ohne eine stabile und die Kontinuität wahrende Führerorganisation Bestand haben; 2. je breiter die Masse ist, die spontan in den Kampf hineingezogen wird, die die Grundlage der Bewegung bildet und an ihr teilnimmt, um so dringender ist die Notwendigkeit einer solchen Organisation und um so fester muß diese Organisation sein […]; 3. eine solche Organisation muß hauptsächlich aus Leuten bestehen, die sich berufsmäßig mit revolutionärer Tätigkeit befassen; 4. je mehr wir die Mitgliedschaft einer solchen Organisation einengen, und zwar so weit, daß sich an der Organisation nur diejenigen Mitglieder beteiligen, die sich berufsmäßig mit revolutionärer Tätigkeit befassen und in der Kunst des Kampfes gegen die politische Polizei berufsmäßig geschult sind, um so schwieriger wird es in einem autokratischen Lande sein, eine solche Organisation „zu schnappen", und 5. um so breiter wird der Kreis der Personen aus der Arbeiterklasse und aus den übrigen Gesellschaftsklassen sein, die die Möglichkeit haben werden, an der Bewegung teilzunehmen und sich in ihr aktiv zu betätigen.

Wladimir Iljitsch Lenin, Werke, Bd. 5, Dietz, Berlin 1955, S. 436, 480 f.

Q3 Lenins Aprilthesen

Lenin veröffentlichte am 7. April 1917 in der Parteizeitung Prawda einen Text „Über die Aufgaben des Proletariats in der gegenwärtigen Revolution". Seine Überlegungen sind später als „Aprilthesen" bezeichnet worden:

[…] 2. Die Eigenart der gegenwärtigen Lage in Rußland besteht in dem Uebergang von der ersten Etappe der Revolution, die infolge des ungenügend entwickelten Klassenbewußtseins und der mangelhaften Organisiertheit des Proletariats die Bourgeoisie an die Macht brachte, zur zweiten Etappe, die die Macht in die Hände des Proletariats und der armen Schichten der Bauernschaft legen muss. […]
5. Nicht parlamentarische Republik – eine Rückkehr von den Arbeiterdeputiertenräten [den Sowjets] zu dieser wäre ein Schritt rückwärts –, sondern eine Republik von Arbeiter-, Landarbeiter- und Bauerndeputiertenräten im ganzen Lande, von unten bis oben. […]
6. […] Enteignung des gesamten adligen Grundbesitzes. Nationalisierung [Verstaatlichung] des gesamten Bodens im Lande; über ihn verfügen die örtlichen Landarbeiter- und Bauerndeputiertenräte. […]
7. Sofortige Verschmelzung aller Banken des Landes zu einer Nationalbank, die der Kontrolle des Arbeiterdeputiertenrates untersteht.
8. Nicht „Einführung" des Sozialismus als unsere unmittelbare Aufgabe, sondern einstweilen nur sofortige Übernahme der Kontrolle der gesellschaftlichen Produktion und Verteilung der Erzeugnisse durch den Arbeiterdeputiertenrat.

Wladimir Iljitsch Lenin, Werke, Bd. 24, Dietz, Berlin 1959, S. 4–6.

Nachgefragt

1. Erstelle einen Zeitstrahl zur Geschichte der Sozialdemokratischen Arbeiterpartei Russlands (VT).

2. Arbeite die Ziele Lenins und der Bolschewiki heraus (VT, Q3).

3. Analysiere das Gemälde Q1. Untersuche, wie der Maler die Rolle Lenins in der Revolution sieht und welche Rollen die anderen Gruppen auf dem Bild einnehmen.

4. Begründe, warum Lenin den Aufbau einer „Partei neuen Typs" forderte (VT, Q2, Lexikonbegriff).

Q4 Kritik an den Aprilthesen

Der Sozialdemokrat und „Vater" des Marxismus in Russland, Georgi Walentinowitsch Plechanow (1856–1918), antwortet im April 1917 auf Lenins Aufruf zur sozialistischen Revolution:

Nun fragt es sich, wie es um den Kapitalismus in Rußland bestellt ist. Haben wir Grund zu behaupten, [...] daß er jene höchste Stufe erreicht hat, auf der er schon nicht mehr der Entwicklung der Produktivkräfte des Landes dient, sondern, im Gegenteil, diese Entwicklung hemmt? Ich habe oben gesagt, daß Rußland nicht nur darunter leidet, daß es Kapitalismus hat, sondern auch darunter, daß die kapitalistische Produktionsweise in Rußland ungenügend entwickelt ist. [...] Wenn dem so ist, so ist völlig klar, daß bei uns niemand, der sich die Lehre von Marx auch nur ein bißchen angeeignet hat, von einer sozialistischen Umwälzung reden kann. [...] Tatsächlich bricht er [Lenin] völlig mit allen auf der Theorie von Marx beruhenden Voraussetzungen einer sozialistischen Politik und geht mit seinem gesamten Troß [Gefolge] und der Artillerie [Kanonen] ins Lager der Anarchisten [Revolutionäre, die durch Terror und Anschläge eine Gesellschaft ohne Herrschaft und Staat erreichen wollten] über, die die Arbeiter aller Länder unermüdlich zur sozialistischen Revolution aufgerufen haben, ohne zu untersuchen, welche Phase der ökonomischen Entwicklung das eine oder andere Land durchläuft.

Georgi Walentinowitsch Plechanow, Über die Aprilthesen von W. I. Lenin. Zit. nach: Wladislaw Hedeler/Horst Schützler/Sonja Striegnitz (Hrsg.), Die Russische Revolution 1917. Wegweiser oder Sackgasse, Dietz, Berlin 1997, S. 238–241, übers. von Wladimir Hedeler.

Q5 Lenins Imperialismustheorie

Lenin fasst die Merkmale des Imperialismus in seiner Schrift „Der Imperialismus als höchstes Stadium des Kapitalismus" von 1916 zusammen:

1. Konzentration der Produktion und des Kapitals, die eine so hohe Entwicklungsstufe erreicht hat, daß sie Monopole schafft, die im Wirtschaftsleben die entscheidende Rolle spielen; 2. Verschmelzung des Bankkapitals mit dem Industriekapital und Entstehung einer Finanzoligarchie [Oligarchie = wenige Herrscher] auf der Basis dieses „Finanzkapitals"; 3. der Kapitalexport, zum Unterschied vom Warenexport, gewinnt besonders wichtige Bedeutung; 4. es bilden sich internationale monopolistische Kapitalistenverbände, die die Welt unter sich teilen, und 5. die territoriale Aufteilung der Erde unter die kapitalistischen Großmächte ist beendet.

Der Imperialismus ist der Kapitalismus auf jener Entwicklungsstufe, wo die Herrschaft der Monopole [Alleinanbieter auf einem Markt] und des Finanzkapitals sich herausgebildet, der Kapitalexport hervorragende Bedeutung gewonnen, die Aufteilung der Welt durch die internationalen Trusts [Zusammenschluss mehrerer Unternehmen] begonnen hat und die Aufteilung des gesamten Territoriums der Erde durch die größten kapitalistischen Länder abgeschlossen ist.

Wladimir Iljitsch Lenin, Werke, Band 22, Dietz, Berlin 1960, S. 270 f.

5. Arbeite heraus, wie sich nach Lenin der Imperialismus auf die Weltordnung auswirkte (VT, Q5, Lexikonbegriff).

6. Vergleiche Marxismus und Leninismus (VT, Q3–Q5). ○

7. Beurteile, ob der Umsturz im Oktober 1917 ein Putsch oder eine Revolution gewesen ist (VT, Q3). ●

8. Verfasse eine politische Rede gegen Lenins Aprilthesen (Q3) aus der Sicht Plechanows (Q4). ○

AFB I: 1 AFB II: 2, 3, 4, 5, 6 AFB III: 7, 8

Stalin – zwischen Modernisierung und Terror

Als Lenin 1924 starb, gelang es dem aus Georgien stammenden Josef Stalin, sich nach einem Machtkampf an die Spitze der Kommunistischen Partei zu setzen. Wie sollte es mit der Sowjetunion nach dem Tod Lenins weitergehen? Knüpfte die neue Führung an seine Ideen an oder ging sie neue Wege?

Q1 Stalin als Kapitän

Das Plakat stammt aus dem Jahr 1933. Die Aufschrift lautet: „Der Kapitän der Länder der Sowjets steuert uns von Sieg zu Sieg." Die Abkürzung CCCP steht für Union der Sozialistischen Sowjetrepubliken (UdSSR).

Sowjetunion
Lenin gründete 1922 aus dem ehemaligen Zarenreich die Union der Sozialistischen Sowjetrepubliken (= UdSSR). Diesen Staat nennt man auch Sowjetunion.

Arbeitsblatt
Entstehung der Sowjetunion
56af3p

Revolution von oben?

Josef Stalin war schon 1922 Generalsekretär des Zentralkomitees der Bolschewiki geworden. Es gelang ihm schrittweise, seine innerparteilichen Gegner auszuschalten, sodass er nach Lenins Tod die Geschicke der Kommunistischen Partei bestimmte. Er vertrat die Ansicht vom „Sozialismus in einem Land". Die kommunistische Weltrevolution, die Karl Marx vorausgesagt hatte, würde erst zu einem späteren Zeitpunkt stattfinden. Bis dahin müsse der Sozialismus im nationalen Rahmen aufgebaut werden. In erster Linie wollte Stalin die 1922 gegründete ***Sowjetunion*** möglichst schnell industrialisieren und zu einem modernen sozialistischen Staat machen, der mit den westeuropäischen Ländern konkurrieren konnte.

Fortschritt durch Industrialisierung?

Ein Schritt zur grundlegenden Erneuerung des Landes und der Gesellschaft bestand für Stalin darin, private Betriebe in großer Zahl zu verstaatlichen. Riesige und effiziente Produktionsanlagen sollten an deren Stelle treten. Parallel dazu ließ er viele neue Ingenieure ausbilden.
Als Instrument der staatlichen Wirtschaftslenkung führte Stalin 1928 den ersten Fünfjahresplan ein, in dem die Produktionsziele aller Wirtschaftsbereiche für diesen Zeitraum festgelegt wurden. Der Fünfjahresplan förderte allerdings einseitig die Entwicklung der Industriezweige Kohle, Öl und vor allem Stahl. Dadurch wurde zwangsläufig die Konsumindustrie vernachlässigt und die Versorgung mit Lebensmitteln verschlechterte sich rapide.
Stalin meinte, dass die privaten Interessen der Bevölkerung hinter der Industrialisierung und den sozialistischen Zielen zurückzustehen hätten. Viele Menschen mussten in kürzester Zeit vom Land in die Städte umziehen, wo sich die großen Produktionsanlagen befanden. Die Anzahl der Industriearbeiter wuchs rasch. Ihr Lebensstandard war sehr niedrig, denn die Kaufkraft der Löhne sank trotz steigender Arbeitsanforderungen ständig. So blieben die Qualifikation und die Motivation der neuen Arbeiter oft hinter den Anforderungen der modernen Produktion zurück. Das totalitäre Regime setzte außerdem als kriminell und „arbeitsscheu" Verurteilte sowie vermeintliche oder echte politische Gegner als Zwangsarbeiter ein. Sie mussten mit primitiven Werkzeugen Rohstoffe fördern oder Kanäle graben.
Um den Preis dieser kompromisslosen und teils brutalen Wirtschaftspolitik gelang es

Stalin, das rückständige Land rasch zu industrialisieren. Während die westliche Welt vor allem seit 1929 mit Arbeitslosigkeit und Rezession zu kämpfen hatte, konnte die Sowjetunion Erfolge vorweisen. In diesem Zusammenhang spricht man von der ***Modernisierungsdiktatur*** Stalins.

Kollektivierung der Landwirtschaft

Ein weiteres großes Ziel Stalins bestand darin, die landwirtschaftlichen Betriebe zu kollektivieren und streng zu überwachen. Dadurch entstanden große Produktionsgenossenschaften, sogenannte Kolchosen. Von 1929 bis 1932 wurden fast 15 Millionen Höfe mit Vieh und Maschinen zwangsweise in Kollektivbesitz überführt. Das Regime ging dabei brutal gegen die sogenannten „Kulaken" vor. Ursprünglich bezeichnete dieser Begriff die wohlhabenden Bauern, doch bald galt nahezu jeder privat wirtschaftende Bauer als „Kulake", der dem sozialistischen Umgestaltungsprozess im Wege steht.

Stalin ließ viele solcher „Kulaken" gewaltsam deportieren. Ein großer Teil von ihnen kam in sibirische Arbeitslager oder wurde ermordet. Auf Grund der übereilt umgesetzten Agrarpolitik entstanden vielerorts katastrophale Hungersnöte. Der Staat verlangte zudem hohe Abgaben von den Bauern. Das Getreide war für den Export bestimmt, um damit westliche Technologie für die Industrialisierung einzukaufen. Insgesamt fanden durch Strafmaßnahmen und Hunger mehrere Millionen Bauern den Tod.

„Große Säuberungen" und Terror

Echte oder vermeintliche Gegner des Regimes ließ Stalin hinrichten oder in die berüchtigten **GULags** bringen. Zwischen 1934 und 1939 wurden im Rahmen der „Großen Säuberungen" zahllose einflussreiche Männer der Kommunistischen Partei, der Staatsverwaltung und des Militärs beseitigt, darunter viele treue Anhänger Lenins. Umgekehrt war Stalin bestrebt, eine neue Elite aus leistungsbereiten und loyalen Arbeitern und Ingenieuren zu schaffen, die der Staat besonders förderte. Stalin propagierte seine Vorstellung vom „Neuen Menschen". Dieser Mensch sollte nicht nur intelligent, kräftig und leistungsfähig, sondern vor allem dem Diktator gegenüber absolut treu und ergeben sein. Wer nicht in diese Vorstellung passte, galt als Feind und Saboteur.

Häufig wurden Stalins Opfer in großen Schauprozessen abgeurteilt, in denen das Urteil von vorneherein feststand. Bei den „Großen Säuberungen" wurden auch viele Geistliche verhaftet und zu Tausenden ermordet. Stalin wollte jeder Form der Opposition vonseiten der Kirche vorbeugen.

Modernisierungsdiktatur
bezeichnet ein Herrschaftssystem, das mit Zwang und Gewalt die Entwicklung der Gesellschaft voranbringen will

Q2 Aufruf, der Kolchose beizutreten
Die Aufschrift lautet: „Genosse, komm zu uns in die Kolchose!"
Sowjetisches Plakat, 1930, von Vera Sergejewna Korablewa (1881–1950)

Q3 Schautafel zum Fünfjahresplan in Moskau 1932

Die Tafeln zeigen mittels „Uhren" den Stand der Planerfüllung in den jeweiligen Wirtschaftsbereichen an. Viele der Planziele von 1928 waren unrealistisch und konnten nicht erreicht werden. Dennoch hielt Stalin an diesen Zielen fest und erhöhte sie sogar noch. Kritiker verdächtigte er als Feinde des Sozialismus.

Im Rahmen der „Säuberungen" ging er außerdem gegen verschiedene ethnische Gruppen vor, die in der Sowjetunion lebten. Vor allem wollte er nicht dulden, dass einzelne Sowjetrepubliken nationale Sonderwege einschlugen oder gar nach Unabhängigkeit strebten. In der Ukraine und in vielen anderen Gebieten wurden in diesem Zusammenhang Zehntausende einflussreiche Parteimitglieder verhaftet, ***deportiert*** oder erschossen. Vertrauensleute Stalins traten an ihre Stelle. Aber auch Minderheiten wie Polen oder Deutsche wurden als „feindlich" eingestuft, inhaftiert oder ermordet. Insgesamt schätzen Historiker die Zahlen der Opfer des stalinistischen Terrors auf etwa 10 Millionen Menschen.

Stalinismus: Macht durch Terror?

Stalins Herrschaft bis zu seinem Tod 1953 wird heute mit dem Begriff ***Stalinismus*** umschrieben. Neben ***Terror*** und Gewalt kennzeichnete ein ausgeprägter Personenkult um den allmächtigen Diktator den Stalinismus. Stalin galt in der offiziellen Vorstellung als weitsichtiger Anführer und Modernisierer des Landes, der die „Große Wende" herbeiführte.

Umstritten ist allerdings heute in der Forschung, ob der für den Stalinismus typische Terror ein zwangsläufiges Ergebnis der wirtschaftlichen und gesellschaftlichen Modernisierung durch den Staat war. Schließlich diente die willkürliche Gewalt zu einem wesentlichen Teil dazu, die Feinde des Regimes auszuschalten, ungeachtet dessen, ob sie der Modernisierungsdiktatur im Wege standen oder nicht.

GULag
(russ. = Lagerhauptverwaltung) Bezeichnung für das seit den 1920er-Jahren errichtete System von Straf- und Arbeitslagern. Die Gefangenen lebten unter extrem schlechten Bedingungen, viele starben an Erschöpfung, Hunger, Misshandlung oder Krankheit.

deportieren/ Deportation
(von lat. deportare = wegbringen, fortschaffen) Begriff für den Abtransport bzw. die Verschleppung von Menschen mit staatlicher Gewalt in Straf-, Konzentrations- oder Vernichtungslager

Stalinismus
Die Herrschaft Josef Stalins in der Sowjetunion von 1922 bis 1953. Stalin errichtete eine Diktatur, die ihm durch Terror alle Macht in Partei und Staat sicherte.

Terror
Ausübung von Gewalt, um Menschen einzuschüchtern und in Angst zu versetzen. Im Stalinismus übten staatliche Gruppen Terror aus, um die Diktatur Stalins zu festigen.

Q4 Stalin über die Bedeutung der schnellen Umgestaltung des Landes

Aus einer Rede Stalins auf der ersten Unionskonferenz der Funktionäre der sozialistischen Industrie am 4. November 1931:

Das Tempo (des wirtschaftlichen Aufbaus) verlangsamen, das bedeutet zurückbleiben. Und Rückständige werden geschlagen. Wir aber wollen nicht die Geschlagenen sein. Nein, das wollen wir nicht! [...] Das Gesetz der Ausbeuter ist nun einmal so – die Rückständigen und Schwachen werden geschlagen. Das ist das Wolfsgesetz des Kapitalismus. Du bist rückständig, du bist schwach – also bist du im Unrecht, also kann man dich schlagen und unterjochen. Du bist mächtig – also hast du recht, also muß man sich vor dir hüten. Das ist der Grund, warum wir nicht länger zurückbleiben dürfen. In der Vergangenheit hatten wir kein Vaterland und konnten keines haben. Jetzt aber, wo wir den Kapitalismus gestürzt haben und bei uns die Arbeiter an der Macht stehen, haben wir ein Vaterland und werden seine Unabhängigkeit verteidigen. Wollt ihr, daß unser sozialistisches Vaterland geschlagen wird und seine Unabhängigkeit verliert? Wenn ihr das nicht wollt, dann müßt ihr in kürzester Frist seine Rückständigkeit beseitigen und ein wirkliches bolschewistisches Tempo im Aufbau seiner sozialistischen Wirtschaft entwickeln. Andere Wege gibt es nicht. Darum sagte Lenin zur Zeit des Oktober: „Entweder Tod oder die fortgeschrittenen kapitalistischen Länder einholen und überholen." Wir sind hinter den fortgeschrittenen Ländern um 50 bis 100 Jahre zurückgeblieben. Wir müssen diese Distanz in zehn Jahren durchlaufen. Entweder bringen wir das zustande, oder wir werden zermalmt.

Zit. nach Wolfgang Lautemann/Manfred Schlenke (Hrsg.), Revolutionen 1914–1945, Geschichte in Quellen, Band V. Weltkriege und Revolutionen 1914–1945, bsv, München 1970, S. 142 f.

D1 Erfüllung wichtiger Ziele der Fünfjahrespläne 1928–1937 (in Prozent)

	Fünfjahresplan 1928/29 bis 1932	Fünfjahresplan 1933 bis 1937
Industrieproduktion		
offizielle sowjetische Schätzung	100,7	103,0
verschiedene westliche Schätzungen	59,7 bis 69,9	75,7 bis 93,1
Produktion von Produktionsmitteln		
offizielle sowjetische Schätzung	127,6	121,3
Produktion von Konsumgütern		
offizielle sowjetische Schätzung	80,5	85,4
Agrarproduktion		
offizielle sowjetische Schätzung	57,8	62,6 bis 76,9
verschiedene westliche Schätzungen	49,6 bis 52,4	66,1 bis 76,7

Nach: Eugene Zaieski, Stalinist Planning for Economic Growth, 1933-1952. Chapel Hill 1980, S. 503, 524-537, auf: Bayerische Staatsbibliothek, MDZ – Digitale Bibliothek, https://geschichte.digitale-sammlungen.de/sowjetunion/kapitel/sw2_chapter_07_02 (Zugriff: 14.02.2019).

Q5 Willkürliche Verhaftungen

Der Amerikaner John Scott stand dem Kommunismus nahe und lebte selbst längere Zeit in der Sowjetunion. Er berichtet über Stalins „Große Säuberungen":

Die Sowjetunion hatte eine wohl ausgedachte Reinigungstechnik. Die Verhaftungen wurden des Nachts vorgenommen. Man war immer darauf bedacht, überraschend zuzuschlagen. Die Leute wurden verhaftet, wenn sie daran am wenigsten dachten, und sie wurden in Ruhe gelassen, wenn sie gerade fürchteten, daß jetzt sie an die Reihe kämen. Die Personen, die die Verhaftungen vornahmen, hatten keine Ahnung, was gegen die Betreffenden vorlag. […] Wenn jemand verhaftet war, schwebte die Familie in der Regel für mehrere Monate in völliger Unkenntnis. In dieser Zeit wurde der „Angehaltene" [Verhaftete] in das […] Gefängnis gebracht, um mürbe zu werden und bis zum ersten Verhör über die Dinge nachzudenken. Das Gefängnis war damals immer überfüllt. Zellen, die für zwanzig Personen berechnet waren, nahmen vierzig auf. […]

Wenn ein Ehemann verhaftet worden war, verlor oft auch die Frau ihre Arbeit, und die Familie befand sich plötzlich in einer Situation sozialer Ausgestoßenheit. Alle hatten Angst, mit jemandem aus der betreffenden Familie zu verkehren, weil dann eventuell später eine Anklage erfolgen konnte, daß sie selbst „Umgang mit Feinden des Volkes" gehabt hätten. Nur in Ausnahmefällen erfuhr die Familie, welche Verbrechen dem Verhafteten eigentlich zur Last gelegt wurden. […]

Zit. nach Wolfgang Lautemann/Manfred Schlenke (Hrsg.), Revolutionen 1914–1945, Geschichte in Quellen, Band V. Weltkriege und Revolution 1914–1945, bsv, München 1970, S. 145 f.

Q6 Zwangsarbeit im GULag

Zwangsarbeiter im Nordosten der Sowjetunion beim Bau eines Kanals zur Ostsee im Jahr 1932. Die Propaganda stellte die Zwangsarbeit als Mittel zur sozialistischen Umerziehung dar.

Nachgefragt

1. Analysiere Q1 mithilfe des VT. Gehe insbesondere darauf ein, was das Bild über die Stellung Stalins im Staat ausdrückt und welche Siege gemeint sein könnten.

2. Arbeite aus Q4 heraus, wie Stalin die Notwendigkeit einer Modernisierung der Sowjetunion begründet. Gib entsprechende Belege aus dem Text an.

3. Stalin strebte danach, in kürzester Zeit die Rückständigkeit des Landes zu überwinden. Erläutere anhand des VT, wie Stalin dieses Ziel erreichen wollte. ○

4. Überprüfe anhand des VT und D1, inwieweit Stalins Maßnahmen zur Modernisierung geeignet waren, die Ziele aus Q4 umzusetzen.

5. Schreibe mögliche Gedanken von Passanten in Q3 zum Fünfjahresplan und zur Planerfüllung auf.

6. Beurteile, ob und wie Stalin seine wirtschaftspolitischen Ziele erreicht hat (VT, Q3, D1).

7. Arbeite aus dem VT heraus, in welcher Lage sich die Bauern unter Stalin befanden. ○

D2 Stalininismus – eine Modernisierungsdiktatur?

Der Historiker Jörg Baberowski über den Zusammenhang von Modernisierung und Terror:

Wie die aufgeklärten Modernisierer in den zarischen Ministerien auch, träumten die Bolschewiki von übersichtlichen Ordnungen [...]. Für sie war der Staat ein Gärtner, der wilde Landschaften in symmetrisch angelegte Parks verwandelte. Der sozialistische Menschenpark sollte aus modernen Europäern bestehen, neuen Menschen, die sich von den überkommenen geistigen und kulturellen Ordnungen befreit hatten, die die Feste der Bolschewiki feierten, ihre Kleider trugen und ihre Sprache sprachen. [...] Es kam den Bolschewiki darauf an, das „rückständige" Vielvölkerreich in eine kulturell homogene Zone zu verwandeln. Die russischen Kommunisten waren gelehrige Schüler der Vernunft und der Aufklärung. [...] Sie empfanden die „dunklen Massen", Bauern und Arbeiter, als Bedrohung und unterwarfen sie einer brutalen Disziplinierungs- und Erziehungsdiktatur. Der stalinistische Terror war nicht zuletzt eine Antwort auf das Unvermögen der Machthaber, ihren totalen Anspruch durchzusetzen.

Jörg Baberowski, Der rote Terror. Die Geschichte des Stalinismus, Fischer Taschenbuch Verlag, Frankfurt a.M. 2011, S. 12–14.

D3 Verselbstständigung des Terrors

Der Historiker Manfred Hildermeier über die Ausprägung von Stalins Terror:

Im großen und ganzen stehen einander zwei Auffassungen gegenüber. Die herkömmliche, vorherrschende Meinung argumentiert persönlichkeitsbezogen. Sie sieht einen unauflöslichen Zusammenhang zwischen der Gewalt, Stalins Charakter und seiner diktatorischen Stellung. Willkür und Mord erscheinen ihr als gezieltes Mittel, mit denen der „Führer" die im Laufe der Wende gewonnene Macht zu festigen suchte. Terror wird zum notwendigen Ferment [Gärstoff, Entwicklungshilfe] des endgültigen Übergangs der monopolistischen Parteiherrschaft in die persönliche Diktatur Stalins. [...]
Auf der anderen Seite bleiben Tatbestände und Überlegungen, die in dieser Deutung nicht aufgehen. Es ist nur schwer vorstellbar, daß ein Einzelner, selbst wenn ihm der perfekteste und umfassendste Apparat zur bedingungslosen Verfügung gestanden hätte, die hunderttausend- oder gar millionenfache Verschleppung während des „Großen Terrors" noch hätte anordnen und kontrollieren können. Auf der mittleren und unteren Ebene, in den Stadt-, Rayon- [Verwaltungsgebiet] und Bezirksorganisationen pflanzte sich der terroristische Impuls aus eigener Kraft und nicht ohne lawinenartigen Effekt fort.

Manfred Hildermeier, Geschichte der Sowjetunion, 1917 bis 1991, C.H.Beck, München 1998, S. 460 f.

8. Erörtere mithilfe von D1 sowie dem VT, inwieweit man unter Stalin von einer erfolgreichen Umgestaltung der Landwirtschaft sprechen kann.

9. Beschreibe das Plakat Q2. Achte besonders darauf, wie die Künstlerin versucht, die Menschen anzusprechen.

10. Beschreibe, wie die Verhaftungen abliefen (Q5). Überprüfe anhand konkreter Textstellen, wo aus heutiger Sicht rechtsstaatliche Regeln verletzt wurden. ○

11. Beschreibe Q6. Erläutere, für welche Zwecke das Foto wohl verwendet wurde.

12. Charakterisiere das Menschenbild der Bolschewiki aus der Sicht des Historikers Jörg Baberwoski (D2). Wie werden die Menschen im alten, rückständigen Russland beschrieben und wie der neue, sozialistische Mensch?

13. Arbeite aus D2 heraus, wie der Terror Stalins bewertet wird. Vergleiche deine Ergebnisse mit D3.

14. Beurteile, ob man Stalins Herrschaft als „Modernisierungsdiktatur" bezeichnen kann. ●

AFB I: 9, 12 AFB II: 1, 2, 3, 5, 7, 11, 12, 13 AFB III: 4, 6, 8, 10, 14

Vom „Großen Vaterländischen Krieg“ zur Supermacht

Stalin hatte zunächst die friedliche Koexistenz mit dem Westen verfolgt, um seine ehrgeizigen innenpolitischen Ziele zu verwirklichen. Wie veränderten der Angriff Hitlers und der Sieg über Nazi-Deutschland die Rolle der Sowjetunion in der Welt?

Gemeinsam lernen

War Stalin ein „Modernisierer“ oder ein brutaler Diktator?

Stalin gilt heute noch vielen Russen als „Modernisierer“ ihres Landes. Andere sehen ihn als Massenmörder und Unterdrücker. Auf einem Historikerkongress diskutieren Vertreter beider Positionen. Dabei kommen verschiedene Perspektiven zur Sprache. Bereitet euch in Gruppen auf jeweils eine der Positionen vor:
- sowjetische Bauern (VT S. 43)
- Industriearbeiter (VT S. 42)
- einflussreiche Parteimitglieder (S. 43)
- Zwangsarbeiter und Lagerinsassen (VT S. 43)
- Soldaten der Roten Armee (VT S. 48)

Geht nach den Arbeitsschritten einer Pro-und-Kontra-Diskussion auf S. 194 vor.

„Großer Vaterländischer Krieg“
russische Bezeichnung für den Zweiten Weltkrieg; sie geht auf den Begriff „Vaterländischer Krieg“ für den russischen Abwehrkampf gegen Napoleon 1812 zurück.

Der Pakt Stalins mit Hitler

Obwohl Stalin sich stets als Feind des Nationalsozialismus darstellte, kam es Ende der 1930er-Jahre zu einer unerwarteten Annährung zwischen der Sowjetunion und dem Deutschen Reich. Ihren Höhepunkt fand diese Entwicklung im August 1939: Das Deutsche Reich und die Sowjetunion unterzeichneten einen Nichtangriffspakt (Hitler-Stalin-Pakt). Im „Geheimen Zusatzprotokoll“ hatten beide Länder ihre Interessenssphären abgesteckt und vereinbart, Osteuropa unter sich aufzuteilen. Der Pakt ermöglichte Hitler, Polen militärisch anzugreifen und den Westteil zu besetzen, während Stalin Ostpolen, das Baltikum und Teile von Rumänien annektierte. Damit hatte Stalin eine außenpolitische Wende mit dem Ziel der Expansion vollzogen.

Hitler überfällt die Sowjetunion

Stalin glaubte lange Zeit nicht daran, dass sich Hitler gegen die Sowjetunion wenden könnte, und verhielt sich gegenüber Warnungen zurückhaltend. Dennoch griff die deutsche Wehrmacht am 22. Juni 1941 die Sowjetunion an („Unternehmen Barbarossa“). Die Deutschen trafen auf eine geschwächte Rote Armee, da zahllose erfahrene Offiziere den brutalen „Säuberungen“ Stalins zum Opfer gefallen waren. Die deutsche Wehrmacht eroberte bis zum Winter 1941/42 die Krim, die Ukraine, Weißrussland, das Baltikum und große Teile von Russland. Sie rückte bis kurz vor Moskau vor, wurde dann aber von der Roten Armee gestoppt. Stalin schloss ein Bündnis mit Großbritannien und den USA und erhielt von dort Waffen. Er leitete noch 1941 eine Gegenoffensive ein. Die eigentliche Kriegswende im Osten kam mit der deutschen Niederlage 1943 in Stalingrad (heute Wolgograd). Am 8. und 9. Mai 1945 kapitulierte Hitler-Deutschland bedingungslos vor den Alliierten.

Der „Große Vaterländische Krieg“

Mit dem Angriff des Deutschen Reiches auf die Sowjetunion schlugen Stalin und sein Regime nationalistische und patriotische Töne an. Der Existenzkampf des Landes und nicht mehr der Aufbau des Sozialismus traten in der Propaganda an erste Stelle. Die Deutschen und nicht die „Kapitalisten“ verkörperten das neue Feindbild. Es entstanden zahlreiche Filme, in denen die russische Vergangenheit und ihre „Helden“ beschworen wurden. Nicht umsonst sprach Stalin jetzt vom ***„Großen Vaterländischen Krieg“*** gegen Deutschland. Stalin gelang es angesichts des gemeinsamen Feindes, die Massen zu mobilisieren, selbst jene Menschen, die ihm skeptisch gegenüberstanden. Der „Große Vaterländische Krieg“ legitimierte seine Diktatur und stärkte seine Stellung im Inneren.

Annäherung an die Kirche

Zur Rückbesinnung auf die russische Vergangenheit gehörte auch, dass sich Stalin darum bemühte, das Verhältnis zur orthodoxen Kirche in Russland zu verbessern. Dies sollte die Kräfte des Landes einen und der gläubigen Bevölkerung sowie den Alliierten ein positives Bild vermitteln.

Durch Denkmäler, Gemälde und Filme sollte zum Ausdruck kommen, dass die Sowjetunion letztlich Stalin den Sieg verdankte. So wurde er zum Übervater und zum genialen Feldherrn stilisiert, ohne den der Sieg der Roten Armee nicht möglich gewesen wäre.

Hunger und Verluste

Der Blick auf die Sowjetunion der unmittelbaren Nachkriegszeit bietet ein zwiespältiges Bild. Der Sieg über Deutschland und die neue starke Position der Sowjetunion in der Welt konnten nicht darüber hinwegtäuschen, dass die Menschen im Land während des Krieges furchtbar gelitten hatten. Weite Landstriche waren verwüstet, nahezu jede Familie hatte Tote zu beklagen. Insgesamt schätzt man heute, dass rund 27 Millionen Sowjetbürger im Zweiten Weltkrieg umgekommen sind. Auch die Umstellung auf die Friedenswirtschaft verlief nicht reibungslos. Es kam zu Hungersnöten, in denen viele Menschen starben.

Wieder auflebender Terror

Während des Krieges gegen Deutschland hatte es zaghafte Anzeichen einer Liberalisierung in der Sowjetunion gegeben. Wer nun auf demokratische Reformen oder gar auf einen Systemwandel hoffte, wurde jedoch enttäuscht. Stalin ging es darum, seine Position in der Zeit des Wiederaufbaus zu stärken. Dazu bediente er sich nach wie vor der Politik des Terrors. Es kam erneut zu umfassenden „Säuberungen“ in der Kommunistischen Partei.

Supermacht Sowjetunion

Die Sowjetunion ging letztlich trotz aller schwerwiegenden Probleme gestärkt aus dem Krieg gegen Deutschland hervor. Die Rote Armee war bei Kriegsende nach Ost- und Südosteuropa vorgestoßen und beherrschte nun ein weitaus größeres Territorium als vor dem Krieg. Stalin hatte eigenmächtig die Grenzen der Sowjetunion auf Kosten von Polen und Deutschland nach Westen verschoben. So gehörte von nun an das nördliche Ostpreußen zur Sowjetunion. Durch einen Gürtel abhängiger „Satellitenstaaten“ wie Ungarn, die Tschechoslowakei, Polen und ab 1949 die DDR reichte der Einfluss der Sowjetunion bis tief nach Mitteleuropa hinein. Überall setzte Stalin ihm ergebene kommunistische Regierun-

Q1 Aufruf zum „Großen Vaterländischen Krieg“

Die Übersetzung des Textes lautet: „Vorwärts, vernichten wir die deutschen Okkupanten und jagen wir sie hinter die Grenzen unserer Heimat!“, Plakat von N.A. Pawlow, 1944

D1 Die Ausdehnung der Sowjetunion nach dem Zweiten Weltkrieg

Supermacht
So nannte man die USA und die UdSSR, weil sie über riesige Bestände an atomaren, biologischen und chemischen Kampfstoffen verfügten. Sie besaßen militärische Stützpunkte und Verbündete in vielen Ländern der Erde.

gen ein und stationierte Truppen der Roten Armee. Somit war nach dem Ende des Zweiten Weltkriegs die Sowjetunion zur zweiten ***Supermacht*** neben den USA aufgestiegen. Die erfolgreiche Zündung der ersten sowjetischen Atombombe 1949 festigte diese Position. Die Kräfteverhältnisse in Europa und in der Welt hatten sich grundlegend verändert. Aus den ehemaligen Alliierten waren Gegner im Kalten Krieg geworden.

Q2 Radioansprache Stalins

Stalin hält die Rede am 3. Juli 1941, wenige Tage nach dem Angriff Deutschlands auf die Sowjetunion:

Genossen! Bürger! Brüder und Schwestern! Kämpfer unserer Armee und Flotte!

An Euch wende ich mich, meine Freunde! Der von Hitlerdeutschland am 22. Juni wortbrüchig begonnene militärische Überfall auf unsere Heimat dauert an. [...]

Die Geschichte zeigt, daß es keine unbesiegbaren Armeen gibt und nie gegeben hat. Napoleons Armee galt als unbesiegbar, aber sie wurde abwechselnd von russischen, englischen und deutschen Truppen geschlagen. Die deutsche Armee Wilhelms zur Zeit des ersten imperialistischen Krieges [der Erste Weltkrieg] galt ebenfalls als eine unbesiegbare Armee, aber sie erlitt mehrere Male Niederlagen [...]. Dasselbe muß von der jetzigen faschistischen deutschen Armee Hitlers gesagt werden. [...]

Die Tapferkeit der Kämpfer der Roten Armee ist beispiellos. Unser Widerstand gegen den Feind wächst und erstarkt. Zusammen mit der Roten Armee erhebt sich das ganze Sowjetvolk zur Verteidigung seiner Heimat.

[...] Der Feind ist grausam und unerbittlich. Er setzt sich das Ziel, unseren Boden, der mit unserem Schweiß getränkt ist, zu okkupieren, unser Getreide, unser Erdöl, die Früchte unserer Arbeit an sich zu reißen. Er setzt sich das Ziel, die Macht der Gutsbesitzer wiederaufzurichten, den Zarismus wiederherzustellen, die nationale Kultur und die nationale Eigenstaatlichkeit der Russen, Ukrainer, Belorussen, Litauer, Letten, Esten, Usbeken, Tataren, Moldauer, Georgier, Armenier, Aserbaidschaner und der anderen freien Völker der Sowjetunion zu vernichten [...].

Es geht also um Leben oder Tod des Sowjetstaates, um Leben oder Tod der Völker der Sowjetunion; es geht darum, ob die Völker der UdSSR frei sein oder in Versklavung geraten sollen. [...]

Die Völker der Sowjetunion sehen jetzt, daß der deutsche Faschismus in seiner Tollwut und seinem Haß gegen unsere Heimat, die allen Werktätigen freie Arbeit und Wohlstand gesichert hat, nicht zu bändigen ist. [...]

Dieser Vaterländische Volkskrieg gegen die faschistischen Unterdrücker hat nicht nur das Ziel, die über unser Land heraufgezogene Gefahr zu beseitigen, sondern auch allen Völkern Europas zu helfen, die unter dem Joch des deutschen Faschismus stöhnen. [...] Unser Krieg für die Freiheit unseres Vaterlandes wird verschmelzen mit dem Kampf der Völker Europas und Amerikas für ihre Unabhängigkeit, für die demokratischen Freiheiten. [...]

Josef W. Stalin, Werke, Band 14: Februar 1934–April 1945, Verlag Roter Morgen, Dortmund 1976, S. 238–242.

Q3 Russen als Sieger?

Rede Stalins beim Empfang zu Ehren der Truppenbefehlshaber der Roten Armee im Kreml, 24. Mai 1945:

Ich möchte einen Trinkspruch auf das Wohl unseres Sowjetvolkes und vor allem auf das des russischen Volkes ausbringen. (Stürmischer, lang anhaltender Beifall, Hurrarufe)

Ich trinke vor allem auf das Wohl des russischen Volkes, weil es die hervorragendste Nation unter allen zur Sowjetunion gehörenden Nationen ist.

Ich bringe einen Trinkspruch auf das Wohl des russischen Volkes aus, weil es sich in diesem Kriege die allgemeine Anerkennung als die führende Kraft der Sowjetunion unter allen Völkern unseres Landes verdient hat. [...]

Das russische Volk [...] glaubte daran, daß die Politik seiner Regierung richtig war, und brachte Opfer, um die Niederwerfung Deutschlands zu gewährleisten. Und dieses Vertrauen des russischen Volkes zur Sowjetregierung hat sich als der entscheidende Faktor erwiesen, der den historischen Sieg über den Feind der Menschheit, über den Faschismus, gesichert hat. [...]

Josef W. Stalin, Werke, Band 15: Mai 1945-Oktober 1952, Verlag Roter Morgen, Dortmund 1976, S. 11–12.

Q4 Aufruf zur Unterstützung an der Front
Die Übersetzung des Textes lautet: „Du“ (oben) „Womit hast du der Front geholfen?“ (unten), Plakat von Dimitri Moor, 1941

D2 Supermacht Sowjetunion?
Der Historiker Manfred Hildermeier über die Situation der Sowjetunion unmittelbar nach dem Zweiten Weltkrieg:
Mitten in der kräftezehrenden industriellen Aufholjagd getroffen, lag die Sowjetunion nach vier Kriegsjahren wirtschaftlich und finanziell am Boden. Wiederaufbau war das Gebot der Stunde, und nichts hätte sie dringender benötigt als massive technologische und monetäre Hilfe. Wenn Stalin das Angebot [der USA] nicht annahm, so stand dem das Fundament seiner Entwicklungsstrategie und der gesamten politischen und sozioökonomischen Ordnung entgegen, die darauf gegründet war, aus eigener Kraft das Niveau an Wirtschaftsleistung und politischer Gesamtstärke zu erreichen, das es erlauben würde, eine unanfechtbare Stellung unter den führenden Mächten Europas und der Welt einzunehmen. Mit dem Sieg über Hitler-Deutschland war dieses Ziel politisch erreicht, aber ökonomisch verfehlt worden. Weil das stalinistische System sich behauptet hatte, blieb die Art und Weise, diese wirtschaftliche Schwäche zu beheben, an seine Wahrung gebunden.[…] So gesehen stand sich der Sowjetstaat selbst im Wege: Er hatte großen Bedarf an äußerer Unterstützung, konnte sie in der angebotenen Form aber nur mit dem Risiko der eigenen Destabilisierung akzeptieren. […] Auf der anderen Seite hatte sie [die Sowjetunion] konsolidiert, was ihr nach dem Vormarsch der Roten Armee auf Berlin und in die Hauptstädte Ostmittel- und Südosteuropas niemand mehr nehmen konnte. Dies war mehr als je zuvor in der russisch-sowjetischen Geschichte.

Manfred Hildermeier, Geschichte der Sowjetunion, C.H. Beck, München 1998, S. 737 f., 741.

Nachgefragt

1. Stelle mithilfe des VT das Verhältnis der Sowjetunion zum nationalsozialistischen Deutschland anhand einer Zeitleiste dar.

2. Arbeite aus Q2 heraus, wie Stalin die Bedrohung durch die Deutschen beschreibt und wie er versucht, seinen Landsleuten Mut zu machen. Gib jeweils Textbelege an.

3. Stalin nennt die Freiheit des Vaterlandes als Ziel des Krieges (Q2). Überprüfe seine Aussage mithilfe des VT. ○

4. Arbeite aus Q3 heraus, welches Bild Stalin von den Russen entwirft. Nenne mögliche Gründe für diese Sichtweise.

5. Analysiere Q1. Welche Vorstellungen Stalins vom „Großen Vaterländischen Krieg“ und von seiner Rolle darin (VT, Q2) kommen zum Ausdruck?

6. Analysiere Q4. Überlege insbesondere, wen der Künstler ansprechen wollte und welche Mittel er dazu einsetzt.

7. Beschreibe Q5. Erkläre, warum ein solches Monument gerade an diesem Ort errichtet wurde.

Q5 Denkmal der „Mutter Heimat" in Wolgograd (ehemals Stalingrad)
Das 85 Meter hohe Monument wurde 1967 zur Erinnerung an den Sieg der Roten Armee bei Stalingrad errichtet. Foto, 2017

Q6 Skulptur der trauernden Mutter mit ihrem im Kampf gegen die Deutschen gefallenen Sohn
Im Hintergrund ist teilweise die Statue der „Mutter Heimat" zu erkennen. Foto, 2014

8. Erläutere, wie Stalin seine Politik gegenüber der Kirche im Zweiten Weltkrieg veränderte (VT). Nenne Gründe dafür.

9. Stelle anhand eines Plakates dar, welche Formen und Inhalte von Propaganda Stalin nutzte (VT, Q1, Q3, Q4). Teilt euch in Gruppen auf und geht arbeitsteilig vor. Bewertet Stalins Maßnahmen.

10. Erläutere anhand der Karte D1, inwieweit sich das Einflussgebiet der Sowjetunion nach dem Zweiten Weltkrieg vergrößerte. ○

11. Erläutere mithilfe von D2 und dem VT, in welcher Situation sich die Sowjetunion nach dem Zweiten Weltkrieg befand.

12. Erörtere anhand von D1, D2, Q6, dem Lexikonbegriff sowie dem VT, inwieweit die Sowjetunion unter Stalin nach dem Zweiten Weltkrieg als „Supermacht" bezeichnet werden kann. ●

AFB II: 1, 2, 4, 5, 6, 7, 8, 10, 11 AFB III: 3, 9, 12

Stalin-Mythos in Russland

Stalin gehört zu den größten Massenmördern der Geschichte. Millionen von Sowjetbürgern sind seinem Terror zum Opfer gefallen. Wie geht Russland heute mit der Geschichte des Stalinismus um? Und wie kommt es, dass Stalin wieder eine wachsende Zahl von Verehrern findet?

Entstalinisierung und Stalinmythos

Nikita S. Chruschtschow, der Nachfolger Stalins als Regierungs- und Parteichef der UdSSR, hat drei Jahre nach dessen Tod 1956 in einer Geheimrede auf einem Parteitag der KPdSU mit Stalins Terror abgerechnet. Dabei kritisierte er vor allem die Kollektivierung in der Landwirtschaft, die Deportationen und den Personenkult. Es kam in der Folge zu einer Entstalinisierung. Die Regierung ließ Denkmäler Stalins abreißen, um die Erinnerung an ihn zu beseitigen. In der Bevölkerung lebte die Verehrung für Stalin trotzdem weiter. Er galt vielen als großer Sieger im Zweiten Weltkrieg und Modernisierer des Landes. Je schlechter sich die Wirtschaftslage entwickelte, desto glänzender erschien den Menschen rückblickend die Zeit Stalins.

Stalin-Verehrung unter Putin?

Auch im heutigen Russland lässt sich eine zunehmende Begeisterung für Stalin erkennen. Dazu trägt der wachsende Nationalismus ebenso bei wie die autoritäre Regierung unter Präsident Putin, die nach außen eine selbstbewusste, teils expansive Politik betreibt. Die Sehnsucht nach einem „starken Mann“ ist unverkennbar. So verehren nicht nur kommunistische Gruppen bis heute Stalin. Überall in Russland gibt es wieder Stalin-Denkmäler. Schulbücher zeigen seine positive Rolle für das Land. Dagegen werden Ansätze einer kritischen Aufarbeitung von Stalins Verbrechen in Museen, Filmen oder Theaterstücken immer häufiger behindert.

D1 Veteranen des „Großen Vaterländischen Krieges“ gedenken Stalins
Moskau, Foto 2006

D2 Stalin in der Moskauer Metro

Bei der Renovierung der Moskauer Metrostation Kurskaja ließen die Behörden 2009 einen Schriftzug wiederherstellen, der an Stalin erinnert. Es handelt sich um eine Zeile aus der sowjetischen Nationalhymne, die bis 1956 auch Stalin gepriesen hatte: „Uns erzog Stalin – zur Treue zum Volk, zu Arbeit und Heldentaten regte er uns an!“ Der Schriftzug war während der Entstalinisierung nach 1956 entfernt worden.

D3 Warum wird Stalin heute in Russland verehrt?

Auszug aus der Neuen Zürcher Zeitung vom 24. Oktober 2017:

Das regierungsunabhängige Meinungsforschungsinstitut Lewada stellt seit langem eine wachsende Popularität des einstigen „Vaters der Nation“ fest. 46 Prozent der befragten Russen äußerten sich Anfang dieses Jahres positiv über Stalin; 2012 waren es erst 28 Prozent gewesen. [...] Eine weitere repräsentative Umfrage ergab kürzlich, dass die Russen Stalin als die herausragendste Persönlichkeit „aller Zeiten und Völker“ betrachten [...]. 38 Prozent der Befragten nannten Stalin, während es 1989 erst 12 Prozent gewesen waren. Nach Ansicht der Soziologin Ella Panejach wollen die Anhänger Stalins keine neuen Repressionen, Deportationen oder die Wiedereinführung der Planwirtschaft. Stalin sei – auch wenn dies eine historisch unhaltbare Sicht darstelle – für diese Leute einfach ein Symbol für effektive Führung, Korruptionsbekämpfung und einen sozialeren Staat, schreibt Panejach in der oppositionsnahen Internetzeitung „Medusa“. [...] Vor allem aber hat die Teilrehabilitierung Stalins mit dem ideologischen Fundament des Putin-Regimes zu tun. Der Kreml legitimiert seine Herrschaft hauptsächlich damit, dass es Russland gegen äußere Feinde – allen voran die USA – zu verteidigen gelte und Putin das Land erneut zur Großmacht gemacht habe. Der Verweis auf die Stalin-Ära bietet sich dabei an. Auch damals pflegte man das Bild von Russland als einer umzingelten Festung. Der Sieg über Hitler-Deutschland etablierte das Land zur Weltmacht und ist für das Putin-Regime zum zentralen historischen Bezugspunkt geworden.

Andreas Rüesch, Wieso es in Russland wieder salonfähig ist, Stalin zu verehren, in: Neue Zürcher Zeitung vom 24.10.2017, https://www.nzz.ch/international/stalin-und-die-sehnsucht-nach-der-starken-hand-ld.1323741 (Zugriff: 10.04.2019).

D4 Erinnerung an die Opfer des Stalin-Terrors

Bürgerrechtler erinnern 2017 an die Opfer der Großen Säuberung Stalins an einem Gedenkstein vor der berüchtigten „Lubjanka“, der Zentrale des sowjetischen Geheimdienstes. Hier wurden allein 1937/38 mehr als 30 000 Menschen gefoltert und ermordet. Heute ist das renovierte Gebäude Sitz des russischen Inlandsgeheimdienstes.

Nachgefragt

1. Beschreibe, wie sich das Verhältnis der Russen zu Stalin nach dessen Tod entwickelt hat (VT, D1, D2).

2. Schreibe auf, was die Veteranen in D1 über Stalin denken könnten.

3. Arbeite heraus, bei wem Stalin heute in Russland populär ist, und begründe, warum (VT, D1–D3).

4. Bewerte den Umgang mit Stalin im heutigen Russland anhand von D1–D4.

AFB I: 1, 2 AFB II: 3 AFB III: 4

Gorbatschow – Krise oder Neubeginn?

Im Westen ist Michail Gorbatschow, der letzte Staatschef der Sowjetunion, nach wie vor sehr beliebt und gilt als mutiger Erneuerer. In Russland und den anderen Nachfolgestaaten der Sowjetunion glauben hingegen viele Menschen, dass seine Politik in eine Sackgasse und ins Chaos geführt hat.

Gemeinsam lernen

Friedensnobelpreis für Gorbatschow?

Ein Mitglied des Nobel-Komitees hat 1990 Michael Gorbatschow für den Friedensnobelpreis vorgeschlagen. Das Komitee soll nun Gorbatschows Leistungen in der Innen- und Außenpolitik beurteilen und eine Entscheidung treffen.

Bildet zunächst Expertengruppen zu den Themen:
- Wirtschaftliche Stabilität (VT, D1, D2),
- Demokratie (VT, Q2, D3),
- Neuordnung Osteuropas (VT, Q2, D3, S. 60 VT) und
- Beziehungen zum Westen (VT, Q2, D3).

Stellt euch in den Stammgruppen eure Ergebnisse gegenseitig vor, diskutiert die Ausgangsfrage und einigt euch auf eine gemeinsame Entscheidung.
Bereitet nun in den Stammgruppen die Argumente zu eurem Thema so auf, dass sie die Entscheidung stützen.

Tipp: Methodische Hinweise zum Gruppenpuzzle findet ihr auf S. 194.

Glasnost
(russ. = Offenheit) Transparenz der politischen Arbeit der Partei

Perestroika
(russ. = Umgestaltung) Umbau der Gesellschaft und Wirtschaft

Dissidenten
Menschen, die öffentlich gegen die politische Meinung auftreten. In totalitären Staaten werden sie meist verfolgt, verhaftet oder ausgebürgert.

Krise in der Sowjetunion

In der Zeit des Kalten Krieges hatten die USA und die Sowjetunion ungeheure Summen für teure Waffensysteme ausgegeben. Vor allem US-Präsident Reagan trieb den Rüstungswettlauf in den 1980er-Jahren so voran, dass die Sowjetunion schließlich nicht mehr mithalten konnte und vor dem finanziellen Ruin stand. Die Bevölkerung litt unter der zunehmend schlechten Versorgungslage und wurde immer unzufriedener. Als Michail Gorbatschow 1985 zum Staatschef des Landes gewählt wurde, war ihm völlig klar, dass nur weitreichende Reformen von Staat und Gesellschaft die Krise und die starren Strukturen des Landes überwinden konnten. Gleichzeitig setzte er auf Abrüstungsverträge mit den USA.

Lösungen durch „neues Denken"?

Gorbatschow sorgte zunächst dafür, dass viele alte Parteimitglieder durch jüngere Fachleute ersetzt wurden, die seiner Reformpolitik offen gegenüberstanden. Er glaubte, dass durch ***Glasnost*** sowie ***Perestroika*** das Land auf neue Grundlagen gestellt werden könne. Zunächst ergriff Gorbatschow Maßnahmen gegen die Korruption, gegen Amts- und den weit verbreiteten Alkoholmissbrauch.
Diese Maßnahmen „von oben" reichten allerdings nicht aus, um die Krise zu beenden. Das sollte durch eine stärkere Beteiligung aller am gesellschaftlichen Leben erreicht werden. Gorbatschow ließ **Dissidenten** und Kritiker des Systems aus den Gefängnissen entlassen. Staat und Partei lockerten die strenge Kontrolle über Medien und Künstler. Zum ersten Mal gab es in der Sowjetunion Meinungsfreiheit und eine Opposition, die die neue Offenheit nutzte.
Schließlich ließ sich Gorbatschow auch auf eine Verständigung und Aussöhnung mit der im Sozialismus bisher häufig unterdrückten orthodoxen Kirche ein. Eher vorsichtig begann dagegen die Umgestaltung der Wirtschaft. Gesetze erlaubten in begrenztem Maß Privateigentum an Produktionsmitteln und Boden. Aber auch staatliche Betriebe sollten nun eigenverantwortlich geführt und zu einem gewissen Maß marktwirtschaftlich ausgerichtet werden. Allerdings behielt der Staat die Planung und Lenkung der Wirtschaft in der Hand.

Unkontrollierte Entwicklungen?

Gorbatschow konnte mit seinen Reformen die wirtschaftlichen Strukturen nicht grundlegend ändern. Die meisten Menschen waren außerdem nicht an eigenverantwortliches Handeln und marktwirtschaftliches Denken gewöhnt. So brach das Wirtschaftswachstum nach einer Phase der Erholung bis 1988 in vielen Bereichen wieder ein (D1). Die Versorgungslage verschlechterte sich und der Schwarzmarkt blühte. Es kam zu einer Inflation und Preissteigerungen. In vielen Betrieben riefen die Arbeiter zu Streiks auf. Die Politik von „Glasnost“ führte dazu, dass die vielen Probleme zudem öffentlich diskutiert wurden.

Systemwandel

Gorbatschow hatte auch eine Reform des politischen Systems in Gang gesetzt. Der Volkskongress (Oberster Sowjet) sollte sich zur gesetzgebenden Versammlung (Parlament) entwickeln und die KPdSU ihre Führungsstellung im Staat verlieren. Die Bürger konnten nun einen Teil der Abgeordneten frei wählen. Viele kommunistische Funktionäre verloren ihren Sitz im Kongress und es bildeten sich erstmals verschiedene Parteien heraus. Gorbatschow ließ sich 1989 vom Kongress zum ersten Präsidenten der Sowjetunion mit großen Befugnissen wählen.

Doch er hatte mächtige Gegner: die alten Eliten in der Kommunistischen Partei, im Geheimdienst und beim Militär sowie die Vertreter vieler Sowjetrepubliken, die nach Unabhängigkeit strebten. 1991 unternahmen Reformgegner einen Putschversuch, der mithilfe des Präsidenten der russischen Republik Boris Jelzin rasch beendet werden konnte. Gorbatschow verlor seine Machtstellung. So vereinbarte er mit Jelzin im Dezember 1991 die Auflösung der UdSSR zugunsten der Russländischen Föderation und übergab ihm auch das Präsidentenamt der Föderation.

Jelzin wollte das Land durch eine liberale Staats- und Gesellschaftsordnung, Marktwirtschaft und Privatisierung der Staatsbetriebe stärker am westlichen Vorbild ausrichten. Die Krise Russlands löste er nicht. Die Armut großer Teile der Bevölkerung wuchs, während einige wenige **Oligarchen** reich wurden und erheblichen Einfluss auf die Politik gewannen. Die Spaltung der Gesellschaft spiegelte sich in politischen Konflikten und einem Parteiensystem mit starken Nationalisten und Kommunisten.

Q1 Streit zwischen Gorbatschow (links) und Jelzin (rechts)
In der Versammlung des Obersten Sowjets am 23. August 1991 unterbrach Jelzin Gorbatschows Rede und unterzeichnete kurz darauf vor laufender Kamera das Verbot der Kommunistischen Partei in Russland. Foto der russischen Nachrichtenagentur RIA Novosti

Nationale und ethnische Konflikte

Gorbatschows Reformpolitik hatte auch die Bestrebungen vieler Nationalitäten innerhalb des riesigen Landes nach Freiheit und Unabhängigkeit begünstigt. Sie führten ihre Probleme auf die Moskauer Vorherrschaft zurück. Besonders in den baltischen Staaten wollten die Menschen die gewaltsame Annexion durch den Hitler-Stalin-Pakt rückgängig machen. In ethnisch gemischten Gebieten wie Usbekistan, Kirgisistan oder Georgien gab es sogar gewaltsame Auseinandersetzungen, denen Tausende von Menschen zum Opfer fielen. Gorbatschow versuchte erfolglos, dieser Entwicklung mit Druck und Versprechungen entgegenzuwirken. Auch in den Satellitenstaaten der Sowjetunion wie Ungarn und Polen waren Unabhängigkeitsbestrebungen in Gang gekommen, die sich nicht mehr umkehren ließen. In der DDR fiel nach Massenprotesten gegen das Regime die Mauer in Berlin. Gorbatschow stimmte der Wiedervereinigung Deutschlands zu und verkündete das Ende des **Warschauer Paktes**.

Oligarchen
(von griech. Oligarchie = Herrschaft der Wenigen)
In Bezug auf Russland bezeichnet man damit eine Gruppe reicher und politisch einflussreicher Eigentümer von Großunternehmen und Banken, die oft schon in der Zeit der Sowjetunion führende Positionen in Betrieben, Partei oder Geheimdienst innehatten.

Warschauer Pakt
militärisch-politisches Bündnis der UdSSR und ihrer Satellitenstaaten, gegründet 1955

D1 Daten zur sowjetischen Wirtschaft 1985 bis 1991
(jährliche Veränderungen in Prozent)

	1985	1986	1987	1988	1989	1990	1991
Bevölkerung	1,1	1,0	0,9	0,8	0,7	0,3	–
Beschäftigte	0,8	0,6	0,1	–1,1	–1,5	–0,7	–
Bruttosozialprodukt	2,3	3,3	2,9	5,5	3,0	–2,0	–8,0
Industrieproduktion	3,4	4,4	3,8	3,9	1,7	–1,2	–5,0
Agrarproduktion	0,2	5,3	–0,6	1,7	1,3	–2,3	–
Investitionen	3,0	8,4	5,6	6,2	4,7	–6,7	–16,0
Außenhandelsumsatz	–0,4	2,3	0,6	2,6	4,5	–6,9	–

Zahlen nach: Manfred Hildermeier, Geschichte der Sowjetunion 1917–1991, C.H. Beck, München 2. überarb. und erw. Aufl. 2017, S. 1091.

Q2 Neues Denken

Aus Gorbatschows Buch über „Perestroika und Neues Denken" (1988):

Die UdSSR durchlebt wirklich ungewöhnliche Zeiten. Die Kommunistische Partei hat eine kritische Analyse der schwierigen Situation der Mitte der achtziger Jahre durchgeführt und einen Kurs ausgearbeitet, der auf die Idee der Perestroika, die Beschleunigung der sozial-ökonomischen Entwicklung des Landes sowie die Erneuerung aller Sphären des gesellschaftlichen Lebens gerichtet ist. Diesen politischen Kurs haben die sowjetischen Menschen verstanden und akzeptiert. Die Perestroika führte zu einer Bewegung der gesamten Gesellschaft. Sicher – unser Land ist riesig, es entstanden viele Probleme und es ist nicht einfach, sie zu lösen. Aber die Veränderungen begannen, und es ist schon nicht mehr möglich, die Gesellschaft wieder einschlafen zu lassen. Im Westen einschließlich den USA wird über die Perestroika ganz anders gesprochen. Darunter auch so, als habe sie einen katastrophalen Zustand der sowjetischen Ökonomie hervorgerufen, spiegele Enttäuschung vom Sozialismus, eine Krise seiner Ideen und seiner Ziele. Nichts könnte weiter entfernt sein von der Wahrheit als solche Reden, mit welchen Begriffen auch immer sie ausgedrückt werden mögen. […] Ja, wir sind an normalen internationalen Beziehungen für unseren internen Fortschritt interessiert. Aber wir sind nicht nur deswegen für eine Welt ohne Krieg, Rüstungswettlauf, ohne Atomwaffen und Gewalt, weil das die optimalen Bedingungen für unsere innere Entwicklung sind.

Michael Gorbatschow, Umgestaltung und neues Denken für unser Land und für die ganze Welt, Dietz, Berlin, 4. Aufl. 1988, zit. nach Hans-Heinrich Nolte/Bernhard Schalhorn/Bernd Bonwetsch (Hrsg.), Quellen zur Geschichte Russlands, Reclam, Stuttgart 2014, S. 444 f., Übersetzerkollektiv Intertext.

Nachgefragt

1. Arbeite aus dem VT und Q2 heraus, welche Ziele Gorbatschow mit seinem „Neuen Denken" verfolgte.

2. Überprüfe Gorbatschows Aussagen in Q2 mithilfe des VT. ○

3. Beschreibe, welche Ziele Jelzin für Russland verfolgte (VT, Q1).

4. Erkläre, warum Gorbatschows Reformpolitik Unabhängigkeitsbestrebungen in den Satellitenstaaten und bei vielen Nationalitäten in der Sowjetunion auslöste (VT, D3). ○

5. Beurteile die Auswirkungen der Reformpolitik Gorbatschows auf die Wirtschaft anhand der Tabelle D1. Ziehe dazu auch den VT und D2 heran.

D2 Gescheiterte Reformen?

Der Historiker Helmut Altrichter über Gorbatschows wirtschaftliche Reformen:

Die Absicht war, in die zentrale „Kommandowirtschaft“ mehr Markt und Konkurrenz, in die Betriebe mehr Eigeninitiative und Selbstverantwortung, in die Staatsökonomie private und genossenschaftliche Elemente zu bringen, […] ohne das System der sozialistischen Planwirtschaft grundsätzlich aufzugeben. Die genaue Rolle der zentralen Planung war nirgends definiert; die Versorgung mit Produktionsmitteln, die Preisbildung, die Finanzierung blieben in der Schwebe, die Rechtssicherheit ein Desiderat [etwas Erwünschtes, aber Fehlendes] und offen, wie Markt und Konkurrenz ohne sie funktionieren sollten; auf Rentabilitätsdenken und Risikobereitschaft waren im Übrigen weder die Betriebsleitungen noch ihre Belegschaften, weder Kolchosevorsitzende noch ihre Bauern vorbereitet, und wenn es einzelne versuchten, hatten sie nur zu oft die anderen gegen sich. So stellte sich statt des erhofften Erfolges bald ein Zustand ein, in dem, wie man sagte, „das Alte nicht mehr funktionierte und das Neue noch nicht“, eine euphemistische [beschönigende] Umschreibung für das Umsichgreifen chaotischer Zustände […].

Helmut Altrichter, Kleine Geschichte der Sowjetunion 1917–1991, C.H. Beck, München 4. Aufl. 2013, S. 183 f.

D3 Gorbatschow als Visionär?

Der Historiker William Taubman führt dazu aus:

Gorbatschow war ein Visionär, der sein Land und die Welt veränderte – wenn auch keines von beiden so weit, wie er es sich gewünscht hätte. Die wenigsten Politiker, wenn überhäupt jemand, haben nicht nur eine Vision, sondern auch den Willen und die Fähigkeit, diese voll in die Realität umzusetzen. Das Ziel nicht ganz zu erreichen, wie im Fall Gorbatschows, ist noch lange kein Scheitern. Es gelang Gorbatschow, das zu zerschlagen, was von dem totalitären Regime in der Sowjetunion noch übrig war; er schenkte die Redefreiheit, die Versammlungs- und Gewissensfreiheit Menschen, die sie nie gekannt hatten, einmal abgesehen von wenigen turbulenten Monaten im Jahr 1917. Durch die Einführung freier Wahlen und die Schaffung parlamentarischer Einrichtungen legte er den Grundstein für die Demokratie. […] In der Außen- ebenso wie in der Innenpolitik waren gewaltige Errungenschaften Gorbatschows Verdienst. Er verringerte die Gefahr einer atomaren Vernichtung. Er erlaubte es den osteuropäischen Ländern, selbst über ihr Schicksal zu bestimmen. Er löste ein Imperium auf (oder fand sich mit der Auflösung ab), und zwar ohne das Blutbad und die Gewaltorgien, die mit der Zerschlagung vieler anderer Reiche einhergingen […]. Gorbatschow war ein hervorragender Politiker, wenn es um die Konsolidierung der Macht und ihre Anwendung mit dem Ziel ging, das sowjetische System zu verändern und den Kalten Krieg zu beenden. Doch die Kräfte, die er entfesselte, und die Menschen, die er zuhause und in anderen Ländern befreien half, überwältigten ihn am Ende.

William Taubman, Gorbatschow. Der Mann und seine Zeit, C.H. Beck, München 2018, S. 805 f., übers. von Helmut Dierlamm und Norbert Juraschitz.

6. Vergleiche, wie die beiden Historiker (D2, D3) die Reformen Gorbaschows einschätzen. Bewerte die Positionen.

7. Der Titel von Michail Gorbatschows 1987 erschienenem Buch lautet: „Perestroika: Die zweite russische Revolution“. Überprüfe, ob diese Bezeichnung gerechtfertigt ist. ○

8. Das amerikanische Nachrichtenmagazin „Time“ kürte Gorbatschow 1990 zum „Mann des Jahrzehnts“. Erörtere, ob diese Einschätzung passend ist. Berücksichtige dazu verschiedene Perspektiven in West und Ost. ●

Ende der Sowjetunion – Ende des Vielvölkerstaates?

Mit dem Zerfall der Sowjetunion 1991 ergaben sich zahlreiche neue Fragen und Probleme: Was sollte aus den einzelnen Sowjetrepubliken werden? Was sollte mit den Minderheiten geschehen, die im Vielvölkerstaat UdSSR lebten?

GUS (= Gemeinschaft Unabhängiger Staaten)
Ein 1991 gegründeter loser Staatenbund aller ehemaligen Sowjetrepubliken mit Ausnahme der baltischen Staaten. Georgien und die Ukraine haben die GUS inzwischen wieder verlassen.

Vielvölkerstaat
Es handelt sich dabei um einen territorial begrenzten politischen Herrschaftsverband, dessen (Staats-)Angehörige verschiedenen Völkern bzw. Ethnien angehören. Diese sind rechtlich gleichgestellt bzw. wird ihnen ein Mindestmaß an Selbstbestimmung gewährt.

Bildung der GUS

In der Endphase der Sowjetunion spitzte sich die wirtschaftliche und politische Krise zu. In vielen Sowjetrepubliken verstärkte sie Unabhängigkeitsbestrebungen. Die Menschen dort glaubten, dass die Probleme besser im nationalen Rahmen gelöst werden könnten. So erklärten sich schon im Frühjahr 1990 die baltischen Sowjetrepubliken Estland, Lettland und Litauen für unabhängig. Russland, Weißrussland und die Ukraine schlossen sich am 8. Dezember 1991 zu einer lose organisierten „Gemeinschaft Unabhängiger Staaten" (***GUS***) zusammen und erklärten die UdSSR für aufgelöst. Bis 1992 traten alle ehemaligen Sowjetrepubliken außer den baltischen Ländern dieser Gemeinschaft bei. Die Mitgliedsstaaten der GUS wählten jetzt unabhängige Regierungen und unterhielten ihre eigenen Streitkräfte. Sie einigten sich darauf, dass nur Russland Atommacht sein sollte.

Ethnische Probleme in der GUS

Auch die verschiedenen ehemaligen Sowjetrepubliken für sich genommen waren ***Vielvölkerstaaten***. Mit ihrer Unabhängigkeit traten neue Konflikte zwischen den verschiedenen Ethnien zutage, z.B. in Georgien der Konflikt zwischen der Mehrheit der Georgier und den Minderheiten der Abchasen und Ossetier. Gleichzeitig kam es zu verstärkter Migration in den Ländern der GUS. Schätzungen gehen davon aus, dass rund neun Millionen Menschen in der ehemaligen Sowjetunion ihren Wohnort gewechselt haben. Ursachen waren kriegerische Auseinandersetzungen, das Streben nach besseren wirtschaftlichen Bedingungen oder die Rückkehr von Ethnien in ursprüngliche Hauptsiedlungsgebiete. Zahlreiche Juden wanderten seit der Perestroika aus der Sowjetunion und später aus der GUS aus. Das lag an dem zunehmend offen artikulierten Antisemitismus. Viele Juden gingen in die USA, nach Israel oder nach Deutschland.

Minderheiten in Russland

In Russland waren zu Beginn der 1990er-Jahre 83 Prozent der Bevölkerung Russen. Mit Rücksicht auf die Minderheiten wurde das Land im Dezember 1991 bewusst nicht als Russische, sondern als Russländische Föderation (RF) gegründet. Damit sollte zum Ausdruck kommen, dass andere Ethnien die gleichen Rechte haben wie die Russen.
Innerhalb Russlands bilden die Tataren die größte Minderheit. Sie verfügen über eine eigene Republik Tatarstan und über weitgehende Autonomierechte, vor allem im wirtschaftlichen Bereich. Tatarstan gehört aber zum Staatsgebiet der Russländischen Föderation. In Tatarstan bekennen sich die meisten Menschen zum Islam; knapp 40 Prozent der Menschen sind Russen, die fast ausschließlich der orthodoxen Kirche angehören. In Tartastan leben die Nationalitäten und Religionen friedlich zusammen.
Anders entwickelte sich die Lage in Tschetschenien im Nordkaukasus. Im November 1991 hatten die überwiegend islamischen Tschetschenen ihre Unabhängigkeit von Russland erklärt. Das führte zum Krieg, weil Russland diese Entwicklung nicht akzeptierte und russlandtreue Politiker unterstützte. Infolge des Krieges haben Minderheiten wie Russen, Armenier oder Ukrainer Tschetschenien verlassen. Die tschetschenischen Machthaber strebten zudem eine ethnische „Säuberung" an. Vor allem Russen und deren Sprache sollten verdrängt werden. Tschetschenien verblieb zwar in der Russländischen Föderation, doch ließ sich

bis heute keine nachhaltige Lösung für die Konflikte finden.

Russische Minderheiten im Baltikum

Insgesamt rund 25 Millionen Russen lebten unmittelbar nach dem Zerfall der Sowjetunion in anderen ehemaligen Sowjetrepubliken und bildeten dort nationale Minderheiten. Sie machen die größte Minderheit in den baltischen Ländern aus, die heute zur EU gehören. Allerdings ist es die erklärte Politik vor allem Estlands und Lettlands, das Russische zurückzudrängen, das oft als Überbleibsel der ungeliebten Sowjetzeit gesehen wird. Die russischsprachigen ehemaligen Sowjetbürger im Baltikum werden vielfach diskriminiert und leben dort häufig als Staatenlose. Sie dürfen nicht wählen und die Beamtenlaufbahn bleibt ihnen meist verschlossen. Mahnungen der EU, die russischen Minderheiten besser zu schützen, blieben bis heute weitgehend erfolglos.

Deutsche Minderheiten

Im 18. Jahrhundert waren viele Deutsche auf Einladung der Zaren als Bauern oder Handwerker nach Russland ausgewandert. Als Gorbatschow 1985 an die Macht gelangte, gab es in der UdSSR noch rund zwei Millionen Bürger mit deutscher Abstammung. Russlanddeutsche wanderten wegen der sich verschlechternden Lebensbedingungen in die Bundesrepublik Deutschland aus, die ihnen bis heute ein Recht auf Aufnahme garantiert. Die Menschen werden als ***Aussiedler*** bezeichnet. Fast alle waren nie zuvor in Deutschland gewesen und empfanden die neue Heimat vielfach zunächst als fremdes Land. Heute leben etwa noch 700 000 Vertreter der deutschen Minderheit in den Staaten der ehemaligen Sowjetunion und sind dort als nationale Minderheit offiziell anerkannt. Außerdem erhalten sie vom deutschen Staat finanzielle Unterstützung.

Aussiedler
Menschen mit deutscher Abstammung, die vor allem in den 1980er- und 1990er-Jahren aus den Staaten des Ostblocks und den Nachfolgestaaten der Sowjetunion in die Bundesrepublik übersiedelten

D1 GUS und autonome Staaten in der Russländischen Föderation

Q1 Gründung der GUS

Erklärung von Alma-Ata (23. Dezember 1991):

Wir, die unabhängigen Staaten – Republiken Aserbaidschan, Armenien, Belorussland [Weißrussland], Kasachstan, Kirgisien, Moldau, Tadschikistan, Turkmenistan, Usbekistan und Ukraine sowie die RSFSR (Russische Sozialistische Föderative Sowjetrepublik) – geben bekannt:

Wir bemühen uns, demokratische Rechtsstaaten aufzubauen, deren Beziehungen untereinander auf der Basis gegenseitiger Anerkennung und Achtung staatlicher Souveränität beruhen sowie auf souveräner Gleichheit, dem unveräußerlichen Recht auf Sezession, den Prinzipien der Gleichberechtigung, auf Nichteinmischung in innere Angelegenheiten, Verzicht auf Anwendung von und Drohung mit Gewalt oder wirtschaftlichem oder sonstigem Druck, auf friedlicher Regelung von Streitfragen, auf Hochachtung für die Rechte des Menschen einschließlich der Rechte von Minderheiten und auf gutwilliger Erfüllung von Pflichten oder Aufgaben aus sonstigen allgemein anerkannten Gründen sowie den Normen des internationalen Rechts. Wir erkennen und achten die territoriale Unversehrtheit unserer Länder und die Unverletzlichkeit der Grenzen; wir meinen, dass die Festigung unserer tiefen historischen Gründe für freundschaftliche Beziehungen, gute Nachbarschaft, gegenseitige nutzbringende Zusammenarbeit den grundlegenden Interessen der Völker und der Sache von Frieden und Sicherheit dient [...].

Mit der Gründung des Freundschaftsbundes Unabhängiger Staaten hört die UdSSR auf zu bestehen.

Zit. nach Hans-Heinrich Nolte/Bernhard Schalhorn/Bernd Bonwetsch (Hrsg.), Quellen zur Geschichte Russlands, Reclam, Stuttgart 2014, S. 461 f., übers. von Hans-Heinrich Nolte.

D2 Religiöse und ethnische Minderheiten in der Russländischen Föderation (RF) 1989

	Bevölkerungszahl (in Tausend)	Zunahme gegenüber 1959 (in Prozent)	Anteil an der Bevölkerung der RF (in Prozent)	Anteil der Russischsprachigen innerhalb der Minderheit
Insgesamt	147 002	125	100,0	86,6
Russen	119 807	122	81,5	100,0
Tataren	5 520	135	3,8	14,2
Ukrainer	4 364	130	3,0	57,0
Weißrussen	1 206	143	0,8	63,5
Tschetschenen	899	344	0,6	1,1
Deutsche	841	103	0,6	58,0
Juden	536	61	0,4	90,5
Armenier	533	208	0,4	16,9

Zahlen nach: Hans-Heinrich Nolte, Geschichte Russlands, Reclam, Stuttgart 2012, S. 422, zusammengestellt vom Autor.

Nachgefragt

1. Arbeite aus dem VT und Q1 heraus, wie und mit welcher Zielsetzung sich die GUS gebildet hat. ○

2. Nenne die verschiedenen ethnischen und religiösen Minderheiten in der Russländischen Föderation von 1989 und ergänze, welche Minderheiten Autonomierechte in ihren Hauptsiedlungsgebieten haben (VT, D1, D2).

3. Erkläre vor dem Hintergrund von D2, warum sich Russland als „Russländische" und nicht als „Russische Föderation" bezeichnet (VT).

4. Der Kreml von Kasan (Q2) ist ein Symbol für das gute Zusammenleben von Tataren und Russen, von Muslimen

Q2 Ansicht des Kremls (Kreml = Festung) von Kasan, der Hauptstadt der autonomen Republik Tatarstan

Die ursprünglich tatarische Festungsanlage wurde nach der Eroberung durch Zar Iwan IV. im 16. Jahrhundert von russischen Baumeistern teilweise neu errichtet. Die neuen Herrscher ließen die Moscheen in Kirchen verwandeln. Die hier abgebildete Kul-Scharif-Moschee (rechts) ist 2005 fertiggestellt worden. Sie ist eine der größten Moscheen in Russland. Sie wurde in Erinnerung an die gefallenen Tataren bei der Eroberung Kasans durch die Russen im 16. Jahrhundert erbaut. Die Moschee steht in unmittelbarer Nähe zur orthodoxen Verkündigungskathedrale (links).

Q3 Fremd im ersehnten Land?

Die Aussiedlerin Viktoria Morasch aus Kasachstan über das Leben in Deutschland:

Wir landeten in Düsseldorf. [...] Meine Eltern hatten uns Kinder aus dem Sand der Steppe gehoben und wollten uns hier wieder einpflanzen. Und auch sich selbst, so gut das eben ging. Heute, 25 Jahre später, werden wir als Teil einer gelungenen Integration gesehen, als Erfolgsgeschichte. Etwa drei Millionen Aussiedler kamen zwischen 1987 und 2005 aus der ehemaligen Sowjetunion und Osteuropa. [...] Meine Eltern hatten Arbeit und eine schöne Wohnung. Wir sind gegangen, weil wir Deutsche sind, Russlanddeutsche, keine Russen. [...] Unsere Ausreise im Sommer 1990 lief offiziell unter dem schönen Wort „Heimkehr“. [...] Die Russlanddeutschen stellten damals fest: Wir können noch so oft beteuern, dass wir deutsch sind, wir sind nicht willkommen. Also taten sie, was sie am besten konnten: nicht auffallen. Das hatten sie in der Sowjetunion ja geübt. Meine Eltern haben sich lange gewünscht, diesen verdammten russischen Akzent zu verlieren. Weil das erste Wort immer gleich die Frage nach sich zieht: Wo kommen Sie her? Uns Kindern fiel das leichter. [...] Unsere Integration war keine Voraussetzung für unseren rechtlichen Status. Sondern der rechtliche Status beförderte unsere Integration. Wahrscheinlich hat uns auch der starke Zusammenhalt untereinander geholfen.

Viktoria Morasch, Russlanddeutsche: Angekommen, in: DIE ZEIT Nr. 16/2016, 7. April 2016. Auf: https://www.zeit.de/2016/16/russlanddeutsche-kasachstan-integration-sowjetunion-aussiedler (Zugriff: 10.04.2019).

und Christen. Überprüfe diese Aussage mithilfe des VT.

5. Arbeite aus Q3 heraus, wie die Aussiedlerin die Situation der Russlanddeutschen in der Bundesrepublik beurteilt. ○

6. Stelle die Situation der russischsprachigen Bevölkerung in den baltischen Staaten dar (VT).

7. Beurteile, warum die baltischen Staaten aus ihrer historischen Erfahrung heraus gegenüber der russischen Minderheit skeptisch eingestellt sind. Wirf dazu auch nochmals einen Blick auf Seite 48. ●

8. Informiere dich über die Konflikte in Tschetschenien (VT, Internet) und präsentiere deine Ergebnisse.

AFB I: 2 AFB II: 1, 3, 5, 6, 8 AFB III: 4, 7

Russland heute – zurück zum Zarentum oder Aufbruch in die Zukunft?

Russland hat sich im Laufe des 20. Jahrhunderts tiefgreifend verändert: Aus dem Zarenreich entstand die Sowjetunion, nach deren Zerfall die Russländische Föderation. Welchen Herausforderungen steht Russland aktuell gegenüber? Und inwiefern sind sie mit Russlands imperialer Vergangenheit verknüpft?

Q1 Das Geschäftsviertel Moskau-City
Neben den Büros von Banken und Großunternehmen gibt es hier Luxuswohnungen, Restaurants und Unterhaltungsangebote. Die Planungen für das Viertel gehen auf das Jahr 1992 zurück; die ersten Bauten entstanden um das Jahr 2000.

Russland – eine Großmacht?

Die Sowjetunion war nicht nur territorial deutlich größer als das heutige Russland, sondern sie war auch eine Supermacht. Diesen Status hat Russland heute verloren. Dennoch ist das Land nach den USA die zweitgrößte Militär- und Atommacht der Welt, allerdings mit einem großen technologischen und wirtschaftlichen Abstand. Außerdem ist Russland wie einst das Zarenreich eine Großmacht in Europa geblieben. Nach dem Zerfall der Sowjetunion versucht das Land heute wieder, Einfluss auf die ehemaligen Sowjetrepubliken auszuüben und so zumindest indirekt an die imperiale Tradition anzuknüpfen. Das wird besonders deutlich am Beispiel der Ukraine. Als dort 2014 ein von Russland unterstütztes Regime stürzte und sich eine prowestliche Regierung etablierte, unterstützte Russland die Separatisten in der Ostukraine militärisch und annektierte die Krim. Auch das aktive Eingreifen in externe Konflikte wie den Syrienkrieg zeigt das gestiegene Selbstbewusstsein und den Großmachtanspruch Russlands.

Ein neuer Nationalismus?

Nationalismus und Zusammengehörigkeitsgefühl haben mit dem beginnenden 21. Jahrhundert spürbar zugenommen. Für viele Russen begann mit der Regierungszeit Wladimir W. Putins der Wiederaufstieg Russlands zu alter Größe. Seine Anhänger betonen die Besonderheit der slawischen Kultur, die durch Glauben, Gemeinschaft und den Wunsch nach Führung geprägt sei, und wenden sich gegen westliche Werte wie Rationalismus, Individualismus und Pluralismus. Die antiwestliche Propaganda stellt insbesondere die USA und die NATO als Feindbilder dar und erinnert zunehmend an den Kalten Krieg.

Wirtschaftsprobleme

In den 1990er-Jahren herrschte in Russland Aufbruchstimmung. Das Land wollte Anschluss an den Westen finden. Die Politik der Privatisierung und der Liberalisierung des Marktes konnte jedoch kein langfristiges Wirtschaftswachstum schaffen. Nahrungsmittel- und Industrieproduktion sanken, die Staatsverschuldung stieg. Nur eine kleine Gruppe von Oligarchen bereicherte sich. Putin versprach zu Beginn seiner Präsidentschaft, dem Staat wieder Vorrang vor dem Geld zu geben. Er bekämpfte einige der reichsten Männer und brachte ihre Unternehmen in Staatsbesitz. Bis zur Finanzkrise 2008 profitierte das Land von hohen Weltmarktpreisen für Öl und Gas. Doch die strukturellen Probleme blieben.

Die russische Wirtschaft und vor allem die Staatskonzerne im Energiebereich sind von den Weltmarktpreisen abhängig. Es gibt zu wenig Investitionen in die Modernisierung von Landwirtschaft und Konsumgüterindustrie. Das Land ist international in vielen Bereichen nicht wettbewerbsfähig. Der durchschnittliche Lebensstandard der Russen ist trotz einiger Erfolge in der Wirtschaftspolitik nach wie vor nicht hoch. So leben nach russischer Statistik mehr als 20 Millionen Menschen in Armut. Auch die wegen der Annexion der Krim verhängten westlichen Sanktionen gegen Moskau schwächen die Wirtschaft und isolieren das Land.

Russland – eine Demokratie?

Russlands Staatsform basiert auf der Verfassung von 1993. Sie legt fest, dass das Land ein demokratischer und föderaler Rechtsstaat ist, und sichert allen Bürgern Grundrechte wie Meinungsfreiheit, Versammlungsfreiheit, Gewissensfreiheit, Recht auf politische Beteiligung, das Recht auf Eigentum usw. zu. Auffallend ist allerdings die ungewöhnlich starke Stellung des Präsidenten in der Verfassung. Jelzin hatte sie geschaffen, um seine Reformen durchsetzen zu können.

Putin zog aus Jelzins Scheitern Konsequenzen. Er versprach den Russen unter seiner Führung Sicherheit und Stabilität und baute seine Macht als Präsident weiter aus. So brachte er die Gouverneure der Regionen unter seine Kontrolle und engte den Spielraum der Regionalverwaltung zugunsten einer zentralistischen, von Moskau aus gesteuerten und dem Präsidenten gegenüber loyalen Verwaltung ein. Auch die Justiz folgt weitgehend den politischen Vorgaben des Präsidenten, z. B. beim Kampf gegen die Opposition. Zwar gibt es ein Mehrparteiensystem, doch Medien und Wahlgesetze begünstigen die Partei des Präsidenten

Q2 Putin – ein Zar?

Putin empfängt Absolventen der Militärakademien im Kreml. Moskau, Foto 2007

„Einiges Russland", sodass sie bis heute eine Mehrheit der Sitze in der Duma hat.

Autoritärer Staat und Repressionen

Präsident Putin knüpft in vielerlei Hinsicht an autoritäre Traditionen des vorrevolutionären Russlands und der Sowjetunion an. Er stützt sich auf loyale Gefolgsleute in Militär, Geheimdienst und Wirtschaft. Außerdem kontrolliert er weitgehend die Medien, insbesondere die Fernsehsender, und bekämpft die Meinungsfreiheit.
Es erinnert an die Praxis der Sowjetunion, wenn regierungskritische Organisationen mit „ausländischen Agenten" gleichgesetzt und verfolgt werden. Es kommt sogar immer wieder zu politischen Morden, beispielsweise an regierungskritischen Journalisten, bei denen die Justiz nur schleppend Aufklärung leistet.

Die Kirche als Machtinstrument?

Im heutigen Russland hat die orthodoxe Kirche mit 100 Millionen Mitgliedern an Bedeutung gewonnen und stellt eine große integrative Kraft dar. Ihre Stellung erinnert an die in der Zarenzeit. Staatschef Putin gibt sich betont religiös, und die Kirche unterhält eine gute Beziehung zur Regierung. Diese Verbindung erweist sich für beide Seiten als nützlich, auch wenn die Verfassung formell eine klare Trennung von Staat und Kirche festlegt. Auch die Kirche spricht sich gegen die westliche Lebensweise aus und beruft sich auf traditionelle russische Werte.

D1 Verfassung der Russländischen Föderation 1993
Seit 2008 wird der Präsident für eine Amtszeit von 6 Jahren, die Staatsduma für 5 Jahre gewählt.

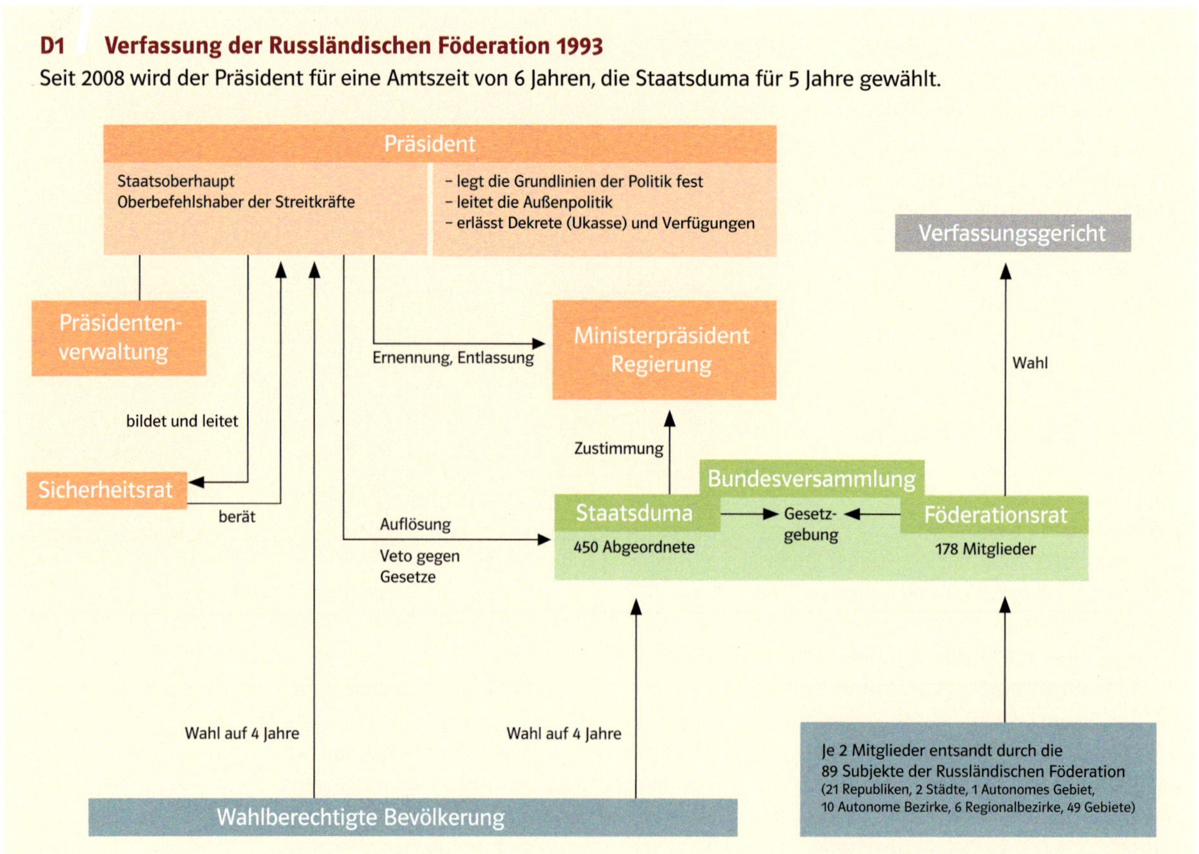

Q3 Der Präsident steht über den Parteien

Auszüge aus einem Interview des Journalisten Tom Parfitt mit Gleb Pawlowsky (2012), einem der engsten Politikberater Putins in den Jahren 1999 bis 2011:

Strebt er [Putin] tatsächlich ein Zwei-Parteien-System mit einem wirklichen politischen Wettbewerb an?

Die Parteien sollen vom Präsidenten kontrolliert werden. Unsere Verfassung beruht auf der Idee, dass der Präsident über den drei anderen Gewalten steht. Der Präsident hat eine besondere Rolle, die nicht mit der Exekutive gleichzusetzen ist. Die exekutive Gewalt liegt allein beim Premierminister. Der Präsident steht über allen, wie ein Zar. Für Putin ist das ein Glaubenssatz. Er denkt, dass in traditionellen Gesellschaften und Staaten noch ein Gefühl für Ordnung vorhanden ist: Die Menschen trachten nicht danach, den in Wahlen besiegten Gegner zu zerstören. Dieses Gefühl ist uns verloren gegangen. Er denkt auch, dass alle Formen der politischen Macht in Russland bisher nicht vollkommen waren: Er möchte eine starke und dauerhafte Regierungsform aufbauen. [...]

Also eine „gelenkte Demokratie"?

Ja, wir nennen es „gelenkte Demokratie". [...] Es ist wichtig, darauf hinzuweisen, dass sich ein „Putin-Konsens" herausgebildet hat, der verschiedene Positionen vereinte: ein Konsens von Volk und Elite. Es handelte sich um einen Sozialvertrag zwischen der herrschenden Elite und den wichtigsten gesellschaftlichen Gruppen, um ein Mindestmaß sozialer Gerechtigkeit zu garantieren.

Interview mit Gleb Pawlowsky, Interviewer: Tom Parfitt, Moskau, Januar 2012, in: New Left Review 88, July-August 2014, auf: https://newleftreview.org/II/88/gleb-pavlovsky-putin-s-world-outlook (Zugriff: 29.08.2018), übers. von J.-P. Müller.

Q4 Wirtschaftsmacht Russland?

Ein deutscher Journalist schreibt 2019 über die Schwächen der russischen Wirtschaft:

Schwäche 1: Abhängigkeit von Öl und Gas

Rund 60 Prozent von Russlands Exporten bestehen aus Öl und Gas, wie die Weltbank kalkuliert. Dazu kommen weitere Rohstoffe wie Metalle, Holz und Mineralien. Macht zusammen rund Dreiviertel der gesamten Ausfuhren. Die Volkswirtschaft und auch die Staatsfinanzen schwanken mit dem Ölpreis. Seitdem die Rohstoffpreise deutlich zurückgegangen sind, lahmt die Wirtschaft.

Und was wird eigentlich, falls im Zuge des Klimawandels und der Konkurrenz durch immer effizientere regenerative Energien Öl und Gas langfristig im Preis verfallen sollten? Wovon lebt Russland dann?

Schwäche 2: Demografie

Russlands Erwerbsbevölkerung schrumpft bereits seit einigen Jahren. Eine Folge der extrem niedrigen Geburtenraten in der Umbruchzeit der wilden Neunziger- und Nullerjahre. Auch wenn die Bevölkerungsentwicklung in den nächsten Jahrzehnten nicht so desaströs ausfallen dürfte, wie noch vor einiger Zeit befürchtet: Sollte die Zuwanderung aus Zentralasien nicht massiv zunehmen, wird die Einwohnerzahl bis 2050 je nach Szenario um bis zu 24 Millionen Menschen zurückgehen, wie aus den Vorausberechnungen der UNO hervorgeht. Das wäre ein Minus von 16 Prozent. Auch wegen der Demografie sackt das trendmäßige Wirtschaftswachstum nach Berechnungen der Weltbank immer weiter, Richtung 1 Prozent jährlich.

Schwäche 3: Staatliche Institutionen

Der Staat spielt eine prominente Rolle in der Wirtschaft. Rund ein Drittel der gesamten ökonomischen Aktivitäten und die Hälfte der legalen Beschäftigung sind direkt unter seiner Kontrolle, so der Internationale Währungsfonds (IWF) in einer Länderanalyse. Staatliche Eigentümerschaft konzentriert sich besonders in den Sektoren Energie, Rüstung, Finanzen, Netze und Infrastruktur.

Das Problem ist nur: Russlands öffentlicher Sektor gilt als intransparent, unzuverlässig und korrupt. [...] Entsprechend wenig wird investiert. Auch mit dem Innovationsklima ist es nicht weit her – kaum überraschend in einem Land, in dem Presse- und Meinungsfreiheit bestenfalls eingeschränkt gelten. Wie unter diesen Bedingungen die Wende weg von Öl und Gas klappen soll, bleibt schleierhaft. Wie gesagt, auf Dauer schnürt Putins harter Durchgriff der Wirtschaft die Luft ab.

Henrik Müller, Putins Wirtschaftsmacht: Erstaunlich stark, erschreckend schwach. Auf: Spiegel Online, 17.02.2019, http://www.spiegel.de/wirtschaft/service/russland-wirtschaftsmacht-von-wladimir-putin-im-ost-west-konflikt-a-1253598.html (Zugriff: 29.03.2019).

Q5 Fehlende Rechtssicherheit?

Bericht von „Amnesty International" zur Lage in Russland (2010):

Menschenrechtsverteidiger, Rechtsanwälte und Journalisten wurden bedroht und tätlich angegriffen, einige wurden getötet. Es herrschte bezüglich dieser Fälle ein Klima der Straflosigkeit, das die Täter vor Verfolgung schützte, zumal die Polizei nicht sorgfältig ermittelte. Aus dem Nordkaukasus wurden 2009 verstärkt Menschenrechtsverstöße gemeldet. Mutmaßliche Straftäter sollen in einigen Fällen gefoltert und misshandelt worden sein, um Geständnisse zu erpressen. Die Menschenrechtsverletzungen der russischen Streitkräfte während des Konfliktes mit Georgien im August 2008 wurden von den Behörden nicht gründlich untersucht. Es gab weiterhin Befürchtungen, dass Gerichtsprozesse nicht den Standards für faire Verfahren entsprachen, Regierungsvertreter bezogen zwar öffentlich gegen Rassismus Stellung, dennoch gab es wiederholt rassistisch motivierte Übergriffe. […]

Amnesty International, Report 2010, Frankfurt/Main, S. 380 f.

Q6 „Wir erleben eine Systemkrise."

Ausschnitt aus einem Interview mit dem ersten Wirtschaftsminister der Russländischen Föderation, Andrej Netschajew, 2018:

Sie waren in den 1990er-Jahren der erste Wirtschaftsminister nach dem Zusammenbruch der Sowjetunion. Was ist damals passiert?

Die heutige Propaganda wirft mir und meinen damaligen Mitstreitern vor, die Wirtschaft der Sowjetunion zerstört zu haben und für die heutigen Probleme Russlands verantwortlich zu sein. […] Als unsere Mannschaft an die Regierung kam, stand die Wirtschaft vor dem Kollaps. Die Außenschulden betrugen mehr als 100 Milliarden Dollar, das Haushaltsdefizit betrug 35 Prozent des Bruttosozialprodukts, alles finanziert durch die Notenpresse. Wir haben die Staatsausgaben dramatisch gesenkt.

Viele Russen haben deshalb ihre Arbeit und damit ihre Existenzgrundlage verloren.

Natürlich waren die Reformen für die Bevölkerung hart. Den Leuten ging es sehr schlecht. Trotzdem hat die Mehrheit verstanden, dass die Reformen notwendig waren. […]

Dass die russische Wirtschaft trotz der jüngsten Krisen, des Ölpreisverfalls und der Sanktionen [Sanktionen des Westens wegen der Besetzung der Krim] relativ gut funktioniert, verdankt sie der Marktwirtschaft, die wir damals aufgebaut haben. Oder dem, was davon übrig ist. Nur deshalb überleben wir. […]

Sind die Sanktionen schuld an der schlechten Lage?

Nein, sie machen die Situation schlimmer, aber sie sind nicht die Ursache der Probleme. Ich bin davon überzeugt, dass wir derzeit eine Systemkrise erleben. Eine Krise des Wirtschaftsmodells, das in den Nullerjahren gewählt wurde: Verstaatlichung der Wirtschaft, Konzentration auf den Export von Rohstoffen und Energie und eine unglaubliche Korruption.

Ökonom Andrej Netschajew, „Wir erleben eine Systemkrise". Interview der Zeitschrift Euro am Sonntag vom 17.06.2018. Interviewerin: Sabine Gusbeth, auf: https://www.finanzen.net/nachricht/private-finanzen/euro-am-sonntag-interview-oekonom-netschajew-34-wir-erleben-eine-systemkrise-34-6269442 (Zugriff: 05.10.2018).

Nachgefragt

1. Analysiere die Verfassung der Russländischen Föderation (D1). Achte besonders auf die Machtbefugnisse des Präsidenten einerseits und des Parlaments (Duma und Förderationsrat) andererseits. ○

2. Überprüfe mithilfe des VT und D1 inwieweit Russland demokratisch regiert wird.

3. „Russlands Aufbruch in die Moderne?" Schreibe unter dieser Überschrift als westlicher Journalist eine Reportage über die Moskau-City (Q1) vor dem Hintergrund der aktuellen gesellschaftlichen und wirtschaftlichen Entwicklung (VT). ○

4. Bewerte die Rechtsstaatlichkeit (Einhaltung der Grundrechte) vor dem Hintergrund der jüngeren Entwicklung in Russland (VT, Q5).

5. Arbeite aus Q6 und dem VT heraus, wie sich Russland seit den

D2 Die Wappen Russlands und der Sowjetunion

a) Das Staatswappen von 1882

b) Das Staatswappen von 1993

c) Das Staatswappen der Sowjetunion von 1956

1 Doppeladler: Das Symbol geht auf das letzte römische Kaiserreich Byzanz (Hauptstadt Konstantinopel) zurück. Nach dem Fall von Byzanz 1453 sah sich Russland als dessen Erbe und einziges „rechtgläubiges" Imperium. Heute soll der Doppeladler die Zusammengehörigkeit der europäischen und asiatischen Bevölkerung Russlands repräsentieren.

2 Drei Kronen: verwiesen auf die monarchische Regierungsform und auf territoriale Eroberungen der Zaren. Heute sollen sie die drei Gewalten darstellen.

3 Zepter: symbolisierte die monarchische Macht und Würde. Heute steht es für die Verteidigung der Souveränität Russlands.

4 Reichsapfel: hat die Form der Weltkugel und zeigte so die Macht Russlands und der Zaren. Das Kreuz auf dem Reichsapfel steht für das christliche Imperium. Heute soll der Reichssapfel die Einheitlichkeit und Rechtsstaatlichkeit des Landes zeigen.

5 Drachentöter zu Pferd: wurde in der Zarenzeit als der heilige Georg, der Schutzheilige von Moskau, gedeutet. Heute wird er neutral als „der Reiter" bezeichnet.

Das Staatswappen der Sowjetunion wurde in seiner Grundgestalt am 6. Juli 1923 angenommen: mit fünfzackigem Roten Stern, Hammer und Sichel (für das Bündnis von Arbeitern und Bauern) vor dem Erdball und Sonnenstrahlen eingerahmt durch Kornähren. Auf dem roten Band steht der Satz „Proletarier, aller Länder, vereinigt euch!" aus dem Kommunistischen Manifest, zunächst in Russisch und fünf weiteren Sprachen, ab 1956 in den 15 Amtssprachen der Sowjetrepubliken.

1990er-Jahren wirtschaftlich entwickelt hat.

6. Beurteile, inwieweit die wirtschaftliche Situation zu den machtpolitischen Ansprüchen des Landes passt (VT, Q4).

7. Vergleiche das Foto von Putin (Q2) mit dem des Zaren (S. 33, Q6). Achte auf Ähnlichkeiten und Unterschiede in Haltung und Umgebung.

8. Erörtere anhand von Q3, ob es gerechtfertigt ist, Präsident Putin als „Zar" zu bezeichnen. ○

9. Analysiere die Staatswappen Russlands und der Sowjetunion (D2 a–c). Analysiere, inwieweit hier imperiale oder demokratische Ansprüche sichtbar werden.

10. Beurteile, welche Chancen und Risiken sich für Russland in Zukunft bieten können. Lege dazu Kriterien fest. ●

Überprüfe dich
Selbsteinschätzungsbogen
56af3p

Üben interaktiv
56af3p

1. Überblickswissen zu Russland I

Zusammenhänge herstellen

Sachkompetenz

Verbinde die Person in der linken Spalte mit dem jeweils passenden Begriff in der rechten Spalte. Formuliere jeweils in einem Satz den Zusammenhang zwischen Person und Begriff.

Gorbatschow	Kollektivierung
Zar Peter I.	Bolschewiki
Josef Stalin	Perestroika
Wladimir I. Lenin	Kommunismus
Karl Marx	Autokratie

2. Gesellschaft in der Sowjetunion

Eine Statistik analysieren

Sachkompetenz, Methodenkompetenz, Reflexionskompetenz

a) Analysiere, wie sich die soziale Schichtung in Russland und der Sowjetunion zwischen 1913 und 1939 verändert hat.
b) Erläutere, welche politischen Maßnahmen dazu geführt haben.

3. Überblickswissen zu Russland II

Begriffe erklären

Sachkompetenz

Streiche den Begriff durch, der nicht in die Reihe passt. Begründe deine Lösung historisch. Erläutere dazu die Gemeinsamkeit der übrigen Begriffe.

A Imperium – Zarenreich – Vielvölkerreich – Nationalstaat
B Demokratie – Zarismus – Autokratie – Monarchie
C Kommunismus – Liberalismus – Marxismus – Gleichheit
D Kollektivierung – Verstaatlichung – Pluralismus – Wirtschaftslenkung
E Modernisierungsdiktatur – Stalinismus – Reform – Revolution
F Kapitalismus – Fünfjahresplan – Marktwirtschaft – Privateigentum

D1 Soziale Schichtung der Bevölkerung 1913–1939 (in Prozent)

Gruppe	1913	1924	1928	1939
Arbeiter und Angestellte	17,0	14,8	17,6	50,2
davon Arbeiter	14,6	10,4	12,4	33,5
Bauern und Handwerker in Kolchosen	–	1,3	2,9	47,2
Einzelbauern	66,7	75,4	74,9	2,6
Bourgeoisie, Gutsbesitzer, Privathändler, „Kulaken"	16,3	8,5	4,6	–

Zahlen nach: Helmut Altrichter (Hrsg.), Die Sowjetunion. Von der Oktoberrevolution bis zu Stalins Tod, dtv, München 1986, S. 525.

4. Terror in der Sowjetunion

Einen Text analysieren

Sachkompetenz, Methodenkompetenz, Reflexionskompetenz

a) Analysiere den Witz. Was befürchten die Hausbewohner?
b) Erläutere, auf welche historischen Umstände der Witz anspielt.

Q1 Ein „Witz" aus der Sowjetunion der 1930er-Jahre („Vier-Uhr-früh-Witz")

Um 4 Uhr früh klopft es an einer Moskauer Wohnung, in der fünf Familien wohnen. Alle springen sofort aus ihren Betten, aber keiner traut sich, die Tür zu öffnen. Sie stehen und warten zitternd an ihren Zimmertüren. Das Klopfen wird stärker. Schließlich fasst sich einer der Mieter, Abram Abramowitsch, ein Herz und öffnet die Wohnungstür. Man hört ihn eine Weile mit einem draußen stehenden Mann flüstern. Dann wendet er sich zu seinen zitternden Hausgenossen, sein Gesicht strahlt: „Keine Beunruhigung, Genossen, es ist nichts, das Haus brennt …".

Zit. nach Wolfgang Leonhard, Die Revolution entlässt ihre Kinder, KiWi, Köln 22. Aufl. 2005, S. 43.

5. Russland heute

Eine Karikatur analysieren

Sachkompetenz, Methodenkompetenz, Reflexionskompetenz

a) Analysiere die Karikatur vor dem Hintergrund der politischen Entwicklung Russlands unter Präsident Putin.
b) Überprüfe, inwieweit die Aussage der Karikatur zutreffend ist.

Q2 Präsidentschaftswahlen 2004

Karikatur von Klaus Stuttmann, 2003

China – ein Imperium im Wandel
Online-Material
w6jn3i

3 China – ein Imperium im Wandel

Die Eröffnungsfeier der Olympischen Spiele 2008 in Peking war ein gewaltiges Spektakel: 15 000 Akrobaten und Tänzer traten in traditionellen Kostümen auf. Einige präsentierten bedeutende Leistungen der chinesischen Geschichte wie die Seidenstraße oder die Chinesische Mauer auf einer riesigen ausgerollten Papierrolle. Eine Gruppe Kinder stellte die 56 nationalen Minderheiten des Landes in verschiedenen Trachten dar. Der Blick zurück in Chinas imperiale Vergangenheit hilft, seine Gegenwart und aktuellen Herausforderungen zu verstehen.

1000 | 1310 | 1620

221 v. Chr.
Gründung des chinesischen Kaiserreichs unter Qin Shihuangdi

um 1000
China ist das am weitesten entwickelte Land der Erde.

1644
Beginn der Regierungszeit der Kaiser aus der Qing-Dynastie, in der China seine größte Ausdehnung erfährt

1839
Im ersten Opiumkrieg setzt Großbritannien mit Gewalt die eigenen Handelsinteressen in China durch.

1911
Sturz des letzte[n] Kaisers

1912
Ausrufung der Republik China

Das chinesische Kaiserreich und seine Gebietsverluste im 19. Jahrhundert

Kompetenzen Am Ende dieses Kapitels weißt und kannst du Folgendes:

Sachkompetenz
- Du kannst das chinesische Kaiserreich als Imperium charakterisieren.
- Du kannst die Entwicklung der Volksrepublik China beschreiben und die Auswirkungen der Umbrüche (Kulturrevolution, Reformen Deng Xiaopings) auf die Bevölkerung erläutern.

Methodenkompetenz
- Du kannst eine zeitgenössische Karikatur analysieren.

Fragekompetenz
- Du kannst die Frage beantworten, inwiefern der westliche Einfluss auf China im 19. Jahrhundert eine Demütigung für das chinesische Selbstbewusstsein darstellte.

Reflexionskompetenz
- Du kannst beurteilen, welche Folgen Abschottung und Öffnung für Chinas Entwicklung hatten.

Orientierungskompetenz
- Du kannst Gemeinsamkeiten und Unterschiede zwischen der Supermacht China heute und dem chinesischen Kaiserreich analysieren und bewerten.

◄ **D1 Eröffnungsfeier der Olympischen Sommerspiele 2008 in Peking**
Nie zuvor hatten so viele Zuschauer die Eröffnung von Olympischen Spielen am Bildschirm verfolgt.

1950 **1970** **1990**

1949
Machtübernahme der Kommunistischen Partei Chinas und Gründung der Volksrepublik China

1966
Mao Zedong ruft „Die Große Proletarische Kulturrevolution" aus.

1976
Tod Mao Zedongs und Aufstieg von Deng Xiaoping; Beginn der wirtschaftlichen Reformen

1989
Die Kommunistische Partei Chinas schlägt den Protest chinesischer Studenten und Arbeiter gewaltsam nieder.

1997
Tod Deng Xiaopings; beschleunigter Aufstieg Chinas zu einer Supermacht

Was machte China zu einem Imperium?

China ist das einzige Land, das mit seinem riesigen Territorium seit der Antike besteht. Zugleich ist China eine der ältesten Hochkulturen der Welt. Wie ist dieser Erfolg zu erklären?

Ursprünge des Kaiserreichs

Vor der Reichsgründung gab es in China viele kleine Stadtstaaten, die sich in vorchristlicher Zeit zu größeren Territorialstaaten entwickelten. Nach zwei Jahrhunderten blutiger Kämpfe siegte ein König der Qin-Dynastie über alle Fürsten und vereinte ganz China. 221 v. Chr. ließ er sich zum „Erhabenen Gottkaiser Qin Shihuangdi" ausrufen. Das ***Kaiserreich*** China war geboren. Qin Shihuangdi vergrößerte sein Reich und sicherte es durch eine Mauer vor den Nomadenvölkern im Norden. Nach ihm bestieg ein General den Kaiserthron. Er begründete die Dynastie der Han, die China über den längsten Zeitraum seiner Geschichte – von 202 v. Chr. bis 220 n. Chr. – regierte. Die Han waren die größte Ethnie unter den 50 bis 60 Millionen Einwohnern des ***multiethnischen Imperiums*** China, das eine Vielzahl von Kulturen und Sprachen umfasste. Die Han-Kaiser förderten den Fernhandel und schlossen Friedensverträge mit ihren Nachbarstaaten. Trotzdem sahen sie ihr Reich nicht als einen Staat unter vielen, sondern als Zentrum der Welt.

Was zeichnete den Staat aus?

Wichtig für die Stärke der ersten Kaiserreiche war die Einheit des Landes. Die Kaiser waren das Symbol dieser Einheit. Sie wurden als gottgleich angesehen und als „Söhne des Himmels" bezeichnet. Sie lebten unerreichbar hinter den Mauern ihres Palastes. Das Regieren überließen sie meist ihren ***Beamten*** und Offizieren, die im Auftrag des „göttlichen" Herrschers handelten. Der Aufbau einer leistungsfähigen Verwaltung war eine entscheidende Grundlage für die Einheit des Reiches. Die Verwaltung stützte sich auf umfangreiche Gesetze, die

Kaiserreich
Politische Bezeichnung für ein Reich, das von einem Kaiser regiert wird. Es vereint verschiedene Herrschaftsgebiete und Völker. Das chinesische Kaiserreich existierte von 221 v. Chr. bis 1911.

Beamte
Personen, die dem Staat dienen und seine Aufgaben wahrnehmen. In China waren Beamte hoch gebildet. Seit dem Mittelalter mussten sie mehrfache Prüfungen ablegen. Die höchsten Staatsbeamten wurden als Mandarine bezeichnet und bildeten bis zum Ende des Kaiserreichs 1912 eine Elite mit großem Einfluss.

Q1 Titelseite des Nachrichtenmagazins DER SPIEGEL zu China, 2002

Das Cover zeigt die Terrakotta-Armee, die der erste chinesische Kaiser Qin Shihuangdi (ab 221 v. Chr.) zu seinem Schutz und seinem Ruhm im Jenseits anfertigen ließ. Mehr als 8 000 lebensgroße Soldaten aus Ton einschließlich Reit- und Zugtieren sollten seine Grabkammer bewachen, zu der auch ein ganzer Hofstaat mit Beamten und Dienern gehörte. Über den riesigen unterirdischen Kammern errichteten hunderttausende Zwangsarbeiter einen 100 Meter hohen, pyramidenähnlichen Grabhügel.

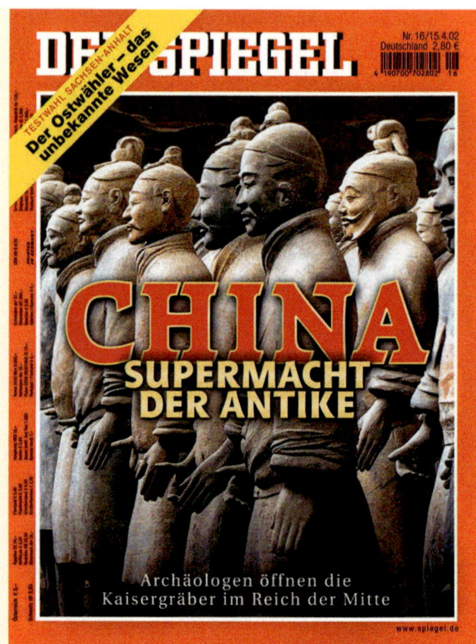

Q2 Kangnido-Karte

Koreanische Weltkarte aus dem Jahr 1402, die auf chinesischen Vorlagen beruht

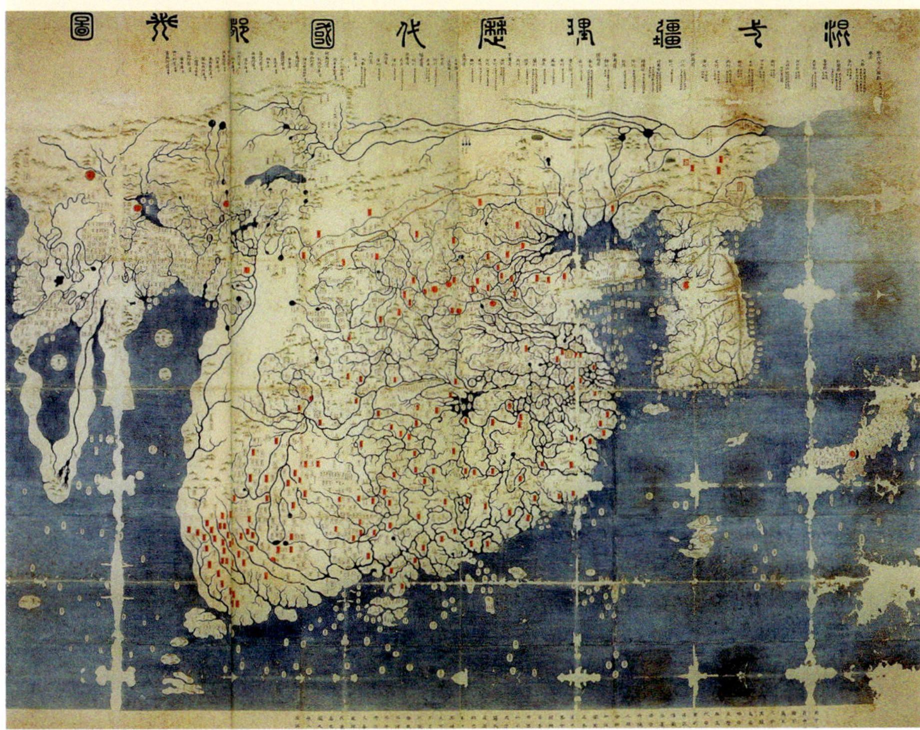

den Alltag der Menschen in allen Teilen des Landes regelten.

Die Gesetze wiederum orientierten sich am ***Konfuzianismus***. Der Philosoph Konfuzius hatte das Ideal einer hierarchisch geordneten Gesellschaft mit den „Edlen" an der Spitze entwickelt. Das Handeln der „Edlen" wie der Untertanen sollte sich an den Tugenden Mitmenschlichkeit, Gerechtigkeit und kindliche Liebe und der Einhaltung der Riten orientieren. Galten zuvor oft noch die ungeschriebenen Regeln des eigenen Familienverbandes, sollten nun alle Bewohner des Reiches dieser übergeordneten Moral folgen. Bald wurden die daraus abgeleiteten Gesetze jedoch zur alleinigen Richtschnur allen Handelns. Ihre Einhaltung wurde streng kontrolliert. Gerichte ahndeten jeden Verstoß mit harten Strafen.

China – eine Hochkultur

Das chinesische Kaiserreich war eine ***Hochkultur***, da es neben dem Rechtssystem und der Bürokratie auch über eine eigene ***Schrift*** verfügte, die die Verwaltung des riesigen Reichs erleichterte. Hinzu kam die Vereinheitlichung von Münzen, Maßen und Gewichten. Die Kaiser ließen Straßen und Kanäle zu einem Verkehrsnetz ausbauen. Im Mittelalter entwickelten sich Wirtschaft und Kultur zu einer neuen Blüte. Um 1000 n. Chr. war China der am weitesten entwickelte Staat der Erde. Mehr Menschen als anderswo lebten hier bereits in Städten. Besonders die neue Hauptstadt Kaifung zog Fremde und Händler an, am Kaiserhof blühten die Wissenschaften und Künste, eine gebildete Beamtenelite lenkte das Reich.

Die Chinesen machten viele Jahrhunderte vor den Europäern wichtige Erfindungen: Sie stellten Roheisen und Werkzeuge her, förderten Erdöl, erfanden den Buchdruck und das Schießpulver und verbesserten die Ernteerträge durch Düngemittel. Sie produzierten Seide, Papier oder Keramik bereits in großen Mengen in Manufakturen und exportierten die Produkte bis nach Europa und Vorderasien. Den Höhepunkt dieses wirt-

Konfuzianismus

die Lehren des Philosophen Konfuzius (551–479 v. Chr.) und seiner Schüler, die China ungeachtet aller Veränderungen bis heute prägen

Hochkultur

Der Begriff wird für eine Gesellschaft verwendet, die eine Schrift, Religion, Städte und eine staatliche Ordnung besitzt und in der die Menschen unterschiedliche Aufgaben (Arbeitsteilung) haben. Auch besondere Leistungen in Kunst und Architektur zeichnen eine Hochkultur aus.

Schrift

Ein System von Zeichen, mit dem die gesprochene Sprache festgehalten und weitergegeben wird. Sie ist Voraussetzung für eine Hochkultur, weil mit ihr Traditionen, Gesetze und Wissen bewahrt werden können.

Q3 Die „Große Mauer" aus dem 14. bis 16. Jahrhundert
Die Mauer ist das größte von Menschen geschaffene Bauwerk der Welt.

schaftlichen Aufschwungs erreichte China aber mit dem beginnenden Welthandel in der Frühen Neuzeit. Die Ausweitung der Märkte und des Handels veränderte auch die Gesellschaft.

Alle Macht den Kaisern

Zwischen dem 14. und dem 18. Jahrhundert stieg die Bevölkerungszahl stark an. Viele Menschen verarmten, andere profitierten vom zunehmenden Handel und Geldverkehr. Unabhängige Gelehrte und wohlhabende Kaufleute gewannen an Einfluss. Die traditionelle Ordnung der „Vier Stände" – Gelehrte, Bauern, Handwerker und Händler – löste sich auf.
Die chinesischen Kaiser dieser Epoche reagierten auf die gesellschaftlichen Veränderungen mit einer zunehmend zentralistischen und autokratischen Herrschaft. Bereits Kaiser Hongwu (1368–1398) zog die Regierung unmittelbar an sich und schränkte die Befugnisse der mächtigen Beamten ein. Ein Geheimrat aus mehreren Sekretären unterstützte ihn bei der Leitung der Ministerien. Daneben führte er den Zensorrat ein, der im ganzen Land die Korruption und Untüchtigkeit der Beamten bekämpfen sollte. Auch dem Volk zwang der Kaiser seinen Willen auf. In jedem Dorf wurden seine Unterweisungen bekannt gemacht: Dazu gehörten die Ehrerbietung gegenüber Höherstehenden, die Aufenthaltspflicht und Gesetze gegen den Luxus, das Verbot, den Beruf zu wechseln, oder staatliche Preiskontrollen. Nachbarn wachten wechselseitig über die Einhaltung dieser Regeln, die Polizei bestrafte Verstöße hart. Mehrfach ordnete der Kaiser Säuberungen gegen Beamte, Gelehrte, Offiziere, Studenten und Landbesitzer an. So formte Hongwu einen Untertanenstaat, der bis zum Ende der Kaiserzeit 1911 bestehen blieb.

Eroberer auf dem Kaiserthron

Kaiser Hongwu und seine Nachfolger festigten vor allem ihre Macht im Inneren. Nach außen bauten sie als Zeichen der Einheit und zum Schutz gegen die „Barbaren" die „Große Mauer", die bis heute erhalten ist. Trotzdem gelang es den Mandschuren aus dem Norden um die Mitte des 17. Jahrhunderts, in China einzudringen. Doch die mandschurischen Herrscher aus der Qing-Dynastie (1644–1912) eroberten das Land nicht nur, sie passten sich auch ganz an die Tradition des chinesischen Kaisertums an und führten es sogar zu neuer Machtfülle. Die Qing-Kaiser hielten an der autokratischen Herrschaft ihrer Vorgänger fest. Sie setzten allerdings jeweils einen Mandschuren und einen Chinesen an die Spitze der Verwaltungen. Als Symbol der Unterwerfung mussten alle Untertanen nun einen Zopf tragen. Unter den Qing-Kaisern wurde das Vielvölkerreich stärker, größer und selbstbewusster als jemals zuvor. Sie herrschten über Mongolen und Chinesen, unterwarfen die muslimischen Völker Ostturkestans und eroberten Taiwan sowie die Provinzen Yunnan und Guizhou. Bevölkerung, Handel und Wohlstand nahmen ebenso zu wie die Kontakte mit der Außenwelt.

Q4 Die Lehren des Konfuzius

Die Lehren des Konfuzius sind nur über seine Schüler überliefert. Diese haben sie in der Form von Gesprächen festgehalten:

a) Ordnung halten

I,2 You-zi [ein Schüler des Konfuzius] sprach: „Es gibt selten Menschen, die ihren Eltern mit Ehrfurcht, ihren älteren Brüdern mit Achtung begegnen und die trotzdem gegen die Obrigkeit rebellieren wollen. […] Ehrfurcht gegenüber den Eltern und Achtung gegenüber den älteren Brüdern – das sind die Wurzeln der Sittlichkeit." […]

II,3 Konfuzius sprach: „Will man Gehorsam durch Gesetze und Ordnung durch Strafe, dann wird sich das Volk den Gesetzen und Strafen zu entziehen versuchen und alle Skrupel verlieren. Wird hingegen nach sittlichen Grundsätzen regiert und die Ordnung durch Beachtung der Riten und der gewohnten Formen des Umgangs erreicht, so hat das Volk nicht nur Skrupel, sondern es wird auch aus Überzeugung folgen."

b) Regieren

XII,11 Jing-gong [Herrscher von Qi] fragte Konfuzius, was Regieren heiße.
Der Meister antwortete ihm: „Der Herrscher muß Herrscher sein, der Untertan muß Untertan bleiben. Der Vater sei Vater, der Sohn Sohn."

XVI,2 Konfuzius sprach: „Wenn unter dem Himmel Ordnung herrscht, ist der Sohn des Himmels [der Kaiser] die höchste Autorität in allen politischen und kultischen Angelegenheiten […]."

c) Lernen

XVI,9 Konfuzius sprach: „Von Geburt an Wissen haben – das ist die höchste Stufe. Durch Lernen Wissen erwerben – das ist die nächste Stufe. Große Schwierigkeiten haben und trotzdem lernen – das ist die dann folgende Stufe. Schwierigkeiten haben und nicht lernen – das sind Leute der untersten Stufe."

Konfuzius, Gespräche. Aus dem Chinesischen übers. und hrsg. von Ralf Moritz, Reclam, Stuttgart 1998, S. 5, 9, 74, 107, 109.

Q5 Unterdrückung ist wider die Natur

Ein zeitgenössischer Philosoph widerspricht Konfuzius:

Die Konfuzianer behaupten: „Der Himmel hat [einst] das zahllose Volk geschaffen und Herrscher über es gestellt." Soll das etwa heißen, daß der erhabene Himmel [damals tatsächlich] große Reden geschwungen und solchen Absichten Ausdruck gegeben habe? [Nein, es war einfach so:] Die Starken unterdrückten die Schwachen, bis sich die Schwachen ihnen unterwarfen, die Klugen überlisteten die Dummen, bis die Dummen ihnen dienten. Und erst als sie sich unterworfen hatten, entstand der „Weg" von Fürsten und Ministern, erst als sie ihnen dienten, kam es zur Manipulierung der Kräfte des armen Volkes. […] Indem man dort das Volk zum Frondienst zwingt, ernährt man hier die Leute in den Beamtenstellungen. Je reicher die Einnahmen der Vornehmen, desto größer die Bedrängnis des Volkes. […] Im fernen Altertum gab es keine Fürsten und keine Minister. Man grub seine Brunnen, um zu trinken, und bestellte seine Äcker, um zu essen. Beim Sonnenaufgang ging man hinaus, um zu werken, bei Sonnenuntergang ging man heim, um zu ruhen. Frei bewegte man sich ohne Fessel und erfüllte sich seine Wünsche.

Zit. nach Wolfgang Bauer, China und die Hoffnung auf Glück, dtv, München 1974, S. 197.

Q6 Große Ordnung

Der Geschichtsschreiber Sima Qian (ca. 145–90 v.Chr) beschreibt die Herrschaft des Kaisers Qin Shihuangdi:

Das Volk war eingeteilt in Fünfer- und Zehnergruppen, die sich gegenseitig kontrollierten und gemeinsam bestraft wurden. [...] Hoch und Niedrig befaßten sich gemeinsam mit den grundlegenden Arbeiten, mit dem Pflügen und Weben. Die, die große Mengen an Getreide oder Seide produzierten, wurden vom Arbeitsdienst freigestellt, während die, die aus der Arbeit anderer Gewinn zogen oder durch Faulheit in Armut gerieten, zu Sklaven gemacht wurden. [...] Zehn Jahre später war das Volk von Qin bereits überglücklich: Dinge, die man auf der Straße verlor, wurden nicht mehr aufgehoben [und heimlich behalten] und in den Bergen gab es keine Räuber mehr. Die Familien konnten sich selber erhalten, und das Volk lebte in Fülle. Die Leute waren tapfer in den Schlachten für den Staat und ängstlich in privaten Streitigkeiten. So herrschte die Große Ordnung (ta-chih) auf dem Lande ebenso wie in den Städten.

Zit. nach Wolfgang Bauer, China und die Hoffnung auf Glück, dtv, München 1974, S. 97.

Q7 Seidenherstellung in China

Dieser Ausschnitt aus einer bemalten Papier-Rolle aus der Song-Dynastie (960–1279) zeigt das Spinnen und Weben. Auf der gesamten Rolle sind alle Schritte der Seidenherstellung vom Sammeln und Aufziehen der Raupen bis zur Verpackung der Seidenballen abgebildet.

Nachgefragt

1. Beschreibe, woran Chinas Selbstverständnis als „Reich der Mitte" und „Zentrum der Welt" sichtbar wird (VT, Q1–Q3, Q7).

2. Ordne wichtige Ereignisse und Entwicklungen (VT, Q1, Q3) dem Zeitstrahl auf S. 72/73 zu.

3. Charakterisiere die Rolle der chinesischen Kaiser und ihre Herrschaftspraxis (Q4b, Q8, Q9). ○

4. Nenne alle Aspekte, die China als eine Hochkultur auszeichnen (VT, Q1, Q3 Q7).

5. Analysiere die historische Karte Q2. Welche geografischen Kenntnisse und welche Weltsicht drücken sich darin aus? ○

6. Ein deutscher und ein chinesischer Besucher (Q3) unterhalten sich über die „Große Mauer". Schreibe einen Dialog.

Q8 Kaiser Qianlong (1735–1796) mit seinem Hofstaat in der Sommerresidenz Chengde.
Gemälde des italienischen Jesuiten Giuseppe Castiglione (1688–1766), der mehr als 50 Jahre als Maler und Architekt am chinesischen Kaiserhof arbeitete.

Q9 Der Kaiser regiert selbst

Ein Beamter schreibt über seinen Kaiser Qianlong:

Etwa zehn von uns [Beamten] wechselten sich alle fünf, sechs Tage mit der Frühschicht ab, und schon das empfanden wir als anstrengend! Aber der Kaiser tat das jeden Tag! Und das waren normale Zeiten ohne besondere Ereignisse. Während der Kämpfe in den Westgebieten aber, wenn eine Feldpost kam, las der Kaiser sie sogar um Mitternacht persönlich durch, berief seinen Staatsrat ein und gab ihm strategische Anweisungen, hundert oder tausend Worte lang. Zu der Zeit schrieb ich die Vorlagen, und vom ersten Entwurf bis zur Reinschrift – ein Vorgang, der ein, zwei Stunden dauerte – saß der Kaiser mit übergeworfenen Kleidern da und wartete.

Zhao Yi, Yanbao zaji 1, zit. nach: Kai Vogelsang, Geschichte Chinas, Reclam, Ditzingen 2013, S. 419, übers. von Kai Vogelsang.

7. Erläutere die Lehre des Konfuzianismus (VT, Q4) und ihre Bedeutung für das Herrschaftssystem in China (VT, Q6). ○

8. Bewerte die Lehre des Konfuzianismus (VT, Q4). Was könnte man gegen sie einwenden (Q5)?

9. Beurteile die Bedeutung der Seidenproduktion für China. Berücksichtige dabei den Grund für die aufwändige, künstlerische Darstellung in Q7.

10. Erläutere, inwiefern man China als multiethnisches Imperium bezeichnen kann (VT).

11. Erörtere mithilfe des Unterkapitels, was das China der Kaiserzeit zu einem Imperium machte. ●

AFB I: 1, 4 AFB II: 2, 3, 5, 6, 7, 10 AFB III: 8, 9, 11

China und der Westen – Expansion oder Selbstbeschränkung?

Im 15. Jahrhundert entdeckten europäische Seefahrer neue Seerouten nach Osten und den Kontinent Amerika. Sie legten damit die Grundlage für den Welthandel und die koloniale Herrschaft der Europäer. Wie aber verhielten sich die Chinesen in dieser Zeit?

Seidenstraße
Sammelbezeichnung für viele verschiedene Land- und Seewege für den Handel zwischen Asien und Europa. Bis zur europäischen Entdeckung des Seeweges nach Indien wurde auf diesem Wegenetz hauptsächlich Seide (von Osten nach Westen), Porzellan sowie Wolle und Edelmetalle (von Westen nach Osten) transportiert. Aber auch Ideen breiteten sich über diese Handelswege aus. So gelangte der Buddhismus von Indien nach China.

Zheng He
(1371–1433)
Er kam aus einer wohlhabenden und einflussreichen muslimischen Familie in der heutigen Provinz Yunnan. Auf Befehl des Kaisers unternahm Zheng He zwischen 1405 und 1433 sieben Reisen in Richtung Westen.

Der Westen und China

Bereits in der Antike hatte es Kontakte zwischen China und dem Westen gegeben. Waren wurden über die Handelswege der ***Seidenstraße*** ausgetauscht. Mit dem Untergang des Römischen Reiches brachen diese Kontakte ab. Erst das Vordringen der Mongolen im 13. Jahrhundert weckte die Neugier der Europäer. Mönche reisten nun nach Asien, um zu erfahren, wer diese Menschen waren. Ihnen folgten Kaufleute wie der Venezianer Marco Polo. Sie brachten kostbare Waren, aber auch chinesische Erfindungen wie Pulver, Papiergeld und Kompass oder Früchte wie die Apfelsine (= Apfel aus China) nach Europa.

China und der Westen

Während die Europäer an den Waren und dem Wissen der Chinesen interessiert waren, zeigten diese nur wenig Neugier für die Welt um sie herum. Sie betrachteten sich und die chinesische Zivilisation seit Jahrhunderten als „Reich der Mitte". Alle Völker um sie herum würden von ihrer Überlegenheit angezogen. Unterwarfen sie sich nicht, waren sie „Barbaren", für die es keinen Platz im „Reich des Himmels" gebe. Manchmal wollte ein Herrscher seine Macht durch bedeutende Unternehmungen demonstrieren. 1402 bestieg Kaiser Yongle aus der Ming-Dynastie den Thron, der die Mongolen im Norden bekämpfte, (das heutige) Vietnam im Süden besetzte und seine Überlegenheit auch auf den Weltmeeren zeigen wollte.

Expedition oder Expansion?

Zugleich sandte er zwischen 1405 und 1433 eine riesige chinesische Flotte unter Admiral ***Zheng He*** in den Indischen Ozean. Hunderte Schiffe segelten von China nach Indien, Persien, Arabien und sogar bis Ostafrika. Sie transportierten kostbare chinesische Waren wie Seide oder Porzellan. Auf dem Rückweg brachten sie Gewürze, tropische Hölzer, exotische Tiere wie Giraffen und Löwen mit. Bei diesem Handel ging es nicht um einen Gewinn oder eine langfristige Expansion. Die Chinesen bewiesen mit den Waren ihre Überlegenheit, die fremden Herrscher zeigten durch die Tributzahlung ihre Unterwerfung unter den Kaiser.

Abschottung und Selbstbeschränkung

Dauerhafte Beziehungen zu den fernen Reichen im Westen entwickelten sich aus diesen Reisen jedoch nicht. Die Nachfolger des Kaisers gaben vielmehr die Expeditionen auf, weil sie zu teuer waren. Wichtiger erschien ihnen zudem der Ausbau der Großen Mauer, denn die Mongolen bedrohten das Land erneut. Diese Politik der Abschottung resultierte aber nicht allein aus der Angst vor äußeren Feinden. Es war auch eine Selbstbeschränkung: Die Chinesen waren mit dem zufrieden, was sie besaßen und was sie von anderen wussten. Bereits in den 1430er-Jahren verboten sie daher den Handel mit anderen Mächten. Fortan hielten allein Piraten und Schmuggler den Handel aufrecht. Die riesige Flotte, die einst die Meere befahren hatte, war zu diesem Zeitpunkt bereits zerfallen.

Eine weise Entscheidung?

Trotz seiner Abschottung nach außen und zahlreicher Unruhen und Umstürze im Inneren blieb China bis weit ins 18. Jahrhundert das mächtigste, größte und am weitesten entwickelte Land der Erde. Die Tribute, die Nachbarländer wie Korea oder Burma leisten mussten, und die Unterwerfung zahlreicher Grenzgebiete zeigen Chinas Macht. Lediglich einige Missionare aus Europa bekamen Zugang zum Kaiserhof. Ihre Berichte lösten bei vielen europäischen Fürsten und Gelehrten Bewunderung für das Land, seine Ordnung und gute Verwaltung durch gebildete Beamte aus. Zu dieser Zeit verlangsamte sich allerdings die Entwicklung von Wissenschaft und Technik im Vergleich zu Europa bereits. Auch die Industrialisierung kam in China über wenige Ansätze nicht hinaus. Das Riesenreich blieb ein Agrarstaat.

Europäer dringen nach Fernost vor

Während China sich nach außen abschottete, begannen mehrere europäische Staaten, Handelsniederlassungen um das riesige Land herum zu gründen. 1498 hatte der Portugiese Vasco da Gama den ***Seeweg nach Indien*** gefunden. Von dort aus drangen die Portugiesen weiter vor und erreichten auch China. 1557 verpachtete der chinesische Kaiser ihnen schließlich einen Stützpunkt, den Hafen Macao. China selbst durften sie nicht betreten. Neben den Portugiesen begannen zugleich auch Engländer und Niederländer, sich für diese Region zu interessieren. Wie die Portugiesen durften sie nur vom Kaiser zugelassene Häfen für ihre Geschäfte nutzen.

So weitete sich der Handel mit den auswärtigen Mächten und Handelsgesellschaften trotz zeitweiliger Verbote aus. Schmuggler, Piraten und vom chinesischen Staat kontrollierte Monopole beteiligten sich am gewinnbringenden Export von Seide, Textilien und Gewürzen, Tee, Gold und Edelsteinen. Im Gegenzug lieferten die Europäer über Zwischenhändler in Japan und auf den Philippinen Tabak, Mais und europäische Luxuswaren, vor allem aber Silber aus den spanischen Kolonien. Silber war das wichtigste Zahlungsmittel in China.

Im Gegensatz zu anderen Ländern in der Region konnte China sich mit seiner Politik der Abschottung lange vor einer direkten Herrschaft der Europäer schützen. Als diese im 19. Jahrhundert nach neuen Märkten für ihre aufstrebenden Industrien suchten, erzwangen sie gewaltsam die Öffnung des Landes. Dagegen wehrte sich China ohne Erfolg.

Seeweg nach Indien

Die türkischen Osmanen eroberten 1453 das christliche Konstantinopel und beherrschten damit die Handelsrouten über Land nach Indien und China. Die Europäer suchten deshalb einen Seeweg nach Indien, den Vasco da Gama 1498 als Erster durch die Umsegelung Afrikas fand.

D1 Die Flotte des Admirals Zheng He im Modell

Der Chinese Jin Feibao stellte die Modellflotte am 11. Juli 2014 in China vor. Zheng Hes Admiralsschiff hatte neun Masten, verdrängte mehr als 3 000 Tonnen Wasser, war 50 Meter breit und mit 120 Metern etwa sechsmal so lang wie die Santa Maria, auf der Kolumbus nach Westen segelte und Amerika „entdeckte“.

Q1 Macht entfalten

Eine chinesische Inschrift aus dem Jahre 1431 über die Politik von Kaiser Yongle:

Die Kaiserliche Ming-[Dynastie] hat [die Länder zwischen den vier] Meeren [und unter dem] Dach [des Himmels] vereint, womit sie das Zeitalter der Drei Reiche in den Schatten stellt und das der Han und der Tang noch übertrifft. Zwischen dem Rand des Himmels und den Enden der Welt gibt es nun niemanden, der nicht Untertan oder Sklave ist. Eine Reise von den westlichsten der westlichen Gebiete und von den nördlichsten der nördlichen Grenzen kann nun errechnet werden, und somit sind die Barbaren von jenseits des Meeres, selbst die wirklich fremden, [deren Sprachen] eine Doppelübersetzung (in eine andere Sprache) [notwendig machen], welche dann ins Chinesische übersetzt werden kann, alle mit wertvollen Objekten und Geschenken an den kaiserlichen Hof gekommen.
Der Kaiser erfreut sich ihrer Loyalität und Aufrichtigkeit und hat [Zheng] He und weiteren aufgetragen, die Führung über zehntausende kaiserlicher Offiziere und Soldaten, welche auf über hundert großen Schiffen stationiert sind, zu übernehmen, um in deren Länder zu reisen und ihnen Geschenke zu übergeben und sie durch die Demonstration unserer Macht zu formen und zugleich fremden Völkern mit Freundlichkeit zu begegnen. Vom dritten Jahr des Herrschers Yongle bis heute haben wir sieben Mal Einladungen als Botschafter zu den Ländern des Westlichen Meeres erhalten.

Edward L. Dreyer, Zheng He. China and the Oceans in the Early Ming Dynasty: 1405-1433, Pearson, New York u.a. 2007, S. 195, übers. von Christoph Strotbaum.

Q2 Ruhe ist notwendig

Aus einer Denkschrift von Hofbeamten an den Kaiser, 1426:

Ihre Diener hoffen, dass Eure Majestät sich nicht zu kriegerischen Plänen und zu Ruhmgewinn durch Expeditionen in ferne Länder herbeilassen wird. Geben Sie die sterilen fremden Länder auf und schenken Sie dem Volk eine Periode der Ruhe, damit es sich dem Ackerbau und den Studien widmen kann. Dann wird es keinen Krieg und keine Leiden an den Grenzen geben und keine Klagen in den Dörfern: die Befehlshaber werden nicht nach Ruhm streben und die Soldaten ihr Leben nicht fern von ihrer Heimat opfern müssen; ferne Völker werden sich freiwillig unterwerfen und entfernte Länder werden unter unseren Einfluss kommen und die Dynastie wird zehntausend Generationen währen.

Zit. nach Wolfgang Reinhard, Die Unterwerfung der Welt. Globalgeschichte der europäischen Expansion 1415–2015, C.H. Beck, München 2016, S. 57 f., übers. von Wolfgang Reinhardt.

Nachgefragt

1. Nenne die Waren, die Europäer und Chinesen tauschten (VT).

2. Soll China nach Übersee expandieren? Führt ein Rollenspiel durch, bei dem die Hofbeamten die beiden unterschiedlichen Positionen vortragen und der Kaiser entscheidet (VT, Q1, Q2).

3. Beschreibe, was die Europäer an China bewunderten (VT). ○

4. Beurteile die Kritik des Kaufmanns aus Florenz (Q3) aus chinesischer Sicht (VT).

5. Der Chinese Jin Feibao zeigt westlichen Besuchern seine Modellflotte (D1) und erläutert ihnen die Bedeutung

Q3 Alles im Überfluss

Ein Kaufmann aus Florenz berichtet über China am Ende des 16. Jahrhunderts:

Sie glauben, über alles Wissen und alles Gute im Überfluß zu verfügen, so daß sie wirklich nichts benötigen. Deshalb haben sie es gesetzlich verboten, und zwar bei Todesstrafe, daß jemand das Land verläßt oder in das Land hineinkommt. Ausgenommen sind diejenigen, die als Gesandte eines benachbarten, tributpflichtigen Königs kommen. Auch wer angibt, irgendeinen Tribut oder ein sonstiges Geschenk zu bringen, so wie das viele Kaufleute tun, die auf dem Landwege von Osten nach Westen bis nach Indien reisen, bildet eine Ausnahme. Andere kommen unter dem Vorwand, Philosophen zu sein und dort bei ihnen etwas lernen zu wollen.
Wenn sie auch mit den Portugiesen und den Kastiliern [Spaniern] von den Philippinen-Inseln Handel treiben und wenn sie diesen auch erlaubt haben, sich in Amacoa [Macao] niederzulassen und dort Häuser und Kirchen zu bauen, und wenn sie ihnen die Waren bis in die Stadt Manila bringen, so hat sie doch nur der reine Geiz und ihre Gier nach Silber, das sie an sich und im Preise höher schätzen als Gold, veranlaßt, sowohl der einen als auch der anderen Nation gegenüber so zu handeln. Von den beiden Nationen übernehmen sie in jedem Jahr Silber für mehr als eine und eine halbe Million Scudos [italienische Münzen]. Sie verkaufen die eigenen Waren und kaufen ihrerseits nie etwas, so daß das Silber, das in ihre Hände gelangt, nie wieder herausgeht. Wenn es wirklich einmal vorkommt, daß sie etwas kaufen, so geben sie dafür Gold oder andere Waren, von denen sie soviel haben, daß sie die ganze Welt damit beliefern könnten.

Francesco Carletti, Reise um die Welt 1594. Erlebnisse eines Florentiner Kaufmanns, Erdmann, Tübingen 1966, S. 191 f., übers. von Ernst Bluth.

Q4 Der Missionar Adam Schall von Bell (1592–1666) als Hofastronom des Kaisers Shunzhi

Die chinesischen Kaiser erlaubten seit Ende des 16. Jahrhunderts gebildeten europäischen Missionaren den Aufenthalt in China. Schall ist hier in dem Gewand eines Mandarins (Hofbeamten) mit Astrolabium (drehbare Sternkarte; in der linken Hand) und Zirkel zu sehen, daneben ein Himmelsglobus, ein Tischplanetarium, an der Wand eine Weltkarte, ein Jakobstab, ein Clinometer [Instrumente zur Winkelmessung bei der Navigation] und Bücher. Das Wappentier auf dem Gewand weist ihn als Beamten des höchsten Ranges aus. Buchillustration, 1667

Zheng Hes als Seefahrer (VT). Versetze dich in seine Rolle und halte einen Kurzvortrag. ○

6. Gestalte ein Schaubild zu den Beziehungen zwischen Europa und China ab dem 15. Jahrhundert. Zeichne die Kontinente Asien (mit dem Umriss Chinas) und Europa. Nutze beschriftete Pfeile, um die Beziehungen aufzuzeigen (VT, Q3).

7. Adam Schall von Bell berichtet an seinen Orden (Jesuiten) über seine Arbeit und seine Rolle am chinesischen Kaiserhof. Schreibe einen Brief (Q4).

8. Vergleiche die Expansion Chinas mit der europäischer Länder (D1, VT). Beurteile die jeweiligen Möglichkeiten und Folgen. ●

AFB I: 1, 3 AFB II: 5, 7 AFB III: 2, 4, 6, 8

China – ein Objekt kolonialer Begierde

Im 19. Jahrhundert änderten sich die Beziehungen zwischen China und dem Westen. Die Europäer erzwangen die Öffnung des Landes. Welche Interessen verfolgten die Europäer in China? Welche Folgen hatte das für das Imperium?

Opiumkrieg
Chinas Maßnahmen gegen den britischen Opiumhandel lösten zwei Kriege aus: 1839 bis 1842 und 1856 bis 1860. In beiden Fällen reagierten die Briten mit der Entsendung von Kriegsschiffen und Truppen, die chinesische Schiffe versenkten sowie Festungen, Häfen und Städte besetzten. Großbritannien setzte mit diesen Opiumkriegen seine Handelsinteressen durch.

„Ungleiche Verträge"
Im Verlauf des 19. Jahrhunderts mischten sich ausländische Großmächte immer wieder in China ein und zwangen dem Land Verträge auf. China musste Häfen für den Handel öffnen, hohe Entschädigungen zahlen oder Konzessionen für den Bergbau und Eisenbahnbau zu seinem Nachteil vergeben.

1793 – Besuch aus dem Westen

Im Jahre 1793 besuchte eine englische Gesandtschaft China. Ihr Ziel war die Verbesserung der politischen und wirtschaftlichen Beziehungen zum „Reich der Mitte". Die europäischen Besucher wurden höflich aufgenommen und sogar vom Kaiser empfangen. Ihre Wünsche aber lehnte er ab. Grund für diese Absage war das Selbstbewusstsein eines Imperiums, das zu Recht glaubte, auf Beziehungen zu Europa nicht angewiesen zu sein: China war noch eines der mächtigsten und auch reichsten Länder der Erde.

1839 – ein Wendejahr?

Wenige Jahrzehnte später baten die Engländer nicht mehr um die Aufnahme friedlicher Handelsbeziehungen. Mithilfe von Kriegsschiffen zwangen sie China vielmehr gewaltsam, sich zu öffnen. Wie konnte es dazu kommen?
Trotz der ablehnenden Haltung des Kaisers hatte der Handel mit China weiter zugenommen. Viele Menschen – Teepflanzer, Kaufleute und Beamte in den Küstenstädten – waren darauf angewiesen, immer mehr Luxusgüter wie Tee, Porzellan oder Seide in den Westen zu verkaufen. Auch der Staat brauchte die Einnahmen aus dem Außenhandel, um seine Ausgaben zu decken.
Diese Ausweitung des Handels brachte jedoch Probleme mit sich. Anfänglich bezahlten englische Kaufleute Tee und andere Waren mit Silber, da China an anderen Gütern wenig Interesse hatte. Doch das Silber aus Amerika wurde knapp. Die Händler machten nun Opium zum Zahlungsmittel, das sie aus der englischen Kolonie Indien mit großem Gewinn nach China exportierten. Opium war in China schon lange als Arzneimittel bekannt, bevor es Ende des 18. Jahrhunderts als Droge entdeckt wurde. Bald rauchten etwa 10 Prozent der Chinesen aus allen Bevölkerungsschichten Opium. Es schädigte ihre Gesundheit und die chinesische Wirtschaft. So verbot die Regierung 1839 diesen Handel, ließ vorhandene Opiumvorräte verbrennen und die englischen Opiumhändler vertreiben.
Für Großbritannien waren diese Abwehrmaßnahmen ein willkommener Anlass, moderne Kriegsschiffe an die chinesische Küste zu entsenden und China im sogenannten ***Opiumkrieg*** gewaltsam zu Zugeständnissen zu zwingen. Im Frieden von Nanjing 1842 verpflichtete sich China, hohe Entschädigungen zu zahlen, Hongkong abzutreten und fünf Häfen für den Außenhandel zu öffnen. Das war der erste der **„Ungleichen Verträge"**, in denen die ausländischen Mächte China im 19. Jahrhundert ihre Bedingungen aufzwangen.

Demütigung und Krise

Für viele Chinesen war diese Begegnung mit dem Westen ein Schock. Rationales, nüchternes Denken und Handeln westlicher „Barbaren" hatte sich gegenüber den überlieferten Vorstellungen von der Überlegenheit der eigenen gesellschaftlichen Ordnung und Kultur als stärker erwiesen. Die gewaltsame Öffnung des chinesischen Reiches wurde als Demütigung empfunden. Aber auch innere Faktoren trugen zu Chinas Krise bei, z. B. der große und stetige Anstieg der Bevölkerung von 150 auf 300 Millionen innerhalb von einhundert Jahren. Viele Bauern verarmten, weil ihre Landflächen immer kleiner wurden und wiederkehrende Naturkatastrophen ihre Ernten vernichteten. Millionen zogen als Wanderarbeiter in die

Städte. Zudem erwies sich die staatliche Verwaltung infolge von Misswirtschaft und Korruption zunehmend als unfähig, die innere Krise zu bewältigen. Die vorhandenen sozialen und wirtschaftlichen Spannungen wurden nach der militärischen Intervention Englands besonders deutlich. Unruhen erschütterten das Reich. Ausgelöst durch religiöse Heilserwartungen, Hass auf die Kaiserdynastie der Mandschus und die Suche nach einer Form des Zusammenlebens, in der alle gleich waren, erfasste der sogenannte Taiping-Aufstand seit 1850 immer größere Teile Chinas. Erst nach 15 Jahren gelang es, den Aufstand niederzuschlagen. Zwischen 20 und 30 Millionen Chinesen verloren dabei ihr Leben.

Reformversuche und westlicher Einfluss

Die Erfahrung der Niederlage gegen die Europäer im Opiumkrieg veranlasste einige verantwortliche Beamte, Pläne für Reformen zu entwickeln. Sie blieben aber begrenzt auf den Bau von Eisenbahnen, die Einrichtung von Dampfschifffahrtslinien sowie den Aufbau einer eigenen Rüstungsindustrie und einer modernen Flotte. Ein Krieg gegen Japan 1894/1895 endete mit der Niederlage Chinas und verstärkter Einmischung ausländischer Mächte. Fast alle europäischen Großmächte sowie Japan und die USA sicherten sich nun in China Vertragshäfen, Stützpunkte, Rechte für den Berg- und Eisenbahnbau. Ehemalige Tributstaaten fielen unter ausländische Kontrolle: Cochinchina (der Süden Vietnams) 1874 an Frankreich, Taiwan und Choson (Korea) 1895 an Japan. Vollständig aufgeteilt wurde China jedoch nie. Verantwortlich dafür war die Verkündung der Politik der ***„Open Door"*** durch die Vereinigten Staaten von Amerika. Eine Aufteilung des Riesenreiches hätte anderenfalls zu Konflikten unter den Mächten geführt.

Aufstand und Untergang

Die Niederlage gegen Japan und das weitere Vordringen ausländischer Mächte gaben den Reformern neuen Auftrieb. Unter Führung von Kaiser Guangxu versuchten sie, China nach westlichem Vorbild zu modernisieren, um das Land zu retten. Doch das verhinderte die Kaiserinwitwe Cixi zusammen mit konservativen Kräften. Unter armen Bauern, ungelernten Lohnarbeitern und Entwurzelten, die sich um 1900 in der „Gesellschaft für Rechtschaffenheit und Harmonie" zusammenschlossen, fand sie sogar Verbündete. Diese Gesellschaft, deren Mitglieder von Europäern als „Boxer" bezeichnet wurden, griff die westlichen Eindringlinge offen an. In einem blutigen Feldzug schlug eine internationale Armee mit deutscher Beteiligung den Aufstand mit modernen Waffen nieder. Nach der Niederlage der „Boxer" erkannte auch der kaiserliche Hof die Notwendigkeit einer Erneuerung Chinas. Die Eliten hatten aber nach den vorangegangenen Enttäuschungen kein Vertrauen mehr in die Monarchie. Westlich orientierte Politiker und Offiziere stürzten schließlich den Kaiser im Jahre 1911.

Q1 „Ein Spuk am hellen, lichten Tag"

Karikatur aus der sozialdemokratischen Satirezeitschrift „Der wahre Jacob", September 1900

***„Open Door"*-Politik**
Die USA wandten sich 1899 mit dieser Politik gegen eine Aufteilung Chinas in koloniale Herrschaftsbereiche. Das Land sollte wirtschaftlich für alle Mächte geöffnet bleiben, vor allem sollte es keine Zölle zwischen den Einflussgebieten geben.

Q2 Kein Interesse

Am Ende des 18. Jahrhunderts reiste eine englische Delegation nach China. Sie hatte moderne technische Geräte wie gefederte Kutschen, Fesselballons und Kanonen als Geschenke mitgebracht, um den Wert von Handelsbeziehungen mit dem Westen zu unterstreichen. Kaiser Quianlong zeigte daran allerdings kein Interesse. Seine Gründe erläuterte er 1793 in einem Brief an König Georg III.:

Was Euer dringendes Gesuch angeht, einen Eurer Untertanen abzuordnen, daß er an meinem Himmlischen Hof akkreditiert [bevollmächtigt] werde und die Kontrolle über den Handel Eures Landes mit China ausüben soll, so steht diese Bitte im Gegensatz zu den Gewohnheiten meiner Dynastie und kann nicht in Erwägung gezogen werden. […] Ihr versichert, daß Eure Hochachtung für Unsere Himmlische Dynastie Euch mit dem Wunsch nach unserer Kultur erfüllt. Doch muß darauf hingewiesen werden, daß unsere Gebräuche und Gesetzgebung sich so vollständig von den Euren unterscheiden […]. Daher würde durch die Bestellung eines Botschafters nichts gewonnen werden, wie geschickt er auch sein würde. Meine Herrschaft über die weite Welt hat das eine Ziel, vollkommen zu regieren und die Staatspflichten zu erfüllen: fremde und kostspielige Gegenstände interessieren mich nicht. […] Wie Euer Gesandter mit eigenen Augen sehen kann, besitzen wir alles. Ich lege keinen Wert auf Gegenstände, die fremdländisch oder geschickt erfunden sind, und ich habe keine Verwendung für die Produktion Eures Landes. […]

Wolfgang Lautemann/Manfred Schlenke (Hrsg.)/Günter Schönbrunn (Bearb.), Geschichte in Quellen, Bd. 5, Schwamm, bsv, München 1980, S. 531 f.

Q3 Warum wollt Ihr uns Gift verkaufen?

Nach dem Verbot des Verkaufs von Opium und angesichts englischer Kriegsdrohungen schrieb der Sonderbeauftragte des Kaisers Lin Zexu an die britische Königin Viktoria (1839):

Unser großherziger Kaiser beruhigt und befriedet China und die fremden Länder, er betrachtet alle mit gleicher Freundlichkeit.

Wenn es Gewinn gibt, teilt er ihn mit den Völkern der Welt. Wenn es Schaden gibt, beseitigt er ihn zugunsten der Welt. Denn er macht den Wunsch von Himmel und Erde zu seinem Wunsch. […]

Wir haben Eure mehrfachen Tributeingaben gelesen, die sagten: „Im Allgemeinen haben unsere Landsleute, die zum Handel nach China fahren, immer gnädige Behandlung und gleichartige Gerechtigkeit von Seiner Majestät, dem Kaiser, erhalten.“ […] Aus welchem Recht aber benutzen sie dann im Austausch die giftige Droge, um das chinesische Volk zu verletzen? […]

Laßt uns fragen: „Was ist Euer Gewissen?“ Ich habe gehört, daß in Eurem Lande das Opiumrauchen sehr streng verboten ist. Und das, weil der Schaden, den das Opium verursacht, klar erkannt wird. Wenn es nicht erlaubt ist, Eurem eigenen Lande Schaden zuzufügen, dann solltet Ihr [das Gift] umso weniger zum Schaden anderer Länder weitergeben lassen – wie viel weniger erst an China. Von allem, was China nach fremden Ländern ausführt, gibt es keine einzige Sache, die für die Leute nicht nützlich wäre.

Bodo von Borries, Kolonialgeschichte und Weltwirtschaftssystem, Schwann, Düsseldorf 1986, S. 236.

Nachgefragt

1. Nenne wichtige Ereignisse der Beziehungen zwischen dem Westen und China mit Daten und Stichpunkten (VT). ○

2. Erläutere, warum die Europäer ein wachsendes Interesse an China hatten (VT, Q1, Q3, Q5).

3. Vergleiche Q2 bis Q6. Wie sehen die Verfasser die Europäer? Welche Gründe haben sie dafür?

4. Bewerte Q1 aus zeitgenössischer chinesischer Sicht.

Q4 Reformen sind notwendig

In einem Erlass von Kaiser Guangxu hieß es (1898):

Unsere Liebe für unser Volk und unsere Sorge, das Reich von Lethargie [Trägheit] und Korruption zu befreien, die es befallen haben und dem Untergang entgegenführen, haben uns veranlaßt, diese Reformära der Regierung anzusetzen und eine höhere und umfassendere Erziehung zum Vorteil des Volkes und zur Stärkung und Bereicherung des Reiches einzurichten.

Doch wir konnten das nicht mit eigenen Mitteln leisten. Deshalb haben wir entschieden, zu unserer Hilfe Gelehrsamkeit und Wissen des Westens einzuführen, was für unsere Zwecke fehlt. Denn die Menschen des Westens sind uns an Eifer und Beharrlichkeit im Bemühen um das Wissen überlegen. [...]

All das wird durch ihr Herrschafts- und Erziehungssystem ermöglicht. Die Menschen des Westens sind stets bemüht, alles, was sie zum Wohle und Nutzen ihres Volkes finden, zu verbreiten, damit allen der Vorteil zuteil wird.

Wolfgang Lautemann/Manfred Schlenke (Hrsg.)/Günter Schönbrunn (Bearb.), Geschichte in Quellen, Bd. 5, bsv, München 1980, S. 676.

Q5 Wir wollen euch loswerden

Ein „Boxer" erläuterte seine Haltung gegenüber der englischen Zeitung „Daily Express" (1900):

Die westliche Zivilisation ist in unseren Augen ... wie ein Ding von gestern. Die chinesische Zivilisation dagegen ist ungezählte Jahrtausende alt. [...] Und nun kommt ihr, aus eurer westlichen Welt, zu uns mit dem, was ihr eure „neuen Ideen" nennt. Ihr bringt uns eure Religion – ein Kind von neunzehnhundert Jahren; ihr fordert uns auf, Eisenbahnen zu bauen ... Ihr wollt Fabriken bauen und dadurch unsere schönen Künste und Gewerbe verdrängen. [...]

Gegen alles das erheben wir Einspruch. Wir wollen allein gelassen werden, wir wollen die Freiheit haben, unser schönes Land und die Früchte unsrer alten Erfahrung zu genießen.

Wolfgang Keller/Gerold Niemetz/Erich Reichert, China im Unterricht. Modelle und Materialien zur Fächerkooperation im gesellschaftswissenschaftlichen Aufgabenfeld, Ploetz, Freiburg 1980, S. 58.

Q6 Chinesen wehren sich gegen die westliche Einflussnahme

Chinesische Karikatur aus der Zeit des „Boxer"-Aufstandes, 1900. Der Titel der Zeichnung lautet: „Bildnis vom Abschuss des Schweins und der Enthauptung der Ziegen". Auf dem Schwein steht „Jesus am Kreuz", auf den geköpften Ziegen „Ausländer". Die Inschrift links lautet: „Ein Messer schneidet die Kehlen der Ziegen." Rechts: „Mit den Bögen das Schwein abschießen, um es zum Schweigen zu bringen." Holztafeldruck, um 1900

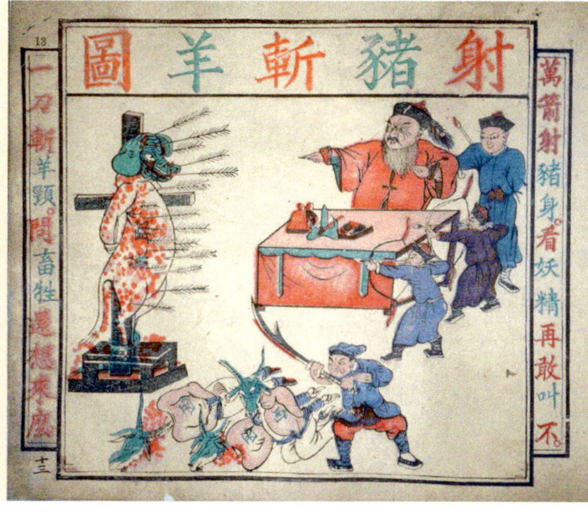

5. Analysiere Q6 mithilfe der methodischen Schritte zur Bildanalyse auf Seite 185.

6. Führt eine Pro- und Kontra-Diskussion über die Frage „Sollen wir uns am Westen orientieren?" aus der Sicht eines Reformbefürworters in China und eines „Boxers" (Q4, Q5). ○

7. Beurteile die Politik der Europäer gegenüber China (VT, Q1–Q3, Q5).

8. Verfasse einen Lexikoneintrag zum Thema: „China um 1900". Beantworte dabei die Frage, inwiefern China ein Objekt kolonialer Begierde war. ●

AFB I: 1 AFB II: 2, 3, 5, 8 AFB III: 4, 6, 7

Warum wird China kommunistisch?

Im Herbst 1949 übernahmen die Kommunisten unter Führung Mao Zedongs die Macht in China. Einhundert Jahre nach dem Beginn der Krisen und Konflikte mit ausländischen Mächten war China wieder unabhängig. Wie kam es dazu? Und wie sollte die Zukunft aussehen?

Gemeinsam lernen

Maos Politik – gescheiterte Modernisierung?

Teilt euch in Gruppen auf und recherchiert zu folgenden Themen im Schulbuch und im Internet:
- Maos politische Ziele (VT4, Q4, Q7, Lexikonbegriffe Maoismus, Kulturrevolution)
- Maos wirtschaftspolitische Maßnahmen (VT3, VT4, Q3–Q5)
- Ergebnisse der Politik Maos (VT3, VT4, Q6, Q8)

Ordnet eure Ergebnisse und gestaltet Plakate zu euren Themen nach den methodischen Arbeitsschritten auf S. 192.

Bildet nun gemischte Gruppen und lasst euch von der/dem jeweiligen Expertin/Experten die Plakate erläutern.

Geschichtskarte
China 1912 bis 1945
w6jn3i

Republik und Bürgerkrieg

Nachdem ein Aufstand im Jahr 1911 zum Sturz der Monarchie führte, kam es zur Gründung der Republik China am 1. Januar 1912. Der Revolutionär und erste Präsident Sun Yatsen wollte China zu einer modernen Nation nach westlichem Vorbild machen. Doch die Versuche scheiterten an den politischen Gegensätzen. In den Provinzen bekämpften sich verschiedene Gruppen und lokale Kriegsherren. Nur die Nationale Volkspartei (Guomindang) hatte sich unter Führung des Generals Chiang Kaischek zu einem Machtfaktor entwickelt. 1921 kam eine neue Kraft hinzu: die Kommunistische Partei Chinas (KPCh). Einer ihrer Mitgründer war Mao Zedong, der später die Volksrepublik China 25 Jahre lang als Vorsitzender regieren sollte. Die Kommunistische Partei strebte eine sozialistische Revolution nach russischem Vorbild an. Mit ihrer Forderung nach einer Landreform stützte sie sich vor allem auf die Millionen verelendeter Bauern statt nur auf die kleine Arbeiterschicht der Städte.

Nationalisten oder Kommunisten?

1928 setzte sich Chiang Kaischek durch und regierte China diktatorisch. Er führte einen langen, blutigen Bürgerkrieg gegen die KPCh und ihren militärischen Arm, die Volksbefreiungsarmee. Die Unterstützung der Bevölkerung für die KPCh wuchs angesichts des wachsenden Elends von Millionen ständig. Mao Zedong begründete seinen Ruhm als ihr Anführer durch den „Langen Marsch" 1934/35, als er einen schwierigen Rückzug der Kommunisten vor den Truppen der Guomindang organisierte.
1937 beendeten die Bürgerkriegsgegner ihre Auseinandersetzungen vorübergehend, um gemeinsam einen erneuten Angriff der Japaner abzuwehren. Doch nach dem Sieg der Alliierten über Japan 1945 standen sich Kommunisten und Nationalisten wieder als Feinde gegenüber, unterstützt von der Sowjetunion einerseits und den USA andererseits. Diesmal war der Siegeszug der Kommunisten nicht mehr aufzuhalten. Die Volksbefreiungsarmee eroberte bis 1949 ganz China. Chiang Kaishek zog sich mit seinen Anhängern auf die Insel Taiwan zurück, wo er die Republik China offiziell fortführte. Sie existiert dort bis heute.

Aufbau der Volksrepublik China

Die Machtübernahme der Kommunisten und die Ausrufung der Volksrepublik (VR) China am 1. Oktober 1949 durch Mao Zedong waren eine Wende in der Geschichte des Landes. Chinesen bezeichnen die Gründung als „Befreiung", weil das Land nun vereint und die Besetzung durch fremde Mächte

Q1 Auf dem Weg zum Kommunismus

Bauern studieren die Schriften Mao Zedongs während der Feldarbeit. Foto, 1966 nach Ausbruch der Kulturrevolution

beseitigt war. Die von Mao Zedong geführte Kommunistische Partei begann sogleich, Landwirtschaft und Industrie, Bürokratie, Armee und das Erziehungswesen nach sowjetischem Vorbild umzugestalten. Sie führte eine Bodenreform durch, indem sie Großgrundbesitzer und reiche Bauern enteignete und das Land an landlose Bauern verteilte. Unternehmen wurden verstaatlicht. Ein Fünfjahresplan zielte vor allem auf die Förderung der Schwerindustrie ab. Der Prozess der Erneuerung verbesserte zwar kurzfristig die Lage der Bevölkerung, forderte aber auch große Opfer. Grundbesitzer, Geschäftsleute, Intellektuelle, Anhänger des alten Regimes wurden ebenso brutal unterdrückt wie nationale Minderheiten in Randgebieten wie Tibet.

Sozialistische Experimente

Mao Zedong wollte nicht beim Aufbau des Sozialismus nach sowjetischem Modell stehen bleiben, sondern ihn durch eine permanente Revolution der Gesellschaft beschleunigen. Dazu setzte er auf Kampagnen zur direkten Mobilisierung der Bevölkerung. Schwierigkeiten schob er auf den Widerstand durch angebliche Feinde der Revolution. So behielten Mao und seine Anhänger die Kontrolle über die Massen und sicherten ihre Macht. Das zeigte sich beim ***„Großen Sprung nach vorn“*** Ende der 1950er-Jahre. Mao trieb die Kollektivierung auf dem Land durch Einführung von **Volkskommunen** voran und ließ in den Städten riesige Fabrikanlagen bauen. Doch der „Große Sprung“ scheiterte. Die Bauern widersetzten sich der Kollektivierung, es fehlte überall an Düngemitteln, Werkzeugen, Maschinen, Rohstoffen und Fachkenntnissen. Die Planziele erwiesen sich als völlig unrealistisch, die Getreideproduktion brach ein und viele Industrieprodukte waren unbrauchbar. Die Folge war eine verheerende Hungersnot zwischen 1959 und 1961, der mehr als 20 Millionen, manche Forscher schätzen sogar bis zu 40 Millionen Menschen, zum Opfer fielen.

„Der Große Sprung nach vorn“
Maos 1958 begonnene Kampagne sollte China durch den massenweisen Einsatz von Arbeitskräften vom Entwicklungsland zur Industrienation machen.

Volkskommunen
Lebens- und Arbeitsgemeinschaften von Bauern, in denen es kein privates Eigentum gab. In jeder Kommune lebten bis zu 20 000 Menschen zusammen.

„Kulturrevolution“
Mao rief im Mai 1966 „Die Große Proletarische Kulturrevolution“ aus. In seinem Namen bekämpften Schüler und Studenten als „Rote Garden“ die alten Autoritäten. Die Kulturrevolution endete mit Maos Tod 1976 und der Ausschaltung vieler seiner Anhänger.

Maoismus
Dazu gehörte die Überzeugung, dass sich auch nach der sozialistischen Machtübernahme herrschende Gruppen und Widersprüche in der Gesellschaft herausbilden. Dies mache eine permanente Revolution nötig. Außerdem sah Mao auch die Bauern als revolutionäre Klasse an.

Umerziehung
Mao und seine Anhänger wollten alle Menschen durch ideologische Beeinflussung und körperliche Arbeit nach ihrem sozialistischen Ideal formen.

Personenkult
die Überhöhung einer lebenden Person, in der Regel eines politischen Führers in Bildern, Liedern, Statuen usw. Ihm werden alle positiven Entwicklungen eines Landes zugeschrieben, er gilt als allwissend und genial.

In der politischen Führung setzten sich nun Staatspräsident Liu Shaoqi und Deng Xiaoping durch, die ein vorsichtigeres und den Realitäten angepasstes Vorgehen beim Aufbau einer sozialistischen Gesellschaft forderten. Sie nahmen die Kollektivierung zurück und ließen private Kleinbetriebe zu. Doch Mao war davon überzeugt, dass es ohne „Niederreißen keinen Aufbau“ geben könne. So mobilisierte er 1966 in der ***„Kulturrevolution“*** vor allem die Jugend, die den ***Maoismus*** in die Gesellschaft tragen, den „neuen Menschen“ erschaffen und seine Gegner auch in der Partei bekämpfen sollte. Die Roten Garden übernahmen die ***Umerziehung*** der Massen durch ideologische Schulung und Arbeit auf dem Land. Mao hatte ihnen aufgetragen, alte Ideen, Kultur, Sitten und Gewohnheiten zu bekämpfen. So terrorisierten sie Lehrer, Professoren, aber auch Parteifunktionäre, plünderten Museen und verbrannten Bücher. Bei ihrem Kampf gegen die alten Autoritäten beriefen sie sich allein auf Mao und förderten den ***Personenkult*** um ihn. Als das Land erneut im Chaos zu versinken drohte, brach Mao die „Kulturrevolution“ ab. Drei Millionen Menschen verloren in dieser Zeit ihr Leben. Das Land blieb wirtschaftlich rückständig. Erst nach dem Tode Mao Zedongs 1976 sollte sich das ändern.

Q2 Mao Zedong vor aufgehender Sonne

Der Text des chinesischen Plakats lautet sinngemäß: „Alle Menschen lieben dich so sehr!“, 1969

Großmachtpolitik oder Weltrevolution?

Mao orientierte sich nicht nur innenpolitisch am Sowjetmodell; er schloss auch ein außenpolitisches Bündnis mit der Sowjetunion. Stalin bot finanzielle Hilfen an, während Mao der Sowjetunion größeren Einfluss in Zentralasien zugestand. Die Volksrepublik China selbst knüpfte an imperiale Ansprüche aus der Kaiserzeit an und besetzte Xinjiang, die Innere Mongolei und Tibet. 1950 griff China außerdem aufseiten des kommunistischen Nordkorea in den Koreakrieg ein. So sollte der Sozialismus gestärkt und ein Vordringen der mit Südkorea verbündeten USA an die eigene Grenze verhindert werden.

Mao betrachtete den imperialistischen Westen als Hauptfeind. Doch bald zählte er auch die Sowjetunion zu seinen Gegnern, die nach Stalins Tod die friedliche Koexistenz mit dem Kapitalismus propagierte und ihre Stellung als Supermacht festigte. Mao wollte dagegen die Revolution national und international weiter vorantreiben. Er stellte sich deshalb an die Seite der Befreiungsbewegungen gegen die Kolonialmächte. Auf der Konferenz von Bandung in Indonesien trafen sich 1955 Vertreter von 28 Ländern aus Afrika und Asien einschließlich Chinas, die sich als dritte Kraft zwischen den Machtblöcken der Supermächte definierten.

Der Gegensatz zwischen der VR China und der Sowjetunion vertiefte sich. 1969 kam es sogar zu militärischen Grenzstreitigkeiten. Wegen dieser Konflikte, aber auch wegen der wirtschaftlichen Schwäche und Isolation Chinas nach der Kulturrevolution näherte sich Mao Zedong vorsichtig den USA an. Ein Besuch des US-Präsidenten Richard Nixon 1971 eröffnete der VR China die Mitgliedschaft in der UNO und neue Handelsbeziehungen zum Westen. Durch den Bau einer eigenen Atombombe in den 1960er-Jahren hatte China bereits die Grundlage für seine künftige Rolle als Großmacht gelegt.

Q3 Warum siegten die Kommunisten?

Die Chinesin Jung Chang schreibt 1993 in ihrem Roman „Wilde Schwäne" über das Verhalten der Guomindang und der Kommunisten aus der Sicht ihrer Familie:

Die Kommunisten töteten niemanden, der sich ergab und die Waffen niederlegte, und sie behandelten alle Gefangenen gut. Sie bemühten sich, die einfachen Soldaten, die zumeist aus armen Bauernfamilien stammten, auf ihre Seite zu ziehen. [...] Die Kommunisten organisierten so genannte „Kummerkasten"-Versammlungen, bei denen die einfachen Soldaten über ihr hartes Los als landlose Bauern sprechen konnten. Die Kommunisten setzten ihnen auseinander [erklärten ihnen], daß die Revolution einzig und allein den Zweck verfolge, ihnen Land zu geben. Danach stellte man sie vor die Wahl, entweder nach Hause zu gehen oder auf der Seite der Kommunisten mitzuhelfen, die Guomindang endgültig zu besiegen, damit ihnen niemand mehr ihr Land wegnehmen konnte. Die meisten blieben und traten bereitwillig der kommunistischen Armee bei. [...] Das vordringlichste Problem war die Versorgung mit Lebensmitteln. Die neue Regierung drängte die Bauern, ihre Produkte in der Stadt zu verkaufen, und schuf einen zusätzlichen Verkaufsanreiz dadurch, daß sie die Preise in der Stadt gegenüber dem flachen Land auf das Doppelte heraufsetzte. [...] Die Menschen hatten keine Angst mehr, daß sie verhungern würden. An die Ärmsten verteilten die Kommunisten kostenlos Getreide, Salz und Kohle. Das machte großen Eindruck, unter der Guomindang hatte es so etwas nie gegeben. Die Kommunisten gewannen auch dadurch die Sympathien der Bürger von Jinzhou, daß sie sich sehr diszipliniert verhielten. Sie plünderten und vergewaltigten nicht, vielmehr bemühten sie sich, der Bevölkerung ein Vorbild zu sein. Die Kommunisten traten vollkommen anders auf als die Guomindang.

Jung Chang, Wilde Schwäne. Die Geschichte einer Familie, Knaur, München 1993, S. 103–107, 120 f., übers. aus dem Engl. von Andrea Galler und Karlheinz Dürr.

Q4 Auf dem Weg zu einer neuen Gesellschaft

Bericht einer Jugendzeitung vom September 1958:

In der Chaoying-Kommune wird bei Tagesanbruch geläutet und gepfiffen. In ungefähr einer Viertelstunde sind die Bauern zum Dienst angetreten. Auf Befehl der Zug- und Kompanieführer marschieren die Kolonnen mit Fahnen auf die Felder. Hier sieht man keine Bauern mehr, die in kleinen Gruppen von zwei oder drei Mann gemütlich und langsam auf die Felder gehen. Was man jetzt hört, sind Marschgesänge und abgemessene, militärische Schritte. Die vollkommen freizügigen Lebensgewohnheiten, welche die Bauern seit Jahrtausenden kannten, sind endgültig vorüber. Wie gewaltig ist doch der Wechsel! Um sich an die Gemeinschaftsarbeit und das Gemeinschaftsleben anzupassen, hat die Volkskommune eine Bewegung begonnen, in der ganze Dörfer miteinander verschmolzen werden und die Mitglieder von einer Behausung in die andere umziehen sollen. Die Bauern luden ihr Gepäck auf den Rücken und zogen in Gruppen in neue Wohnungen in der Nähe ihrer Arbeitsplätze. Wie wundervoll ist doch dieser Wechsel! Seit alters her haben die Bauern ihre von den Vorfahren ererbten Häuser mehr geschätzt als alles andere! Jetzt aber, da private Grundstücke, Häuser und teilweise auch die Viehbestände in das Eigentum der Volkskommune übergegangen sind, sind alle Bande, welche Bauern noch an ihr Eigentum fesselten, zerbrochen, und sie fühlen sich viel freier und unbeschwerter als früher. [...] Die Volkskommune ist ihre Heimat. Jetzt sind in den Dörfern Kantinen und Kindergärten zu finden. [...] Der Rahmen der Einzelfamilie, die für Tausende von Jahren existierte, ist vollständig zerschlagen worden.

Zit. nach Jürgen Domes, Sozialismus in Chinas Dörfern. Ländliche Gesellschaftspolitik in der Volksrepublik China 1949–1977, Ostkolleg der Bundeszentrale für politische Bildung, Hannover 1977, S. 43 f.

Q5 Chinesische Bauern mit selbst gebauten Hochöfen

Der „Große Sprung nach vorn" sah auch die Errichtung vieler kleiner Hochöfen auf dem Lande vor. Damit sollte die Industrialisierung beschleunigt werden. Offiziell wurden so die Produktionsziele zwar erreicht, aber ein großer Teil der Produktion war wertlos oder wurde durch Einschmelzen von Schaufeln, Töpfen und Pfannen erzielt. Foto, um 1958

Q6 Die Begeisterung ist erschöpft

Maos Politik des „Großen Sprung nach vorn" wird in der KPCh kritisiert. Auf einer Konferenz des Zentralkomitees äußert sich Staatspräsident Liu Shaoqi, 1962:

Ich besuchte einen Ort in Hunan. Dort sagten die Bauern, daß 30 % der Schwierigkeiten durch Naturkatastrophen, 70 % aber durch menschliches Versagen verursacht worden seien. […] Statt mit den Kräften der Massen zu haushalten, haben wir in den letzten Jahren einen Großteil ihrer Energie verschwendet. Das ist ein sehr großer Fehler. Unsere Genossen sind besorgt darüber, daß die Massen keinen Eifer mehr zeigen.

Dieses Problem sollte angemessen untersucht werden. Der Grund hierfür liegt darin, daß die Begeisterung und die Kraft der Massen in den letzten Jahren erschöpft und in gewissen Gegenden sogar ernsthaft ausgehöhlt worden sind. […] Wir haben während der letzten Jahre unmäßig hohe Planziele in der industriellen und landwirtschaftlichen Produktion […] angesetzt. Wir haben einige Projekte unangemessen in „großem Rahmen" gebaut. Wir wollten im ganzen Lande integrierte Wirtschaftssysteme [Kollektivbetriebe] erstellen. […] Der Große Sprung nach vorn wurde etwas zu früh eingeleitet. Da die Dinge in den drei Jahren des Sprunges außer Kontrolle geraten sind, werden möglicherweise 8–10 Jahre notwendig sein, um Wiederanpassungen vorzunehmen. So etwas zahlt sich nicht aus. […]

Die Volkskommunen sind zu früh errichtet worden. […] Es bleibt abzuwarten, ob sie überhaupt konsolidiert werden können. […]

Wenn der Vorsitzende sagt, die Situation sei sehr günstig, dann bezieht er sich auf die politische Situation; denn die wirtschaftlichen Verhältnisse können keineswegs als sehr günstig beschrieben werden.

Rekonstruktion der Rede Liu Shaoqis auf der Erweiterten Arbeitskonferenz des ZK der KPCh vom 26.–27. Januar 1962, zusammengestellt aus Rotgardisten-Pamphleten der Kulturrevolution von Rüdiger Machetzki, abgedruckt in: Chronologie des innerparteilichen Linienkampfes in der KP Chinas 1949 bis 1965, in: Mitteilungen des Instituts für Asienkunde Nr. 57, 1974.

Nachgefragt

1. Gestalte einen Zeitstrahl zur Geschichte Chinas vom Ende des Kaiserreichs bis zur Gründung der Volksrepublik (VT). ○
2. Erläutere, wie und warum die Kommunisten an die Macht gekommen sind (VT, Q3).
3. Erkläre den Begriff „Großer Sprung nach vorn" (VT, Lexikonbegriff, Q6). Unterscheide dabei Propaganda und Wirklichkeit. ○
4. Beschreibe den Tagesablauf in einer Volkskommune (VT, Q1, Q4, Q5).
5. Schreibe einen kurzen Zeitungskommentar zu dem Foto Q5 für eine chinesische Parteizeitung oder für eine US-amerikanische Zeitung.
6. Erläutere die Ziele Mao Zedongs für die Kulturrevolution (VT, Q1, Q7, Q8).

Q7 Die alten Gewohnheiten müssen verschwinden

Programm der Roten Garden von Peking (23. August 1966):

1. Jeder Bürger soll manuelle Arbeit verrichten.
2. In allen Kinos, Theatern, Buchhandlungen, Omnibussen usw. müssen Bilder Mao Zedongs aufgehängt werden.

[…]

4. Die alten Gewohnheiten müssen verschwinden.

[…]

6. Eine eventuelle Opposition muß rücksichtslos beseitigt werden.
7. Luxusrestaurants und Taxis haben zu verschwinden.
8. Die privaten finanziellen Gewinne sowie die Mieten müssen dem Staat abgegeben werden.
9. Die Politik hat vor allem den Vorrang.

[…]

12. In allen Straßen sollen Lautsprecher aufgestellt werden, um der Bevölkerung Verhaltensmaßregeln zu vermitteln.
13. Die Lehre Mao Zedongs muß schon im Kindergarten verbreitet werden.
14. Die Intellektuellen sollen in Dörfern arbeiten.
15. Die Bankzinsen müssen abgeschafft werden.

[…]

17. Auf Parfüms, Schmuckstücke, Kosmetik und nichtproletarische Kleidungsstücke und Schuhe muß verzichtet werden.
18. Die Erste Klasse bei den Eisenbahnen und luxuriöse Autos müssen verschwinden.
19. Die Verbreitung von Photographien von so genannten hübschen Mädchen soll eingestellt werden.

[…]

21. Die alte Malerei, die nicht politische Themen zum Gegenstand hat, muß verschwinden.

[…]

23. Bücher, die nicht das Denken Mao Zedongs wiedergeben, müssen verbrannt werden.

Zit. nach Ostkolleg der Bundeszentrale für politische Bildung (Hrsg.), VR China im Wandel, Bonn 2. Aufl. 1988, S. 235.

Q8 „Feinde der Revolution"

Während der Kulturrevolution wurden immer wieder Menschen als Wegbereiter des Kapitalismus und Reaktionäre (Verehrer des alten Systems) denunziert, gedemütigt, misshandelt und oft auch ermordet. Die Roten Garden organisierten öffentliche Versammlungen, auf denen die angeblichen Feinde sich selbst beschuldigen mussten.

Foto, 1968

7. Wähle eine Person auf dem Foto Q1 aus und schreibe ihre Gedanken auf. ○

8. Analysiere das Foto Q8. Welche Personen erkennst du? Welche Rollen haben sie? ●

9. Erläutere, was eine Umsetzung des Programms der „Roten Garden" (Q7, Q8) für die Gesellschaft bedeuten würde. ○

10. Ein deutsches Geschichts-Magazin bezeichnete Mao 2011 als „Tyrannen" und als „roten Kaiser". Überprüfe eine der Bezeichnungen. Beziehe auch die Seiten 94/95 mit ein.

11. Beurteile die Rolle des Personenkults im kommunistischen China (Q1, Q2, Lexikonbegriff).

AFB I: 1, 4 AFB II: 2, 3, 5, 6, 7, 8, 9 AFB III: 10, 11

Mao Zedong – ein roter Kaiser?

Bis heute verehren viele Chinesen den Staatsgründer Mao Zedong. Nur wenige erinnern an seine Irrtümer und Verbrechen.

Q1 Mao-Porträt über dem Tor des Himmlischen Friedens am Zugang zum Kaiserpalast
Seit Gründung der Volksrepublik 1949 hängt dort ein Bild Maos unter dem Wappen der Kommunistischen Partei Chinas. Das heutige Porträt ähnelt mit seiner Größe von 6 m × 4,60 m und zwei Tonnen Gewicht dem Bild, das der staatliche Porträtmaler Zhang Zhenshi 1952 gemalt und bis 1963 immer wieder leicht überarbeitet hatte. Seit der Kulturrevolution 1966 ist es dauerhaft über dem Tor angebracht.

Mao Zedong – ein Mythos

Über dem Eingang zum ehemaligen Kaiserpalast in Peking hängt auch heute noch ein Riesenporträt des „Großen Steuermanns" Mao Zedong. Nicht weit davon entfernt befindet sich das 1976 nach seinem Tod errichtete Mausoleum, wo er in einem gläsernen Sarkophag ruht. Jährlich ziehen Millionen Menschen ehrfurchtsvoll daran vorbei. Auch das Haus, in dem Mao – wie er meist genannt wurde – 1893 auf die Welt kam, ist eine Wallfahrtsstätte. Viele Menschen verehren ihn als Befreier Chinas, der die Zeit des Zerfalls, ausländischer Einmischung und innerer Bürgerkriege beendete. Er gilt als Begründer eines einigen und starken China. Diese Verehrung Mao Zedongs begann schon zu seinen Lebzeiten. Mao Zedong selbst beförderte den Kult um seine Person, um eine enge Verbindung zur Bevölkerung herzustellen und sich ihre Loyalität zu sichern. Seine Person stand auch immer für den besonderen Weg Chinas zum Sozialismus.

Mao-Nostalgie?

Auf chinesischen Märkten findet man heute Mao-Büsten als beliebtes Souvenir, es gibt Poster, Konsumgüter mit seinem Porträt, TV-Serien und Filme über den Privatmann und Familienvater Mao Zedong. In dieser Mao-Nostalgie spiegeln sich unterschiedliche Wünsche. Reformverlierer und Parteilinke sehnen sich nach der ideologischen Sicherheit der Mao-Ära zurück, ein Teil der Jugend sieht in ihm einen Vertreter geistiger Ideale, die im Gegensatz zur Korruption des heutigen China stehen.

Mao-Kritik

Die meisten Chinesen haben jedoch eine zwiespältige Erinnerung an Mao Zedong. Viele Familien haben durch den Terror der „Kulturrevolution" Angehörige verloren – ihr Verlust ist nicht zu vergessen. Seit der Reformära unter Deng Xiaoping kritisiert die Kommunistische Partei Chinas die Fehler Maos.
Wirklich distanziert hat sie sich von ihm allerdings bis heute nicht, da sie dann die eigene Rolle infrage stellen müsste. Grundsätzliche Kritik kommt von Menschenrechtsbewegungen wie der Charta 08, die Mao Zedong und die Kommunistische Partei Chinas für die Diktatur und die Menschenrechtsverletzungen seit 1949 verantwortlich machen.

Q2 Schwere Fehler

Das Zentralkomitee der Kommunistischen Partei über Mao Zedong, 1981:

Genosse Mao Zedong war ein großer Marxist und ein großer proletarischer Revolutionär, Stratege und Theoretiker. Obwohl er in der „Kulturrevolution“ schwere Fehler beging, überwiegen alles in allem seine Verdienste für die chinesische Revolution. Seine Verdienste sind zweifellos primär, seine Fehler sekundär. Hinsichtlich der Gründung und Entwicklung unserer Partei und der Volksbefreiungsarmee, der Befreiung aller Nationalitäten Chinas, der Errichtung der Volksrepublik China und der Entwicklung des Sozialismus in unserem Land hat er sich unvergängliche Verdienste erworben. Er hat einen großen Beitrag zur Befreiung aller unterdrückten Nationen der Welt und zum Fortschritt der Menschheit geleistet.

Resolution auf der 6. Plenartagung des XI. Zentralkomitees der KPCh vom 27. Juni 1981, in: Werner Pfennig/Helmut Franz/Eckhardt Barthel: Volksrepublik China. Eine politische Landeskunde. Colloqium, Berlin 1983, S. 23. Die Resolution wurde kurz nach Verabschiedung veröffentlicht.

Q3 Mao-Verehrung

Einwohner der Geburtsstadt von Mao Zedong beten anlässlich seines Geburtstages vor seinem Bild. Foto, 2008

Nachgefragt

1. Nenne die Gründe für die Verehrung Mao Zedongs (VT, Q1–Q3).

2. Ordne die Haltung der Kommunistischen Partei zu Mao (Q2) historisch ein.

3. Analysiere am Beispiel von Q1 die Rolle der Mao-Verehrung in China. Berücksichtige Ort, Kontext und Geschichte des Porträts.

4. Informiere dich über die „Charta 08“ und halte ein Referat.

AFB I: 1 AFB II: 2, 3, 4

Der Weg in die Moderne – Reform statt Revolution?

Der Tod Mao Zedongs leitete eine neue Epoche in der Geschichte Chinas ein. Doch in welche Richtung sich das Land entwickeln und öffnen sollte, blieb lange umstritten.

Gemeinsam lernen

Wem nützen die Reformen?

Auf dem Tiananmen-Platz (s. S. 98) kommt ein Ausschuss aus Arbeitern, Studenten und Unternehmern mit Parteifunktionären zusammen, um über die Auswirkungen der Reformen und die jeweiligen Interessen zu diskutieren. Ihr gemeinsames Ziel ist es, Kompromisse zu finden und gewaltsame Auseinandersetzungen zu verhindern.

Bereitet euch in Gruppenarbeit auf folgende Rollen vor:
- ein verarmter Bauer, der als Wanderarbeiter in die Stadt gezogen ist (VT),
- ein erfolgreicher Unternehmer aus der Sonderwirtschaftszone (VT, Q2, Q6),
- ein Student, der sich für Demokratie und Meinungsfreiheit einsetzt (VT, Q3, Q4),
- ein Parteifunktionär, der die führende Rolle der Partei verteidigt (VT, Q5, Q6).

Geht nach den methodischen Arbeitsschritten auf S. 193 vor und lasst das Rollenspiel einmal mit und einmal ohne Kompromiss enden.

Reformpolitik
Politik, die innerhalb der bestehenden Ordnung staatliche Institutionen, gesellschaftliche und/oder wirtschaftliche Strukturen durch reformerische Maßnahmen verändern will. In China bedeutete dies die Einführung marktwirtschaftlicher Elemente im Sozialismus.

Ein neuer Anfang?

Der Tod Mao Zedongs im September 1976 war ein Einschnitt in der Geschichte Chinas. Seine Nachfolger übernahmen ein Land, das im Inneren rückständig und nach außen weitgehend isoliert war. Die Verfassung galt nichts mehr, das Präsidentenamt war abgeschafft und ein großer Teil der politischen Eliten ausgetauscht worden. Zwar gab es innerhalb der Partei immer noch eine Gruppe um Mao Zedongs Ehefrau, die an seinen Ideen festhielt. Diese sogenannte Viererbande wurde jedoch innerhalb kurzer Zeit von konservativen Politikern und Militärs ausgeschaltet und für die Verbrechen während der „Kulturrevolution" zur Verantwortung gezogen. Deng Xiaoping wurde spätestens 1978 zum mächtigsten Mann Chinas. Deng hatte seit dem Bürgerkrieg an der Seite Maos gestanden, war aber in der „Kulturrevolution" immer wieder in Ungnade gefallen. Er konnte sich nach Maos Tod allerdings auf Verbündete in der Partei und vor allem im Militär stützen.

Behutsamer Wandel

Oberstes Ziel der ***Reformpolitik*** von Deng Xiaoping war es, Chinas Rückständigkeit zu überwinden. Ihm schwebte ein langsamer Prozess des Wandels, keine radikale Abkehr vom ***Sozialismus*** vor. Der Marxismus-Leninismus und die Ideen Mao Zedongs, die führende Rolle der Partei, die Diktatur des Proletariats und der sozialistische Weg galten weiterhin als grundlegende Prinzipien des Aufbaus von Staat, Gesellschaft und Wirtschaft in China. Gleichwohl verloren zahlreiche Prinzipien des Maoismus wie der dauernde Klassenkampf, die Idee der absoluten Gleichbehandlung aller oder auch die Funktion von Massenkampagnen fortan an Bedeutung. Außerdem führte Deng Xiaoping wieder eine kollektive Führung in der Partei ein und übergab mehr politische Verantwortung an die lokalen Ebenen. Es sollte nicht mehr so viel Macht in den Händen eines Einzelnen liegen.

Erste wirtschaftliche Reformen

Weitreichender als die politischen Veränderungen waren jedoch die von den Reformern um Deng Xiaoping eingeleiteten Modernisierungsprozesse. Diese betrafen Landwirtschaft, Industrie, Wissenschaft und Technik sowie das Militär. Die Reformer orientierten sich dabei an der westlichen ***Marktwirtschaft***, die sie behutsam übernahmen. Sozialismus und Kapitalismus betrachteten sie nicht mehr als unüberbrückbaren Gegensatz. Die Volkskommunen wurden aufgelöst, die Bauern konnten nun

Q1 Plakat in der ersten Sonderwirtschaftszone Chinas in Shenzen

Der Text auf dem Plakat lautet: „Ohne Sozialismus, ohne Durchführung der Reform- und Öffnungspolitik, ohne Entwicklung der Wirtschaft und ohne Verbesserung des Lebens des Volkes gibt es keinen Ausweg." Foto, 1992

Land pachten und in Familienbetrieben bewirtschaften. Sie durften einen Teil ihrer Erzeugnisse frei auf dem Markt verkaufen. Die landwirtschaftliche Produktion stieg dadurch jährlich um neun Prozent. Ab 1984 ließ die Regierung auch die Staatsbetriebe nach diesem Vorbild modernisieren. Die Manager bekamen mehr Verantwortung für die Planung, mussten nur noch einen Teil der Produktion an den Staat abgeben und konnten die auf dem Markt erzielten Gewinne investieren oder verteilen. Zugleich erlaubte die chinesische Regierung die Gründung kleiner Privatunternehmen und ließ westliche Investitionen in den sogenannten **Sonderwirtschaftszonen** zu. Damit einher ging die gezielte Einbindung Chinas in den Welthandel. Dieser Kurswechsel zeigte bald Erfolge. Das rückständige Land entwickelte sich innerhalb weniger Jahrzehnte zu einem ernsthaften Konkurrenten der westlichen Welt.

„Einige werden zuerst reich"

Deng Xiaoping nahm bei seinen Reformen in Kauf, dass die Ungleichheit in China zunahm. Es entstanden wohlhabende städtische Mittelschichten, die sich westliche Kleidung und Konsumgüter leisten konnten. Viele Unternehmer, häufig ehemalige Parteifunktionäre, kamen durch Korruption und Vetternwirtschaft zu enormem Reichtum. Die Kinder leitender Funktionäre erhielten die besten Jobs.
Gleichzeitig verarmten Millionen Bauern und verloren ihren Grund und Boden, z. B. durch Zwangsumsiedlungen und Enteignungen. Wer auf dem Land blieb, war oft von Bildung und medizinischer Versorgung abgeschnitten. Die Landbevölkerung, die einst der Kommunistischen Partei zur Macht verholfen hatte, gehörte zu den Verlierern der Modernisierung. In der Hoffnung auf eine bessere Zukunft zogen nun Millionen Menschen vom Land in die großen Städte, die Männer auf die Baustellen, die Frauen in die Fabriken der Sonderwirtschaftszonen. Dort mussten sie unter schlechten Arbeits-

Marktwirtschaft
Wirtschaftsform, die auf Privateigentum, freier Berufswahl sowie freiem Wettbewerb beruht. Angebot und Nachfrage bestimmen dabei ganz wesentlich, was und wie viel produziert und zu welchem Preis etwas verkauft wird.

Sonderwirtschaftszonen
Gebiete, in denen Ausländer investieren, Fabriken bauen und ihre Waren anbieten dürfen. 1979 gründete Deng Xiaoping die ersten vier Sonderwirtschaftszonen in den Küstenorten Shenzen, Zhuhai, Shantou und Xiamen. Die Löhne und Mieten waren hier um ein Vielfaches niedriger als im Westen.

bedingungen für wenig Lohn oft sieben Tage die Woche arbeiten. Die Entlassungen in den effizienter geführten Staatsbetrieben führte außerdem zu steigender Arbeitslosigkeit. Der wachsende Konsum der Mittelschichten heizte zugleich die Inflation an. Die steigenden Preise trafen gerade die ärmere Bevölkerung. Der Rückgang der Getreideproduktion verschärfte dieses Problem noch. Immer häufiger kam es deshalb seit den 1980er-Jahren zu sozialen Protesten.

Politische Stagnation?

Viele Menschen in China hatten gehofft, dass die wirtschaftlichen Reformen nach westlichem „Muster" auch Auswirkungen auf die Politik haben würden. Der politische Wandel unter dem neuen Generalsekretär der KPdSU Michail Gorbatschow in der Sowjetunion ermutigte die Kritiker des Regimes. So kam es in den 1980er-Jahren immer wieder zu Protesten: gegen die strikte Ein-Kind-Familienpolitik, gegen die Teuerungen, aber auch für Pressefreiheit, politische Beteiligung und Menschenrechte. Im Juni 1989 endeten Proteste von Studenten blutig in dem sogenannten **Tiananmen-Massaker**. Dauerhaft hat die Regierung die Menschen- und Bürgerrechtsbewegung damit jedoch nicht unterdrücken können.

Nationale Minderheiten

Doch nicht nur Studenten und Intellektuelle forderten die Parteiführung nach dem Tode Mao Zedongs heraus. Auch die ethnischen Minderheiten in den sogenannten autonomen Gebieten des Landes sahen sich als Verlierer der Modernisierung. Sie fühlten sich zunehmend von den Han-Chinesen verdrängt, die als größte Bevölkerungsgruppe überall den Zugang zu höherer Bildung und besseren Jobs hatten. So kam es im besetzten Tibet und im muslimischen Xinjiang immer wieder zu Unruhen. Die Minderheiten verlangten mehr Respekt für ihre Kultur und religiösen Bräuche. Die Kommunistische Partei unterdrückte sie mit Gewalt und stellte Tibet 1987 unter Kriegsrecht.

Erfolge der Außenpolitik

Innenpolitisch verfolgte die Kommunistische Partei also weiterhin einen harten Kurs. Dennoch verband sie mit ihrer wirtschaftlichen Reformpolitik eine weitere Öffnung nach außen. 1979 nahmen die VR China und die USA offizielle diplomatische Beziehungen auf. China öffnete sich nach drei Jahrzehnten für westliche Waren und Kultur. In den 1980er-Jahren setzte im Westen deshalb geradezu eine China-Begeisterung ein. Das Jahr 1997 bildete für China einen Höhepunkt im Hinblick auf die Beziehungen zum Westen. Die „ungleichen Verträge" über die Abtretung von Teilen Hongkongs an Großbritannien liefen nach 99 Jahren aus. Das eigentliche Hongkong, das China 1842 für immer an Großbritannien abgetreten hatte, wäre ohne diese Teile nicht mehr lebensfähig gewesen. Deshalb einigten sich Großbritannien und China über eine Übergabe der ganzen ehemaligen Kolonie. Im Gegenzug erklärte sich China bereit, Hongkong noch für 50 Jahre einen Sonderstatus zu gewähren. Portugal übernahm diese Regelung für Macao und gab dieses Ende 1999 ebenfalls an China zurück. Damit endete das Kolonialzeitalter in China.

D1 Das Bruttosozialprodukt der Volksrepublik China 1960–2010 (in Mrd. US-Dollar)

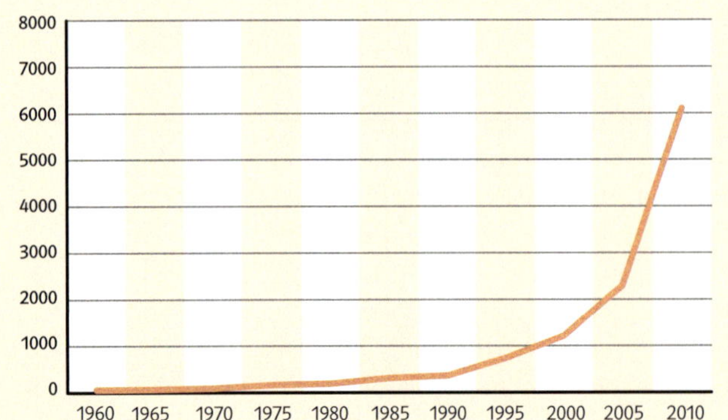

Zahlen nach Weltbank und OECD, https://data.worldbank.org/indicator/NY.GDP.MKTP.CD?locations=CN (Zugriff: 28.02.2019)

Tiananmen-Massaker
Am 4. Juni 1989 demonstrierten auf dem Tiananmen-Platz vor dem alten Kaiserpalast im Zentrum Pekings Studenten, Arbeiter und einzelne Unternehmer gegen die wachsende Korruption und für demokratische Reformen. Soldaten schlugen die Proteste mit Panzern nieder. Es gab tausende Tote und Verletzte.

Nationale Minderheiten
Die VR China betrachtet alle Menschen auf ihrem Gebiet als Chinesen. Sie unterscheidet zwar 56 Volksgruppen wie die Mandschuren, Mongolen, Tibeter, Uighuren oder Kasachen als „nationale Minderheiten", unterdrückt aber deren Sprache und Kultur.

Q2 Ohne Reformen geht es nicht

Über Motive und Ziele des Wandels berichtet die Arbeiterzeitung „Gongren Ribao" 1979 in einem Interview mit einem älteren Arbeiter:

Vor dem Nationalfeiertag besuchten zwei unserer Reporter den alten erfahrenen Offsetdrucker Zhao Fing. Mit 13 Jahren trat er in seinen Betrieb als Lehrling ein, heute ist er 50 Jahre alt. Er besitzt eine gewisse Bildung, liest gerne Bücher über Geschichte und Zeitungen und interessiert sich für Politik. Wir unterhielten uns zweieinhalb Stunden mit ihm über die Probleme unseres Landes. Er sagte, das neue China sei nun über 30 Jahre alt, und bei unserem Wirtschaftsaufbau seien bedeutende Erfolge erzielt worden. […] Aber, so meinte er, es gebe eine Fülle von Problemen, die einer Lösung harrten. Viele Arbeiter seien deshalb unzufrieden, und dies beeinträchtige die Entfaltung ihrer Initiative. Zhao sagte unter anderem:

„Die Betriebsorgane sind zu schwerfällig, ohne Reformen geht es da nicht. Unser Betrieb ist heute wie ein ‚Yamen' (Gerichts- und Amtssitz im alten China). Mein Betrieb hat 400 Beschäftigte, über 50 davon sind Kader (Funktionäre), die nicht in der Produktion arbeiten. Würden wir die Verwaltungsmethode einführen, die früher mein Kapitalist [gemeint ist der Arbeitgeber] angewendet hat und die ich als Lehrling kennengelernt habe, dann wären sieben oder acht solcher Kader sicher genug. Mit den Maschinen, die in unserer Reparaturwerkstatt stehen, könnte man einen neuen großen Betrieb aufmachen. Es gibt alle nur denkbaren Maschinen, nur, keine davon funktioniert. Einige unserer Arbeiter sind Kaderkinder, die durch die ‚Hintertür' in den Betrieb gekommen sind. Wir haben heute keine gute Verwaltungsmethode. Ob der Betrieb nun gut geführt wird oder nicht, der Lohn bleibt eh für alle gleich, die Belegschaft braucht sich darüber nicht den Kopf zu zerbrechen."

Zit. nach Thomas Heberer, Wenn der Drache sich erhebt. China zwischen Gestern und Heute, Signal, Baden-Baden 1988, S. 107–109.

Q3 Gegen die „totale Verwestlichung"

In einem Artikel der Pekinger „Volkszeitung" heißt es 1987:

In der zweiten Hälfte der 80er Jahre des 20. Jahrhunderts, als das chinesische Volk unter Führung der Kommunistischen Partei Chinas beim Aufbau eines sozialistischen modernen Landes große Erfolge zu verzeichnen hat, die die Aufmerksamkeit der ganzen Welt auf sich lenken, gibt es unerwartet eine Stimme, die die Losung von der „totalen Verwestlichung" Chinas wieder verkündet. […] Mit den Worten ihrer Prediger heißt es, daß sie „das Lernen von westlicher Wissenschaft, Technik, Kultur, Politik, Ideologie, Moral und von allen anderen Dingen des Westens umfaßt", sie betreffe aber „auch unser politisches System und unser Eigentumssystem. All diese Fragen dürfen diskutiert werden". Woraus wird diese Schlußfolgerung gezogen? Die Prediger haben eindeutig darauf geantwortet: In ihren Augen „sind alle Dinge, die wir in den vergangenen 30 Jahren getan haben, vom sozialistischen System her gesehen, mißlungen". […] Einige Genossen sind besorgt, daß sich die Kritik an der „totalen Verwestlichung" negativ auf die Durchführung der Öffnungspolitik auswirken könne. Das ist eine unnötige Sorge. Die Öffnung nach außen und die „totale Verwestlichung" sind zwei grundverschiedene Dinge. Es ist so, […] daß die Öffnung nach außen eine unentwegte grundlegende Politik des Staates ist. Wir sollten alle Anstrengungen unternehmen, um uns moderne Wissenschaft und Technik, allgemein nutzbare Erfahrungen in der wirtschaftlichen und administrativen Verwaltung und alle anderen nützlichen Kulturkenntnisse aller Länder der Welt, einschließlich der entwickelten kapitalistischen Länder, anzueignen und sie in der Praxis zu prüfen und weiterzuentwickeln. Wir lehnen aber kategorisch das ideologische und gesellschaftliche System des Kapitalismus, die Ausbeutung und Unterdrückung schützen, sowie alle häßlichen und dekadenten Dinge des Kapitalismus ab. Die „totale Verwestlichung" läuft diesem grundlegenden Prinzip der Öffnungspolitik zuwider.

Zit. nach Ostkolleg der Bundeszentrale für politische Bildung (Hrsg.), VR China im Wandel, Ostkolleg der Bundeszentrale für politische Bildung, Bonn 2. Aufl. 1988, S. 266–268.

Q4 Wahre Demokratie

Aus einem Vortrag des Astrophysikers Fang Lizhi an der Universität in Shanghai (1. November 1986):

In der ganzen chinesischen Geschichte sind die Studenten eine Kraft für die Demokratie und für den Fortschritt im Lande gewesen […]. Das eigentliche Problem besteht darin, daß es für China unmöglich sein wird, ein entwickeltes Land zu werden, wenn seine Reformen allein von der Entschlossenheit der höchsten Führer abhängen […].

Wenn wir demokratischen Sozialismus in die Praxis umsetzen wollen, folgt dann daraus, daß diese Gesellschaft nur dann demokratisch werden kann, wenn die Machthaber ihr Demokratie zubilligen? Wenn Demokratie von der Führungsschicht zugebilligt wird, ist es keine wahre Demokratie […]. Menschenrechte bedeuten, daß ein Mensch das Recht auf Leben hat, sobald er geboren wird, das Recht auf einen Lebensunterhalt, das Recht auf Freiheit, das Recht des freien Gedankens und das Recht auf eine Erziehung. Dies sind ganz gewöhnliche Dinge. Als ein Menschenwesen hat jeder diese angeborenen Rechte […]. Diese Rechte müssen anerkannt werden, ehe wir für Demokratie kämpfen und wahre Demokratie erreichen können. Wir können uns nicht auf die oberste Führungsschicht verlassen, daß sie uns Demokratie gewährt. Was von oben gewährt werden kann, ist nicht Demokratie. Es ist nur Lockerung der Kontrolle.

Fang Lizhi, Die unwiderstehliche Macht der Freiheit, Horizonte, Rosenheim 1990, S. 77–85, übers. aus dem Engl. von Günter Maltz.

Q5 Forderung nach Freiheit 1989

1989 demonstrieren Studenten im Zentrum Pekings für mehr Freiheit. Symbolisch errichten sie vor dem Tor des Himmlischen Friedens eine Statue der Göttin der Freiheit. An der gleichen Stelle hatte Mao Zedong 1949 die Volksrepublik ausgerufen. Foto vom 30. Mai 1989, Fotograf der Agence France-Presse

Nachgefragt

1. Erstelle eine Zeitleiste zur Entwicklung Chinas nach dem Tode Mao Zedongs (VT).

2. Warum waren in China nach Maos Tod Reformen nötig? Nenne Gründe (VT, Q2, D1).

3. Arbeite die Motive und Ziele der Reformer und ihrer Gegener heraus (Q1, Q2, Q3, Q7).

4. Analysiere das Plakat Q1 mithilfe der methodischen Arbeitsschritte auf Seite 190. Achte besonders darauf, wie Chinas Zukunft und die Rolle Deng Xiaopings dargestellt werden.

5. Vergleiche Q4 und Q6. Welche Vorstellungen von politischer Herrschaft stehen jeweils hinter den Stellungnahmen? Sind sie miteinander vereinbar?

Q6 Gegen den Aufruhr

In einer internen Stellungnahme Deng Xiaopings zu der Bewegung unter Studenten heißt es im April 1989:

Dies ist keine gewöhnliche Studentenbewegung, sondern Aufruhr. Wir müssen schnellstens zu einem Präventivschlag ausholen, um Zeit zu gewinnen [...]. Wir dürfen keine Angst haben vor Leuten, die uns verdammen, vor schlechter Reputation oder vor einer internationalen Reaktion [...]. Dieser Aufruhr ist nichts anderes als eine geplante Verschwörung, um das (sozialistische) China mit einer strahlenden Zukunft in ein (kapitalistisches) China ohne Hoffnung zu verwandeln. Die größte Herausforderung besteht darin, daß sie die Führung der Kommunistischen Partei und das sozialistische System negieren [...].

Wir müssen alles tun, um ein Blutvergießen zu vermeiden, aber wir sollten auch einkalkulieren, daß es vielleicht nicht möglich sein wird, ein Blutvergießen gänzlich zu vermeiden. [...] Gegenwärtig gibt es bei uns ein paar Leute, die nach der gleichen alten Leier verfahren wie die Rebellenfraktion während der Kulturrevolution. Sie werden nicht eher zufrieden sein, bis alles im Chaos versunken ist. Auf diese Weise würden sie Chinas Hoffnungen wie eine Seifenblase zerplatzen lassen und uns daran hindern, die wirtschaftliche Entwicklung und die Politik der offenen Tür fortzusetzen. Das wäre unser sofortiger Ruin. [...] Wir müssen jetzt schnell mit einem scharfen Messer das Unkraut herausschneiden, um einen noch größeren Aufruhr zu vermeiden. Zugeständnisse in Polen führten zu weiteren Zugeständnissen. Je mehr man zugestand, desto größer wurde das Chaos.

Zit. nach Peter Schier/Ruth Cremerius/Doris Fischer, Studentenprotest und Repression in China, Institut für Asienkunde, Hamburg 1993, S. 99–102.

Q7 Keine Scheu vor weiteren Reformen

Deng Xiaoping über die Modernisierung Chinas, 1992:

Revolution bedeutet die Befreiung der Produktivkräfte, dies gilt ebenso für die Reform. [...] Hätte es nicht die Fortschritte gegeben, die uns die Politik der Reform und der Öffnung gebracht haben, so hätten wir den 4. Juni nicht überstanden. Und hätten wir bei dieser Probe versagt, dann hätte es Chaos und Bürgerkrieg gegeben. [...] Unternehmen mit ausländischer Kapitalbeteiligung sind nützliche Ergänzungen der sozialistischen Wirtschaft und, letzten Endes, gut für den Sozialismus. Wenn wir wollen, dass der Sozialismus Überlegenheit über den Kapitalismus erreicht, dann dürfen wir nicht zögern, uns die Errungenschaften aller Kulturen zu Nutze zu machen und von anderen Ländern, darin eingeschlossen die entwickelten kapitalistischen Länder, alle fortgeschrittenen Managementmethoden und -techniken zu lernen. [...] Manche Leute scheuen vor Reform und Öffnung zurück, weil sie fürchten, den kapitalistischen Weg einzuschlagen. [...] Das Hauptkriterium der Beurteilung, ob ein Weg kapitalistisch oder sozialistisch ist, liegt in der Antwort auf die Frage: Fördert er das Wachstum der Produktivkräfte in einer sozialistischen Gesellschaft, steigert er die nationale Stärke des sozialistischen Staates, und erhöht er den Lebensstandard des Volkes?

Zit. nach Konrad Seitz, China. Eine Weltmacht kehrt zurück, Goldmann, München 3. Aufl. 2006, S. 300–302.

6. Begründe, warum das Foto Q5 aus Sicht der chinesischen Führung eine Provokation war.

7. Stell dir vor, du hättest an der Demonstration auf dem Tiananmen-Platz teilgenommen: Schreibe einen Brief an einen Freund über die Motive und Ziele der Demonstranten (VT, Q4, Q5). ○

8. Bewerte die Reformen Deng Xiaopings aus politischer und wirtschaftlicher Sicht. ●

9. Informiere dich über die Politik Chinas in Tibet oder in Xinjiang und die Menschenrechtssituation dort. Halte einen Kurzvortrag. ○

AFB I: 2 AFB II: 1, 3, 4, 5, 6, 7, 9 AFB III: 8

China – eine neue Supermacht?

Die nach dem Tode Mao Zedongs eingeleiteten Reformen führten zu einem rasanten wirtschaftlichen und politischen Aufstieg Chinas. Heute wird China als eine neue Supermacht des 21. Jahrhunderts bezeichnet. Doch viele Chinesen sind an dieser Entwicklung nicht beteiligt.

Das Wirtschaftswunder ...

Anders als der Tod Mao Zedongs war der Tod von Deng Xiaoping 1997 kein Einschnitt in der Geschichte Chinas. Die Führung von Partei und Staat war sich dieses Mal einig, an dem eingeschlagenen Weg der Reformen festzuhalten. Die Einführung der Marktwirtschaft hatte die industrielle und landwirtschaftliche Produktion enorm gesteigert. Millionen Menschen profitierten von dieser Entwicklung. Nach eigenen Angaben hat die Regierung seit 1978 allein über 740 Millionen Menschen aus der Armut befreit und will sie bis 2020 ganz beseitigen. Deshalb setzt Xi Jingping, der seit 2012/2013 an der Spitze von Partei und Staat steht, den eingeschlagenen Weg fort. Er sieht China weiterhin auf der „ersten Stufe des Sozialismus", auf der der Kapitalismus als Erfolgsmodell kopiert wird. Bis zum Revolutionsjubiläum 2049 strebt die chinesische Führung eine reiche und harmonische Gesellschaft an. Schon heute zählt China mit seinen 1,3 Milliarden Menschen wirtschaftlich zu den stärksten Nationen. Dafür sprechen das Wachstum des Bruttosozialprodukts, der Exporte und der Auslandsinvestitionen. Der technologische Fortschritt in Schlüsselbranchen wie der Energieerzeugung und der Elektromobilität bestätigt dieses Bild.

2001 trat China der Welthandelsorganisation WTO bei und hat seither von der Öffnung und dem Freihandel erheblich profitiert. Es verfügt über enorme Handelsüberschüsse, die es in die Infrastruktur anderer Länder investiert, z. B. in Afrika, oder in ausländische Betriebe bis hin zur Übernahme ganzer Konzerne. Damit versucht die chinesische Regierung an Know-how zu gelangen, den eigenen Rohstoffbedarf zu decken und zugleich den Einfluss des Landes in der Weltwirtschaft zu stärken. Das Projekt der **„Neuen Seidenstraße"** ist das aktuellste Beispiel für den Versuch, wirtschaftliche und politische Ziele miteinander zu verknüpfen.

Q1 Titelseite des Nachrichtenmagazins DER SPIEGEL, 2004
DER SPIEGEL ist bekannt für seine zuspitzende, emotionalisierende und manchmal provozierende Gestaltung der Titelseiten. Regelmäßig erscheinen seit den 1990er-Jahren solche „Aufmacher" über Chinas wachsende wirtschaftliche Macht.

Q2 China und der Weltrohstoffmarkt
Karikatur von Gerhard Mester, 14.10.2004

... und seine Schattenseiten

Der wirtschaftliche Erfolg der Reformen seit der Herrschaft Deng Xiaopings ist offensichtlich. Ebenso offensichtlich sind aber auch die Probleme: die Umweltverschmutzung, der Raubbau an natürlichen Ressourcen und vor allem die wachsende Ungleichheit. Die Schere zwischen Arm und Reich vergrößerte sich seit 1978 rasant. Im heutigen China müssen sich 25 Prozent der Bevölkerung ein Prozent des Volksvermögens teilen, während ein Prozent über 30 Prozent des Vermögens verfügt.

Zu Letzterem gehören die 819 Dollar-Milliardäre (Stand: Anfang 2018), die in gesicherten, exklusiven Wohnanlagen der Städte leben. Außerdem ist eine breite städtische Mittelschicht (ca. 300 Millionen), aus gebildeten und gut verdienenden Managern, Rechtsanwälten, IT-Fachleuten oder Architekten entstanden, die ebenfalls am wachsenden Wohlstand teilhat. Deren Grundeinkommen liegt zwischen 10 000 und 100 000 US-Dollar im Jahr.

Auf der anderen Seite stehen die 286,5 Millionen Arbeitskräfte, die auf Baustellen, in Fabriken, im Gastgewerbe oder als Personal reicher Städter im Durchschnitt für 450 Euro monatlich arbeiten. Auch in den ländlichen Regionen leben Millionen Menschen mit geringen Einkommen, die von der Bildungs- und Gesundheitsversorgung abgekoppelt sind.

So hat sich ein extremes Wohlstandsgefälle zwischen den hoch entwickelten Küstenregionen Ostchinas und den rückständigen Gebieten im Westen, zwischen Stadt und Land sowie zwischen den gesellschaftlichen Klassen entwickelt.

Auf dem Weg zur Demokratie?

Zu den Schattenseiten Chinas gehören auch die fehlende Rechtsstaatlichkeit und Demokratie. Hoffnungen, dass die weitere Modernisierung des Landes den Weg zu einer demokratischen Gesellschaft nach westlichem Muster ebnen würde, haben sich nicht erfüllt. Im Gegenteil: Seit dem Machtantritt Xi Jingpings entwickelt sich China wieder zu einem stärker autoritären System. Die Kommunistische Partei ist die einzig zugelassene Partei. Sie betont nach den Prinzipien des Leninismus ihre Führungsrolle in Wirtschaft, Gesellschaft und Staat. Partei und Staat verschmelzen unter der Führung Xi Jingpings wieder stärker. Xi steuert auf eine zentralistische Alleinherrschaft zu. Er ist Oberbefehlshaber der Streitkräfte, Parteichef und Präsident. Der chinesische Volkskongress hat die Begrenzung der Amtszeit des Präsidenten aufgehoben und ihm eine nationale Aufsichtskommission an die Seite

„Neue Seidenstraße"
Die Idee von der „Neuen Seidenstraße" knüpft an das alte Handelsnetz der Seidenstraße an. Eisenbahnen sollen über Land Europa, Zentralasien und China verbinden. Zugleich sollen wichtige Seerouten China mit Afrika und der arabischen Welt verknüpfen.

gestellt, die unabhängig von der Justiz alle Parteimitglieder und Staatsbediensteten kontrollieren kann.
Opposition inner- und außerhalb der Partei wird nicht geduldet. Die Regierung lässt Oppositionelle verhaften und trotz internationaler Proteste über Jahre einsperren sowie die Presse und das Internet zensieren. Sie verfolgt Angehörige der muslimischen Minderheiten als Terroristen und hat nach Schätzungen der Menschenrechtsorganisation Human Rights Watch bis zu 800 000 Menschen inhaftiert, um sie in Straflagern umzuerziehen. Außerdem nutzt sie die weit fortgeschrittene Digitalisierung zu einer umfassenden Überwachung und sozialen Kontrolle der Bevölkerung.
Die Masse der Bevölkerung unterstützt offenbar die Politik von Präsident Xi. Sie scheint seine Antikorruptionskampagne und seine Versuche, die soziale Ungleichheit zu verkleinern, als glaubhaft anzusehen. Nur so ist die Popularität des Staats- und Parteichefs zu erklären.

D1 Wirtschaftsdaten zur EU, China und den USA (Stand 2015)

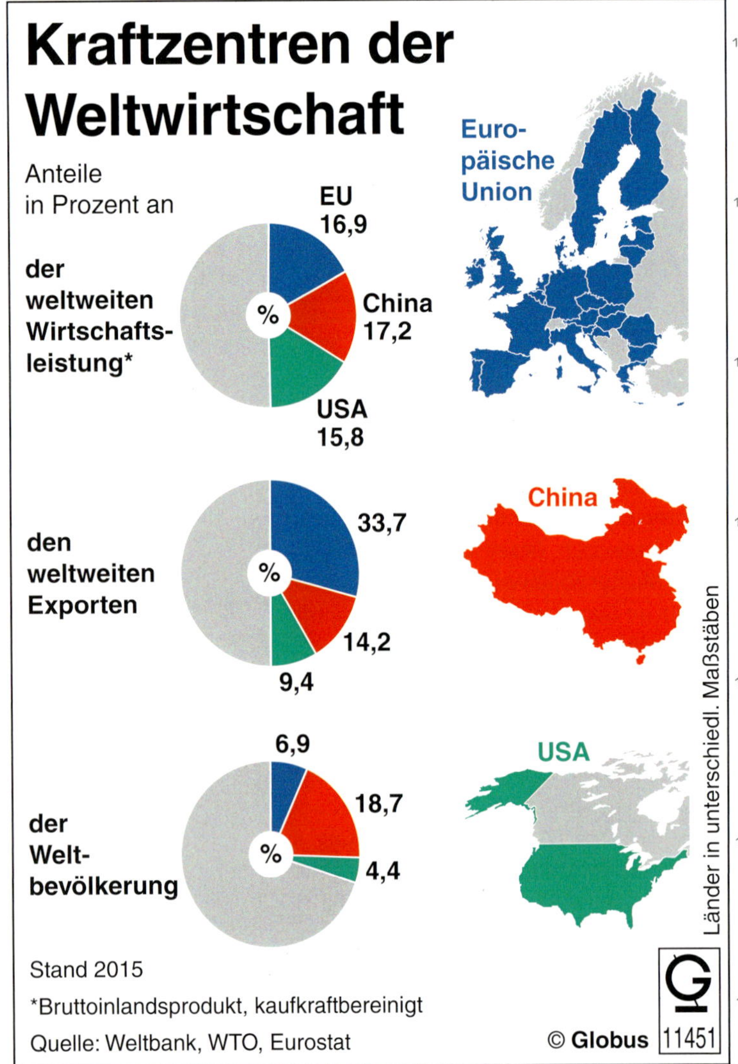

Eine neue Supermacht?

Auch nach außen hatte China seit dem Tod Deng Xiaopings große Erfolge. Das weltweit sichtbarste Zeichen war die Vergabe der Olympischen Spiele nach Peking. Hier konnte sich China als modernes und erfolgreiches Land präsentieren.
China versteckt seine Erfolge nicht mehr wie zu Deng Xiaopings Zeiten. Es tritt mit einem neuen nationalen Selbstbewusstsein auf. Der „Wiederaufstieg" der Nation zur Bedeutung des einstigen Kaiserreichs ist der chinesische Traum. Das zeigt sich bei Projekten wie der Neuen Seidenstraße, aber auch in der massiven Aufrüstung und der Durchsetzung chinesischer Interessen in Südostasien. Beispiele dafür sind Streitigkeiten mit Japan, den Philippinen oder Vietnam über Inseln im Pazifik. Die Suche nach neuen Rohstoffquellen und Militärstützpunkten spielt dabei ebenso eine Rolle wie der historische Anspruch auf die Vorherrschaft in der Region. Doch anders als das frühere „Reich der Mitte" ist das China von heute in die Weltwirtschaft und die Weltgemeinschaft eingebunden. Die chinesische Politik betont die internationale Zusammenarbeit und den Austausch. Gleichzeitig jedoch setzt China seine wirtschaftlichen und militärischen Interessen durch und verbietet sich die Einmischung in innere Angelegenheiten.
Ob China jedoch tatsächlich die Supermacht des 21. Jahrhunderts werden wird, hängt davon ab, ob es der Staats- und Parteiführung gelingt, die vielschichtigen Probleme des Modernisierungsprozesses zu lösen.

Q3 „Der Chinesische Traum“

Aus einer Rede Xi Jingpings vor dem XII. Nationalen Volkskongress am 17. März 2013:

Die chinesische Nation hat eine über fünftausendjährige zusammenhängende Zivilisationsgeschichte, hat eine reiche und tiefgründige Kultur hervorgebracht und für den Fortschritt der menschlichen Zivilisation einen unauslöschlichen Beitrag geleistet. Was die 56 ethnischen Gruppen und über 1,3 Milliarden Menschen unseres Landes nach wechselvollen Jahrtausenden zusammengeschmiedet hat, ist der gemeinsam durchgestandene außergewöhnliche Kampf, die gemeinsam geschaffene schöne Heimat, unser gemeinsam kultiviertes Nationalgefühl und [...] unser gemeinsamer fester Glaube an unsere Ideale. Die umfassende Vollendung einer Gesellschaft mit bescheidenem Wohlstand, die Schaffung eines reichen, starken, demokratischen, zivilisierten und harmonischen modernen sozialistischen Landes sowie die Verwirklichung des Chinesischen Traums von der großen nationalen Renaissance, also ein reiches und starkes Land, eine dynamische Entwicklung aller ethnischen Gruppen und eine zufriedene Bevölkerung – dies alles verkörpert einerseits tief die Ideale der heutigen Chinesen und spiegelt andererseits ebenso tief die glorreiche Tradition unserer Vorfahren wider, unermüdlich nach Fortschritt zu streben. [...]

- Zur Verwirklichung des Chinesischen Traums muss das chinesische Nationalgefühl gefördert werden. Dies ist ein Nationalgefühl mit patriotischem Kern und ein Zeitgeist mit einem Kern aus Reform und Innovation. [...]
- Zur Verwirklichung des Chinesischen Traums müssen die Kräfte gebündelt werden, genauer gesagt die Kräfte der Einheit aller ethnischen Gruppen des Landes. [...]

Der Chinesische Traum ist letztlich ein Traum des Volks – zu seiner Verwirklichung müssen wir uns eng an das Volk anlehnen und unaufhörlich seinem Wohle dienen. Wir müssen an der organischen Einheit der Führung durch die Partei, der Volkssouveränität und der Rechtsstaatlichkeit [...] festhalten.

Xi Jinping, Rede auf der 1. Tagung des XII. Nationalen Volkskongresses. In: China regieren, Verlag für fremdsprachige Literatur, Peking 2014, S. 45–47.

Q4 Eine neue Seidenstraße

Chinesische Denkschrift, 2015:

Vor mehr als 2 000 Jahren erschloss die fleißige und tapfere eurasische Bevölkerung mehrere Wege für Handel und Kulturaustausch zwischen den Zivilisationen in Asien, Europa und Afrika. Später wurden sie alle „Seidenstraße“ genannt. Über Jahrhunderte wurde der Geist der Seidenstraße – Frieden und Zusammenarbeit, Offenheit und Inklusion, gegenseitiges Lernen und gemeinsames Gewinnen – von Generation zu Generation weitergereicht und damit wurde der Fortschritt der menschlichen Zivilisation gefördert. Als ein wichtiges Band zur Förderung der Prosperität und Entwicklung der Länder entlang der Route gilt der Geist der Seidenstraße als ein Symbol für den Austausch und die Zusammenarbeit zwischen Ost und West sowie als ein gemeinsames historisches und kulturelles Erbe aller Länder der Welt.

Das Konzept zum gemeinsamen Aufbau von „Ein Gürtel und eine Straße“ entspricht dem Trend der Multipolarisierung der Welt, der wirtschaftlichen Globalisierung, der kulturellen Vielfalt und der Informatisierung der Gesellschaft, folgt dem Geist der offenen regionalen Zusammenarbeit und zielt auf die Wahrung des globalen Freihandelssystems und der offenen Weltwirtschaft ab. [...] Das Konzept entspricht den grundlegenden Interessen der internationalen Gemeinschaft, spiegelt das gemeinsame Ideal und den schönen Wunsch der menschlichen Gesellschaft wider, ist eine aktive Erforschung eines neuen Modells der internationalen Zusammenarbeit und des globalen Regierens und wird dem Frieden und der Entwicklung der Welt neue positive Energie geben. [...]

Der Aufbau von „Ein Gürtel und eine Straße“ ist für China notwendig, um sowohl die Öffnung nach außen zu erweitern und zu vertiefen als auch die Zusammenarbeit zum gegenseitigen Nutzen mit allen Ländern der Welt zu verbessern.

Botschaft der Volksrepublik China in der Bundesrepublik Deutschland (Hrsg.), Visionen und Aktionen zum gemeinsamen Aufbau des Wirtschaftsgürtels entlang der Seidenstraße und der maritimen Seidenstraße des 21. Jahrhunderts, vom 10. April 2015, auf: http://www.china-botschaft.de/det/zt/yidaiyilude/t1253699.htm (Zugriff: 24.08.2018).

Q5 „Viele Illusionen sind verflogen"

Der chinesische Historiker Wang Hui in einem Interview über Pekings Modernisierung und die soziale Krise im Land, 2004:

Die Kluft zwischen Arm und Reich wird immer größer. In vielen Gegenden wurde den Bauern Land für neue Fabriken, Villenviertel und Golfplätze weggenommen. Mehr als 150 Millionen Menschen wandern durch China, um Arbeit zu suchen. Wenn nichts geschieht, könnte es eine Krise geben. Gesellschaft und Regierung haben indes den Ernst der Lage erkannt. [...] Sie versucht, das Problem der Landarbeiter zu lösen, indem sie deren Löhne erhöht. Zudem sollen den Bauern bis 2006 viele Steuern erlassen werden. Das kann aber nur der Anfang sein. [...] Wir sollten aufhören, die Bauern als Bürger zweiter Klasse zu behandeln. Und wir sollten unsere Vorstellung von Entwicklung korrigieren [...]: Wir müssen Umweltpolitik und Wirtschaftsentwicklung miteinander verbinden. Chinas ökologische Ressourcen sind ausgelaugt. Es herrscht krasser Wassermangel, vor allem im Norden des Landes. Wälder verschwinden, die Wüste breitet sich aus. Es darf nicht nur um das Bruttoinlandsprodukt gehen, wir müssen auch an die soziale Entwicklung denken.

[...] Viele Unternehmen, darunter ausländische und taiwanische, beuten sie [die Arbeiter] extrem stark aus. Sie müssen oft länger arbeiten, als das Gesetz erlaubt, und werden sehr schlecht bezahlt. Dies ist möglich, weil das Angebot an Arbeit in China zu groß ist. [...] Wir haben derzeit weder echte Gewerkschaften noch Bauernverbände. [...] Die soziale Krise heute ist viel stärker zugespitzt als vor 15 Jahren. Es gibt mehr Wanderarbeiter, mehr Arbeitslose, an vielen Orten kommt es bereits zu Demonstrationen. Aber die Lage eskaliert noch nicht. [...] Chinas Wirtschaft wächst schnell, vor allem in den Städten überdeckt das die Gegensätze. Zudem sind viele Illusionen verflogen. 1989 schauten die Chinesen nach Amerika als Symbol der Freiheit. Das ist nun vorbei. Eine Mobilisierung wie damals ist heute nicht mehr möglich.

Wang Hui, Viele Illusionen sind verflogen. Interview mit Andreas Lorenz. In: SPIEGEL SPECIAL 5/2004, Hamburg, S. 118.

Q6 „Manchmal bleibt ihnen nur der Tod"

2001 sind die Journalistin Wu Chuntao und ihr Ehemann Chen Guidi durch die Provinz Anhui gereist, um die Lage der chinesischen Bauern zu untersuchen. Sie haben ihre Beobachtungen und Interviews aufgeschrieben und 2003 in China publiziert. 2004 wurde das Buch vom Staat verboten. Ein Auszug aus der „Untersuchung":

Wir hätten nicht gedacht, dass der ärmste Ort Anhuis sich südlich des Yangzi befinden könnte, bei der weltbekannten Stadt Huangshan, in dem Dorf Baiji, Kreis Xiuning, das weder an das Straßennoch an das Stromnetz angeschlossen ist. Dort stellten wir erschrocken fest, dass die Landwirtschaft in den Bergen auf dem Niveau primitiver Landrodung stehengeblieben ist. Die Bauern dort rackern sich das ganze Jahr ab und verdienen im Durchschnitt nur 700 Yuan [70 Euro], im Monat gerade einmal 58 Yuan [5,80 Euro]. Viele von ihnen wohnen in dunklen, feuchten, engen und schäbigen Lehmhütten, manche nicht einmal mit Dachziegeln gedeckt, sondern nur mit Baumrinde. Wenn diese Armen einmal krank werden, mögen sie in leichten Fällen wohl überleben, in schweren aber bleibt ihnen nur der Tod.

Wu Chuntao/Chen Guidi, Zhongguo nongmin diaocha, Einleitung. Zit. nach Kai Vogelsang, Geschichte Chinas, Reclam, Stuttgart 5. akt. und erw. Auflage 2013, S. 611, übers. von Kai Vogelsang.

Nachgefragt

1. Nenne Beispiele für das chinesische „Wirtschaftswunder" (VT, Q4, Q7, D1).
2. Arbeite heraus, welche Schattenseiten Chinas Aufstieg hat (VT, Q5, Q6, Q8).
3. Schreibe unter der Überschrift „Leben in China heute" jeweils eine Bildlegende zu den Fotos Q7 und Q8 für eine chinesische und eine deutsche Zeitschrift. ○
4. Analysiere die Karikatur Q2. Achte besonders auf die verwendeten Klischees. Beurteile die Position des Karikaturisten mithilfe des VT.
5. Analysiere die Rede Xi Jingpings (Q3). Erläutere, worin der „Chinesische

Q7 Freizeitbezirk von Shanghai
Foto, 2011

Linktipp
Shanghai-Infos
w6jn3i

Q8 Das Dorf Zhaoxing in der Provinz Guizhou
Foto, 2012

Traum" besteht und wie Xi Jingping ihn erreichen will.

6. Bewerte Xi Jingpings Ziele vor dem Hintergrund ihrer Umsetzung (VT).

7. Beurteile das Projekt einer „Neuen Seidenstraße" (VT, Q4). Welche Ziele verfolgt China mit dem Projekt? ●

8. Stelle anhand von Q1 und Q2 dar, wie China heute von Deutschland gesehen wird. ○

9. Nenne mithilfe des Unterkapitels Gründe, die für und gegen die Aussage „China – eine Supermacht" sprechen. Stelle sie in einer Tabelle gegenüber.

AFB I: 1 AFB II: 2, 3, 5, 8, 9 AFB III: 4, 6, 7

Überprüfe dich
Selbsteinschätzungsbogen
w6jn3i

Üben interaktiv
w6jn3i

1. Überblickswissen China

Eine Übersicht erstellen

Sachkompetenz

Liste wichtige Ereignisse in der Geschichte Chinas vom Beginn der Kaiserzeit bis heute auf.

Zeit	Herrschaftsform	Ereignisse
	Kaiserreich	
1912–1949		
		– 1. Okt. 1949: Ausrufung der Volksrepublik China – 1966 bis 1976: Kulturrevolution

2. Der Einfluss fremder Mächte in China

Einen Aufruf verfassen

Sachkompetenz, Methodenkompetenz, Reflexionskompetenz

Stell dir vor, du bist ein „Boxer", der den Einmarsch europäischer Truppen in Peking 1900 erlebt. Verfasse einen Aufruf. Begründe, warum die fremden Truppen abziehen sollen, und fordere die Chinesen zu Aktionen auf.

3. Mao Zedong – Mythos und Realität

Ein politisches Plakat analysieren

Sachkompetenz, Methodenkompetenz, Reflexionskompetenz

a) Analysiere das Plakat mithilfe der methodischen Arbeitsschritte (S. 190).
b) Erörtere, wie die Rolle Maos und seine Beziehung zum Volk dargestellt werden. Vergleiche mit dem Poster Q2 auf Seite 90.

4. Die Reformen Deng Xiaopings

Unterschiedliche Perspektiven einnehmen

Sachkompetenz, Methodenkompetenz, Reflexionskompetenz

Die Reformen Deng Xiaopings haben unterschiedliche Reaktionen in China hervorgerufen. Formuliere aus der Perspektive einer der folgenden Personen die Hoffnungen und Befürchtungen, die sich mit den Reformen verbanden.

Ein Wissenschaftler verspricht sich von den Reformen mehr Freiheiten und Demokratie.

Eine Arbeiterin will sich mit einer Produktidee als Unternehmerin selbstständig machen.

Ein Parteifunktionär in der Verwaltung eines Staatsbetriebes soll den Betrieb wirtschaftlicher machen und künftig für den Erfolg verantwortlich sein.

Q1 „Berichterstattung an den Vorsitzenden Mao von unserer Ernte."
Chinesisches Plakat (Farblithographie), 1970

5. Minderheiten in China

Eine Karte analysieren

Sachkompetenz, Methodenkompetenz

Analysiere die Karte mithilfe der methodischen Arbeitsschritte auf S. 185.

Welche historischen und aktuellen Konflikte lassen sich aus der Karte ablesen?

D1 Ethnische Volksgruppen in China (Stand 2007)

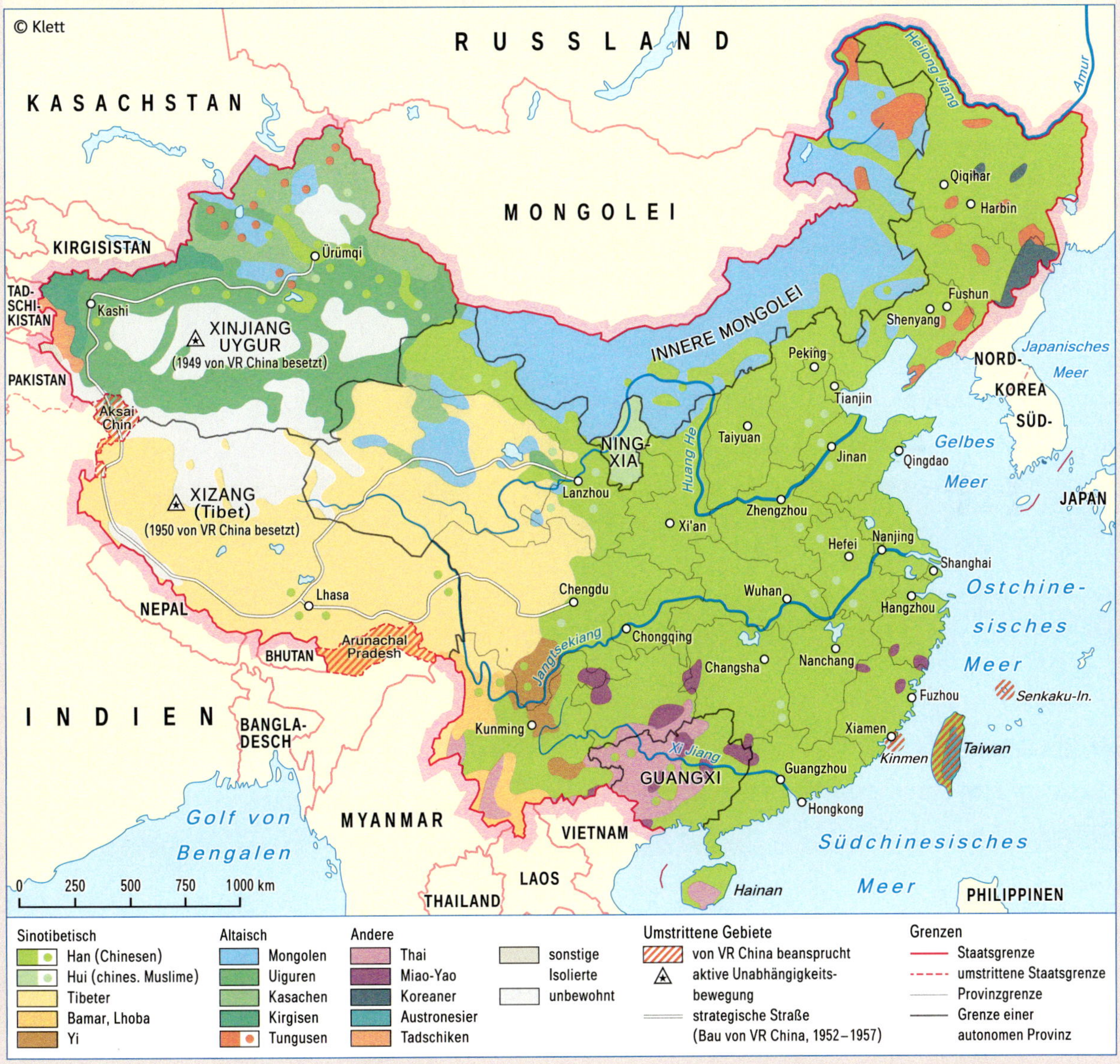

© Klett
RUSSLAND
KASACHSTAN
MONGOLEI
KIRGISISTAN
TAD-SCHI-KISTAN
PAKISTAN
Aksai-Chin
Kashi
Ürümqi
XINJIANG UYGUR
(1949 von VR China besetzt)
XIZANG (Tibet)
(1950 von VR China besetzt)
NEPAL
Lhasa
BHUTAN
Arunachal Pradesh
INDIEN
BANGLA-DESCH
MYANMAR
THAILAND
LAOS
VIETNAM
Golf von Bengalen
INNERE MONGOLEI
NING-XIA
Lanzhou
Huang He
Xi'an
Chengdu
Chongqing
Jangtsekiang
Kunming
GUANGXI
Xi Jiang
Heilong Jiang
Amur
Qiqihar
Harbin
Fushun
Shenyang
Peking
Tianjin
Taiyuan
Jinan
Qingdao
Zhengzhou
Hefei
Nanjing
Shanghai
Wuhan
Hangzhou
Changsha
Nanchang
Fuzhou
Xiamen
Kinmen
Guangzhou
Hongkong
Hainan
Taiwan
Senkaku-In.
NORD-KOREA
SÜD-KOREA
JAPAN
Japanisches Meer
Gelbes Meer
Ostchinesisches Meer
Südchinesisches Meer
PHILIPPINEN
0 250 500 750 1000 km
Sinotibetisch
Han (Chinesen)
Hui (chines. Muslime)
Tibeter
Bamar, Lhoba
Yi
Altaisch
Mongolen
Uiguren
Kasachen
Kirgisen
Tungusen
Andere
Thai
Miao-Yao
Koreaner
Austronesier
Tadschiken
sonstige
Isolierte
unbewohnt
Umstrittene Gebiete
von VR China beansprucht
aktive Unabhängigkeitsbewegung
strategische Straße (Bau von VR China, 1952–1957)
Grenzen
Staatsgrenze
umstrittene Staatsgrenze
Provinzgrenze
Grenze einer autonomen Provinz

4 Osmanisches Reich und Türkei – vom islamischen Imperium zum säkularen Nationalstaat?

Osmanisches Reich und Türkei
Online-Material
c4qn4v

Janitscharen, also Elitekrieger des Osmanischen Reichs, zu Beginn des 21. Jahrhunderts in Berlin? Was vor gut einem halben Jahrtausend Panik ausgelöst hätte, ist heute Teil eines Kulturfestes und Zeichen eines friedlichen Miteinanders. Das Erbe des Osmanischen Imperiums, das sich zeitweilig über drei Kontinente erstreckte, wirkt bis in die Gegenwart. Welche Herausforderungen ergeben sich daraus für die Türkei heute?

1280 – **1480** – **1680**

1299
Gründung des Osmanischen Reichs

1453
Eroberung Konstantinopels, das in Istanbul unbenannt wird

1529
erste Belagerung Wiens

1494–1566
Unter Sultan Süleyman I. erreicht die Ausdehnung des Osmanischen Reichs seinen Höhepunkt.

1683
zweite Belagerung Wiens und beginnender Niedergang des Osmanischen Reichs

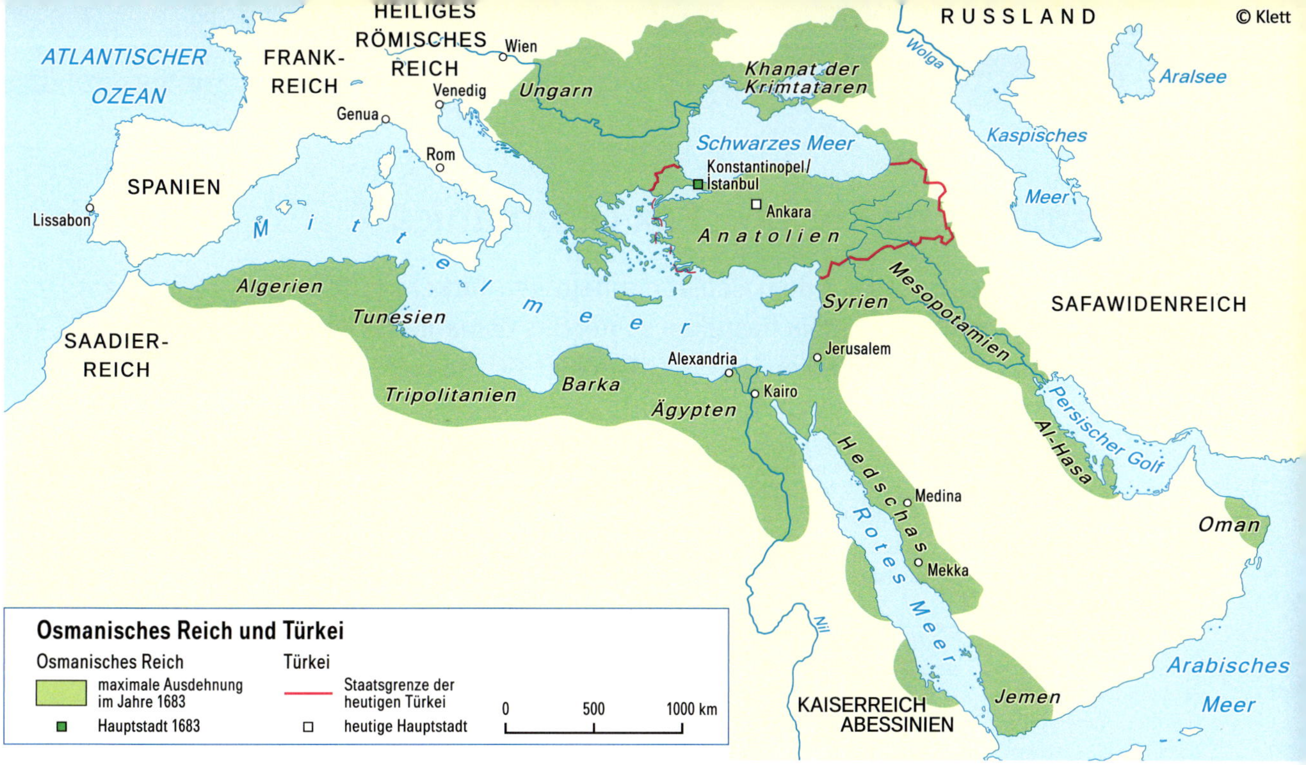

© Klett
ATLANTISCHER OZEAN
FRANK-REICH
HEILIGES RÖMISCHES REICH
Wien
Venedig
Genua
Rom
Ungarn
Khanat der Krimtataren
RUSSLAND
Wolga
Aralsee
Kaspisches Meer
Schwarzes Meer
Konstantinopel/ İstanbul
Ankara
Anatolien
SPANIEN
Lissabon
Mittelmeer
Algerien
Tunesien
SAADIER-REICH
Tripolitanien
Barka
Alexandria
Ägypten
Kairo
Syrien
Jerusalem
Mesopotamien
SAFAWIDENREICH
Persischer Golf
Al-Hasa
Hedschas
Medina
Mekka
Rotes Meer
Nil
Oman
Jemen
KAISERREICH ABESSINIEN
Arabisches Meer
Osmanisches Reich und Türkei
Osmanisches Reich
maximale Ausdehnung im Jahre 1683
Hauptstadt 1683
Türkei
Staatsgrenze der heutigen Türkei
heutige Hauptstadt
0 500 1000 km

Kompetenzen Am Ende dieses Kapitels weißt und kannst du Folgendes:

Sachkompetenz
- Du kannst das Osmanische Reich als Imperium charakterisieren.
- Du kannst den europäischen Imperialismus im Nahen und Mittleren Osten erklären.
- Du kannst Zäsuren in der türkischen Geschichte benennen und ihre Bedeutung beurteilen.

Methodenkompetenz
- Du kannst mit Hilfe einer Kartenanalyse historische Ereignisse erläutern und veranschaulichen.

Fragekompetenz
- Du stellst Fragen, um historische Sachverhalte zu vertiefen.

Reflexionskompetenz
- Du kannst Gründe für die Verlagerung der internationalen Handelswege im Zusammenhang mit der Expansion des Osmanischen Reiches analysieren.
- Du kannst die Folgen des europäischen Imperialismus im Nahen und Mittleren Osten bewerten.
- Du kannst die Folgen der türkischen Arbeitsmigration nach Westeuropa bewerten.

Orientierungskompetenz
- Du kannst aktuelle Herausforderungen der Türkei aus historischer Perspektive analysieren und bewerten.

◄ **D1 Historische Janitscharen Kapelle beim Türkisch-Europäischen Kulturfest**
Brandenburger Tor in Berlin, Foto, 2004

1910 | 1950 | 1990

1912/13 Balkankriege

1915/16 ozid an den Armeniern und Aramäern

1923 Vertrag von Lausanne Gründung der Republik Türkei

1924 Abschaffung des Kalifats

1938 Tod Mustafa Kemal Atatürks

1961 Anwerbeabkommen zwischen der Türkei und Deutschland

seit 1999 Türkei ist offiziell Beitrittskandidat der EU

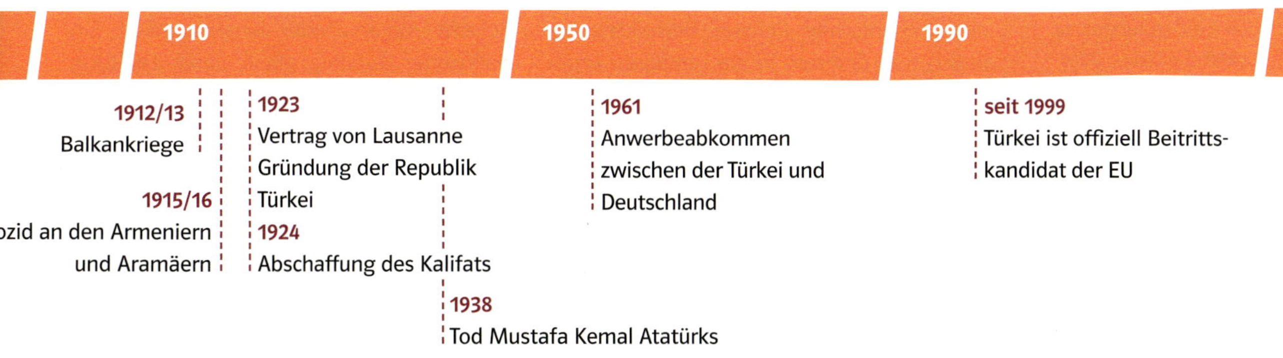

Das Osmanische Reich – „Pax Ottomanica"?

Um das Jahr 1300 entstand auf dem Gebiet der heutigen Türkei ein Imperium, das bis ins 20. Jahrhundert hinein bestehen sollte: das Osmanische Reich. Was hielt dieses Imperium, dessen Herrschaftsgebiet sich zeitweilig über drei Kontinente erstreckte, im Inneren zusammen?

Islam
Monotheistische Religion; entstanden im 7. Jh. n. Chr. auf der arabischen Halbinsel, ausgehend von Offenbarungen, die der Prophet Mohammed hatte; Es gibt zwei Hauptströmungen des Islam, Schiiten (ca. 15 % der Muslime) und Sunniten (ca. 85 %). Die Trennung erfolgte nach dem Tod Mohammeds und entzündete sich an dessen legitimer Nachfolge. Nach Überzeugung der Schiiten könne dies nur ein Mitglied aus der Familie des Propheten sein. Die Sunniten lehnten dies ab. Mohammed habe keinen Nachfolger auserwählt, weshalb man dem Brauch (arab. „Sunna") folgen solle, die Anführer immer zu wählen.

Devschirme-System
Mit der sog. Knabenlese wurden Jungen zu loyalen Soldaten oder Beamten des Sultans herangezogen.

→ Themen verknüpfen
Mehr zur „Knabenlese" erfährst du auf den Seiten 118 bis 123.

Anfänge und Expansion

Seit Beginn des 14. Jahrhunderts eroberte Osman I. (1281?–1324?), ein türkischer Fürst an der Grenze des byzantinischen Reiches, in Anatolien Gebiete, die an seinen Machtbereich grenzten. Rasch dehnte er sein Herrschaftsgebiet aus. 1453 markierte die Eroberung Konstantinopels durch die Osmanen das Ende des oströmischen, byzantinischen Reiches. Konstantinopel wurde in Istanbul umbenannt und zur (neuen) Hauptstadt des Osmanischen Reiches erklärt. Unter Sultan Süleyman I. (1494–1566) eroberten die Osmanen oder Türken, wie man sie in Deutschland und Westeuropa meist bezeichnete, den Balkan und stießen bis nach Wien vor. Weitere Gebiete eroberten sie in Kleinasien, dem Nahen Osten und Nordafrika. Über den Balkan versuchten sie in den folgenden Jahrhunderten bis nach Mitteleuropa vorzudringen.

„Ein" Osmanisches Reich?

Von „einem" oder „dem" Osmanischen Reich, dessen Strukturen über 600 Jahre Bestand gehabt hätten, kann man eigentlich nicht sprechen. Gesetzgebung, Verwaltung und der Umgang mit den verschiedenen ethnischen und religiösen Gruppen unterlagen während dieses langen Zeitraums einem steten Wandel. Während es in der Frühzeit des Osmanischen Reiches beispielsweise üblich war, Christen in die regulären (militärischen) Truppen aufzunehmen, war dies seit dem 16. Jahrhundert undenkbar. Eine Darstellung der grundlegenden Charakteristika des Osmanischen Reiches kann also nur idealtypische Grundlinien aufzeigen.

Wer beherrschte das Reich?

Als uneingeschränkter Herrscher über Land und Leute galt seit dem 14. Jahrhundert der Sultan. Ihm waren ein Großwesir und mehrere Wesire untergeordnet. Sie bekleideten die höchsten Ämter im Staat und waren, ähnlich wie Minister heute, für verschiedene Aufgabenbereiche zuständig. Hauptstadt war seit der Mitte des 15. Jahrhunderts Istanbul, das frühere Konstantinopel. Eine kleine Oberschicht hatte die wichtigsten Verwaltungsposten und Militärämter inne. Für ihre Tätigkeit erhielten sie je nach Bedeutung der ihnen übertragenen Aufgabe ein kleineres oder größeres Landgut als Lehen (Timar). Die Timar-Inhaber trieben dort für eine befristete Zeit für den Staat die Steuern ein. Alles, was über die üblichen, vorher festgelegten Summen hinaus an Steuern erhoben wurde, durften die Timar-Inhaber behalten. Über Streitigkeiten mit den abhängigen Bauern entschieden staatliche Stellen. Je größer ein Timar-Besitz war, umso mächtiger konnte der Lehensträger sein. Weil die Lehen nie erblich wurden, konnte sich im Osmanischen Reich zu keinem Zeitpunkt dauerhaft eine adelige Schicht etablieren, welche der Macht des Sultans langfristig gefährlich werden konnte. Mit der flexiblen Vergabe des Timar-Besitzes wurde die herrschende Schicht immer wieder ausgewechselt. Ein politischer Aufstieg allein durch Leistung war ebenfalls möglich, vorausgesetzt man war Muslim oder trat zum ***Islam*** über. Mit dem **Devschirme-System** sicherte der Sultan seine Macht zusätzlich nach innen und nach außen. Die Janitscharen und hohen Verwaltungsbeamten, die aus diesem System hervorgingen, waren hoch qualifiziert und nur dem Herrscher verpflichtet.

D1 Expansion des Osmanischen Reiches

Islam und Scharia

Das Osmanische Reich war ein islamischer Staat sunnitischer Prägung. Nachdem die Osmanen im 16. Jahrhundert die heiligen islamischen Städte Mekka und Medina erobert hatten, beanspruchten die Sultane auch die Stellung und den Titel eines Kalifen und damit die weltliche und geistliche Herrschaft über alle Muslime weltweit (***Kalifat***). Für Muslime gilt der Koran als göttliche Offenbarung und damit auch als eine Art Anleitung für das gesamte menschliche Leben. Ergänzt werden diese Vorgaben durch die Sunna, in welcher das (für Muslime vorbildliche) Leben und Wirken Mohammeds dargestellt ist. Wenn zwischen Koran und Sunna ein Widerspruch besteht, entscheiden die Ulema, eine Schicht von Islamgelehrten und hohen Geistlichen. Die religiös begründeten Gesetze für das Zusammenleben, die universelle Gültigkeit beanspruchen, werden unter dem Begriff der ***Scharia*** zusammengefasst. Da die Scharia aber nicht alle Bereiche abdeckte, gab es daneben eine Vielzahl von weltlichen Gesetzen sowie Bestimmungen des Sultans, die Gesetzeskraft hatten (Kanun).

Religiöse Toleranz im Osmanischen Reich

Der Islam unterscheidet bei Nichtmuslimen zwischen den Angehörigen der „Völker des Buches", Juden und Christen, denen sich Gott in ihren heiligen Schriften auch offenbart haben soll (Dhimmis) sowie den Anhängern polytheistischer Religionen, die im Osmanischen Reich aber kaum eine Rolle spielten. Dhimmis mussten im Osmanischen Reich eine Kopfsteuer bezahlen. Im Gegenzug wurde ihnen Schutz garantiert. Sie durften ihre Religion weitgehend frei ausüben und hatten Zugang zu fast allen Berufen, jedoch nur zu bestimmten Ämtern. Dennoch unterlagen sie klaren gesetzlichen Regelungen, die sie im Vergleich zur muslimischen Mehrheit, etwa durch Kleidervorschriften, herabsetzten.

Muslime, Juden und Christen waren in eigenständigen Verbänden, sogenannten

Kalifat
Islamisches Modell einer allumfassenden Regierung ohne Trennung von Staat und Religion; der Kalif ist dabei sowohl religiöses wie weltliches Oberhaupt

Scharia
Islamisch begründete Gesetze für das Zusammenleben, die universelle Gültigkeit beanspruchen

Millets, organisiert. Diese waren für fast alle Belange der jeweiligen Glaubensgemeinschaft zuständig. In diesem Millet-System lebten zeitweilig vier Religionen in relativer „Toleranz" nebeneinander: Muslime, Juden, orthodoxe und armenische Christen. Darüber hinaus gab es weitere religiöse Gruppen mit eigenen Vertretungen, die jedoch nicht die Bedeutung dieser vier Millets hatten. Während im Berufsalltag der gildenähnlichen Handwerkervereinigungen die Religionsunterschiede kaum eine Rolle spielten, kam es in Krisensituationen mitunter zu religiös motivierten Übergriffen der (sunnitisch) muslimischen Mehrheit auf andere Religionen, aber auch auf muslimische Minderheiten, etwa die Schiiten, die für die Sunniten als Häretiker (Menschen, die eine Irrlehre vertreten) galten.

Q1 Süleyman I. (1494–1566)

Süleyman gilt als der berühmteste der osmanischen Herrscher. Die Europäer gaben ihm den Beinamen „der Prächtige", die Osmanen „der Gesetzgebende", da er etliche rechtliche Bestimmungen in seiner mehr als vierzigjährigen Amtszeit erlassen und systematisiert hatte.
Zeitgenössisches Gemälde von Cristofano dell' Altissimo, um 1552/60

Ein multiethnisches Imperium

Im geographisch, ethnisch, kulturell und religiös vielfach uneinheitlichen Osmanischen Reich konnte sich eine zentralistische Herrschaft kaum durchsetzen. Den vielen verschiedenen Völkern – von Griechen, Albanern und Bosniern in Südosteuropa über Türken und Kurden bis zu Arabern und Berbern in Nordafrika – mussten deswegen oft lokale Besonderheiten zugestanden werden. Das heißt, dass es im Osmanischen Reich immer viele unterschiedliche Sprachen und vielfältige kulturelle Traditionen gegeben hat. Vom Sultan eingesetzte Gouverneure, Richter und Religionsgelehrte, Beamte und Soldaten achteten in der Regel die regionalen Strukturen, etwa im Bereich der Rechtsprechung, und integrierten sie in das osmanische System. Da ethnische Zugehörigkeit relativ unwichtig, religiöse aber sehr wichtig war, täuschten einige Untertanen des Sultans hin und wieder eine andere religiöse Identität vor. So gaben sich die Bewohner mancher Regionen beim Besuch von Vertretern des Staates manchmal als Christen, manchmal als Muslime aus – je nachdem, was vorteilhafter erschien.

„Pax Ottomanica"

Aufgrund seiner geographischen Ausdehnung und langen Existenz sowie in Anlehnung an das antike römische Imperium mit seiner „Pax Romana", sprechen manche Historiker von einer „Pax Ottomanica" (abgeleitet von der arabischen Namensform Uthman für Osman I.): Sie habe ein relativ friedliches Zusammenleben der Ethnien und Religionen bis weit ins 19. Jahrhundert hinein ermöglicht. Andere Forscher nannten die osmanische Herrschaft das „türkische Joch", unter dem Nichtmuslime hätten leiden müssen. Dabei wird jedoch vergessen, dass aus dem frühneuzeitlichen Europa immer wieder religiöse Minderheiten in das Osmanische Reich flüchteten, da sie sich dort freier und sicherer wähnten.

D2 Religionszugehörigkeit in den wichtigsten Städten des Osmanischen Reiches zwischen 1520 und 1530

Jüdische Gemeinden gab es im Osmanischen Reich fast ausschließlich in Städten, während orthodoxe, armenische und vereinzelte katholische christliche Gemeinden im gesamten Herrschaftsgebiet, sowohl in Städten wie auf dem Land, zu finden waren. Die Statistik beruht wahrscheinlich auf der Auswertung von osmanischen Steuerlisten.

Stadt	Zahl muslimischer Haushalte	Zahl christlicher Haushalte	Zahl jüdischer Haushalte	Haushalte insgesamt
Istanbul	9517	5162	1647	16326
Ankara	2399	277	28	2704
Athen	11	2286	–	2297
Sarajewo	1024	–	–	1024
Bursa	6165	69	117	6351
Tokat	818	701	–	1519
Konya	1092	22	–	1114
Sivas	261	750	–	1011

Tabelle nach: Bernard Lewis: Die Juden in der islamischen Welt. Vom frühen Mittelalter bis ins 20. Jahrhundert. Aus dem Engl. von Liselotte Julius. C. H. Beck, München 2004. S. 110 f.

Q2 Zusammenleben in einer osmanischen Stadt

Reinhold Lubenau (1556–1631) aus Königsberg schloss sich 1587 einer Gesandtschaft des deutschen Kaisers Rudolf II., die auf dem Weg nach Istanbul war, an. Über seine Reise berichtete er ausführlich. So schreibt er etwa über seinen Besuch der Stadt Belgrad, die damals Teil des Osmanischen Reiches war und heute Hauptstadt von Serbien ist:

Es wohnen Türken, Juden, Griechen, Ragusaner[1], Dalmatiner, Kroaten, Italiener und noch allerlei andere Nationen darin. Die ganze Stadt ist voller Krambuden, Karawansereien und schönen Moscheen, aber auch Christenkirchen und jüdischen Synagogen, desgleichen voll herrlicher Brunnen und Bäder. Und ist alles, was der Mensch begehrt, in den Läden zu bekommen, gleich in den vornehmsten Städten Italiens oder Deutschlands. Vor allem bei den Ragusanern, welche besondere Freiheiten vom türkischen Kaiser haben, nicht allein in dieser Stadt und in der Vorstadt ihren Handel zu treiben, sondern auch zu Sofia und anderen vornehmen Städten der Türken. Wofür sie dem türkischen Kaiser jährlich 12 500 Dukaten, zwei silberne vergoldete Handbecken und Gießkannen Schutzgeld geben.

Zit. nach Karl Teply (Hrsg.): Kaiserliche Gesandtschaften ans Goldene Horn. Steingrüben-Verlag, Stuttgart 1968, S. 135.

1 Bewohner der Republik Ragusa, eines Stadtstaates mit der Hafenstadt Dubrovnik im Zentrum

Q3 Über Religionsgrenzen hinweg

Der Armenier Ignatius Mouradgea D'Ohsson (1740–1807) war lange Jahre als Dolmetscher in Istanbul tätig. Über das Nebeneinander der Religionen im Osmanischen Reich, bezogen auf den wirtschaftlichen Bereich, schreibt er auf Grundlage seiner eigenen Beobachtungen:

Die Othomanen empfehlen sich eben so sehr durch ihre Redlichkeit und Rechtschaffenheit, die im Kuran so nachdrücklich eingeschärft werden. [...] Sie halten ihr Wort pünktlich, betrügen ihren Nächsten nicht, werden nicht Verräther seines Vertrauens, benutzen nicht seine Einfalt, oder misbrauchen seine Offenherzigkeit. Und so verhalten sie sich auch gegen Fremde, sie mögen seyn von welcher Religion sie wollen. Hier hört aller Unterschied zwischen Mohamedaner und Nichtmohamedaner auf; denn jeden unerlaubten Gewinn sehen sie als verdammt an, und sind fest überzeugt, daß über erworbenes Gut weder in dieser noch in der künftigen Welt nützt.

Allgemeine Schilderung des Othomanischen Reichs. Aus dem Französischen des Herrn von Muradgea d'Ohsson mit einiger Abkürzung übersetzt und mit Anmerkungen, Zusätzen, einem Glossarium und Register versehen von Christian Daniel Beck. Zweyther Theil. Leipzig 1793. S. 350.

Q4 Kleiderordnungen zur Differenzierung

An der Kleidung sollte man im Osmanischen Reich den Beruf, aber auch die ethnische Zugehörigkeit oder die Religion, sowie den sozialen oder politischen Rang erkennen können. Doch immer wieder wurden Kleidervorschriften missachtet, was Sultan Murat IV. in der ersten Hälfte des 17. Jahrhunderts zu dieser Anordnung veranlasste:

Dem Istanbuler Kadi [Richter] wird befohlen: Die Ungläubigen [Christen] sollen keine Pferde reiten, keinen Pelz und keine Kappe aus Zobelfell, und keinen europäischen Samt und Satin tragen. Ihre Frauen sollen sich nicht nach Art der Musliminnen kleiden [...]. Es gehört – nach Scharia und Kanun [(weltliche) Gesetze, welche die Bestimmungen der Scharia ergänzten] – zu den religiösen Pflichten, dass [die Ungläubigen] durch ihre Kleidung und ihr Erscheinungsbild herabgesetzt und gedemütigt werden. Seit einiger Zeit werden [diese Regeln] vernachlässigt. Mit Erlaubnis der Richter reiten Ungläubige [Christen] und Juden zu Pferd und mit Gewand über den Markt. Wenn sie, eingekleidet in Zobelfellpelz und wertvolle Kleidung, auf dem Markt auf Muslime treffen, gehen sie nicht vom Gehweg herunter. Sie und ihre Frauen besitzen mehr Prunk und Pracht als die Muslime. Sie werden nicht gemäß der Scharia herabgesetzt und unterworfen. Weil mir [diese Verstöße] zu Ohren kamen[...], habe ich befohlen, dass entsprechend der Gesetze zu handeln ist und solche Zustände von nun an unterbleiben. [...] Ich habe befohlen: Wenn es dazu kommt, handele entsprechend meines Befehls in dieser Angelegenheit. Erniedrige und unterwerfe die Gruppe der Ungläubigen durch ihre Kleidung und ihr Erscheinungsbild entsprechend der Scharia und dem Kanun. Lass sie von nun an nicht mehr auf Pferden reiten, sich in Zobelfellpelz, Zobelfellkappen, Satin und Samt kleiden. Erlaubt ihren Frauen nicht hohe Kappen [...] zu tragen. Sie sollen nicht wie Muslime und in muslimischer Kleidung herumlaufen. Verhindere und entferne die hier beschriebenen Zustände.

Ferman/Kleiderordnung, erstes Drittel 17. Jh., auf: http://wiki.ieg-mainz.de/konjunkturen/index.php?title=Ferman_/_Kleiderordnung,_erstes_Drittel_17._Jh.&oldid=1694 (Zugriff: 18.03.2019),

Nachgefragt

1. Beschreibe ausgehend von D1 das Gebiet des Osmanischen Reiches in seiner größten Ausdehnung.
2. Stelle auf Grundlage der Kartenanalyse (D1) einzelne Phasen der Expansion des Osmanischen Reiches dar.
3. Ordne die in der Statistik D2 enthaltenen Städte geographischen Räumen zu.
4. Stelle Vermutungen an, weshalb es zu den in D2 dargestellten Unterschieden gekommen sein kann.
5. Überprüfe mithilfe von D2, ob das Nebeneinander der Religionen im Belgrad der Frühen Neuzeit (Q2) typisch für eine osmanische Stadt war.
6. Vergleiche Q3 und Q4 unter dem Aspekt der Behandlung von Nicht-Muslimen. ○

Q5 Die Konstantinssäule

Die im Jahr 328 aufgestellte Säule erinnert an den römischen Kaiser Konstantin und ist heute das älteste noch erhaltene Bauwerk in Instanbul. Nach der Einnahme Konstantinopels 1453 wurde das darauf zeitweilig enthaltene Kreuz als Zeichen des Christentums zwar entfernt, die Säule aber belassen. Bis heute steht sie in Istanbul, inzwischen aber an einem anderen Platz, und ist heute rund 35 Meter hoch. Um die Säule ranken sich etliche Legenden und Mythen. Die Zeichnung zeigt einen Markt, einen Basar, den es im 16. Jahrhundert unterhalb der Säule in Istanbul gegeben haben soll. Ein Venezianer hat die Zeichnung 1581 angefertigt und in seinen Reisebeschreibungen veröffentlicht.

Q6 Ein Beschwerderecht

Der evangelische Pfarrer und Theologe Stephan Gerlach (1546–1612), geboren in Knittlingen und gestorben in Tübingen, lebte als Teil einer Gesandtschaft des deutschen Kaisers 1573 bis 1578 in Istanbul. In seinen Reisebeschreibungen berichtet er auch davon, wie osmanische Bauern darauf warten, zu hohen Regierungsbeamten vorgelassen zu werden:

Als wir eine Zeitlang in dem Divan[1] gewesen, kam eine große Menge Volkes, Türken und Griechen, Männer und Weiber, auch etliche Mönche […]. Das waren nun diejenigen, welche bei den Paschas[2] etwas anzubringen, zu bitten, insbesondere aber etwas zu klagen hatten, über ihre Tschauschen[3], Sipahis[4] und andere, so auf den Dörfern Timare haben. Denn diese schinden und plagen das Volk greulich. Wenn es nun einer zu grob macht und seinen Bauern unrecht tut, kommen und beschweren sie sich bei den Paschas. Denen gibt man einen Brief an den Kadi [Richter] oder Richter im Dorf, der muß ihnen zu ihrem Recht helfen. Und da läßt man einen nach dem anderen, auch wohl ihrer drei oder vier zugleich hinein. [In kurzer Verhandlung] spricht man ihm gleich das Recht und schickt ihn wieder fort. Er darf kein Wort dawider sprechen. Aber es muß oft einer viele Tage nachlaufen, bis er vorkommt.

Zit. nach Karl Teply (Hrsg.): Kaiserliche Gesandtschaften ans Goldene Horn. Steingrüben-Verlag, Stuttgart 1968, S. 194 f.

1 Rat höchster Verwaltungsbeamter des Osmanischen Reichs
2 höchster und weisungsbefugter Beamter in einem Bereich; sowohl im Militär wie im zivilen Leben
3 Offizier des osmanischen Heeres, der ein Timar innehaben konnte
4 Reitersoldaten, die ein Timarinhaber dem osmanischen Heer zur Verfügung stellt

7. Q5 zeigt eine Alltagsszene aus Istanbul aus dem 16. Jahrhundert. Beschreibe, mit was auf dem Markt gehandelt wird und wer ihn besucht.

8. Um die Konstantinssäule (Q5) ranken sich seit Jahrhunderten verschiedene Sagen und Legenden. So sollen in ihr beispielsweise die unterschiedlichsten christlichen und heidnischen Kultgegenstände eingemauert sein. Informiere Dich über Geschichte und Geschichten der Konstantinssäule und präsentiere deine Ergebnisse vor der Klasse. ●

9. Erkläre das Timar-System (VT) und analysiere davon ausgehend Q6.

10. Erörtere, ob es richtig ist, von einer „Pax Ottomanica" zu sprechen. ○

AFB I: 1, 3, 7 AFB II: 2, 4, 6, 8, 9 AFB III: 5, 10

Militärisch überlegen, wirtschaftlich unbedeutend?

Die militärische Überlegenheit des Osmanischen Reiches war lange Zeit Garant für eine stetige Vergrößerung des Herrschaftsgebietes. Die Osmanen kontrollierten über Jahrhunderte den gesamten Landhandel zwischen Asien und Europa. Der osmanische Einfluss auf die Handelswege schwand rapide, als die Entdeckung des Seewegs nach Indien neue Handelsrouten eröffnete. Was waren die Gründe für die zeitweilige militärische Dominanz der Osmanen und weshalb gehörten sie letztlich doch zu den Verlierern im globalen Handel?

Ein stehendes Heer

Als Osman I. um 1300 sein Herrschaftsgebiet vergrößerte, bestand seine Streitmacht wohl aus nicht mehr als 1000 Stammesmitgliedern. Knapp ein Jahrhundert später war das osmanische Heer auf schätzungsweise 70 000 Mann angewachsen und vergrößerte sich in den Folgejahren stetig. Ein Teil der Streitkräfte musste im Kriegsfall aus den Provinzen, u.a. aus den Timargebieten rekrutiert werden. Von größerer Bedeutung wurde der Aufbau eines stehenden Heeres, das militärisch einheitlich ausgebildet und gut besoldet war. Es war ständig bewaffnet und stand in Kasernen jederzeit zum Einsatz bereit. Diese Berufssoldaten waren den in Europa üblichen Söldnerheeren, die oft unterschiedlich ausgebildet und bewaffnet wurden und auch undiszipliniert agierten, deutlich überlegen. Zudem waren die Osmanen zu Beginn der Neuzeit im Umgang mit Schießpulver und Schusswaffen, insbesondere Kanonen, weitaus erfahrener als die meisten europäischen Mächte. Dies sollte sich in den folgenden Jahrhunderten jedoch massiv ändern: Die Europäer holten nicht nur bei den soldatischen Fähigkeiten, sondern vor allem auch in den Bereichen Technologie und Waffentechnik derart auf, dass sie alle anderen überholten.

Die Janitscharen

Unter den osmanischen Soldaten besaßen die Janitscharen einen besonderen Ruf. Er beruhte auf der Praxis der sogenannten Knabenlese, dem Devschirme-System. Hohe Beamte wählten aus christlichen Gemeinden, vornehmlich auf dem Balkan, ihnen tauglich erscheinende Jungen, oftmals im Kindesalter, für den Militärdienst, aber auch den zivilen Staatsdienst aus. Sie wurden den Familien unter Zwang weggenommen, in die Hauptstadt gebracht und dort muslimisch erzogen. Fast ohne Kontakt zur Außenwelt wurden sie zu Soldaten (oder Beamten) ausgebildet, die ausschließlich dem Sultan verpflichtet waren. Lange Zeit durften die Janitscharen weder heiraten noch Kinder haben. Diese eingeschworene Gruppe lebte kaserniert zusammen, verfügte militärisch über herausragende Fähigkeiten und war deswegen besonders gefürchtet.

Aufstieg durch „Knabenlese"?

Die begabtesten dieser Jungen schickte man auf Eliteschulen oder gab sie in Familien hoher Würdenträger, damit sie die Verwaltungspraxis kennenlernten. Auf diesem Weg schafften manche Jungen aus der Knabenlese den Aufstieg in höchste Staatsämter und wurden Wesire. Andere stellten die Leibgarde des Sultans. Die Mehrheit diente aber als Janitscharen. Die Soldaten wurden auch in den Provinzen eingesetzt, auf Festungen, als Polizisten oder als Feuerwehrleute. Auch wenn sich viele christliche Gemeinden der „Knabenlese" zu entziehen suchten, gab es manchmal Familien oder ganze Dörfer, die ihre Kinder dem Staat freiwillig anboten, weil sie hofften, ihren Jungen durch die Aufstiegsmöglichkeiten ein besseres Leben eröffnen zu können.

→ **Themen verknüpfen**
Mehr zum Devschirme-System erfährst du auf den Seiten 112–113.

Die Janitscharen stellten innerhalb der osmanischen Gesellschaft eine eigene, elitäre Gruppe dar, die zunehmend zu einem Machtfaktor wurde und sich auch als solcher begriff. Sie sollten den Sultan beschützen und waren ihm persönlich unterstellt. Aufgrund ihrer wachsenden Macht tat dieser jedoch gut daran, sie durch besonders gute Behandlung und Besoldung zufrieden zu stellen. So ging der strenge Drill bei der Ausbildung der Janitscharen zurück, Familiengründungen wurden erlaubt und die Zugehörigkeit zum Janitscharencorps wurde fast erblich und beruhte damit immer weniger auf der „Knabenlese". 1826 wurde die Janitscharenelite aufgelöst, als sie sich, wie schon öfters zuvor, aus eigenen Interessen heraus gegen den Sultan gestellt hatte.

Q1 Knabenlese

Diese Miniatur aus dem Jahr 1558 ist der Chronik Süleymans I. entnommen. Sie zeigt den Vorgang der Zwangsrekrutierung von kleinen Jungen (unten im Bild) durch Beamte des osmanischen Staates (links Mitte).

Die „Türkengefahr"?

Seit dem Beginn der Neuzeit fühlten sich viele Europäer von den Osmanen bedroht. Durch Eroberungen auf dem Balkan war die osmanische Macht immer näher an West- und Mitteleuropa gerückt. Zwei Mal, 1529 und 1683, standen „die Türken" mit riesigen Heeren vor Wien. Obwohl sie die Hauptstadt des Heiligen Römischen Reiches Deutscher Nation beide Male nicht einnehmen konnten, war man doch besorgt und aufgeschreckt, dass dies dem „teuflischen Antichrist" fast gelungen war. Tatsächlich aber begann seit der Seeschlacht von Lepanto (1571), die mit dem Sieg europäischer Mächte über die osmanische Flotte endete, die türkische Vorherrschaft im Mittelmeer zu bröckeln. Hinzu kam, dass die Entdeckung des Seewegs in die Gewürzländer durch die Europäer zu massiven globalen Veränderungen in den Handelsbeziehungen führen sollte.

Osmanisches Reich im Mittelpunkt

Lange Zeit war das Osmanische Reich Dreh- und Angelpunkt des gesamten Handels zwischen Asien und Europa. Vor allem die in Europa stark gefragten, Gewürze, insbesondere Pfeffer sowie orientalische Textilien, Farbstoffe und Heilmittel gelangten über die ***Seidenstraße***(n) und über bewährte Seerouten aus Asien nach Europa. Das riesige Osmanische Reich, das an der Schnittstelle zwischen den Kontinenten lag, kontrollierte die Handelswege und verdiente durch die Erhebung von Zöllen und Abgaben am Zwischenhandel. Es ist vor diesem Hintergrund nicht verwunderlich, dass eines der wesentlichen Motive der europäischen Entdeckungsfahrten die Suche nach einem Seeweg nach Asien war.

Von der Mitte an den Rand?

Die europäische „Entdeckung" des amerikanischen Kontinents 1492 und die Entdeckung einer Seeroute um die Südspitze

Transatlantischer Handel

Warenhandel vom 17. bis zum 19. Jahrhundert zwischen Europa, Afrika und Amerika. Gehandelt wurde mit Rohstoffen, fertigen Waren aber auch mit Menschen (Sklavinnen/Sklaven). Der früher gebräuchliche Begriff „Dreieckshandel" gilt heute als problematisch und wird nicht mehr verwendet.

Afrikas herum 1498 führten zu einem grundlegenden Wandel in den Handelsbeziehungen zwischen Europa und Asien: Nord- und Südamerika wurde von den europäischen Großmächten Spanien, Portugal, Frankreich und England unter sich aufgeteilt. Hier wurden mit Hilfe von afrikanischen Sklaven große Plantagen zum Anbau von Rohstoffen bewirtschaftet. Es entstand ein wirtschaftlich erfolgreicher ***Transatlantischer Handel***, an dem das Osmanische Reich nicht beteiligt war.
Zum anderen nutzten vor allem Portugal, England und Frankreich die Seeroute nach Asien um das Kap der Guten Hoffnung. Dort errichteten sie, etwa in Indien, gesicherte Häfen und bauten eigene Handelsstützpunkte auf, um die Kontrolle über den gesamten indischen Ozean zu erlangen. Den lukrativen Handel mit Gütern aus Fernost konnten die Europäer nunmehr unbehelligt auf dem Seeweg abwickeln. Dem Osmanischen Reich entgingen mit der Zunahme dieses Direkthandels gewaltige Zolleinnahmen. Die riesigen Mengen an Edelmetallen, die von den Europäern in Amerika gewonnen wurden, überschwemmten in der Folge den europäisch-asiatischen Markt und entwerteten auch die osmanische Währung. Dem Osmanischen Reich standen in der Folge längst nicht mehr die finanziellen Mittel wie zuvor zur Verfügung.

Folgen für das Osmanische Reich

Es gab Versuche, dem Einfluss- und Machtverlust im Osmanischen Reich zu begegnen. Nach wie vor verfügte das Imperium in der Frühen Neuzeit über ein riesiges Herrschaftsgebiet und ein gewaltiges Heer. Neue territoriale Eroberungen standen jedoch nicht im Mittelpunkt, vielmehr schrumpfte das Territorium des Osmanischen Reichs bis zu seinem Ende zu Beginn des 20. Jahrhunderts. Im Vergleich mit den national erstarkenden europäischen Mächten spielte das früher mächtige osmanische Imperium politisch nur noch eine randständige Rolle.

Q2 Der Janitschar

Der deutsche Kupferstecher Christoph Weigel (1654–1725) fertigte für ein Buch, das die unterschiedlichen Stände im Osmanischen Reich zeigen sollte, Kupferstiche an. Der Text lautet:

Der Janitschar
Keiner grünet[1], wer nicht Christo dienet.
Man raubte mich als Christen=Kind,
des Sultans Guarde zu vermehren
doch viele raubt der Sorgen=Wind
auch mitten aus der Christen=Chören.
Und heißt den alten Mammons=Drachen[2]
Mit seiner schnöden Pracht bewachen.

1 keiner grünet – keiner hat Erfolg
2 Mammons=Drache – (unrechtmäßige) Reichtümer der Osmanen

D1 Handel zwischen Europa und Asien um 1500

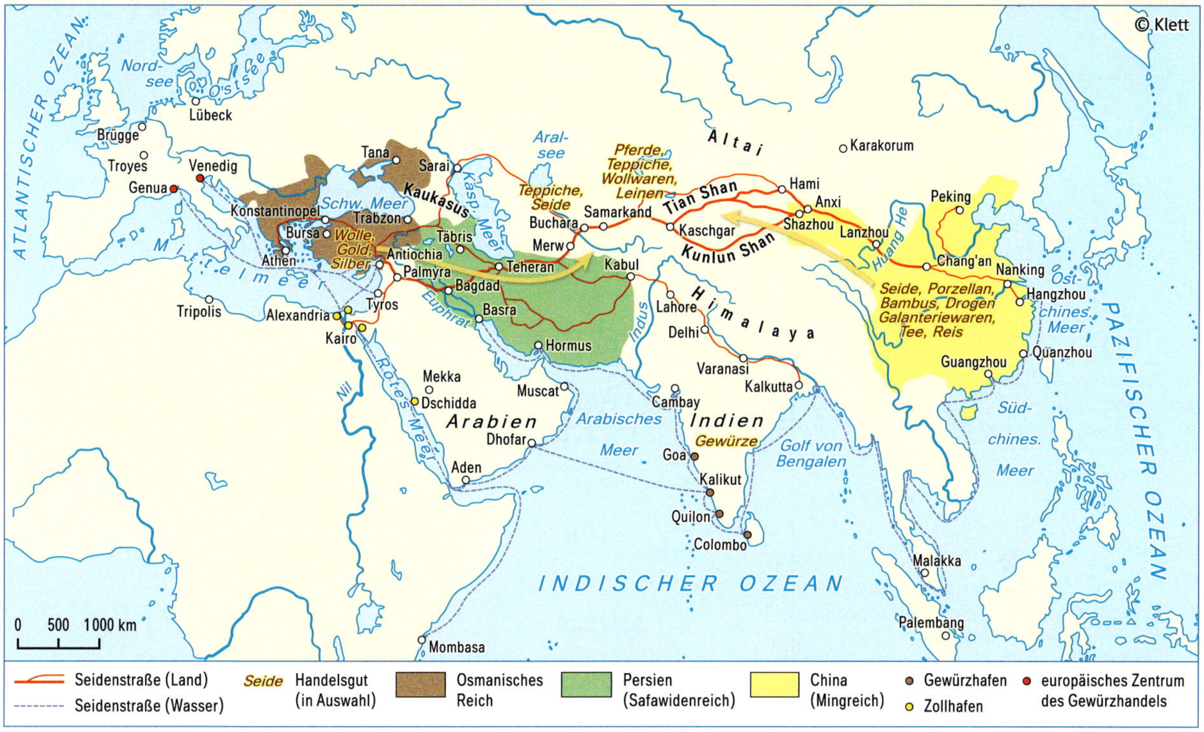

© Klett

0 500 1000 km

Legende	
Seidenstraße (Land)	Seidenstraße (Wasser)
Seide Handelsgut (in Auswahl)	Osmanisches Reich
Persien (Safawidenreich)	China (Mingreich)
Gewürzhafen	Zollhafen
europäisches Zentrum des Gewürzhandels	

D2 Wichtige globale Handelsströme am Ende 18. Jahrhunderts

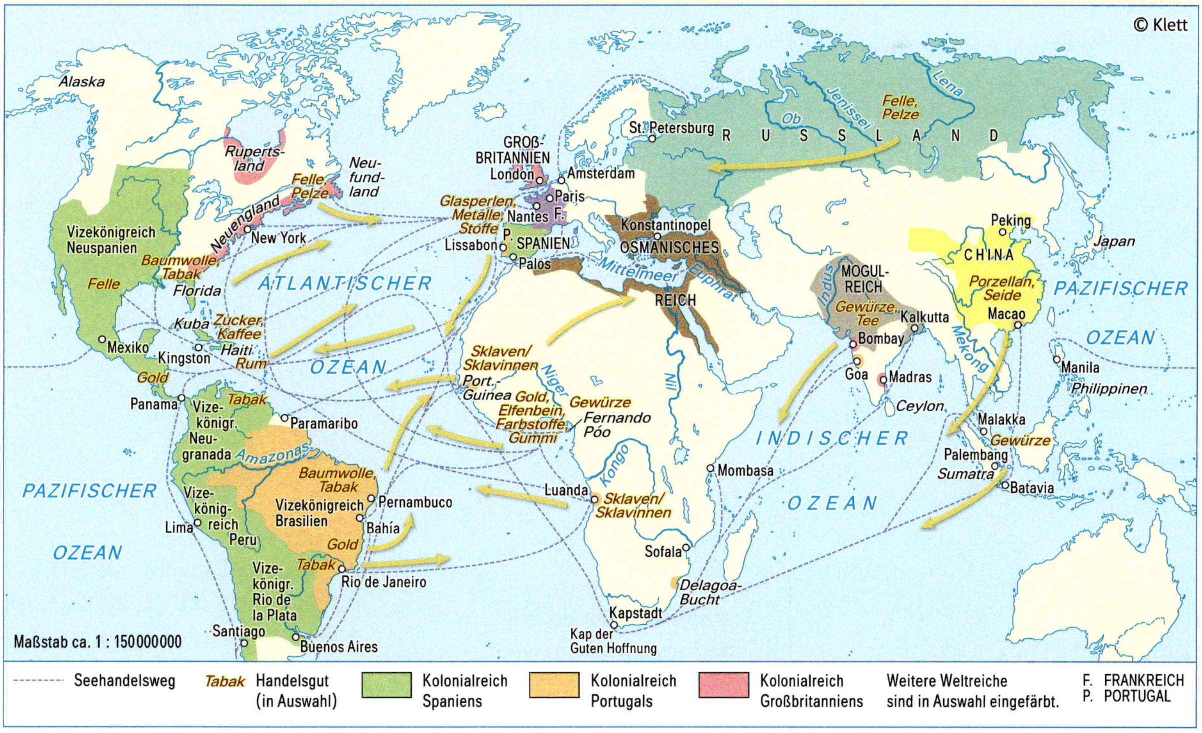

© Klett

Maßstab ca. 1 : 150 000 000

Legende	
Seehandelsweg	*Tabak* Handelsgut (in Auswahl)
Kolonialreich Spaniens	Kolonialreich Portugals
Kolonialreich Großbritanniens	Weitere Weltreiche sind in Auswahl eingefärbt.
F. FRANKREICH	P. PORTUGAL

D3 Größe des Janitscharen-Korps 1389–1708

Jahr	Größe des Janitscharen-Korps
1389	2000
1451	3000
1475	6000
1514	10156
1527	11439
1574	21094
1597	45000
1609	47033
1670	48212
1708	53200

Nach: Bodo Hechelhammer: Das Korps der Janitscharen. Eine militärische Elite im Spannungsfeld von Gesellschaft, Militär und Obrigkeit im Osmanischen Reich. In: Militär und Gesellschaft in der Frühen Neuzeit 14 (2010). S. 33–58, hier S. 46.

D4 Besoldungsausgaben für die osmanischen Streitkräfte

Während 1547/48 noch rund 68 % aller Ausgaben des Staates in die Streitkräfte (einschl. Gesamtbesoldungsausgaben) flossen, stand dem Osmanischen Reich im 17. Jh. aufgrund von Krisen insgesamt nicht mehr so viel Geld für das Militär zur Verfügung. Akčes war die Hauptwährung im Osmanischen Reich. Der Bau der Süleymaniye-Moschee in Istanbul (1550–1557) soll insgesamt 59 Millionen Akčes gekostet haben.

Jahr	Besoldungsausgaben (in Akčes)	Anteil der Janitscharen an den Gesamtbesoldungsausgaben (%)
1527/28	150228227	10
1547/48	198887294	10
1567/78	348544181	10
1613/14	540659908	16
1627/28	233468535	25
1630/31	272350317	28

Nach: Bodo Hechelhammer: Das Korps der Janitscharen. Eine militärische Elite im Spannungsfeld von Gesellschaft, Militär und Obrigkeit im Osmanischen Reich. In: Militär und Gesellschaft in der Frühen Neuzeit 14 (2010). S. 33–58, hier S. 52.

Q3 Wider den „blutdürstigen Türken“

Der Nürnberger Dichter Hans Sachs beschrieb 1532 in einem Lied „den blutdürstigen Türken“. Hier ein Auszug in einer im 19. Jahrhundert „sprachlich erneuerten“ Fassung:

Schau, Gott, in deinen Reichen,
Im höchsten Himmelszelt,
Wie grausam sonder gleichen
Der Türke jetzt nachstellt,
Nachjagt den Christenleuten
Mit Hast und Mord und Brand
Jetzund in diesen Zeiten
Durchs ganze Ungarland.
Es leiden Noth die Bauern,
Bis an das Mährenland
Die Türken sie umlauern;
Sie haben dort verbrannt
Der Dörfer siebenzig,
Und alles Volk darin,
Das nirgends wehrte sich,
Erwürgt, geführt dahin.
Er thut stets fürbaß streifen
Im ganzen Land herauf
Und wird noch weiter greifen;
Und wenn der Riesenhauf‘
Geschwinde nach wird rücken,
Wie er auch vormals hat
Gezeigt mit Hintertücken
Vor Wien, der Kaiserstadt;
[…]

Zit. nach Karl Pannier (Hrsg.): Hans Sachs' ausgewählte poetische Werke. Sprachlich erneuert, mit Einleitung und Anmerkungen versehen von Karl Pannier. Leipzig 1884. Kapitel 7, 5. Gedicht.

Nachgefragt

1. Nenne Gründe für die lange Zeit vorherrschende militärische Überlegenheit der Osmanen (VT).

2. Erkläre mit Hilfe von D3 und D4 sowie dem VT die Bedeutung der Janitscharen für die osmanischen Streitkräfte.

3. Beschreibe Q1 und erkläre den Vorgang ausgehend vom Verfassertext. ○

4. Analysiere, inwiefern sich Text und Bild von Q2 ergänzen und als Beispiel für die „Türkenfurcht“ gedeutet werden können.

5. Arbeite aus Q3 Merkmale der europäischen „Türkenfurcht“ heraus und

Q4 Werden die Europäer herrschen?

Zu Beginn des 17. Jahrhunderts notierte der osmanische Gelehrte Ömer Talib handschriftlich auf den Rand eines Manuskriptes:

Inzwischen haben die Europäer Wissen über die gesamte Welt angehäuft. Sie haben ihre Schiffe überall hin geschickt und wichtige Häfen in Besitz genommen. Güter und Waren aus Indien, Südostasien und China gelangten früher nach Suez; von dort aus verteilten sie Muslime in die ganze Welt. Aber heute werden diese Waren auf portugiesischen, holländischen und englischen Schiffen nach Frangistan [arabische Bezeichnung für Westeuropa] gebracht und von dort aus in die Welt verteilt. Was sie selbst nicht brauchen, bringen sie nach Istanbul und in andere islamische Länder, um es dort für den fünffachen Preis zu verkaufen. So machen sie große Gewinne. Deshalb werden auch Gold und Silber in den islamischen Ländern knapp. Das Osmanische Reich sollte Kontrolle über die Küste des Jemen und damit den dortigen Handel erlangen. Falls dies nicht gelingt, werden in nicht allzu ferner Zukunft die Europäer über die islamischen Länder herrschen.

Zit. nach Bernard Lewis: Some Reflections on the Decline of the Ottoman Empire. In: Carlo M. Cipolla (Hrsg.), The Economic Decline of Empires. London/New York 1970 (nachgedruckt 2006). S. 215–234, hier S. 222. Übers. von Matti Münch.

Q5 Viele Zwischenstationen

Aus Vasco da Gamas Reisetagebuch, 1498:

Von diesem Lande Calicut, das man Hochindien nennt, kommen die Gewürze her, die im Osten und Westen, in Portugal und in allen anderen Ländern der Welt verzehrt werden. Desgleichen kommen von der Stadt Calicut viele Edelsteine aller Art; das heißt von eigenen Erzeugnissen gibt es in dieser Stadt nur folgende Gewürze: viel Ingwer, Pfeffer und Zimt, obwohl Letzterer nicht so fein ist wie der von einer Insel, die Ceylon heißt. Diese ist von Calicut acht Tagesreisen entfernt und all ihr Zimt geht nach Calicut und nach einer Insel, die sie Malakka nennen, von wo die Gewürznelke nach Calicut kommt. Dort nehmen die Schiffe aus Mekka die Gewürze an Bord und bringen sie zu einer Stadt, die in der Gegend von Mekka liegt und Djiddah heißt. Von der Insel Malakka bis dorthin brauchen sie vor dem Wind fünfzig Tage, weil die Schiffe dieses Landes nicht mit Seitenwind fahren. Dort angekommen, löschen sie die Ladung und zahlen dem großen Sultan ihren Zoll. Dann werden die Gewürze in kleine Schiffe geladen, die sie durch das Rote Meer zu einem Ort bringen, der nahe bei St. Katherina am Sinai liegt und Suez heißt. Auch hier wieder bezahlen sie Zoll. Dort laden die Kaufleute die Gewürze auf Kamele um, die sie für vier Cruzados pro Kamel mieten, und bringen sie in zehn Tagen nach Kairo, wo sie erneut Zoll zu bezahlen haben. Auf diesem Weg nach Kairo werden sie oft von Räubern überfallen […]. Dort laden sie die Gewürze von Neuem in Schiffe um, die auf einem Fluss fahren, der Nil heißt […]. Auf diesem Fluss fahren sie zwei Tage, bis sie zu einem Ort kommen, der Rosette genannt wird und hier zahlen sie wieder Zoll. Nun lädt man die kostbare Fracht von Neuem auf Kamele und bringt sie in einer Tagesreise in eine Stadt, die Alexandria heißt und eine Seestadt ist. Dorthin kommen die venezianischen und genuesischen Galeeren, um diese Gewürze zu verkaufen. Der große Sultan in Kairo bekommt von den Gewürzen, wie man errechnet hat, 600 000 Cruzados Zoll.

Zit. nach Wolfgang Reinhard: Die Unterwerfung der Welt. Globalgeschichte der europäischen Expansion 1415–2015. C. H. Beck Verlag, München 2016, S. 116 f.

beurteile, ob diese für dich nachvollziehbar ist.

6. Arbeite aus Q5 die Problematik des Handels zwischen Asien und Europa aus europäischer Sicht heraus. Nutze D1 um die von Vasco da Gama angeführten Handelsrouten nachvollziehen zu können.

7. Begründe ausgehend von D1, weshalb das Osmanische Reich lange Zeit den Handel zwischen Asien und Europa kontrollierte (VT). ○

8. Erkläre mit D2 internationale Handelsrouten zwischen dem 15. und 18. Jahrhundert (VT).

9. Überprüfe, ob Ömer Talib mit seinen Vermutungen richtig gelegen hat (Q4, VT, D1 und D2). ●

AFB I: 1, 3 AFB II: 2, 4, 6, 7, 8 AFB III: 5, 9

Der Nahe Osten im und nach dem Ersten Weltkrieg

Während europäische Großmächte im „langen 19. Jahrhundert" ihren Einfluss auf den Nahen Osten ausdehnten, verlor das Osmanische Reich stetig an Macht und Einfluss. Wie kam es dazu? Und welche Folgen ergeben sich daraus bis heute?

Das „lange 19. Jahrhundert"
Geschichtswissenschaftliche Bezeichnung für die Epoche vom Beginn der Französischen Revolution (1789) bis zum Ersten Weltkrieg (1914–1918).

Ethnie
(von griech. éthnos = Volk) Menschengruppe, die sich aufgrund einer gemeinsamen Sprache, Religion, Abstammung, der Verbindung zu einem gemeinsamen Gebiet und gemeinsamen Bräuchen zusammengehörig fühlt

Naher Osten
(kulturgeschichtlich: vorderer Orient) Bezeichnung für das Gebiet Vorderasiens einschließlich der Türkei, Irans und Ägyptens

imperialistisch/ Imperialismus
(von lat. imperare = herrschen) Bestreben eines Staates, in einem anderen Staat oder gar in einer ganzen Region wirtschaftlichen, kulturellen und politischen Einfluss zu erlangen. Teil des imperialistischen Strebens ist oft der Kolonialismus.

Vielfalt und Konflikte

Der vordere Orient ist eine historisch und kulturell faszinierende Region. Wegen seiner Jahrtausende alten Kulturgeschichte kann er als Wiege der menschlichen Zivilisation gelten. Wesentliche Entwicklungsfaktoren dieses Kulturraumes sind seit jeher religiöse und **ethnische** Vielfalt. Der Islam bildet heute die dominierende Religion, doch leben im **Nahen Osten** auch Juden, Christen und Anhänger vieler anderer Religionsgemeinschaften.
In vielen Ländern des Nahen Ostens leben heute Araber (so etwa im Irak, in Syrien und Ägypten), gleichwohl prägen auch nicht-arabische Staaten wie Iran, Israel und die Türkei sowie staatenübergreifende ethnische Gruppen wie die Kurden und Beduinen (nomadische Wüstenbewohner) das Gesicht der Region. Zwar verstehen sich die Staaten des Nahen Ostens als souveräne Nationalstaaten – teilweise sind jedoch auch Stammes- und Religionszugehörigkeiten von entscheidender Bedeutung für das Zusammenleben der Menschen.

Unter osmanischer Herrschaft

Bis ins frühe 20. Jahrhundert bildete der Nahe Osten als Scharnier zwischen Asien und Europa ein Kerngebiet des Osmanischen Reiches. Seinen überwiegend muslimischen Untertanen galt der Sultan seit dem 16. Jahrhundert als weltlicher Herrscher des Reiches sowie als geistlicher Führer (Kalif) des Islam. Nicht-muslimische Minderheiten (zum Beispiel Juden, Armenier und orthodoxe Christen) durften sich im Millet-System organisieren und auf staatlichen Schutz hoffen. Dieses ausgeklügelte System geriet ins Wanken, weil das Zeitalter der Nationalismen auch vor dem Osmanischen Reich nicht haltmachte. Im Verlauf des 19. Jahrhunderts brachen aus seinem Bestand zunächst Griechenland, dann Serbien, Rumänien und Bulgarien heraus. Der Nationalismus besonders der christlichen Völker Südosteuropas wurde zur größten Bedrohung des Reiches. Nun entstand auch der türkische Nationalismus, der sich noch als wirkmächtig erweisen sollte.

Ein großes Spiel?

Gestört wurde das Gleichgewicht im Nahen Osten jedoch nicht nur durch innenpolitische Krisen, sondern ganz entscheidend auch durch die ***imperialistische*** Politik europäischer Mächte. Im Kontext wirtschaftlicher Globalisierung im 19. Jahrhundert versuchten die Regierungen in London, Wien, Paris, Berlin und Sankt Petersburg im Raum des Nahen Ostens die wichtigsten Häfen, Schiffahrtsstraßen, Eisenbahntrassen, Bodenschätze und Kulturgüter unter ihre Kontrolle zu bringen. Das als „kranker Mann am Bosporus" verspottete Osmanische Reich oder auch das Khedivat Ägypten wurden dabei nicht als vollwertige Akteure gesehen, ihre Interessen meist denen der Europäer untergeordnet. Werkzeuge dieses imperialistischen Vorgehens waren die Finanzpolitik und technisches Know How: So finanzierten beispielsweise europäische Finanzgesellschaften mit dem ***Suez-Kanal*** (1859–1869) und der Bagdad-Bahn (1903–1918/1940) zwei der wichtigsten Infrastrukturprojekte der Region. In beiden Fällen waren militärische und handelspolitische Erwägungen zugunsten der Europäer entscheidend.
Ein weiterer Schauplatz dieser Politik waren ölreiche Gebiete im heutigen Irak und Iran. Da Öl als fossiler Brennstoff mit der fortschreitenden Industrialisierung und Technisierung (z. B. Schiffahrt, Fliegerei und Automobil) Europas und Nordamerikas an Bedeutung gewann, konkurrierten vor allem britische, US-amerikanische und rus-

sische Firmen um Bohrgenehmigungen in Nahost. In Industriestaaten wie dem Deutschen Reich und Frankreich war man ferner an Aktien solcher Unternehmen interessiert. Alle Akteure hegten den Wunsch nach einem möglichst exklusiven Zugriff auf das „schwarze Gold".

Versprechen und Geheimdiplomatie

Der Nahe Osten war also bereits vor Ausbruch des Ersten Weltkrieges eine strategisch wichtige Region. Der technisierte Krieg (Kriegsschiffe, LKWs, Panzer, Flugzeuge) verstärkte den Kampf um das Öl sowie um strategisch wichtige Seewege wie den Suez-Kanal und den Bosporus jedoch nochmals. In der Erwartung einer günstigen Nachkriegsordnung versuchten britische, französische und deutsche Politiker sowie Militärs auf verschiedenen Wegen ihre nationalen Ziele durchzusetzen.

Deutsche Ansätze, die britische Vorherrschaft in Ägypten, Afghanistan und Indien mit dem Lostreten eines antibritischen **Djihads** zum Einsturz zu bringen, scheiterten. Den Briten war es hingegen 1916 gelungen, einen gegen das Osmanische Reich gerichteten Aufstand der Araber unter Führung des Scherifen Hussein von Mekka und des britischen Offiziers T. E. Lawrence („von Arabien") anzuzetteln, welcher die Mittelmächte im Nahen Osten empfindlich traf. Trotz vereinzelter Siege (z. B. in Gallipoli 1915/16) blieb das deutsch-osmanische Militärbündnis erfolglos und musste sich den Entente-Mächten geschlagen geben.

Großbritannien und Frankreich nutzten den Sieg im Ersten Weltkrieg, um ihren Einfluss im Nahen Osten nach den Vorgaben des geheimen **Sykes-Picot-Abkommens** (1916) zu zementieren: Mit sog. Mandatsgebieten sicherten sie sich die Vorherrschaft über die Levante (Länder am östlichen Mittelmeerraum) und Mesopotamien. Offiziell gaben beide Mächte vor, die betroffenen Länder auf ihre Freiheit vorzubereiten. Die Interessen der Araber, denen die britische Diplomatie 1915 schriftlich die Entstehung eines islamisch arabischen Großreiches zugesichert hatte, waren damit ignoriert worden.

Q1 Thomas E. Lawrence
Die Aufnahme entstand im Zusammenhang mit einer Reportage über den britischen Offizier. Lawrence posiert in arabischem Gewand und mit Krummdolch. Aufnahmedatum unbekannt

Staatsgründungen und Nationalismus

Das nicht eingehaltene Versprechen gegenüber der arabischen Bewegung intensivierte den arabischen Nationalismus und verursachte Aufstände gegen die europäischen Mandatsmächte Großbritannien und Frankreich. Es entstanden in diesem Kontext die Königreiche Jordanien und Irak, während aus den französisch kontrollierten Mandatsgebieten die Staaten Libanon und Syrien wurden. Bei diesen fremdbestimmten Staatsgründungen wurden ethnische und religiöse Gegebenheiten kaum berücksichtigt – Grenzziehungen „per Linial" riefen folglich neue Konflikte ins Leben. Der gesamtarabische Nationalismus verlor so zwar vorübergehend an Schlagkraft, doch die arabischen Vorbehalte gegen „den Westen" blieben langfristig erhalten und wurden durch das Phänomen des ***Islamismus*** ergänzt.

Suez-Kanal
Schifffahrtskanal in Ägypten zwischen den Hafenstädten Port Said und Port Taufiq, der das Mittelmeer mit dem Roten Meer verbindet; er gilt als wichtige Handelsroute.

Djihad
Arabische Bezeichnung für das „Sichabmühen" auf dem Wege Gottes. Ein Weg dieses „Abmühens" kann laut dem Koran der bewaffnete Kampf sein.

Sykes-Picot Abkommen
Geheime Übereinkunft zwischen Großbritannien und Frankreich vom 16. Mai 1916. Sie legte deren Interessengebiete im Nahen Osten nach der erwarteten Niederlage des Osmanischen Reiches im Ersten Weltkrieg fest.

Islamismus
Begriff für eine im 19. Jahrhundert entstandene politische Ideologie, welche islamische Regeln und Gebote als allgemein gültige Handlungsanweisungen durchsetzen will. Islamisten befürworten einen Staat auf Grundlage islamischer Werte und Gesetze. Grundrechte wie Meinungs-, Presse-, Kunst- und Religionsfreiheit lehnen sie ab. Teilweise setzen Islamisten auf Gewalt als Mittel der Politik.

Zionismus
Historisch: Begriff für eine jüdische Bewegung, die das Ziel hatte, einen selbstständigen Nationalstaat für Juden in Palästina zu schaffen.

Dekolonisierung
Nach dem Ersten Weltkrieg verwalteten die Siegermächte die ehemaligen deutschen Kolonien und Teile des Osmanischen Reiches im Namen des Völkerbundes als zeitlich befristete Mandate. Die Gebiete sollten so auf die Unabhängigkeit vorbereitet werden. Der Abzug Großbritanniens aus Palästina war Teil des Dekolonisationsprozesses, der nach dem Zweiten Weltkrieg begann. Nach und nach wurden die Mandate und ehemalige Kolonien souveräne Staaten.

Zionismus und „Arabischer Aufstand"

Wesentlich verschärft wurde der Konflikt im Nahen Osten durch die Entwicklungen in Palästina, das seit 1920 von Großbritannien als Mandatsgebiet verwaltet wurde. Palästina war um 1900 ein weitgehend arabisch besiedeltes Gebiet. In Europa, wo Juden immer wieder mit Ausgrenzung und Verfolgung konfrontiert waren, hatte sich 1897 die „Zionistische Weltorganisation" gegründet, die unter dem Schlagwort des **Zionismus** einen jüdischen Nationalstaat in Palästina anstrebte. Die damit verbundene Einwanderung war bis in den Ersten Weltkrieg hinein recht gering, erhielt jedoch durch eine 1917 von der britischen Regierung vorgebrachte Sympathie-Erklärung für den Zionismus (Balfour-Declaration) Rückendeckung. Die arabische Bevölkerung Palästinas nahm die jüdische Einwanderung mit Sorge wahr und versuchte sie gewaltsam zu verhindern. Dies hatte einerseits mit religiös bedingter Judenfeindschaft zu tun, andererseits kam aber auch die schlichte Tatsache zum Tragen, dass sich die Bevölkerungszahlen zu Ungunsten der Araber veränderten.
Als in der Zeit des Nationalsozialismus die jüdische Auswanderung nach Palästina anstieg, kam es 1936 bis 1938 zu einem „Arabischen Aufstand" gegen die zugewanderten Juden und die Kolonialherren. Dieser konnte von den Briten mit Hilfe jüdischer Einheiten nur mit Mühe niedergeschlagen werden.

Nahostkonflikt und Blockbildung

Die britische Palästinapolitik führte bei vielen Arabern zu einer Solidarisierung mit den Palästinensern und stärkte in der gesamten Region nationale Unabhängigkeitsbewegungen. Die ohnehin existierende Judenfeindschaft vieler Araber steigerte sich nochmals, als Gruppen nach Palästina eingewanderter Juden begannen, ihrerseits Gewalt gegen Briten und Palästinenser einzusetzen, um ihre politischen Ziele durchzusetzen. Das gewaltsame Streben nach einem eigenen Staat geschah im Kontext des Holocaust, war aber auch mit dem Anspruch verbunden, in das Land der Vorfahren zurückzukehren.

Wegweisend für die Region waren schließlich Ereignisse nach Ende des Zweiten Weltkriegs. Aus diesem waren die USA und die Sowjetunion als Supermächte hervorgegangen, während die alten Kolonialmächte an Bedeutung verloren. Im Zuge der ***Dekolonisierung*** erlangten die arabischen Staaten des Nahen Ostens formal politische Unabhängigkeit: 1932 der Irak, 1943 der Libanon, 1946 Syrien und Jordanien. Ägypten, das formal bereits 1922 unabhängig geworden war, setzte 1956 im Kampf gegen die indirekte Herrschaft der Europäer ein wichtiges Zeichen: Unter General Gamal Abdel Nasser gelang es, den Suez-Kanal zu verstaatlichen und damit die wirtschaftspolitische Fremdherrschaft Großbritanniens und Frankreichs abzuschütteln.
Umwälzend für den Nahen Osten war auch die 1948 erfolgte Gründung des Staates Israel, welche in einen Krieg zwischen der Arabischen Liga und Israel mündete, nachdem die arabischen Palästinenser 1947 eine von der UNO angebahnte Zwei-Staaten-Lösung abgelehnt hatten. Heute bildet Israel den einzigen demokratischen Verfassungsstaat im Nahen Osten.

Krise ohne Ende?

Der Nahe Osten muss aktuell als Krisengebiet gelten. Doch wo liegen die Gründe dafür? Einige Historiker sehen die Ursachen in den historischen Verfehlungen des europäischen Imperialismus zur Zeit des Ersten Weltkriegs sowie in der US-amerikanischen und russischen Nahost-Politik nach dem Zweiten Weltkrieg. Andere weisen darauf hin, dass sich der Nahe Osten in einer gewaltsamen historischen Entwicklungsphase befinde, vergleichbar mit dem 30-jährigen Krieg in Europa. Der Versuch westlicher Staaten ihr Kultur- und Demokratieverständnis nach Nahost zu importieren, gieße Öl in das ohnehin lodernde Feuer. Wiederum andere sehen mehr Verantwortung bei den Menschen vor Ort: Diese müssten mehr dafür tun, trotz großer kultureller und politischer Gegensätze, Kompromisse für weithin akzeptable Gesellschaftsentwürfe zu finden.

Q2 Überlegungen zur Bagdad-Bahn

Zwischen 1903 und 1940 entstand mit der Bagdad-Bahn eine Bahnstrecke von Konya (heute Türkei) nach Bagdad (heute Irak) mit Anschlussverbindungen nach Istanbul und Aleppo. Federführend beteiligt waren deutsche Baufirmen und die Deutsche Bank. Der Regierungsbaumeister Georg Stephan erläuterte 1911 zu dem Bauprojekt:

Mit den allgemeinen Kulturfortschritten der Völker gehen seit den Phöniziern und Ägyptern des Altertums und ferner seit dem Zeitalter der Entdeckungsreisen im 15. und 16. Jahrhundert bis in die Gegenwart auch ständig Bestrebungen zur Schaffung immer verbesserter Verbindungen für Handel und Verkehr Hand in Hand. Eine der wichtigsten Großtaten auf diesem Gebiet soll der Bau der Bagdadbahn werden, die uns dem Wunderlande Indien und den handelspolitischen Gebieten am Persischen Golf um mindestens eine weitere Woche näherbringt […]. Doch dies ist nicht der alleinige Zweck dieses großen […] Unternehmens. Gilt es doch weiten, einst so fruchtbaren Gebieten, besonders in Mesopotamien, durch die sehnsüchtig erwartete Eisenbahn wieder aufzuhelfen. […] Dankbare Absatzgebiete werden dem europäischen Handel, insbesondere dem deutschen und österreichischen, durch die Bahn erschlossen und der energisch an der Pazifizierung des Landes arbeitenden türkischen Regierung wird es möglich sein, künftig etwa noch entstehende Unruhen durch rechtzeitige Entsendung von ausreichenden Truppenaufgeboten im Keime zu ersticken.

Georg Stephan: An der Trasse der Bagdadbahn. In: Kolonie und Heimat in Wort und Bild, 4. Jg. Nr. 27, 1911.

Q3 „Djihad made in Germany"?

Max Freiherr von Oppenheim war ein deutscher Orientalist, der im Ersten Weltkrieg in den diplomatischen Dienst des Deutschen Reiches eintrat und Strategien entwickelte, um Muslime im Nahen und Fernen Osten gegen die Fremdherrschaft Russlands, Frankreichs und vor allem Englands aufzuwiegeln. In seiner „Denkschrift betreffend die Revolutionierung der islamischen Gebiete unserer Feinde" schreibt er in Bezug auf das von England beherrschte Ägypten:

In Egypten ist, wie ich glaube, gute Arbeit zur Vorbereitung eines allgemeinen Aufstandes […] getan.

Das eigentliche Egypten hat nach dem Census [Bevölkerungserhebung] von 1907 insgesamt 11,3 Millionen Einwohner, davon 10,3 Millionen Muhammedaner; der egyptische Sudan circa 2 Millionen, fast sämtlich Muhammedaner […] Ganz Egypten ist englandfeindlich. […] Es muß auch weiter alles geschehen, damit […] die Eingeborenen zu der Überzeugung gelangen, daß England nicht imstande ist, weitere große Truppenmassen nach Egypten zu werfen. Die Propaganda im Namen des Sultans […] ist in steigendem Maße mit Hochdruck zu betreiben und vor allem das gewöhnliche Volk durch Aufrufe und andere Mittel zur Gärung zu bringen. Insbesondere das religiöse Element durch die Ashar-Moschee, die Brüderschaften etc. in den Vordergrund zu bringen. Möglichst viele kleine Putsche, Attentate etc. sind zu veranlassen, ganz gleichgültig, ob diese gelingen oder nicht. In jedem Falle werden sie dazu beitragen, die Engländer in Egypten noch kopfloser zu machen […]. Die zu erwartenden Repressionen werden, je grausamer sie einsetzen und je mehr sie, wie vorauszusehen, Unschuldige treffen, die Wut und den Fanatismus des Volkes vermehren […].

Max Freiherr von Oppenheim: Denkschrift betreffend die Revolutionierung der islamischen Gebiete unserer Feinde (1914). Hrsg. von Steffen Kopetzky. Verlag: Das kulturelle Gedächtnis, Berlin 2018, S. 25–27.

Q4 Brief Henry McMahons an den Sherifen Hussein von Mekka (1915)

Am 14. Juli 1915 formulierte Hussein, Sherif von Mekka, Forderungen nach einem unabhängigen arabischen Staat, der von Südostanatolien über die Levante und Rotmeerküste im Westen bis zur persischen Grenze im Osten sowie im Süden bis zum Indischen Ozean reichen sollte. Großbritannien sollte als Gegenleistung für die arabische Unterstützung der britischen Truppen im Ersten Weltkrieg, die Ausrufung dieses Staates sowie eines arabisch islamischen Kalifats anerkennen. Am 24. Oktober 1915 antwortete der britische Gouverneur Henry McMahon in folgendem Wortlaut:

Die beiden Distrikte von Mersin und Alexandretta sowie Teile Syriens, die westlich der Distrikte von Damaskus, Homs, Hama und Aleppo liegen, kann man nicht als rein arabisch bezeichnen. Daher sollten sie von den verlangten Staatsgrenzen ausgenommen werden. Abgesehen von den genannten Änderungsvorschlägen […] akzeptiert Großbritannien diese Grenzen […]. Ich bin davon überzeugt, dass diese Erklärung Sie zweifellos von der unzweifelhaften Sympathie überzeugt, die Großbritannien den Bestrebungen seiner arabischen Freunde entgegenbringt. Sie wird eine feste und dauerhafte Allianz begründen, deren sofortiges Ergebnis die Vertreibung der Türken aus arabischen Ländern und die Befreiung der arabischen Völker vom türkischen Joch sein wird, das so lange auf ihnen lastete."

Zit. nach Jürgen Möller: Eine Linie im Sand. Das Sykes-Picot Abkommen und seine Folgen. In: Geschichte lernen: Nachkriegsordnungen 1918–1923, 186/2018, S. 58–64, hier S. 63. Übers. von Jürgen Möller.

D1 Das Sykes-Picot Abkommen

1916 | 2019

Vereinbartes Herrschaftsgebiet 1916: französisch; britisch
Einflussbereich 1916: französisch; britisch
unter gemeinsamer Verwaltung
ehemalige Grenze Osmanisches Reich
Grenzen 2019: Staatsgrenze; umstrittene Grenze
0 200 400 600 km

Nachgefragt

1. Erstelle mithilfe des VT eine Mind-Map zum Thema „Der Nahe Osten in historischer Perspektive". Berücksichtige dabei die Kategorien: Ereignisse, Akteure, Verträge, Konflikte, heutige Situation.

2. Erkläre mithilfe des VT den Begriff Nahostkonflikt. Beleuchte dabei auch dessen Ursprünge, indem du für die Jahre 1914–1947 die Perspektiven verschiedener Akteure berücksichtigst (zum Beispiel: den arabischen, zionistischen und kolonialen Blickwinkel).

3. Analysiere Q2 und erläutere, welche Zielsetzungen der deutsche Staat mit dem Bau der Bagdad-Bahn verband.

4. Lies Q3. Arbeite Ziele, Motive und Handlungsanweisungen, die Max von Oppenheim in seiner Streitschrift in Bezug auf Ägypten darlegt, heraus.

5. Erläutere mit Bezug auf Q3, warum das Deutsche Reich auf eine Revolutionierung der islamischen Gebiete hoffte.

6. Erörtere mit Bezug auf Q2 und Q3, inwiefern von einem deutschen Imperialismus im Nahen Osten gesprochen werden kann. ○

7. Lies Q4 und arbeite die wesentlichen Inhalte des Dokuments heraus.

Q5 Was ist Demokratie?
Karikatur von Thomas Plaßmann, 16.08.2013

Q6 Plädoyer für föderale Strukturen
Der Historiker und Publizist Michael Wolffsohn skizziert in seinem Buch „Zum Weltfrieden" eine zukünftige Staatsordnung für den Nahen Osten. In einem Interview aus dem Jahr 2016 fasst er zusammen:
Viele Konflikte der Gegenwart, auch und nicht nur der israelisch-arabische, sind darin begründet, dass sowohl die Nation A als auch die Nation B, manchmal auch C und D, dasselbe Territorium X oder Y beansprucht und das „historisch" nennt. Das stimmt sogar manchmal zu manchen Zeiten und zu anderen Zeiten nicht. Ergo: Muss man sich etwas anderes einfallen lassen als den Nationalstaat. Staaten an sich sind unverzichtbar, aber der Nationalstaat als Identität von Demografie und Geografie ist meist Fiktion. Daher analysiere und plädiere ich für ein Mischkonzept von Bundesstaat und Staatenbund.

Eine unendliche Geschichte? Michael Wolffsohn im Gespräch über die Wurzeln der Krise in Nahost. In: Gerrit Dworok/ Christina Schäfer (Hrsg.): Fragmente zur Geschichte des 19. und 20. Jahrhunderts, Minifanal Verlag, Bonn 2016, S. 71–81, hier S. 75.

8. Recherchiere im Internet, wie die Staatsgründungen Syriens, Jordaniens und des Iraks vor sich gingen und beurteile die Bedeutung des Sykes-Picot Abkommens (D1) für die heutige Lage im Nahen Osten (VT).

9. Setze D1 in Beziehung zur Balfour-Declaration (VT) und Q4. Erläutere, inwiefern diesbezüglich von einem Verrat gesprochen werden kann. ●

10. Analysiere die Karikatur Q5 in Bezug auf den Einfluss der westlichen Welt auf den Nahen Osten.

11. Bewerte den Einfluss westlicher Staaten auf die Entwicklung des Nahen Ostens im 20. Jahrhundert. Berücksichtige hierfür den Begriff des Imperialismus. ○

12. Lies Q6. Bildet Gruppen aus je drei Schülern und versetzt euch mit euren Gruppenpartnern in die Lage von UNO-Kommissionsmitgliedern, welche sich mit der Befriedung des Nahen Ostens befassen. Die Kommission soll einen problemlösenden Kompromiss für die vielfältigen Konfliktlagen der Region erarbeiten und dabei die Anliegen der einzelnen Akteure berücksichtigen. Skizziere mit Bezug auf Michael Wolffsohns Idee (Q6) eine politische Neuordnung der Region.

AFB II: 1, 2, 3, 4, 5, 7, 9, 10 AFB III: 6, 8, 11, 12

Vom Reich zur Republik: Die Türkei entsteht

Als der Erste Weltkrieg 1918 zu Ende ging, gehörte das Osmanische Reich zu den großen Verlierern. Das einstige Imperium lag am Boden. Aus den Trümmern dieser Niederlage erhob sich die Republik Türkei. Wie kam es dazu?

Gemeinsam lernen

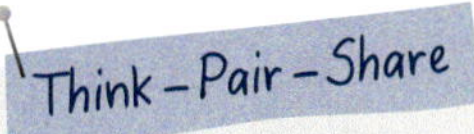

Inwiefern ist die Entstehung der modernen Türkei als Erfolgsgeschichte zu bewerten?

Nutzt zur Beantwortung dieser Frage die Methode Think-Pair-Share.

1. Think: Erstellt zunächst in Einzelarbeit eine Tabelle mit zwei Spalten. Sammelt auf der einen Seite Argumente für die These einer Erfolgsgeschichte und auf der anderen Seite Argumente, die gegen diese Behauptung sprechen (VT, Q1–Q5).
2. Pair: Vergleicht eure Tabelle mit der eures Nachbarn bzw. eurer Nachbarin und gestaltet eine gemeinsame Liste. Überlegt zusammen, ob die Argumente auf der richtigen Seite eingeordnet sind und begründet eure Entscheidung (mündlich).
3. Share: Stellt eure Meinung in der Klasse dar und diskutiert die These einer Erfolgsgeschichte gemeinsam.

Vorboten des Zerfalls

Der Untergang des Osmanischen Reiches hat eine lange Vorgeschichte und ist auf äußere sowie innere Faktoren zurückzuführen, welche in engem Zusammenhang stehen. Wesentlich für den Niedergang war die wirtschaftliche Schwäche des Imperiums. Der Sultan herrschte im 19. Jahrhundert über ein immer noch riesiges Reich. Die Kontrolle des Herrschaftsterritoriums verschlang Unsummen. Hinzu kam, dass der Prozess der Industrialisierung und somit der wirtschaftlichen Modernisierung im Osmanischen Reich kaum verfing. Ambitionierte Reformprojekte zeigten nur in begrenztem Umfang die erhoffte Wirkung. Die „Verwestlichung", das heißt die klare Anlehnung an europäische Ideen und Wirtschaftsmuster, führten das Osmanische Reich letztendlich in die finanzielle und politische Abhängigkeit von den europäischen Mächten.

Türkischer Nationalismus

Seit 1876 regierte Sultan Abdülhamid II. das Osmanische Reich. Die außen- und wirtschaftspolitischen Misserfolge versuchte er zum einen durch eine wirtschaftliche Öffnung hin nach Europa und zum anderen durch eine autoritäre Innenpolitik zu kompensieren: Die osmanische Verfassung von 1876 setzte Abdülhamid II. bereits 1878 wieder außer Kraft, politische Gegner – selbst gemäßigte Oppositionelle – ließ er von seiner Geheimpolizei verfolgen und die christliche Minderheit der ***Armenier*** fiel unter seiner Regentschaft mehrmals Pogromen zum Opfer. In diesem politischen Kontext formierten sich politische Oppositionskräfte, die seit den 1880er-Jahren den Sturz des Sultans planten. Die Oppositionellen wurden „Jungtürken" genannt und kamen aus Studentenkreisen, aus Teilen der jungen osmanischen Beamtenschaft und dem Militär. Nach der Absetzung des Sultans im Verlauf der jungtürkischen Revolution (1908) folgte im Jahr 1909 Sultan Mehmed V. Resat – dessen Macht blieb jedoch begrenzt. 1913/14 schließlich vermochten drei nationalistische Jungtürken aus Saloniki die Macht an sich zu reißen: Von nun an bildeten Enver Pascha, Talat Pascha und Cemal Pascha ein jungtürkisches Triumvirat. Als Führer des jungtürkischen Komitees für Einheit und Fortschritt (KEF) etablierten sie bis 1918 eine Militärdiktatur.

Völkermord

Ein Kernaspekt des jungtürkischen Nationalismus der Regierungspartei war die Bildung eines vermeintlich rein türkischen Staatsvolkes. Christliche Griechen, ***Aramäer*** und Armenier wurden im Kontext radikalnationalistischer Ideologie immer weiter an den gesellschaftlichen Rand ge-

Armenier
Ethnische Gruppe, die traditionell zwischen dem ostanatolischen Hochland und dem Südkaukasus heimisch ist. Armenische Identität ist stark geprägt vom Christentum und der Erfahrung der erzwungenen Auswanderung.

Aramäer
Ethnische Gruppe, die ursprünglich in der Levante und Mesopotamien siedelte und christlich-orthodoxen Glaubens ist. In der Türkei sind die Aramäer eine staatlich nicht-anerkannte religiöse Minderheit.

D1 Die territoriale Entwicklung vom Osmanischen Reich zur Republik Türkei

drängt. Den Armeniern im Osmanischen Reich unterstellte das jungtürkische Triumvirat Sympathien mit dem Russischen Zarenreich. Russland stellte einen historischen Feind des Osmanischen Staates dar und verstand sich als Interessenvertreter christlicher Osmanen. Im ***Ersten Weltkrieg*** wurde die Schuld an militärischen Niederlagen im Osten des Reichs den Armeniern in die Schuhe geschoben. Einige nationalistisch gesinnte und militante Armenier hatten in der Tat mit Russland kooperiert. Die Maßnahmen der türkischen Regierung trafen aber alle Armenier des Osmanischen Reichs und die Aramäer: Die Jungtürken bewirkten mit dem als „kriegsbedingte Sicherheitsmaßnahmen" überschriebenen Deportationsgesetz vom 27. Mai 1915 die reichsweite Verstaatlichung armenischen Besitzes, die massenhafte Erschießung armenischer Männer und die Vertreibung armenischer Frauen, Kinder und Greise in die Wüste Syriens. Ähnliches galt auch für die christliche Minderheit der Aramäer. Durchgeführt wurden diese Verbrechen unter anderem von osmanischen Soldaten, freigelassenen Schwerverbrechern sowie kurdischen Einheiten.

Die Mehrheit der Historiker weltweit spricht heute in diesem Zusammenhang von einem systematischen **Völkermord** mit bis zu 1,5 Millionen Opfern. Die türkische Regierung leugnet die Vorgänge bis heute, zum Teil werden sie als lokale Massaker oder Kriegsverbrechen dargestellt. Dieser Gegensatz in der Deutung betrifft immer wieder auch die internationale Politik. Dies führte in der Vergangenheit wiederholt zu Spannungen mit der Türkei, etwa als in den Parlamenten Frankreichs, Deutschlands und den USA die Einstufung der Ereignisse als Völkermord offiziell festgestellt wurde. Kurz nach dem Ersten Weltkrieg war die Einschätzung hingegen eindeutig: Ein osmanisches Militärtribunal verurteilte 17 verantwortliche Jungtürken 1919 für ihre Verbrechen am armenischen Volk zum Tode.

Der „große Krieg"

Als 1914 der Erste Weltkrieg ausbrach, war das Osmanische Reich ein begehrter Bündnispartner, weil es über strategisch wichtige Territorien verfügte: so etwa die zwischen Kleinasien und Europa gelegenen Meerengen Bosporus und Dardanellen sowie eine unmittelbare Grenze zu den ölreichen Gebieten im Südwesten Irans. Deshalb waren sowohl die **Entente**-Mächte als auch das Deutsche Reich an einer militärischen Zusammenarbeit interessiert. Enver Pascha

Erster Weltkrieg
1914–1918; weltweit geführter Krieg zwischen den „Mittelmächten" (Deutsches Reich, Habsburger Reich, Osmanisches Reich sowie Verbündete) und der „Entente" (Großbritannien, Frankreich, Russland sowie Verbündete). Die Mittelmächte wurden vernichtend geschlagen.

Völkermord
Seit der „Konvention über die Verhütung und Bestrafung des Völkermordes" von 1948 ist „Völkermord" ein Straftatbestand im Völkerstrafrecht für jegliche Handlungen, die mit der Absicht in Zusammenhang stehen, eine nationale, ethnische, rassische oder religiöse Gruppe als solche „ganz oder teilweise" zu zerstören.

setzte schließlich auf ein Bündnis mit dem Deutschen Reich, das bereits vor 1914 dabei geholfen hatte, das osmanische Militär zu reformieren und dessen Kaiser Wilhelm II. als Bewunderer des Orients galt. Obwohl die Osmanen Teilerfolge erzielten, unterzeichnete am 30. Oktober 1918 Marineminister Rauf Orbay im Namen der osmanischen Regierung den Waffenstillstand von Moudros. Das osmanische Imperium lag militärisch, politisch und moralisch am Boden.

Der Vertrag von Sèvres

Im November 1918 besetzten Truppen der Siegermächte Istanbul. Mehmed VI. Vahideddin, der 1918 neuer und zugleich letzter Sultan des Osmanischen Reiches geworden war, versuchte seine Herrschaft zu retten, indem er mit den Entente-Mächten kooperierte. Diese Politik blieb jedoch erfolglos, denn trotz vieler Kompromisse sah sich die **Hohe Pforte** 1920 gezwungen, den Friedensvertrag von Sèvres zu unterschreiben. Das einstige Imperium schrumpfte auf ein kleines Gebiet in Anatolien zusammen, der Großteil der verlorenen Territorien sowie die Kontrolle über die Dardanellen und den Bosporus gingen an europäische Mächte.

Kampf um Unabhängigkeit

Gegen die äußerst harte Nachkriegs-Politik der Entente sowie die einseitige Kooperation des Sultans regte sich immer stärkerer Widerstand. Am 19. Mai 1919 landete der türkische Nationalist Mustafa Kemal Pascha (Atatürk) mit Gefolgsleuten in der türkischen Schwarzmeerstadt Samsun. In den Folgemonaten gelang es ihm, Widerstandsgruppen in der „Gesellschaft zur Verteidigung der nationalen Rechte von ganz Anatolien und Thrazien" zu bündeln. So eroberten die nationalen Unabhängigkeitskämpfer bis 1922 das türkische Kerngebiet des Osmanischen Reiches zurück. 1920 gelang es im zentralanatolischen Ankara eine türkische Nationalversammlung ins Leben zu rufen, die der Hohen Pforte in Istanbul die Entscheidungsbefugnis streitig machte.

Der Vertrag von Lausanne

1922 erklärte die Nationalversammlung in Ankara den Sultan für abgesetzt. Politischer Repräsentant des nunmehr türkischen Staates war die nationale Übergangsregierung unter Führung Mustafa Kemal Paschas. Durch ihre militärischen und politischen Erfolge zwang sie die Entente-Mächte zur Revision des Vertrages von Sèvres. Stattdessen wurde 1923 in Lausanne ein neuer Friedensvertrag ausgehandelt, der die Unabhängigkeit und Souveränität der Türkei in ihren heutigen Grenzen garantierte. Gleichzeitig rechtfertigten die Vertragsinhalte zum „Bevölkerungsaustausch" eine Flucht- und Vertreibungswelle von bis dato ungekanntem und tragischem Ausmaß: Muslimische Osmanen wurden aus den Balkangebieten und griechischen Territorien vertrieben und in Anatolien angesiedelt, während griechische Osmanen die Türkei in Richtung Griechenland zu verlassen hatten. Diese Regelung betraf mehrere Millionen Menschen und war oftmals verbunden mit gewaltsamen Ausschreitungen.

Die kemalistische Revolution

Am 29. Oktober 1923 wurde die Republik Türkei gegründet. Staatspräsident wurde und blieb bis zu seinem Tod 1938 Mustafa Kemal Pascha. Formal handelte es sich um eine parlamentarische Republik, doch wurde die „Republikanische Volkspartei" zur einzigen politischen Kraft erklärt und der ***Kemalismus*** zur Leitlinie des neuen Staates. Kemal Pascha förderte eine national-türkische Kultur mithilfe von Bildungsprogrammen, kämpfte erfolgreich für das ***Frauenwahlrecht***, führte nach europäischer Manier Nachnamen ein und setzte mit der Abschaffung des Kalifats (1924) die Trennung von Staat und Religion durch (***Laizismus***). Ideologischer Stützpfeiler war der türkische Nationalismus, der die sozialen Spannungen zu überdecken versuchte, gleichzeitig aber zum Ausschluss von ethnisch nicht-türkischen Volksgruppen führte: Der seit den 1920er-Jahren regelmäßig aufflackernde Konflikt mit den in der Ost-Türkei lebenden ***Kurden*** ist hierfür ein prägnantes Beispiel.

(Triple) Entente
Zunächst informelles Bündnis aus dem Jahr 1907 zwischen England, Frankreich und Russland, das 1914 in London zu einem Militärbündnis erweitert wurde. Im Ersten Weltkrieg war es gegen das Deutsche Reich und seine Bündnispartner gerichtet.

Hohe Pforte
Im Osmanischen Reich bezog sich der Begriff auf den Sultanspalast in Istanbul. Der Terminus entwickelte sich zu einer zeitgenössischen Bezeichnung für die Osmanische Regierung.

Kemalismus
Gründungsideologie und politische Bewegung in der Türkei, die sich auf Mustafa Kemal beruft. Sie strebt die politische und kulturelle Anlehnung an Europa sowie eine Modernisierung an.

Laizismus
Grundhaltung und politische Agenda, die die strikte Trennung von Religion und Staat fordert. In der Türkei ist sie verfassungsrechtlich verankert.

Kurden
Ethnische Gruppe westasiatischen Ursprungs, welche im Gebiet der heutigen Türkei, Irak und Syrien siedelt, jedoch nicht über einen eigenen Staat verfügt

Q1 Deutsche Mitverantwortung für den Völkermord?

Am 7. Dezember 1915 verfasste der deutsche Botschafter in Konstantinopel, Paul Graf Wolff-Metternich, einen Brief an den deutschen Reichskanzler Theobald von Bethmann Hollweg. Darin beschrieb er die Vorgänge des Völkermords an den Armeniern und plädierte dafür, dass die deutsche Regierung mit Hilfe der deutschen Presse Druck auf die Jungtürken ausüben solle, damit das Morden aufhöre. Bethmann Hollweg kommentierte das Schreiben in folgender Notiz:

Die vorgeschlagene öffentliche Koramierung [von koramieren = zur Rede stellen] eines Bundesgenossen während des laufenden Krieges wäre eine Maßregel, wie sie in der Geschichte noch nicht dagewesen ist. Unser einziges Ziel ist es, die Türkei bis zum Ende des Krieges an unserer Seite zu halten, gleichgültig ob darüber die Armenier zu Grunde gehen oder nicht. Bei länger andauerndem Kriege werden wir die Türken noch sehr brauchen. Ich begreife nicht, wie Metternich diesen Vorschlag machen kann […]

Zit. nach Sönke Neitzel: Völkermord, in: BpB (Hrsg.): Informationen zur politischen Bildung Nr. 321, 1/2014, S. 40–47, hier S. 41.

Q3 Die neue türkische Frau

Mustafa Kemal schreibt im Zuge einer Deutschlandreise im Jahr 1918:

Die türkische Frau muss im öffentlichen Leben denselben Platz wie die Europäerinnen einnehmen. Wir müssen mutig sein in der Frauenfrage. Wir müssen ihre Gedankenwelt mit Wissenschaft füllen und ihnen Selbstvertrauen und Achtung zuerkennen.

Zit. nach Nermin Abadan-Unat: Vom Diskurs zum Protest – Der lange Weg der türkischen Frauen. In: Bitburger Gespräche Jahrbuch 2005/II, S. 27-47, auf: https://www.uni-trier.de/fileadmin/fb5/inst/IRP/Bitburger_Gespraeche_Einzeldokumente/BitburgerGespr_2005_II_Abadan_Unat_35_55_geschuetzt.pdf (Zugriff: 06.05.2019).

Q2 Atatürk führt die lateinische Schrift ein

Der türkische Ministerpräsident und Reformer Kemal Atatürk zeigt auf einer Schultafel die lateinische Schrift. Im Publikum stehen Professoren und Lehrer. Foto, 1928

Q4 Istanbuler Frauen feiern die Einführung des Frauenwahlrechts

Die Frauen tragen einen großen Kranz in Form eines Halbmondes und türkische Landesflaggen. Polizisten begleiten die Gruppe. Im Hintergrund erkennt man die Yeni-Cami-Moschee (Neue Moschee). Foto, 1930

D2 Die sechs Pfeiler des Kemalismus

Der Politikwissenschaftler und Türkeiexperte Heinz Kramer erklärt den Kemalismus:

Die politischen Umwälzungen Atatürks kamen, wie alle derartigen revolutionären Prozesse, nicht ohne einen ideologischen Überbau aus. Aus den zahlreichen Reden Atatürks wurden [...] sechs Prinzipien des Kemalismus herausgearbeitet. [...] Die Prinzipien wurden 1931 in das Programm der CHP aufgenommen und als die „sechs Pfeiler" auch in das Parteiemblem übernommen. Diese Prinzipien sind:

1. **Republikanismus** als Ausdruck des Prinzips der Volkssouveränität als Grundlage aller politischen Entscheidungen. Damit ist gleichzeitig die Absage an die in der Figur des Sultans verkörperte personale Herrschaft des Osmanischen Reiches verbunden. Dabei wurde großzügig darüber hinweggesehen, dass das Volk im politischen Prozess keine Stimme hatte: Im Parlament fanden sich handverlesene Gefolgsleute der CHP;
2. **Populismus** als Ausdruck der Gleichheit der türkischen Staatsbürgerinnen und -bürger, was die Herrschaft einer Klasse über andere ausschließt. Die autoritäre Einparteienherrschaft der CHP sprach dem ebenso Hohn wie die faktische Diskriminierung aller Minderheiten;
3. **Etatismus** als Ausdruck einer staatlichen Beeinflussung der Wirtschaft, die allerdings nicht die Verstaatlichung der Produktionsfaktoren vorsah;
4. **Revolutionismus/Reformismus** als Ausdruck der Notwendigkeit, die Modernisierungspolitik von oben kontinuierlich fortzusetzen;
5. **Laizismus** als Ausdruck der Trennung von Staat/Politik und Religion sowie
6. **Nationalismus** als Ausdruck für das Zusammengehörigkeitsgefühl der neuen türkischen Bürgerinnen und Bürger.

Heinz Kramer: Vom Reich zur Republik, in: Ders.: Türkei. Hefte zur Information zur politischen Bildung 313, 4/2011, auf: http://m.bpb.de/izpb/77030/vom-reich-zur-republik-die-kemalistische-revolution?p=all (Zugriff: 20.11.2018).

D3 „Von Atatürk verraten"

Der Historiker und Journalist Thomas Speckmann erinnert 2014 in einem Essay an Kemal Atatürks Umgang mit den Kurden.

Die Kurden fühlten sich verraten. Und sie waren es auch. Kaum hatte Mustafa Kemal Atatürk 1923 seinen Nationalstaat errichtet, kannte er nur noch Türken. Die Kurden wurden kurzerhand in „Bergtürken" umbenannt.

Das war für die im südöstlichen Teil des Landes in einem geschlossenen Siedlungsgebiet lebenden Kurden ein schwerer Affront. Denn nicht zuletzt ihnen hatte Atatürk es zu verdanken, dass er seine Vision eines modernen türkischen Nationalstaats verwirklichen konnte. In einer entscheidenden Phase der Staatsgründung hatten sie ihm beigestanden: Sie hatten mitgeholfen, nach dem Ersten Weltkrieg die türkische Unabhängigkeit zu erkämpfen, hatten für die türkische Sache ihr Leben riskiert und bisweilen geopfert. Kemal sicherte sich in der Zeit des türkischen Unabhängigkeitskrieges die Unterstützung der wichtigsten Militärkommandeure. Auch den bedeutendsten kurdischen Feudalherren, den Emiren, schrieb er Briefe und

Nachgefragt

1. Nenne die wesentlichen Ursachen für den Untergang des Osmanischen Reiches (VT).
2. Erstelle einen Zeitstrahl zu den einzelnen Schritten von der jungtürkischen Herrschaft des KEF bis zur Ausrufung der Republik Türkei im Jahre 1923 (VT).
3. Analysiere mithilfe der methodischen Schritte zur Kartenanalyse D1. Wie hat sich das Osmanische Reich territorial zwischen 1914 und 1923 entwickelt?
4. Erkläre die Position der Deutschen Reichsregierung zu den Massenverbrechen an den Armeniern (Q1).
5. Erörtere, inwiefern dem Deutschen Reich eine Mitverantwortung an dem Völkermord an den Armeniern und Aramäern anzulasten ist (VT, Q1). ○
6. Versetze dich in die Lage Paul Graf Wolff-Metternichs. Verfasse einen Brief an Reichskanzler Bethmann Hollweg, in dem du dessen Position zum Völkermord beurteilst (Q1). ○

Q5 Öffentlicher Nationalstolz
Das Denkmal steht stellvertretend für den weit verbreiteten Nationalstolz der Türken. Denkmäler dieser Art finden sich in fast jedem Ort der Türkei. Foto von der Insel Büyükada, welche sich vor Istanbul befindet.

forderte sie auf, sich seiner Nationalbewegung anzuschließen. Viele Kurdenstämme folgten seinem Aufruf und kämpften gegen die britischen und französischen Besatzungstruppen in der Hoffnung auf einen autonomen kurdischen Staat. Doch der von Kurden und Türken gemeinsam erzwungene Friedensvertrag von Lausanne und die damit einhergehende Gründung der Türkei brachten den Kurden weder Friede noch Autonomie: Ihm folgten von der Türkei blutig niedergeschlagene Aufstände der Kurden in den zwanziger, dreißiger und erneut seit den achtziger Jahren. Selbst die heutigen Auseinandersetzungen zwischen der kurdischen Terrororganisation PKK und den türkischen Sicherheitskräften deuten viele als eine Folge von Lausanne.

Thomas Speckmann: Von Atatürk verraten, DIE ZEIT Nr. 45/2014, 30. Oktober 2014, auf: https://www.zeit.de/2014/45/kurden-tuerkei-atatuerk-unabhaengigkeitskrieg/komplettansicht (Zugriff: 14.03.2019).

7. Charakterisiere in eigenen Worten die Prinzipien des Kemalismus (VT, D2).

8. Beurteile, inwiefern die Politik Mustafa Kemal Paschas als revolutionär bezeichnet werden kann (VT, D2).

9. Entwirf ein politisches Plakat, das die Prinzipien des Kemalismus herausstellt. Vergleiche deinen Entwurf anschließend mit dem Parteisymbol der Republikanischen Volkspartei. ●

10. Analysiere, welche Position Mustafa Kemal Pascha in der Frauenfrage einnahm (VT, Q3, Q4).

11. Beschreibe das Bild Q5. Recherchiere im Internet, wie der auf Türkisch verfasste Leitspruch ins Deutsche zu übersetzen ist. Bewerte die Aussage anschließend.

12. Nenne mithilfe von D3 Motive für die kurdische Unterstützung der türkischen Nationalbewegung zwischen 1919 und 1923.

13. Analysiere Kemal Atatürks Politik gegenüber den Kurden (VT, D3).

AFB I: 1, 2, 12 AFB II: 3, 4, 7, 9, 10, 13 AFB III: 5, 6, 8, 11

Der Übervater? Mustafa Kemal Atatürk und die Identität der Türken

Er ist der wohl bekannteste Türke der Welt. Obwohl schon vor acht Jahrzehnten verstorben, lebt Mustafa Kemal Atatürks Mythos fort. Worauf gründet sein Ruhm?

Offizier im Ersten Weltkrieg

1915 versuchten Entente-Truppen mit einem Landungsunternehmen die türkische Halbinsel Gallipoli zu erobern, um die strategisch wichtigen Dardanellen unter Kontrolle zu bringen. Osmanische Truppen leisteten – mit Unterstützung ihrer deutschen Bündnispartner – erbitterten Widerstand. Der Offizier Mustafa Kemal war als Kommandant vor Ort und trug entscheidend dazu bei, dass die Entente-Mächte 1916 die Landeunternehmung abbrechen mussten.

Nationaler Unabhängigkeitskrieg

Während Sultan Mehmed VI. nach der Niederlage im Ersten Weltkrieg versuchte, den Fortbestand des Osmanischen Reiches durch die Zusammenarbeit vor allem mit der britischen und französischen Regierung zu sichern, erkannten Mustafa Kemal und andere Vertreter des nationalen Widerstands, dass die Siegermächte das einstige Imperium zerschlagen und unter sich aufteilen wollten.

In einem blutigen und brutalen Krieg vertrieb die von ihm geführte „Befreiungsarmee" in den Jahren 1919 bis 1923 zunächst russische und armenische Einheiten und später dann griechische Invasions-Truppen. Schließlich zogen unter dem Druck der türkischen Nationalisten auch Frankreich, Italien und Großbritannien ihre Truppen ab.

Staatspräsident

Auch politisch stellte Mustafa Kemal Weichen für die Zukunft des Landes. Er war maßgeblich daran beteiligt, dass 1922 das Sultanat abgeschafft und 1923 die Republik Türkei ausgerufen wurde. Als erster Staatspräsident des jungen Verfassungsstaates verfolgte er mit autoritärem Führungsstil eine revolutionäre Modernisierungspolitik. In einem Ein-Parteien-System setzte er gegen starke Widerstände seine politische Agenda um, deren gesellschaftlich wohl umstrittenster Inhalt die Trennung von Staat und Religion war.

Mythos

Im November 1934 verlieh das türkische Parlament Mustafa Kemal den exklusiven Nachnamen Atatürk – Vater der Türken. Keiner außer ihm selbst durfte fortan diesen Namen tragen. Diese Episode verdeutlicht, welches Ansehen der ehemalige Offizier Mustafa Kemal in der Republik Türkei genoss. Als Atatürk 1938 starb, entwickelte sich sein Leben zum Mythos. Er gilt bis heute als Schöpfer des Staates, als Sinnbild türkischen Selbstbewusstseins und für viele Politiker und Bürger als unumstrittenes Vorbild.

Q1 Demonstration gegen die Politik der Regierung Erdoğan im Gezi-Park
Der Gezi Park liegt in einem beliebten Gebiet Istanbuls und grenzt an den stark frequentierten Taksim-Platz. Seit dem 28. Mai 2013 demonstrierten dort vor allem junge Menschen gegen ein geplantes Bauvorhaben. Weil die Proteste mit Gewalt bekämpft wurden, weiteten sie sich zu einem allgemeinen Protest oppositioneller Kräfte gegen die AKP Regierung aus. Foto, 2013

Q2 Gesetz über strafbare Handlungen gegen Atatürk (Nr. 5816, 25. Juli 1951)

Ein 1951 in Kraft getretenes Gesetz verdeutlicht den offiziellen Umgang mit dem Erbe Atatürks:

Art. 1 (1) Wer das Andenken an Atatürk öffentlich beschimpft oder beleidigt, wird mit Freiheitsstrafe von einem Jahr bis zu drei Jahren bestraft.

Auf: https://de.wikipedia.org/wiki/Gesetz_%C3%BCber_strafbare_Handlungen_gegen_Atat%C3%BCrk (Zugriff: 14.02.2019). Nach: www.resmigazete.gov.tr.

Q3 Selbstverständnis Atatürks

Mustafa Kemal Atatürk äußert sich in den 1930er-Jahren über seinen Regierungsstil:

Ich bin kein Diktator. Sie sagen, dass ich Macht besitze. Ja, das ist richtig. Es gibt nichts, was ich wünschte und nicht umsetzen könnte. Ich gehe aber nicht mit Zwang und Ungerechtigkeit vor, und ein Diktator ist jemand, der die Selbstbestimmung anderer unterdrückt. Ich will regieren, indem ich die Herzen erobere und nicht breche.

Mustafa Baydar: Atatürk diyor ki. 11. Auflage. Varlik/Bilgi. Istanbul 1998, S. 80. Zit. nach Dirk Tröndle: Mustafa Kemal Atatürk. Mythos und Mensch. Muster-Schmidt Verlag, Zürich 2012, S. 215. Übers. von Dirk Tröndle.

D1 Unliebsames Vorbild?

Der türkische Journalist Can Dündar 2017:

Kein Politiker stellte je die unantastbare Staatsdoktrin der Trennung von Religion und Politik infrage oder zog mit dem Koran in den Wahlkampf wie Erdoğan es tat. Von Anfang an war klar, dass Erdoğan und die Kreise, für die er steht, Atatürk und dessen Reformen nicht geneigt sind. [...] Am 10. November 2017 aber geschah etwas Unerwartetes, denn Erdoğan sagte: „Lautet sein Name Atatürk, könnte nichts normaler sein, als dass wir ihn aussprechen.“ Mehr noch, Erdoğans Partei, bekannt dafür, dem Atatürk-Gedenktag im Weg zu sein, organisierte diesmal Busse zum Besuch des Atatürk-Mausoleums. Viele Türken wollten nun wissen, was da auf einmal los ist. Die Antwort kam aus der größten, einst von Atatürk gegründeten Oppositionspartei: „Erdoğans Sympathie kommt nicht von Herzen, sie rührt aus den Umfragen her.“ Erdoğan bleibt nichts anderes übrig, als die Herzen jener Millionen zu gewinnen, die nach wie vor Atatürk verehren.

Can Dündar: Atatürk und Erdoğan, in: DIE ZEIT, 16. November 2017. Übers. von Sabine Adatepe.

D2 Atatürks Herrschaftsstil

Der türkische Historiker M. Şükrü Hanioğlu bewertet rückblickend den Regierungsstil Atatürks:

Die Radikalität von Atatürks Programm bedingte den autoritären Charakter seiner politischen Überzeugungen. Wie viele andere Staatsreformer und Staatenbildner hatte auch er nur wenig Geduld mit abweichenden Meinungen oder Kritik. Er betrachtete die Republikanische Volkspartei als sein hauptsächliches Reformwerkzeug und bestand folglich auf deren absoluter Vorherrschaft. [Atatürk griff] zur Einparteienherrschaft, um sein Programm ohne Kompromisse umsetzen zu können. Da seine Mission [...] dem Gebot der historischen Vorsehung [zu folgen schien], waren ihm alle Mittel recht, ihren Erfolg zu gewährleisten.

M. Şükrü Hanioğlu: Atatürk. Visionär einer modernen Türkei. Theiss, Darmstadt 2015, S. 233. Übers. von Tobias Gabel.

Nachgefragt

1. Nenne wichtige Leistungen Mustafa Kemal Atatürks (VT).

2. Beschreibe die öffentliche Präsenz Atatürks in der Türkei (VT, Q1, Q2).

3. Erläutere, weshalb Atatürk in der Erinnerungskultur der türkischen Gesellschaft eine herausragende Position einnimmt (VT, D1).

4. Vergleiche die Aussagen zu Atatürks Herrschaftsstil (Q3, D2). Bewerte den Atatürk-Mythos in Bezug auf deine Ergebnisse.

5. Stell dir vor, ein türkischer Politiker fordert, öffentliche Atatürk-Gedenkveranstaltungen abzuschaffen. Versetze dich in die Lage eines türkischen Staatsbürgers und verfasse einen Leserbrief, in dem du zu dieser Forderung Stellung nimmst.

AFB I: 1, 2 AFB II: 3, 4 AFB III: 5

Türkische Arbeitsmigration – nur Gewinner?

Seit den späten 1950er-Jahren fehlten in Deutschland so viele Arbeitskräfte, dass viele Türken als sogenannte Gastarbeiter kamen. Was trieb die Menschen an, ihr Heimatland zu verlassen?

Anwerbeabkommen
Abkommen zwischen der Bundesrepublik Deutschland und der Türkei vom 30.10.1961 über die zeitweilige Beschäftigung türkischer Arbeitskräfte in der Bundesrepublik

Wirtschaftsmigration
Umsiedelung in eine andere Region oder ein anderes Land in der Hoffnung auf bessere Chancen auf dem Arbeitsmarkt und ökonomische (wirtschaftliche) Verhältnisse.

Arbeitskräftemangel in Deutschland

Ein Wirtschaftsaufschwung, das sogenannte Wirtschaftswunder, führte in der BRD seit den späten 1950er-Jahren zu einer immer größeren Nachfrage nach Arbeitskräften. Dies lag zum einen an der boomenden Wirtschaft, die in den produzierenden Branchen immer mehr Hände benötigte. Ein weiterer Grund war, dass in Deutschland aufgrund der Verluste und der geburtenschwachen Jahrgänge der Kriegsgeneration generell weniger Menschen für den Arbeitsmarkt zur Verfügung standen. Die Einführung der allgemeinen Wehrpflicht im Jahr 1956 entzog zudem junge Männer zeitweilig dem Arbeitsmarkt.

Um den Arbeitskräftemangel zu beseitigen, schloss die Bundesrepublik mit verschiedenen Ländern Abkommen über die Anwerbung von Arbeitern. Entsprechende Vereinbarungen ging man 1955 mit Italien, 1960 mit Griechenland und Spanien, 1965 mit Tunesien und 1968 mit Jugoslawien ein. Bedarf an „Gastarbeitern", deren Aufenthalt befristet sein sollte, gab es vor allem in der Montanindustrie und in der Landwirtschaft, seit Ende der 1960er-Jahre auch in der Stahl- und besonders in der Automobilindustrie.

Arbeitslosigkeit in der Türkei

Im Unterschied zu Deutschland hatte die Türkei in den 1950er- und 1960er-Jahren mit Arbeitslosigkeit auf einem konstant hohen Niveau zu kämpfen. Die Bevölkerung war weitaus schneller als die heimische Industrie gewachsen, weshalb es viel mehr Arbeitsuchende als Arbeitsplätze gab. Die türkische Regierung sah in der Möglichkeit, mit der Bundesrepublik ein ***Anwerbeabkommen*** zu schließen, mehrere Chancen: Gingen türkische Männer und Frauen nach Deutschland, um dort zu arbeiten, würde dies einerseits die Situation auf dem türkischen Arbeitsmarkt entspannen, andererseits würden die im Ausland tätigen Türken Teile ihres Lohnes zurück in die Heimat schicken und die heimische Wirtschaft ankurbeln. Man konnte auch erwarten, dass die zurückkehrenden Arbeiter mit den im Ausland erworbenen beruflichen Fähigkeiten die türkische Wirtschaft bereicherten.

Anwerbeabkommen mit Türkei

In der BRD stand man einem Anwerbeabkommen mit der Türkei zunächst skeptisch gegenüber, da man erhebliche kulturelle Probleme befürchtete. Doch auf Druck der Nato-Partner unterzeichneten die Türkei und die Bundesrepublik am 30. Oktober 1961 ein entsprechendes Abkommen, von dem man sich eine innere Stabilisierung des geopolitisch so wichtigen NATO-Partners Türkei versprach. Im Unterschied zu Abkommen mit anderen Ländern sollten türkische Gastarbeiter aber nur zwei Jahre in Deutschland bleiben dürfen und dann durch neue türkische Arbeitskräfte ersetzt werden (Rotationsprinzip). Ein Familiennachzug war zu diesem Zeitpunkt nicht vorgesehen, Integration in die bundesrepublikanische Gesellschaft nicht erwünscht. Gleichwohl wollten viel mehr Türkinnen und Türken das deutsche Arbeitsangebot nutzen als schließlich eine Genehmigung erhalten konnten. Sehr viele Gastarbeiter verbanden mit ihrem Aufenthalt in Deutschland die Hoffnung, genügend Geld zu verdienen, um sich später in der Heimat eine solide Existenz aufbauen zu können. Sie gingen also aus wirtschaftlichen Gründen nach Deutschland (***Wirtschaftsmigration***). Die oft problematischen Arbeits- und Lebensbedingungen erduldeten sie, weil diese ja nicht von langer Dauer sein sollten.

Q1 Döner als Teil der abendländischen Kultur?
Den Döner Kebab als wahrscheinlich bekanntestes türkisches Gericht brachten „Gastarbeiter" mit nach Deutschland. Erst hier begannen türkische Gastronomen, die gegrillten Fleischstücke nicht mehr auf Tellern, sondern in Brot zu servieren. Seitdem ist der Döner aus der deutschen Imbisslandschaft nicht mehr wegzudenken. Wer zuerst in den 1970er-Jahren die Idee zu dieser Döner-Variante hatte, ist umstritten. Es streiten sich um die „Erfindung" u.a. ein Berliner und ein Reutlinger türkischer Gastronom. Karikatur von Gerhard Mester

Aus Gästen werden ...

Bereits 1964 entfiel das Verbot des Familiennachzugs. Als 1973 die Ölkrise die deutsche Wirtschaft lähmte, stiegen in der Bundesrepublik die Arbeitslosenzahlen wieder massiv an. Die deutsche Regierung reagierte mit einem Anwerbestopp, garantierte aber 1974 einen rechtlichen Anspruch für Gastarbeiter, ihre Familien nach Deutschland holen zu dürfen. 1983 versuchte man aufgrund anhaltend hoher Arbeitslosenzahlen durch finanzielle Anreize den Gastarbeitern eine Rückkehr in ihre Heimat schmackhaft zu machen. Über 500 000 Türken standen vor der Frage, ob sie in ihr Heimatland zurückkehren oder ihre Familien nachholen sollten, solange dies noch möglich war.

... „Deutsche mit Migrationshintergrund".

Viele türkische Familien wählten die Bundesrepublik als ihren dauerhaften Lebensmittelpunkt. Heute leben etwa drei Millionen Menschen in Deutschland, die Wurzeln in der Türkei haben. Änderungen im Staatsangehörigkeitsrecht ermöglichten zahlreiche Einbürgerungen. Diese Möglichkeit wird aber von manchen Türken abgelehnt, da die Annahme der deutschen Staatsangehörigkeit in manchen Fällen die Aufgabe der türkischen bedeutet. Einige hunderttausend Bürger der Bundesrepublik besitzen auch die doppelte Staatsangehörigkeit.

Die Türkei in die EU?

Parallel zur türkischen Arbeitsmigration nach Deutschland gab es Bestrebungen, den Nato-Partner Türkei enger an die EU heranzuführen. 1963 unterzeichneten die Europäische Wirtschaftsgemeinschaft (EWG) und die Türkei ein ***Assoziierungsabkommen***. 1996 wurden die wirtschaftlichen Beziehungen mit der Aufnahme der Türkei in die europäische Zollunion intensiviert. Mit einer politischen Integration tut man sich allerdings schwer. Noch 1989 hatte die Europäische Gemeinschaft (EG) einen Antrag der Türkei auf Mitgliedschaft einstimmig abgelehnt. Das schließlich 1997 auf einem EU-Gipfel beschlossene Verfahren, das der Türkei mittelfristig eine Vollmitgliedschaft in der Europäischen Union ermöglichen sollte, ist praktisch zum Stillstand gekommen. Die Differenzen zwischen der EU und der Türkei haben sich wegen der Umbrüche in der türkischen Innenpolitik vergrößert, etwa im Hinblick auf die vielfache Missachtung der ***Menschenrechte*** durch die türkische Regierung.

Assoziierungsabkommen
1963 zwischen der Europäischen Wirtschaftsgemeinschaft (EWG, ein Vorläufer der EU) und der Türkei geschlossenes Abkommen über die Prüfung eines Beitritts der Türkei zur EWG

Menschenrechte
Zentrale (Freiheits-) Rechte, die jedem Menschen überall, d.h. weltweit und immer zustehen

Q2 „Wir sind ein gewisser Schlag von Mensch …"

Ekrem Bora, besser bekannt als „Eko Fresh", wurde 1983 in Köln geboren. Seine Eltern stammen aus der Türkei. Seine Mutter hat kurdische Wurzeln, sein Vater kam 1980 als politischer Flüchtling nach Deutschland. Eko Fresh ist als Rapper und Schauspieler in Deutschland bekannt und setzte sich auf seinem sechsten, 2012 erschienen Soloalbum „Ek to the Roots" in einem Titel („Der Gastarbeiter") mit seiner Herkunft auseinander.

Mein Opa kam in dieses Land, grüner Opel
Commodore
Sivas[1] nach Lemgo, sieben Kinder ohne Kohle
Mit meiner Oma, sechs Mädchen und ei'm Jung'
Er war streng zum Arbeiten, hatte jeden hier
gezwung'
Er wollt, dass wir's einmal besser haben
Weil die Gründe für den Umzug bestimmt nicht
am Wetter lagen
Nix mit Schule, wo war der Staat?
Als meine Mama 15 war – Arbeit in Papierfabrik
Wahrscheinlich die Jüngste da
Es war die Zeit, als sie verliebt in einen Künstler war
Mein Vater sang für Frieden, als er sie von der
Bühne sah
Liebe in einer fremden Kultur und Land
Meine Opa wollt' es nicht, deswegen sind sie
durchgebrannt
Irgendwann kamen sie zurück und küssten Opas
Hand
Es war kurz danach, als ihr kleiner Sohn entstand
Wisst ihr wer? Ekrem, bir işçinin oğlu[2]
Früher Rap-Fan, heute Business-Ikone

[Refrain]

Wir sind ein gewisser Schlag von Mensch
Haben unser ganzes Leben immer hart gekämpft
Wenig Kohle, doch macht mal weiter
Ich wiederhole: Gastarbeiter
Wir lieben Deutschland vom Herzen wie verrückt
Doch leider liebt es uns nicht jedes mal zurück
Wer sieht schon gerne seine Nachbarn scheitern
Außer es handelt sich um Gastarbeiter

Glaubt mir, dass dieser Freezy hier die Wahrheit
spricht
Was für Sprachkurs? Damals wurd' gearbeitet
Ich erinner' mich, so sah uns're Freizeit aus
Wir Gastarbeiter-Söhne waren nur allein Zuhaus
Ich wuchs auf mit mein' Cousins, Inan und Cem
Meine Eltern hatten sich inzwischen wieder
getrennt
So wurden wir drei groß, Brüder für immer
Wir war'n nicht reich, bloß glückliche Kinder
Wer weiß, wie die Sterne im Universum fall'n?
Unser Inan starb bei einem Verkehrsunfall
Seit dem war die Familie nie mehr die gleiche
Dabei wollten wir doch hier nur Zufriedenheit
erreichen
Was soll'n wir machen? Man blickt halt nach vorn
Doch hatten unser Lachen im Gesicht bereits
verlor'n
Ich seh euch an und das macht mir Mut
Deswegen steht es auf mei'm Rücken: Akbulut
Alles wird gut

[Refrain]

Meine jüngste Tante Handan war nicht viel älter
Lebte bei uns so wie meine Schwester
Sie war Rebellin, was ich heute weiß
Sie hat mir die Musik namens „Hip-Hop" gezeigt
Sie ging als Au-pair nach Amerika
Wo sie dann ganz tragisch ums Leben kam
Und das war unser zweiter Schicksalsschlag
Obwohl ich dieses Wort nicht mal mag
Das ist die Story meiner Family
Kamen von Turkey nach Germany
Mein Opa starb dieses Jahr, er war krank, Gott
bewahre
Hat sein Leben lang gearbeitet und konnt' nicht
mal die Sprache
Einer Generation, die sich aufgeopfert hat
Damit einer wie ich heute auch was davon hat
Denn wäre er damals nicht nach Deutschland
gekomm'
Hätt' ich heute diesen Track nicht für euch
aufgenomm'
Der Gastarbeiter

[Refrain]

Der Gastarbeiter. Text: Ekrem Bora © Rechte beim Urheber, Erschienen am 31.8.2012 beim Label Seven Days Music (Sony Music), Prod. Big Daddy Shane, auch unter: https://genius.com/Eko-fresh-der-gastarbeiter-lyrics

1 Stadt in der Türkei
2 Ekrem, der Sohn eines Arbeiters

Q3 Schulpflicht und Staatsbürgerschaft

1987 demonstrierten u.a. in Berlin türkischstämmige Kinder für die Möglichkeit einer doppelten Staatsbürgerschaft. Erst seit dem Jahr 2000 sind in Deutschland geborene Kinder, deren Eltern seit mindestens acht Jahren in Deutschland leben und eine unbefristete Aufenthaltsgenehmigung haben, deutsche Staatsangehörige. Eine doppelte Staatsbürgerschaft ist unter verschiedenen Bedingungen möglich.

Q4 Nachts zurück in die Heimat?

Der türkische Dichter und Schriftsteller (1924–1979) Nevzat Üstün beschrieb die Situation von „Gastarbeitern" in der Bundesrepublik Deutschland in den 1970er-Jahren folgendermaßen:

Was die Deutschen wollten, steht in krassem Gegensatz zum Wesen des modernen Menschen. Als die Deutschen aus dem Ausland „ausländische Arbeitskräfte" anforderten, dürften sie nicht daran gedacht haben, daß es dabei um Menschen geht. […] Das heißt, die Arbeitskräfte sollten kommen, für sich allein existieren, die Straßen fegen, Häuser bauen, Maschinen bedienen, Beton aufbrechen, Elektroschweißen, dabei aber völlig unsichtbar bleiben. […] Sie sollten nicht in Häusern leben, nicht in die Parkanlagen gehen, nichts essen, unbekannt bleiben, sich nicht lieben. […] Der berühmte Schriftsteller Max Frisch hat es einmal so ausgedrückt: „Man hat Arbeitskräfte gerufen, und es kamen Menschen." […]

Man zahlte ihnen ihr Geld aus und hatte damit alles Nötige getan. Am liebsten hatte man die Ausländer jeden Abend um fünf Uhr in ihre Heimatländer zurückgeschickt und sie morgens zurückgeholt.

Zit. nach Mathilde Jamin und Aytac Eryilmaz (Hrsg.): Fremde Heimat. Eine Geschichte der Einwanderung aus der Türkei. Klartext-Verlag, Essen 1998, S. 68. In: Geschichte betrifft uns. Aktuelle Unterrichtsmaterialien. Migration. 6/2009, S. 30.

Q5 Eine „endgültige Rückkehr"?

Semra Pelek wurde 1976 in Böblingen geboren und besuchte dort die Grundschule. Nach dem Krebs-Tod des Vaters zog die Familie in die Türkei. Dort studierte Semra Pelek und ist inzwischen Journalistin. Über ihren Vater, der als sogenannter Gastarbeiter nach Deutschland gekommen war, schrieb sie 2011:

Zur Welt gekommen war er 1948 im äußersten Osten der Türkei, in der kleinen Stadt Kars. […] 1970, im Alter von 22 Jahren, verließ mein Vater seine Heimatstadt, um nach Deutschland zu gehen. Dass er bei Daimler-Benz angestellt wurde, darum beneideten ihn alle, denen dieses „Glück" verwehrt war.

Bis zu der unheilvollen Diagnose des Arztes stand mein Vater jeden Morgen am Fließband, ohne auch nur daran zu denken, dass ein anderes Leben möglich wäre. […] In seiner Freizeit schraubte er zu Hause Radios, Plattenspieler, Fernsehapparate auf, die seiner Meinung nach nicht funktionierten, werkelte stundenlang an ihren elektronischen Einzelteilen herum und schraubte sie wieder zusammen. Elektronische Geräte, Wasserhähne, Türen, die tatsächlich kaputt waren, reparierte er, sodass sie noch eine Weile hielten. Lange mussten sie nicht halten – eines Tages würden wir ja ohnehin zurück in die Türkei gehen. Davon waren alle überzeugt. Doch mit jedem Tag, der verstrich, war der Glaube an die „endgültige Heimkehr" schwieriger aufrecht zu halten. Einmal, als unser Onkel Edip, der Cousin meines Vaters, bei uns zu Besuch war, sagte er: „Wir kehren wohl erst im Bauch des Flugzeugs in die Heimat zurück." Wir Kinder schauten ihn mit großen Augen an: „Ein Flugzeugbauch? Was ist das denn?" Freudig gespannt warteten wir, dass er uns die Tür zu einer Abenteuergeschichte aufstieße. Doch Onkel Edips Antwort war kurz und eiskalt: „Na, im Sarg!" Nach und nach wurden die Hoffnungen auf eine Heimkehr fallen gelassen.

Gründe gab es dafür viele, auch wirtschaftliche und politische. Deutschland bot einen Arbeitsplatz samt Krankenversicherung und Aussicht auf Rente, überhaupt ein gesichertes Leben. Die Türkei hingegen hatte in den 80er-Jahren gerade einen Militärputsch hinter sich, die Inflationsrate brach historische Rekorde. Die türkische Lira verlor rapide an Wert, und um ausländisches Kapital ins Land zu holen, stellte die Regierung die eigenen Arbeitskräfte für geringste Löhne und ohne soziale Absicherung zur Verfügung. Gleichzeitig stiegen die Lebensmittelkosten. […]

In Deutschland erlaubte es die wirtschaftliche Lage eher zu heiraten. Also gründeten die Kinder der ehemaligen Gastarbeiter dort Familien, Enkel wurden geboren, die man nicht verlassen mochte. Die Last des Heimwehs drückte mit der Zeit weniger schwer. Deutschland war zur zweiten Heimat geworden. Die Häuser, die in der Hoffnung auf eine Rückkehr in die Türkei gekauft worden waren, wurden mehr und mehr als tote Investition betrachtet, es gab niemanden mehr, der darin jemals wohnen würde.

Semra Pelek: Leerstelle Heimat. Eine Kindheit zwischen Deutschland und der Türkei. In: Jeannette Goddar und Dorte Huneke (Hrsg.): Auf Zeit. Für immer. Zuwanderer aus der Türkei erinnern sich. Bundeszentrale für politische Bildung. Schriftenreihe Band 1183, Bonn 2011, S. 196 f.

Nachgefragt

1. Nenne Gründe, weshalb die Bundesrepublik mit Anwerbeabkommen ausländische Arbeiter gewinnen wollte (VT). ○

2. Die Wissenschaft unterscheidet Gründe für Migration in Push- und Pull-Faktoren (to push = (weg)drücken, to pull = (her)ziehen). Stelle die Gründe für die Migration von Türken in die Bundesrepublik Deutschland in einer Tabelle mit Push- und Pull-Faktoren dar. Beurteile, ob sich Push- und Pull-Faktoren eindeutig voneinander abgrenzen lassen (VT, Q4, Q5).

3. Arbeite aus Q4 die Situation der „Gastarbeiter" in der Bundesrepublik der 1970er-Jahre heraus.

4. Stelle ausgehend von Q2 dar, welche Probleme türkischstämmige Menschen in der Bundesrepublik hatten und noch haben.

Q6 Maßnahmen zur Integration?

Auf die Integration von „Gastarbeiterkindern" war man in Baden-Württemberg zu Beginn der 1970er-Jahre wenig vorbereitet. In Heilbronn gründete sich deshalb ein „Verein türkischer Arbeitnehmer", der entsprechende Maßnahmen forderte. Diesen Brief schickte der Vereinsvorsitzende im Sommer 1970 an den Oberbürgermeister von Heilbronn. Kinder aus Gastarbeiterfamilien unterlagen und unterliegen beispielsweise in Deutschland selbstverständlich der Schulpflicht. Noch in den 1970er-Jahren wurden an Schulen in Baden-Württemberg sogenannte „Vorbereitungsklassen" eingerichtet. In diesen wurden Kindern, etwa von „Gastarbeitern", Deutschkenntnisse vermittelt und ihnen so die Teilnahme am Regelunterricht ermöglicht. Derartige Klassen sind heute in Baden-Württemberg fest im Schulsystem integriert.

Verein +ürkische Arbeitnehmer
Heilbronn und Umgebung e.V
Böckingen S+romberg S+r:2I

Heilbronn den 3I/8/1970

Sehr geehr+e Herr Ob. Bürgermeis+er,

Wir leben in Heilbronn als Gas+arbei+er.Wir Haben den oben genan+en Verein gegründe+,um Türkische Gastarbei+er insozialen Fragen zu un+ers+ü+zen.
Ein von uns vorgeleg+er Plan sieh+ volgendes vor:
I-Eröffnung von +ürkischen Schulklassen, dafür brauchen Wir Lehrer und Lehrma+rial.
2-Türkische Kindergrippe,allein für Kindergrippe benötigen wir mona+lich mindes+ens 7000--DM. davon +ragen DM.3500-- die El+ern der Kinder und 3500-- DM. der Verein
3- Sprachkurse,für Erwachsene beabsich+igen wir Sprachkurse durchzuführen,dami+ unsere Landsleu+e am Arbei+spla+z nich+ mehr missvers+anden werden
4-Wir brauchen dafür unbedingt in Heilbronn ein Lokal dass wir unsere Verein dor+ hin biringen Können.
Wir wenden uns an alle Be+riebe,in denen +ürkische Arbei+nehmer beschäf+ig+ sind und bi++en um regelmessige Un+ers+ü+zung unseres Vereins und seiner Ziele . Wir wären Ihnen dankbar,wenn Sieuns rech+ bald eine posi+ife An+wor+ zukommen lassen würde.

Hochach+ungsvoll
Verein Türkischer Arbeitnehmer e.V

(Ihsan Sonkaya)

StadtA HN, B039-518

5. Arbeite aus Q6 Probleme von türkischen „Gastarbeitern" Anfang der 1970er-Jahre in Baden-Württemberg heraus. Bewerte, ob die vorgeschlagenen Maßnahmen zur Lösung der aufgezeigten Probleme beitragen können.

6. Analysiere die Karikatur Q1.

7. Der Schweizer Schriftsteller Max Frisch (1911–1991) schrieb einmal „Man hat Arbeitskräfte gerufen, und es kommen Menschen." Bewerte diese Aussage. ○

8. Arbeite aus Q3 die Forderungen der demonstrierenden Schüler heraus und erkläre sie. Recherchiere weitere Informationen zur (Geschichte der) doppelten Staatsbürgerschaft in der Bundesrepublik Deutschland und ordne Q3 in diese Diskussion ein. ●

AFB I: 1 AFB II: 3, 4, 5, 6 AFB III: 2, 7, 8

Zurück Richtung Zukunft? Die Türkei heute

In mittlerweile mehr als 15 Jahren Regierungsverantwortung hat die AKP mit Recep Tayyip Erdoğan an der Spitze das Gesicht der heutigen Türkei entscheidend geprägt. Auf welches historische Erbe beruft sich dessen Politik? Und: Wohin steuert die Türkei zukünftig?

2016: Putschversuch

In der Nacht vom 15. auf den 16. Juli 2016 putschten Teile des türkischen Militärs gegen Staatspräsident Recep Tayyip Erdoğan und die Regierung unter Ministerpräsident Binali Yıldırım – beides Politiker der AKP. Der gewaltsame Putsch scheiterte, doch auf ihn folgten zwei Jahre des „Kriegsrechts und Ausnahmezustandes". Die Umstände des Putsches sind bislang nicht abschließend geklärt, doch die Folgen liegen umso klarer auf der Hand.

Ausnahmezustand

Staatspräsident Erdoğan und seine Anhänger verfolgten in den Monaten nach dem Putsch die Drahtzieher der Aktion. Darüber hinaus wurden jedoch auch über 140.000 Staatsbeamte – darunter beispielsweise Richter, Polizisten, Lehrer und Professoren – vom Dienst supendiert und mehr als 50.000 Menschen verhaftet. Viele Medienunternehmen (also Zeitungsverlage, TV-Sender und Nachrichtenagenturen) wurden in ihrer Arbeit beschränkt und teils gar geschlossen. Ein Verfassungsreferendum in der Zeit des Ausnahmezustandes führte schließlich zu einem verfassungsmäßigen Umbau der Türkei hin zu einem Präsidialsystem. Der Putsch und seine Nachgeschichte lassen viele Fragen offen. Sie machen jedoch deutlich, wie zerissen die Türkei heute ist.

Wirtschaftliche Erfolge

Seit 2002, als die AKP in einer ökonomischen Krisensituation die Regierungsgeschäfte übernahm, hat die Türkei eine rasante wirtschaftliche Entwicklung gezeigt. Die Millionenmetropole Istanbul wurde durch Prestigeprojekte wie den leistungsstarken İstanbul Havalimanı (Istanbul Airport) oder eine unter dem Bosporus verlaufende U-Bahn-Strecke aufgewertet. Wirtschaftspolitische Maßnahmen der AKP-Regierung führten in der gesamten Türkei zum Ausbau der Infrastruktur (vor allem im Straßenverkehr) sowie zum Anstieg des Bruttoinlandsprodukts. Wirtschaftsexperten beschreiben ferner, dass neue Bildungseinrichtungen und Krankenhäuser geschaffen und die technische Modernisierung ländlicher Regionen entscheidend vorangetrieben wurden.

Konfliktpotential

Die Kehrseiten dieser Modernisierungspolitik sind einerseits wirtschaftlicher, andererseits auch gesellschaftspolitischer Natur: Die Konjunkturpolitik Erdoğans, die durch hohe Bankenanleihen vor allem aus dem Ausland finanziert wird, führt zur starken Abhängigkeit türkischer Banken vom Weltfinanzmarkt sowie zu einer seit Jahren steigenden Inflationsrate. Beide Entwicklungen könnten im schlimmsten Falle in Zukunft zu Problemen wie Zahlungsunfähigkeit und einem Ansteigen der ohnehin bei über 10 Prozent liegenden Arbeitslosigkeit führen.

Ferner überdeckt die insgesamt positive Wirtschaftsbilanz der Erdoğan-Ära drängende soziale und politische Konflikte: Da sind zum einen ungelöste Probleme aus der Zeit vor der AKP-Regierungsübernahme, vor allem die immer wieder blutig ausgetragene Auseinandersetzung zwischen der türkischen Regierung und der großen Minderheit der türkischen Kurden; darüber hinaus auch der Gegensatz zwischen der Stadtbevölkerung im Süden und Westen des Landes und der anatolischen Landbevölkerung. Während letztere mehrheitlich konservativ geprägt ist, haben viele Stadt-

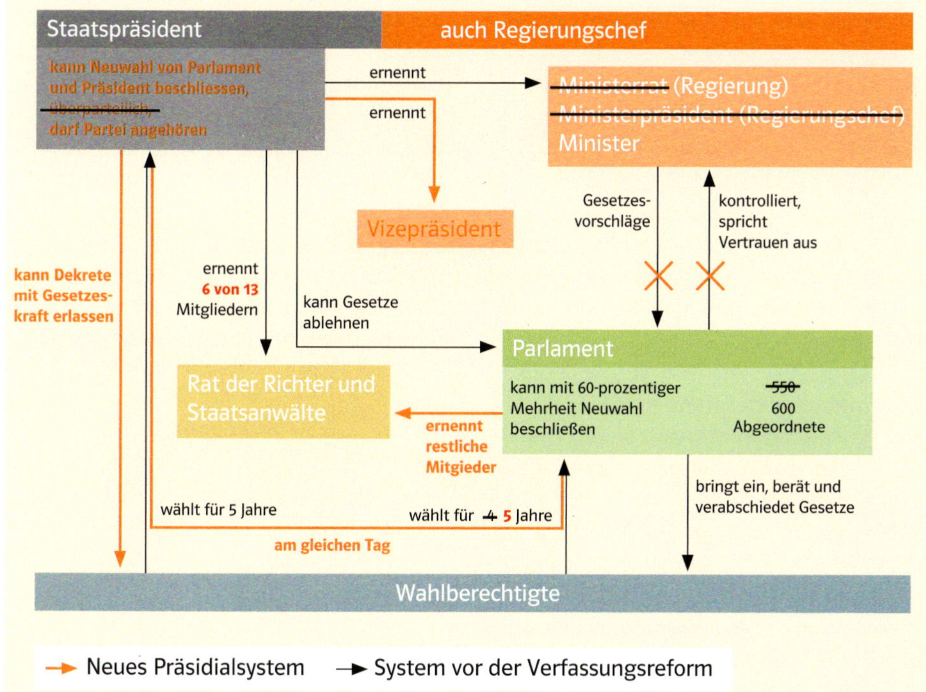

D1 Präsidialsystem
Die Verfassung der Türkei wurde durch eine Verfassungsreform im Jahre 2017 entscheidend verändert. Folgende Grafik zeigt die wesentlichen Unterschiede zwischen alter und neuer Verfassung auf.

bewohner an der Mittelmeerküste liberale Lebensentwürfe.
Von entscheidender Bedeutung ist diesbezüglich die sich verändernde Rolle des Islam innerhalb der türkischen Gesellschaft. Die AKP weicht mit ihrer konservativen, wirtschaftsliberalen und stark vom islamischen Glauben beeinflussten Haltung zunehmend vom laizistischen Erbe Atatürks ab. Der Islam dringt verstärkt in den politischen und sozialen Alltag vor und mindert damit die gesellschaftliche Bedeutung anderer Religionen.

Geschichtspolitik

Um gesellschaftliche Widersprüche und Konflikte zu überwinden, setzt Staatspräsident Erdoğan wie viele seiner Vorgänger auf Geschichtspolitik. Dabei bedient er sich hauptsächlich zweier Rückbezüge:
So fasst er in politischen Reden das Jahr 2023 als Richtwert ins Auge, da sich in diesem Jahr die Republikgründung zum 100. Male jähren wird. Damit beruft er sich bei gleichzeitiger Ablehung des Kemalismus zugleich auf einen seiner Grundpfeiler: den türkischen Nationalismus. Auch die sich wiederholende Erinnerung an die Schlacht von Manzikert, in welcher der seldschukische Sultan Arp Aslan 1071 die christlichen Byzantiner besiegte und Türken sich in Anatolien ansiedelten, soll der nationalen türkischen Idee Vorschub leisten.
Anders als im Kemalismus, der das Osmanische Reich als „untürkisches" und „zurückgebliebenes" Reich ablehnte, beruft sich die AKP auf dessen glorreiche imperiale Zeit. Kritische Stimmen nennen diese historische Symbolpolitik Neo-Osmanismus – und spielen damit auf die außenpolitischen Entwicklungen der letzten Jahre an.

Die Türkei und Europa

Als ein AKP-Kabinett 2002 die Regierungsgeschäfte in der Türkei übernahm und recht bald wirtschaftspolitische Erfolge aufweisen konnte, schien eine weitere Annäherung zwischen der Europäischen Union und der Republik Türkei möglich. Bereits 1999 hatte die Türkei den Status eines Beitrittskandidaten zur EU erhalten. 2005 wurden schließlich offizielle Beitritts-Verhandlungen aufgenommen. Doch die Gespräche zogen sich immer wieder hin,

Zypernkonflikt
Die vormals britische Kronkolonie und seit 1960 unabhängige Republik Zypern ist seit der Besetzung des Nordens durch die Türkei 1983 in einen griechisch-zyprischen Südteil und einen türkisch-zyprischen Nordteil geteilt. Die sog. „Türkische Republik Nordzypern" ist, außer von der Türkei, international nicht anerkannt.

einerseits weil einzelne Parteien und Politiker innerhalb der EU-Staaten den Beitritt des bevölkerungsstarken und mehrheitlich islamischen Landes ablehnten. Andererseits aber auch, weil zentrale Streitfragen, wie die Auseinandersetzung um Zypern (**Zypernkonflikt**) und Menschenrechtsverfehlungen, einer Aufnahme in die EU rechtlich im Wege stehen. Im November 2016 wurden die Beitrittsverhandlungen seitens der EU eingefroren.

Die Türkei und der Nahe Osten

Die gescheiterten Verhandlungen mit der EU gingen einher mit einer neuen außenpolitischen Orientierung der Türkei. In den vergangenen zehn Jahren trat die Türkei im Nahen Osten zunehmend als regionale Großmacht in Erscheinung. Als 2011 in diversen Staaten des Nahen Ostens Revolten gegen die jeweiligen Herrscher ausbrachen (etwa in Syrien, Ägypten und Libyen), konnte sich Erdoğans Türkei als wirtschaftlich stabiles und demokratisches Land präsentieren. Diese Führungsrolle anzustreben, bedeutete für die Türkei jedoch auch, in den Krisengebieten der Region aktiv zu werden. Eine Sonderstellung im Nahen Osten würde ferner verlangen, sich gegen die Interessen anderer Großmächte zu stellen, die im Nahen Osten aktiv sind: Russland, Iran und nicht zuletzt die USA. Doch will sich das NATO-Mitglied Türkei tatsächlich langfristig auf solche Alleingänge begeben?

Q1 Das Geschäftsviertel Levent ist Teil des Istanbuler Stadtteils Beşiktaş Foto, ohne Datum

Q2 Rückbesinnung auf die Vielfalt

Der in Berlin lebende Schriftsteller Zafer Şenocak schreibt über Gegenwart und Zukunft der Türkei:

Hören wir heute „Türkei", denken wir sofort an „Erdoğan". Denn der türkische Präsident ist nicht nur eine Reizfigur […] Erdoğan hat Populismus und Ideologie erfolgreich gekreuzt. So erfolgreich, dass seine Gegner machtlos scheinen.

Die Stärke des türkischen Präsidenten beruht dabei vor allem auf den Bildern, die er von sich geschaffen hat. Spätestens seit dem Putschversuch [des Jahres 2016] ist er starker Mann und Retter der Demokratie zugleich. Gläubiger Muslim noch dazu – die politische Figur, die in der islamischen Welt für Fortschritt, Wohlstand und Orientierung sorgen soll.

Denn auch geistig liegt die islamische Welt in Trümmern. In dieser Lage hoffen die Menschen auf einen Prinzen, der sie aus der misslichen Lage rettet. Die Ölprinzen vermochten es bislang nicht. Und die Islamisten stellen fast täglich unter Beweis, dass ihre ideologische Alternative keine Prinzipien kennt. Dass ihr Hass auf westliche, liberale Werte im Blutbad endet.

Und tatsächlich: In der Türkei liegt noch Hoffnung. Nicht weil Erdoğan die Türkei regiert. Nein, ganz im Gegenteil, weil das türkische Volk langsam beginnt, sich auf seine heterogenen Wurzeln zu besinnen. Weder die Rückbesinnung auf die islamische Religion, noch der laizistische Nationalismus allein können die türkische Identität heute bestimmen.

Im untergegangenen Osmanischen Reich hatte der Nationalismus Schreckliches angerichtet. Aufgearbeitet wurde das nie. Eine ständige Selbstverleugnung war die Folge. Türkische Identität kann nur in der Diversität des Landes zu sich selbst finden. In der Geschichte der verschiedensten Volksgruppen, Sprachen und Religionen.

Zafer Şenocak: Demokratische Prinzipien. Erdoğan ist nicht die Türkei, Beitrag vom 04.08.2017, auf: https://www.deutschlandfunkkultur.de/demokratische-prinzipien-erdogan-ist-nicht-die-tuerkei.1005.de.html?dram:article_id=392678 (Zugriff: 26.03.2019).

Q3 Blick auf das alte Dorf Kahta im Südosten Anatoliens Foto, 2015

Q4 Deutsch-türkische Stimmen zur Lage in der Türkei

Das Magazin DER SPIEGEL befragte seit dem Militärputsch des Jahres 2016 Deutsche türkischer Herkunft zur aktuellen Situation in der Türkei.

Ertan, 36, Gastronom:
Um ganz ehrlich zu sein: Ich habe meine Stimme auch der AKP gegeben, obwohl ich nicht unbedingt Anhänger von Erdoğan bin. Aber ich kann mich noch gut an die alten Zeiten in der Türkei erinnern. Es gab regelmäßig Preiserhöhungen: Strom, Brot, alles war teuer.
Seit Erdoğan regiert, hat sich viel geändert. Mehr Menschen in meiner Verwandtschaft arbeiten, die Preise sind stabiler. Der Lebensstandard hat sich verbessert. Für mich spielt es also keine Rolle, ob an der Spitze Erdoğan, Ali oder Mehmet steht, wichtig ist, dass es den Leuten im Land gut geht. Das Problem der Türkei ist: Es geht nicht anders als mit harten Maßnahmen. So viele Meinungen, Kulturen. Das mag jetzt etwas zu hart klingen, aber vielleicht muss in der Türkei eine leichte Diktatur herrschen, damit Dinge funktionieren. Natürlich muss das mit der Demokratie verbunden sein. Aber mit anderen Ländern in Europa kann man das nicht vergleichen. Letztlich ist Erdoğan unser Präsident. Es gibt genug Länder, in denen täglich Hunderte Menschen ermordet werden. Ob ich nun für oder gegen Erdoğan bin: Die Tatsache, dass er in den deutschen Medien jeden Tag an oberster Stelle steht, greift mich auch persönlich an. Es fühlt sich an, als versuche man, unser Land schlecht zu machen. […]

Ali, 58, Verkäufer in einem Bekleidungsgeschäft:
Ich habe Erdoğan gewählt. Vor ihm war unsere Wirtschaft am Boden, und es gab zahlreiche Konflikte im Land, zwischen Kurden, Türken, Aleviten, Sunniten, Muslimen, Christen. Heute muss niemand mehr Angst haben, jeder kann seine Meinung sagen und sich bekennen.
Ich bin zum Beispiel Türke, meine Frau ist Kurdin, und wir können beide stolz sein und dazu stehen. Ich bin seit 43 Jahren in Deutschland, meine Kinder sind hier geboren, meine Enkelkinder sind schon groß, ich zahle meine Steuern. Mein Herz gehört beiden Ländern.
Aber Deutschland sollte sich mehr aus der türkischen Politik raushalten. Deutschland und die Türkei haben eine lange freundschaftliche Geschichte. Es macht mich traurig, dass plötzlich so viele Menschen meinen, die Türkei angreifen zu müssen. Natürlich nehmen Menschen es persönlich, wenn man den Mann angreift, den sie gewählt haben.
[…]

Recep, 52, Leiter eines Reisebüros:
Ich bin deutscher Staatsbürger mit türkischer Abstammung. […] Seit Atatürk hat sich die Türkei Richtung Westen orientiert, nun wollen uns sowohl Erdoğan als auch Gülen wieder zurück in den Sumpf ziehen. Beide wollen herrschen, beide sind gefährlich, beide machen gute Propaganda.
In Deutschland schmeißen die Leute uns Türken nun alle in einen Topf, aber es gibt auch demokratische Türken, die andere Ansichten haben. Wir sind nicht alle gleich. Erdoğan baut seine Alleinherrschaft auf, und Deutschland sollte als demokratisches Land nicht so viele Kompromisse eingehen. Wem es hier nicht gefällt, der kann ja gehen.
Islamische Konservative und Demokratie passen nicht zusammen. Die Türkei stand einst mit einem Bein in der Demokratie, nun ist auch das Bein weg. Die Türkei ist nicht mehr zu retten.

Kendra Stenzel: Deutsch-Türken in Gelsenkirchen: „Vielleicht muss eine leichte Diktatur herrschen", 12.08.2016, auf: http://www.spiegel.de/politik/deutschland/gelsenkirchen-was-deutsch-tuerken-ueber-erdogan-denken-a-1107002.html (Zugriff: 26.03.2019).

Nachgefragt

1. Nenne Erfolge und Probleme, welche die politische Situation der heutigen Türkei prägen. Lege hierfür eine Tabelle an (VT).

2. Beurteile, inwiefern die Modernisierungspolitik der AKP das Leben der türkischen Bevölkerung in und außerhalb der Türkei beeinflusst hat (Q4, VT). ○

3. Skizziere die außenpolitische Ausrichtung der Türkei seit 2002 (VT).

4. Erkläre anhand des Verfassungsschemas D1, wie sich das politische System der Türkei im Jahre 2017 verändert hat. ○

5. Bewerte Zafer Şenocaks These, die Zukunft der Türkei liege in der Anerkennung ihrer Vielfalt (Q2). ●

D2 Geschichtspolitik

Berthold Seewald, leitender Geschichtsredakteur der WELT, nannte 2016 in einem Artikel das Osmanische Reich als Erdoğans großes Vorbild.

Gern begründet der türkische Präsident seine Politik mit Verweisen auf das Weltreich der Osmanen. Die Gründe für dessen Niedergang werden dabei ebenso ausgeblendet wie die Konsequenzen. [...] Der Mut [der osmanischen] Elitetruppen und der Erfindungsreichtum ihrer Ingenieure verdeckten lange die klaffenden Risse in der glanzvollen Fassade. [...] Ende des 17. Jahrhunderts gelang [dem Osmanischen Reich] noch einmal eine Renaissance, die in der zweiten Belagerung Wiens 1683 gipfelte. Mit dem Gegenschlag der Habsburger und der Südexpansion des Zarenreichs aber begann der Krebsgang. Als sich im Windschatten der Französischen Revolution die christlichen Balkanvölker erhoben und Ägypten seine Autonomie erlangte, war aus dem Weltreich, das dem 16. Jahrhundert seinen Namen gegeben hatte, „der kranke Mann am Bosporus" geworden, ein Spielball zwischen den westlichen Großmächten.

Wie es dazu kam, hat schon die Zeitgenossen in unversöhnliche Lager gespalten. Für die einen war es die Missachtung des Islam und überkommener Tugenden, für die anderen ein Mangel an Reformbereitschaft und Modernität, die den Niedergang befördert hatten. Den Streit entschied Mahmud II., als er 1826 mit der Elitetruppe der Janitscharen die Hüter der alten Ordnung buchstäblich liquidieren ließ. Was Erdoğan davon hält, machte er mit seinem Plan deutlich, eine pompöse Janitscharen-Kaserne auf dem Taksim-Platz in Istanbul zu rekonstruieren. Das Projekt provozierte 2013 heftige Demonstrationen und Straßenschlachten.

Der Zusammenbruch des Osmanenreichs im Ersten Weltkrieg und der Aufstieg der laizistischen Republik Atatürks 1923 ist für Erdoğan denn auch kein Grund, sich von der Landkarte mit der großen Vergangenheit zu verabschieden. Erst jüngst reklamierte er griechische Inseln in der Ägäis für die Türkei, weil „wir dort Werke, Moscheen und eine Geschichte" haben. Wenn er das ernst meint, könnte seine Osmanen-Begeisterung politischer Sprengstoff werden. Denn die Grenzen der modernen Türkei wurden 1923 im Vertrag von Lausanne zwischen den Siegermächten des Weltkriegs und dem Regime Atatürks festgelegt. Damals wurde auch der völkerrechtliche Status zahlreicher Gebiete bestätigt, die das Osmanenreich in Kriegen und Revolutionen zwischen 1804 und 1913 verloren hatte.

Berthold Seewald: Osmanisches Reich. Die Welt. 7.11.2016, auf: https://www.welt.de/geschichte/article159307886/Dieses-Imperium-ist-Erdogans-grosses-Vorbild.html (Zugriff:26.03.2019).

6. Betrachte Q1 und Q3 und vergleiche die Fotografien. Erläutere, inwiefern der dargestellte Gegensatz die Türkei beeinflusst. Berücksichtige dabei die Kategorien: Kultur, Infrastruktur, Politik und Religion.

7. Analysiere die Geschichtspolitik Recep Tayyip Erdoğans. Berücksichtige dabei die folgenden Kategorien: Ziele, Methoden, Symbole (D2, VT).

8. Auf einer Feier in Istanbul treffen sich Kasim, ein Anhänger der AKP, und Pinar, eine Anhängerin des Kemalismus. Es entwickelt sich ein politisches Streitgespräch, als Kasim behauptet: „Unter Erdoğan geht es der Türkei besser denn je!" (Q2, Q4, D2). Arbeite zusammen mit einem Partner, gestalte den Dialog schriftlich. ○

AFB I: 1 AFB II: 3, 4, 6, 7 AFB III: 2, 5, 8

Überprüfe dich
Selbsteinschätzungsbogen
c4qn4v

Üben interaktiv
c4qn4v

1. Überblickswissen Osmanisches Reich

Begriffe erklären

Sachkompetenz

Erkläre die folgenden Begriffe bezogen auf das Osmanische Reich:

Kalifat – Scharia – Janitscharen – „Pax Ottomanica" – Seidenstraße – Seeweg nach Indien

2. Vom Osmanischen Reich zur Türkei

Wichtige Ereignisse zeitlich einordnen

Sachkompetenz

a) Ordne die folgenden Ereignisse in richtiger Reihenfolge:

A Vertrag von Lausanne
B Beginn des türkischen Unabhängigkeitskrieges
C Gründung der Republik Türkei
D Einführung des Frauenwahlrechts
E Vertrag von Sèvres
F Deutsch-Türkische Waffenbrüderschaft im Ersten Weltkrieg
G Absetzung Sultan Abdülhamid II. durch die Jungtürken
H Abschaffung des Kalifats

b) Übertrage die Ereignisse auf einen Zeitstrahl.

3. Osmanisches Reich als Imperium

Eine These überprüfen

Sachkompetenz, Methodenkompetenz, Reflexionskompetenz

a) Überprüfe, ob man das Osmanische Reich als Imperium bezeichnen kann (Q1).
b) Überprüfe, ob man das Osmanische Reich als islamisches Imperium bezeichnen kann (Q1).

Q1 Das Osmanische Reich
Das Magazin „Geo Epoche" widmete dem Osmanischen Reich im Jahr 2012 ein eigenes Heft. Auf dem Titelblatt wird das Osmanische Reich als „islamisches Imperium" bezeichnet.

4. Die kemalistischen Reformen

Veränderungen analysieren und bewerten

Sachkompetenz, Reflexionskompetenz

a) Übertrage die unten stehende Tabelle in dein Heft und erkläre die genannten Aspekte des Kemalismus mit Bezug auf Atatürks Reformpolitik in der Türkei (1923–1938).

b) Beurteile die folgende These: „Atatürks Politik war revolutionär!"

Aspekt kemalistischer Politik	Erklärung
Republikanismus	
Laizismus	
Nationalismus	

5. Türkische (Arbeits-)Migration

Eine Textquelle (Gedicht) analysieren

Sachkompetenz, Methodenkompetenz, Reflexionskompetenz

Analysiere das Gedicht „Die Heimat" (Q2) und überprüfe, ob es in seiner Aussage „typisch" für die zweite und dritte Generation von sogenannten türkischen „Gastarbeitern" in Deutschland ist. Begründe deine Einschätzung.

Q2 Die Heimat

Habib Bektas, geboren 1951 in der Türkei, kam als junger Mann nach Deutschland. Seitdem lebt er hier und veröffentlicht Gedichte und Prosatexte, die er auf Türkisch schreibt und erst danach ins Deutsche übersetzt.

Die Heimat

die türkei, papa, sagst du,
ist unsere heimat.
aber dort
sprechen sie doch nicht deutsch
wie bei uns hier.

memleket

türkiye'ye, baba, memleketimiz diyorsun
ama orada
almanca konusmuyorlar ki
bizim buradaki gibi.

Aytac Erylmaz/Matilde Jamin (Hrsg.), Fremde Heimat – Eine Geschichte der Einwanderung aus der Türkei. Katalog zu der gleichnamigen Ausstellung des Ruhrlandmuseums und Dokumentationszentrums und Museums über die Migration aus der Türkei. Klartext-Verlag, Essen 1998. S. 389. Übertragen aus dem Türkischen von Habib Bektas und Wolf Peter Schnetz.

Ehemalige Imperien und die Europäische Integration
Online-Material
n593ft

5 Ehemalige Imperien und die Europäische Integration im Vergleich

Die Europäische Union ist in den letzten Jahren stetig gewachsen und sieht sich gegenwärtig vielfältigen Problemen ausgesetzt. Kann man aufgrund ihrer Größe von einem Imperium sprechen? Welche Rolle werden künftig Nationalstaaten und supranationale Institutionen angesichts unterschiedlicher Herausforderungen spielen? Welche politische Organisationsform ist am besten geeignet, anstehende Probleme zu lösen?

Q1 Die Europäische Union gestern und heute

oben: An der deutsch-französischen Grenze bei St. Germanshof verbrennen Studenten Grenzpfähle. Auf dem Plakat steht: „Europa ist gegenwärtig. Wir fordern die Gründung eines europäischen Parlaments und einer europäischen Regierung!" Foto, 1950

Mitte: Neu errichteter ungarischer Grenzzaun an der EU-Außengrenze zu Serbien, Foto, 2017

unten: „Krise als Chance", Karikatur von Thomas Plaßmann, Juni 2016

1. Beschreibe Q1 (oben und Mitte). Ordne die Bilder jeweils historisch ein und vergleiche sie.

2. Analysiere Q1 (unten). Welche Probleme werden durch die Karikatur angesprochen?

3. Formuliere eigene Fragen, die sich aus den Bildern für dich ergeben.

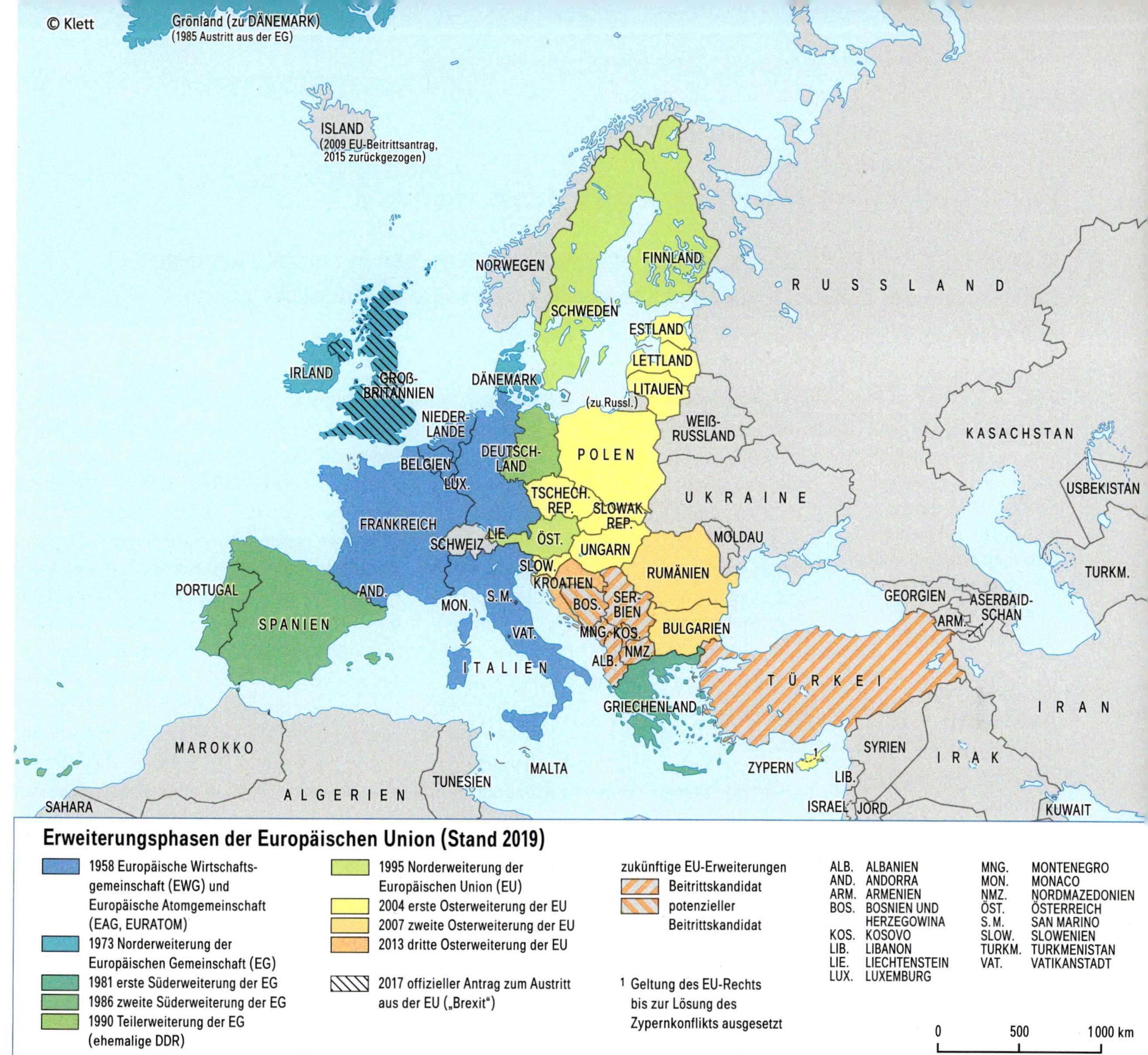

Kompetenzen

Am Ende dieses Kapitels weißt und kannst du Folgendes:

Sachkompetenz

- Du kannst die Etappen der europäischen Einigung seit 1945 erläutern.
- Du kannst Chancen und Probleme von Imperien, Nationalstaaten und der EU als supranationaler Organisation charakterisieren.

Methodenkompetenz

- Du kannst Schaubilder und Grafiken vertieft analysieren.

Fragekompetenz

- Du kannst Untersuchungsschritte planen zur Frage: Wie soll unsere Zukunft aussehen?

Reflexionskompetenz

- Du kannst erörtern, ob nationale oder supranationale Institutionen besser geeignet sind, die Herausforderungen der Zukunft zu bewältigen.

Orientierungskompetenz

- Du kannst gegenwärtige Erfolge und Probleme der EU aus der Geschichte erklären.

Die Europäische Union – ein „Imperium"?

Nie wieder Krieg! Darin waren sich die allermeisten Menschen in Europa nach der Katastrophe des Zweiten Weltkrieges einig. Doch wie sollte ein friedliches Europa aussehen?

Kalter Krieg
Der Kalte Krieg begann kurz nach dem Zweiten Weltkrieg und endete 1989/90. Man spricht von „kalt", weil es nie zu einem direkten militärischen Konflikt zwischen den Supermächten gekommen ist.

Supranationale Organisation
eine über den Staaten stehende, europäische Behörde

Streben nach Frieden und Sicherheit

Frankreich hatte im Krieg besonders gelitten, deshalb war es daran interessiert, die 1949 gegründete Bundesrepublik europäisch einzubinden und zu kontrollieren. Im Gegenzug strebte Bundeskanzler Konrad Adenauer danach, für den jungen, noch nicht vollauf souveränen westdeutschen Staat mehr Rechte zu erlangen. Deutschland sollte als gleichberechtigter Partner in Europa existieren. Viele Menschen wünschten sich ein vereinigtes Europa. Doch mit den immer deutlicher werdenden Spannungen zwischen Ost und West und dem Beginn des **Kalten Krieges** wurde auch klar, dass es den von der Sowjetunion besetzten Staaten Osteuropas nicht möglich war, an einem europäischen Einigungsprozess mitzuwirken. Was für Lösungen boten sich angesichts dieser Situation an?

Q1 Union des Friedens? Union des Streits?
Im Jahr 2012 hat die EU den Friedensnobelpreis erhalten. Karikatur „Friedensnobelpreis" von Paolo Calleri, 2012

Vereinigung durch Kohle und Stahl?

Das Ruhrgebiet mit seiner Kohle- und Stahlindustrie war die Grundlage deutscher Rüstungs- und Waffenindustrie gewesen. Der französische Außenminister Robert Schuman schlug in einem nach ihm benannten Plan vor, dass die westeuropäischen Staaten sich zur Produktion und zum Vertrieb von Kohle und Stahl zusammenschließen sollten. Damit sollte dem Sicherheitsbedürfnis Frankreichs und anderer Länder Rechnung getragen werden. Zugleich hoffte er, dass sich durch die Kooperation verschiedener Staaten wirtschaftliche Vorteile beim Wiederaufbau Europas ergeben würden. Deutschland und Frankreich unterzeichneten gemeinsam mit Italien und den Beneluxländern im April 1951 den Vertrag zur Gründung der Europäischen Gemeinschaft für Kohle und Stahl (EGKS oder auch Montanunion). An der Spitze der gemeinsamen Kohle- und Stahlindustrie stand eine ***supranationale Organisation***, also eine über den Staaten stehende, europäische Behörde. Die Montanunion war der erste Schritt auf dem Weg zur **europäischen Integration.**

Die EG: ein vereinigtes Europa?

Die Mitglieder der Montanunion vertieften bald ihre wirtschaftliche Kooperation. 1957 gründeten sie die Europäische Wirtschaftsgemeinschaft (EWG). 1967 schlossen sie sich zur Europäischen Gemeinschaft (EG) zusammen. Der gemeinsame Wirtschaftsraum sollte den Handel und den Wohlstand fördern. Viele Länder erkannten die Vorzüge des gemeinsamen europäischen Binnenmarktes und traten der EG bei. In den 70er- und 80er-Jahren waren das fast alle westeuropäischen Staaten. Somit vergrößerte sich die EG auf Grund ihrer wirtschaftlichen Attraktivität. Die EG praktizierte zwar

D1 Institutionen der Europäischen Union (2020)

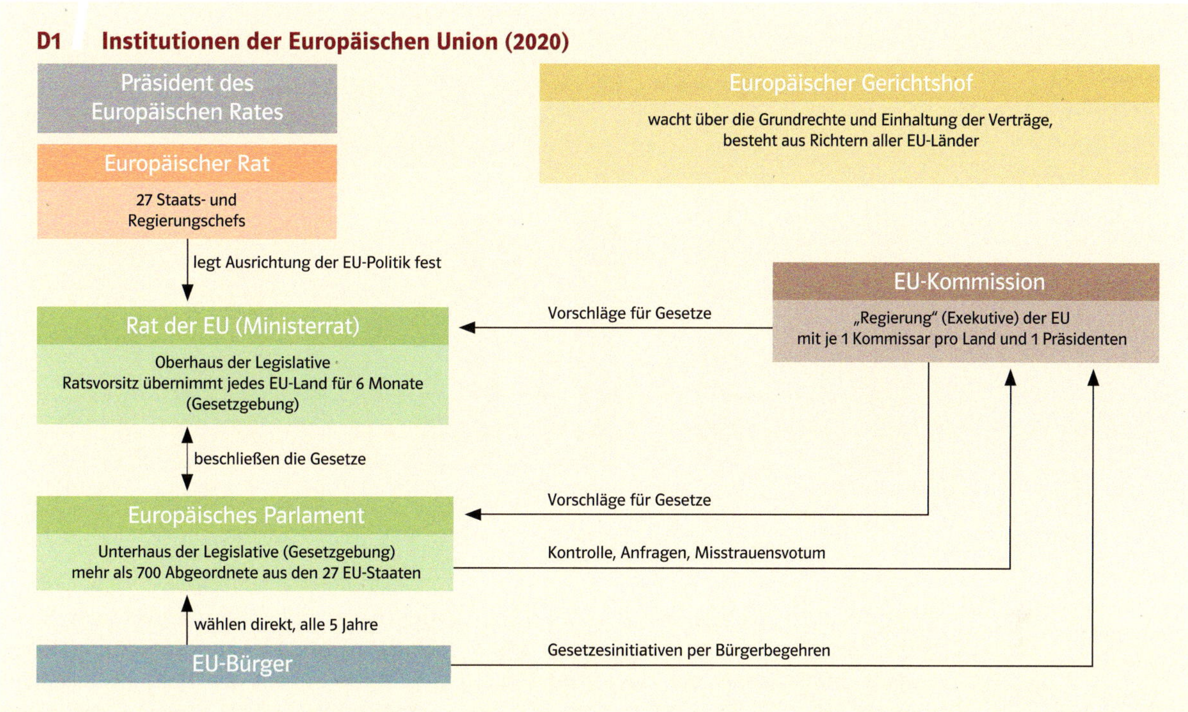

seit 1962 eine gemeinsame Agrarpolitik, doch Bemühungen um einen politischen Zusammenschluss erwiesen sich noch als schwierig.

Bundesstaat – Staatenbund?

Großreiche waren in der Geschichte fast immer zentral gelenkt und autokratisch regiert worden. Im Gegensatz dazu strebten die Mitglieder der Gemeinschaft von Anfang an eine demokratische Ordnung an. Es tauchten jedoch grundlegende Fragen auf: Sollte Westeuropa sich zu einem Bundesstaat nach dem Vorbild der USA entwickeln, wo es zwar Einzelstaaten gibt, gleichzeitig aber eine starke zentrale Regierung? Oder sollte es sich lediglich in einem losen Staatenbund zusammenschließen und national unabhängig bleiben?

Es zeigte sich, dass die meisten Staaten nicht bereit waren, umfassende nationale Rechte an supranationale europäische Institutionen abzugeben. Ein Beispiel dafür war der vergebliche Versuch, 1954 eine europäische Verteidigungsgemeinschaft mit gemeinsamen Streitkräften zu gründen. Die französische Nationalversammlung sperrte sich dagegen, und so behielt Westeuropa seine nationalen Armeen, welche weitgehend in die Verteidigungsstruktur der Nato unter US-amerikanischer Führung eingebunden waren.

Die EU als „Imperium"?

Der Vertrag von Maastricht legte 1992 die Abschaffung aller Binnenzölle fest. Damit entwickelte sich ein ungehinderter Verkehr zwischen Personen, Waren und Dienstleistungen, ein Phänomen, wie wir es von ***Imperien*** kennen. Gleichzeitig wurde eine gemeinsame Außen- und Sicherheitspolitik vereinbart. Von nun an nannte sich die Gemeinschaft Europäische Union (EU). Seit 2002 gilt der Euro als einheitliche Währung in vielen Mitgliedsländern der EU. Der Plan einer gemeinsamen europäischen Verfassung scheiterte allerdings 2005 an Volksabstimmungen in Frankreich und den Niederlanden.

Mit dem Ende des Kalten Krieges wuchs die EU durch die Aufnahme vieler osteuropäischer Staaten gewaltig an. Gleichzeitig fiel es angesichts zahlreicher neuer Mitglieder immer schwerer, sich auf gemeinsame Ent-

europäische Integretation
Darunter versteht man die fortschreitenden wirtschaftlichen und politischen Verflechtungen der europäischen Staaten.

D2 Europaskepsis in Osteuropa?
Umfrage unter 15- bis 24-jährigen EU-Bürgern im Jahr 2017

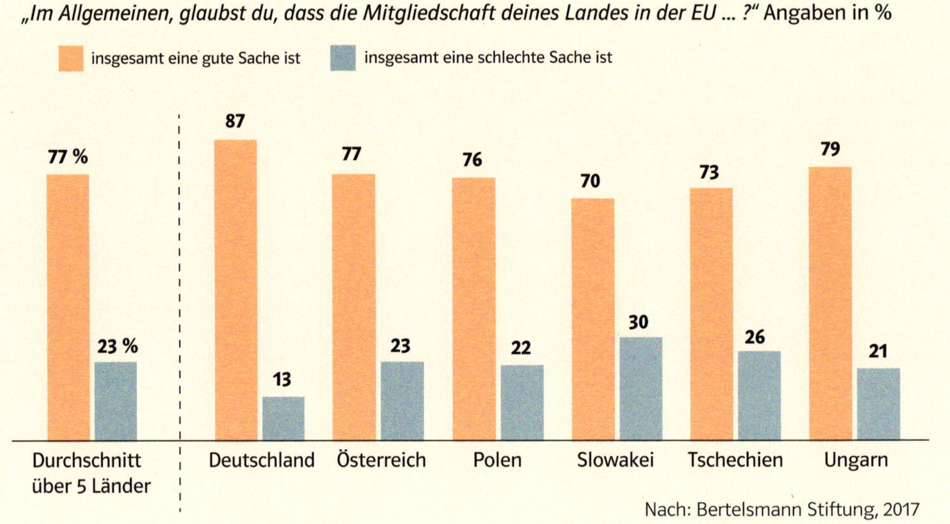

scheidungen zu einigen. Viele Abstimmungen bedürfen der Einstimmigkeit. Vor allem darin unterscheidet sich die EU trotz ihrer territorialen Ausdehnung von zentral verwalteten Imperien.

Brüssel als Zentrum der EU?

Brüssel wird gerne als „Hauptstadt" Europas bezeichnet. Hier befinden sich viele europäische Institutionen wie der Europäische Rat. In ihm sind alle Staats- und Regierungschefs vertreten, beraten sich auf höchster Ebene und treffen Entscheidungen. Den Vorsitz übernimmt rotierend immer ein EU-Mitgliedsland für ein halbes Jahr. Doch befinden sich wichtige Institutionen der Europäischen Union auch in anderen Mitgliedsländern. Das Europaparlament hat zum Beispiel seinen Sitz in Straßburg, der Europäische Gerichtshof (EuGH) in Luxemburg und die Europäische Zentralbank (EZB) in Frankfurt am Main. Das EU-Recht hat formell Vorrang vor nationalem Recht. Tatsächlich jedoch besteht die Rechtsordnung der jeweiligen Mitgliedsländer meist gleichberechtigt weiter.

Europäische Werte und Toleranz

Die 1953 in Kraft getretene Europäische Menschenrechtskonvention spricht sich explizit gegen jede Diskriminierung aus. Über ihre Umsetzung wacht der Europäische Gerichtshof für Menschenrechte in Straßburg. In Europa leben zahlreiche nationale Minderheiten wie die Basken in Spanien und Frankreich, die Sorben in Sachsen oder die Dänen in Schleswig-Holstein. Um interkulturelle Dialoge und Toleranz zu fördern, trat 1998 das Rahmenübereinkommen zum Schutz nationaler Minderheiten in Kraft. Ergänzt werden diese Regelungen durch die seit 2009 verbindliche Charta der Grundrechte der Europäischen Union.

Die EU in der Krise

Die weltweite Finanz- und Wirtschaftskrise von 2008 hat auch die Euroländer ergriffen. Schon 2010 hatten die Eurokrise und die Wirtschafts- und Schuldenkrise in Griechenland die EU vor gewaltige Herausforderungen gestellt. Hier wie auch bei dem seit 2015 zunehmend wichtigen Thema der Aufnahme von Geflüchteten in Länder der EU offenbart sich die Uneinigkeit der Mitgliedsländer. Zugleich ist ein Aufstieg von nationalistischen und EU-feindlichen Parteien in Europa zu verzeichnen. In osteuropäischen Ländern wie Ungarn und Polen setzt die Regierung zudem auf nationale und europaskeptische Töne. Die Europaskepsis in Großbritannien gipfelte in dem 2016 durchgeführten Referendum über den Verbleib in der EU: 51,9 Prozent der Briten stimmten für den Brexit, 48,1 dagegen.

Q2 Vereinigte Staaten von Europa?

Am 16. September 1946 hält der ehemalige Premierminister Winston Churchill angesichts des beginnenden Konfliktes zwischen West und Ost an der Universität Zürich eine Rede. In ihr spricht er über die Möglichkeit eines vereinigten Europas:

Wir müssen etwas wie die Vereinigten Staaten von Europa schaffen […]. Es gibt keinen Grund, warum eine regionale Organisation Europas in irgendeiner Weise im Gegensatz zu der Weltorganisation der Vereinten Nationen stehen sollte. […]

Der erste Schritt bei der Neugründung der europäischen Familie muß eine Partnerschaft zwischen Frankreich und Deutschland sein. Nur auf diese Weise kann Frankreich die moralische Führung Europas wieder erlangen. Es gibt kein Wiederaufleben Europas ohne ein geistig großes Frankreich und ein geistig großes Deutschland. Die Struktur der Vereinigten Staaten von Europa, wenn sie gut und echt errichtet wird, muß so sein, daß die materielle Stärke eines einzelnen Staates von weniger großer Bedeutung ist. Kleine Nationen zählen ebenso viel wie große und erwerben sich ihre Ehre durch ihren Beitrag zu der gemeinsamen Sache. […]

Ich muß Sie aber auch warnen. Die Zeit ist vielleicht knapp. Gegenwärtig haben wir eine Atempause. Die Geschütze schweigen. Der Kampf hat aufgehört, aber nicht die Gefahren. Wenn es uns gelingen soll, die Vereinigten Staaten von Europa oder welchen Namen auch immer sie tragen werden, zu errichten, müssen wir jetzt damit beginnen. […]

Wenn zu Anfang auch nicht alle Staaten Europas willens oder in der Lage sind, der Union beizutreten, müssen wir uns dennoch ans Werk machen, diejenigen Staaten, die es wollen und können, zusammenzufassen und zu vereinen. Die Rettung der Massen einer jeden Rasse und eines jeden Landes vor dem Krieg oder der Knechtschaft muß auf festen Grundlagen erfolgen und von der Bereitschaft aller Männer und Frauen geschützt werden, eher zu sterben, als sich der Tyrannei zu beugen. Bei dieser so dringenden Aufgabe müssen Frankreich und Deutschland die Führung zusammen übernehmen.

Zit. nach Geschichte in Quellen. Die Welt seit 1945, bearb. von Helmut Krause und Karlheinz Reif, hrsg. von Wolfgang Lautemann und Manfred Schlenke, bsv, München 1980, S. 346 f.

Q3 Die Montanunion: Keimzelle Europas?

Am 12. Juli 1951 gab Bundeskanzler Adenauer vor dem Deutschen Bundestag eine Erklärung zum Schuman-Plan und zum ausgearbeiteten Vertragsentwurf über die Montanunion ab.

[…] Wir müssen uns darüber klar sein, daß französische Bevölkerungskreise vielfach noch immer in dem Gedanken leben, daß Deutschland ein eventueller zukünftiger Gegner sein würde. Die psychologische Bedeutung, die Frage der Beruhigung solcher Befürchtungen im eigenen Lande und die Erweckung des Gefühls der Zusammengehörigkeit zwischen Deutschland und Frankreich waren die politischen Gründe, die Herrn Schuman damals geleitet haben. Aber wie bei wirklich konstruktiven Gedanken hat sich im Laufe der Entwicklung gezeigt, daß in diesem Vorschlag eine solche lebendige Kraft lag, daß man über den ursprünglichen Zweck jetzt schon weit hinaus gekommen ist. Man hat seit dem Mai 1950 erkannt, daß die Integration Europas für alle europäischen Länder eine absolute Notwendigkeit ist, wenn sie überhaupt am Leben bleiben wollen. […] Darin liegt die ganz große Bedeutung dieses Vertrages. Dieser Vertrag nötigt die europäischen Länder, die ihm angehören, zusammen zu handeln.

Etwas Weiteres hat sich im Laufe der Verhandlungen ergeben. Ich glaube, daß wohl zum ersten Mal in der Geschichte, sicher der Geschichte der letzten Jahrhunderte, Länder freiwillig und ohne Zwang auf einen Teil ihrer Souveränität verzichten wollen, […] um diese Souveränität einem supranationalen Gebilde zu übertragen. […]

Ich bin der festen Überzeugung, daß, wenn dieser Anfang einmal gemacht worden ist, wenn hier sechs europäische Länder, wie ich nochmals betone: freiwillig und ohne Zwang einen Teil ihrer Souveränität […] auf ein übergeordnetes Organ übertragen, man dann auch auf anderen Gebieten diesem Vorgang folgen wird und daß damit wirklich der Nationalismus, der Krebsschaden Europas, einen tödlichen Stoß bekommen wird. […]

Konrad Adenauer, Bundestagsreden. Hrsg. von Josef Selbach, AZ Studio, Bonn 1967, S. 117–123.

Q4 Charta der Grundrechte der Europäischen Union

Die Charta der Grundrechte der Europäischen Union trat im Dezember 2009 in Kraft, unter anderem finden sich darin folgende Regelungen:

Präambel

Die Völker Europas sind entschlossen, auf der Grundlage gemeinsamer Werte eine friedliche Zukunft zu teilen, indem sie sich zu einer immer engeren Union verbinden.

In dem Bewusstsein ihres geistig-religiösen und sittlichen Erbes gründet sich die Union auf die unteilbaren und universellen Werte der Würde des Menschen, der Freiheit, der Gleichheit und der Solidarität. Sie beruht auf den Grundsätzen der Demokratie und der Rechtsstaatlichkeit. Sie stellt den Menschen in den Mittelpunkt ihres Handelns, indem sie die Unionsbürgerschaft und einen Raum der Freiheit, der Sicherheit und des Rechts begründet.

Die Union trägt zur Erhaltung und zur Entwicklung dieser gemeinsamen Werte unter Achtung der Vielfalt der Kulturen und Traditionen der Völker Europas sowie der nationalen Identität der Mitgliedstaaten und der Organisation ihrer staatlichen Gewalt auf nationaler, regionaler und lokaler Ebene bei. […]

Artikel 1

Würde des Menschen

Die Würde des Menschen ist unantastbar. Sie ist zu achten und zu schützen.

Artikel 2

Recht auf Leben

(1) Jeder Mensch hat das Recht auf Leben.

(2) Niemand darf zur Todesstrafe verurteilt oder hingerichtet werden.

Artikel 3

Recht auf Unversehrtheit

(1) Jeder Mensch hat das Recht auf körperliche und geistige Unversehrtheit. […]

Artikel 4

Verbot der Folter und unmenschlicher oder erniedrigender Strafe oder Behandlung

Niemand darf der Folter oder unmenschlicher oder erniedrigender Strafe oder Behandlung unterworfen werden. […]

Artikel 21

Nichtdiskriminierung

(1) Diskriminierungen insbesondere wegen des Geschlechts, der Rasse, der Hautfarbe, der ethnischen oder sozialen Herkunft, der genetischen Merkmale, der Sprache, der Religion oder der Weltanschauung, der politischen oder sonstigen Anschauung, der Zugehörigkeit zu einer nationalen Minderheit, des Vermögens, der Geburt, einer Behinderung, des Alters oder der sexuellen Ausrichtung sind verboten.

(2) Unbeschadet besonderer Bestimmungen der Verträge ist in ihrem Anwendungsbereich jede Diskriminierung aus Gründen der Staatsangehörigkeit verboten.

Artikel 22

Vielfalt der Kulturen, Religionen und Sprachen

Die Union achtet die Vielfalt der Kulturen, Religionen und Sprachen.

Charta der Grundrechte der Europäischen Union, auf: http://www.europarl.europa.eu/germany/resource/static/files/europa_grundrechtecharta/_30.03.2010.pdf (Zugriff: 15.01.2019).

Nachgefragt

1. Beschreibe anhand der Karte auf S. 153, in welchen Etappen sich der Zusammenschluss Europas vollzog.

2. Erläutere mithilfe von D1 und des VT die Funktion der europäischen Institutionen.

3. Vergleiche die Verwaltung Europas (D1, VT) mit der Verwaltung Russlands, Chinas und des Osmanischen Reiches. Bildet Gruppen und geht arbeitsteilig vor. ○

4. Analysiere Q1. Beurteile, inwieweit es gerechtfertigt war, dass die EU 2012 den Friedensnobelpreis erhielt. Wirf dazu auch einen Blick in den VT.

5. Erläutere anhand von D2, wie junge Menschen in Europa die EU beurteilen.

6. Führt die Umfrage aus D2 anonym in eurer Klasse durch. Vergleicht die Ergebnisse mit denen in der Statistik.

7. Arbeite aus Q2 heraus, was für eine Vorstellung Churchill vom zukünftigen Europa vertrat.

8. Überprüfe anhand der Entwicklung der europäischen Integration (VT), inwieweit Churchills Vision von den „Vereinigten Staaten von Europa" in

Q5 Die EU als Imperium?

Der Politikwissenschaftler Herfried Münkler lehrte bis 2018 als Professor an der Humboldt-Universität in Berlin. In einem Interview mit der Berliner „Tageszeitung" (taz) geht er auf die EU und ihre Rolle ein:

[…] **taz am wochenende: Herr Münkler, warum ist es so schwierig, die EU mit einem Begriff zu fassen?**

Herfried Münkler: Es ist mehr als ein Staatenbund und weniger als ein Bundesstaat. […] Als Politikwissenschaftler sage ich: Es ergibt Sinn, Europa als Imperium zu beschreiben.

Aber Imperien haben starke Zentren.

Nicht immer. Das Heilige Römische Reich Deutscher Nation hatte vom Westfälischen Frieden 1648 bis zu seinem Ende 1806 kein starkes Zentrum. Es expandierte nicht militärisch nach außen, sondern bot Schutz vor dem Außen. Es wurde von Regeln und Recht zusammengehalten […].

Wo ist das Zentrum der EU?

Das besteht aus der EU-Kommission, dem Europaparlament, dem Ministerrat und darin der deutsch-französischen Achse.

Seit 2004 sind der EU 13 östliche Staaten beigetreten. Ist der Preis für diese Ausdehnung zu hoch, weil das Zentrum in dem neuen größeren Raum zu schwach ist, um zu führen?

Die EU ist mit jeder Erweiterung immer heterogener geworden, vor allem mit der Osterweiterung. Bei Sicherheit denken Polen und Balten an Russland, in Italien und Spanien denkt man eher an Afrika. Doch die Erweiterungen nach Osten haben im weiteren Sinn durchaus mit imperialer Logik zu tun. Denn dieser Raum war in der Zeit von 1919 bis 1938, also zwischen den Weltkriegen, unfriedlich. Polen führte drei Kriege gegen Sowjetrussland, Ungarn und Rumänien bekriegten sich, ebenso die Türkei und Griechenland. Die Probleme, die damals existierten, waren zum Teil nach 1990 noch vorhanden. Etwa, dass 40 Prozent der Ungarn jenseits der ungarischen Grenzen leben. […]

Wenn die EU ein Imperium ist, was ist seine Mission?

Ein Raum des Friedens und Wohlstand zu sein. Das sind die beiden Schlüsselbegriffe der EU. […]

Der Althistoriker Alexander Demandt hat geschrieben, dass mit dem Untergang der UdSSR die Geschichte der großen Reiche vorbei ist. Stimmt das?

Nein, China ist ein Imperium, die Seidenstraße ein imperiales, wenn nicht ein imperialistisches Projekt. Russland tritt mit der Präsenz im Syrienkrieg imperial in einem weit ausgreifenden Sinn auf. Ich vermute, dass das Imperiale in Zukunft eine größere Rolle spielen wird als in den Zeiten, als die USA Hüter der globalen Ordnung waren. […] Jetzt zeichnet sich ein Szenario mit den USA, China, der EU, Russland und Indien als neue Imperien ab. Wenn die EU vereinigt bleibt, kann sie die Regeln mitbestimmen. Wenn nicht, wird Europa zur Einflusssphäre eines der anderen Imperien werden.

„Eine Reichsbildung von sehr langer Dauer", Interview von Stefan Reinicke , 7.09.2019. Auf: https://taz.de/Herfried-Muenkler-ueber-die-Krise-der-EU/!5619408/ (Zugriff: 31.08.2019).

den folgenden Jahrzehnten umgesetzt wurde. ○

9. Erläutere, wie Bundeskanzler Adenauer den Schuman-Plan bzw. die Montanunion einschätzte (Q3). Beurteile mit Blick auf die weitere europäische Integration, ob man die Montanunion als „Keimzelle Europas" bezeichnen kann (VT).

10. Arbeite aus Q4 heraus, was für Regelungen die EU gegenüber Minderheiten festgelegt hat. Vergleiche sie mit denen in den Imperien Russland, China und dem Osmanischen Reich.

11. Arbeite aus Q5 heraus, wie Herfried Münkler die EU und ihre Rolle charakterisiert.

12. Gestaltet einen Steckbrief zur europäischen Einigung. Nennt die wichtigsten Etappen und notiert sie in Stichworten. Orientiert euch dabei an den in Kapitel 1 befindlichen Steckbriefen (S. 22/23). ●

13. Erörtere abschließend, ob man die EU als „Imperium" bezeichnen kann. Gehe dabei auf verschiedene Kriterien ein, die ein Imperium ausmachen, und ziehe den VT sowie D1, Q4, Q5 und die Karte (S. 153) heran. ○

AFB I: 1 AFB II: 2, 3, 5, 6, 7, 10, 11, 12 AFB III: 4, 8, 9, 13

Wie kann unsere Zukunft aussehen?

Es ist unbestritten, dass die Welt vor vielfältigen und großen Herausforderungen steht. Heutzutage bestimmen Nationalstaaten noch immer vielerorts das Bild, wenn man an die mächtigen USA oder die aufstrebenden Länder China und Indien denkt. Parallel dazu gibt es supranationale Organisationen wie die UNO, die angesichts globaler Herausforderungen nach Lösungen suchen, während Imperien im eigentlichen Sinne nicht mehr existieren. Welche politische Organisationsform ist am besten geeignet, die Probleme der Zukunft zu lösen?

Gemeinsam lernen

In welcher Welt wollen wir leben?

1. Findet euch in Gruppen zusammen und legt Kriterien fest, nach denen ihr die Frage beantworten wollt.
2. Ordnet die Kriterien nach ihrer Bedeutung: Was ist für euch in der Welt von morgen besonders wichtig?
3. Prüft dann, inwieweit ihr die Materialien und den VT des Unterkapitels heranzieht.
4. Analysiert jeweils mit Blick auf die von euch festgelegten Kriterien, welche Rolle Nationalstaaten, supranationale Institutionen oder möglicherweise auch Imperien in der zukünftigen Welt spielen könnten.
5. In jeder Gruppe werden zwei Personen ausgewählt. Gestaltet nun vor der Klasse eine Diskussionsrunde zur oben formulierten Fragestellung. Die anderen Gruppenmitglieder können nach Bedarf zur Unterstützung von den Diskutierenden einbezogen werden.

Europäische Zentralbank (EZB)
Organ der EU; unabhängige Zentralbank der Eurostaaten mit Sitz in Frankfurt/Main; Eine wesentliche Aufgabe besteht in der Wahrung der Preisstabilität.

„Auslaufmodell" Nationalstaaten?

In einer globalisierten Welt scheinen ***Nationalstaaten*** an Bedeutung zu verlieren. Doch das nationale Bewusstsein lebt vielerorts wieder auf. Die auf die USA konzentrierte Politik von Präsident Donald Trump („America first!"), der Wunsch Großbritanniens, die EU zu verlassen, und das Erstarken nationalistischer Parteien in Europa sind untrügliche Anzeichen dafür. Doch können Nationalstaaten im Zeitalter der Globalisierung die vielfältigen Probleme noch lösen? Oder sind andere Herrschaftsformen geeigneter?

Wirtschaft: national – international?

Das Geld ist auf der Welt sehr ungleich verteilt. Hinzu kommt, dass die Länder durch globale Handelsströme verbunden sind wie nie zuvor. Das führt dazu, dass große Wirtschafts- und Finanzkrisen wie die Immobilienkrise 2008 in den USA sich rasch auf die Weltwirtschaft auswirken. Angesichts dieser Entwicklungen hat die Staatsschuldenkrise in Griechenland seit 2010 gezeigt, dass ein einzelnes Land kaum noch in der Lage ist, die Probleme auf nationaler Ebene zu lösen. Nicht umsonst wirkten bei der Bekämpfung der Krise in Griechenland supranationale Institutionen mit. Das waren neben der Europäischen Kommission auch die **Europäische Zentralbank (EZB)** und der **Internationale Währungsfonds (IWF).**
Große und wirtschaftlich mächtige Länder setzen häufig auf eine Wirtschaftspolitik, die sich primär an nationalen Belangen orientiert. Der seit 2017 amtierende amerikanische Präsident Donald Trump, der Verträge mit anderen Nationalstaaten anstrebt, steht supranationalen Organisationen skeptisch gegenüber. Das liegt vor allem daran, dass er durch sie die nationale Eigenständigkeit der USA gefährdet sieht. Nicht umsonst drohten die USA mehrfach damit, aus der **World Trade Organization (WTO)** auszutreten.

Die Seidenstraße: imperiale Ziele?

Viele Beobachter sehen in China die künftige führende Wirtschaftsmacht. Das Land ist bestrebt, seinen Einfluss in der Welt auszudehnen. Das geschieht durch umfassende Investitionen in Afrika, wo sich China politischen Einfluss, Bodenschätze und Absatzmärkte verspricht. Vor allem durch das Projekt „Neue Seidenstraße“, einen See- und Landweg zwischen Asien und Europa, ist China bestrebt, seine wirtschaftliche Vormacht auszubauen. Indem China das Großprojekt finanziert, so die Kritiker, geraten andere Staaten bis hin nach Europa in Abhängigkeit. Wird China damit zumindest wirtschaftlich zur weltweit bestimmenden Macht? Ergeben sich hier gerade für ärmere Länder wie Sri Lanka oder Bangladesch neue Chancen dank eines starken Partners zu bestehen?

Umweltschutz als Existenzfrage

Steigende Meeresspiegel und heiße Sommer sind unverkennbare Symptome des Klimawandels. Gleichzeitig nimmt die Umweltverschmutzung durch Bevölkerungswachstum und die Entwicklung von Schwellenländern zu. Zwar gibt es positive Beispiele, wie sich Einzelstaaten engagieren: Costa Rica in Mittelamerika beispielsweise strebt an, bis 2021 klimaneutral zu sein. Dennoch können Nationalstaaten die globalen Umweltprobleme nicht alleine lösen. Jährlich treffen sich Vertreter von rund 200 Ländern auf Klimakonferenzen, um Lösungen zu finden und Beschlüsse zu fassen. Doch Klimaziele scheitern immer wieder am Widerstand wichtiger Staaten: Die USA traten beispielsweise 2017 aus dem Pariser Klimaabkommen aus. Auch Deutschland verfehlt immer wieder seine selbst gesetzten Umweltziele. Aber selbst hinsichtlich der Klimaerwärmung gibt es unterschiedliche Interessen. Russland beispielsweise kommen eisfreie Häfen durchaus gelegen und die abschmelzenden Eisflächen der Arktis versprechen künftig den Zugang zu neuen Bodenschätzen. Demgegenüber wird die Hitze in vielen Regionen Afrikas zum existentiellen Problem.

Das von großen Umweltproblemen betroffene China fördert massiv den Ausbau erneuerbarer Energien (Windkraft und Solarstrom).

Neue Chancen durch Digitalisierung?

In den nächsten Jahrzehnten wird die Digitalisierung alle Bereiche der Arbeit grundlegend verändern: von der Schule bis zu medizinischen High-Tech-Unternehmen. Die EU unterstützt auf supranationaler Ebene mit ihrem Struktur- und Investitionsfond Projekte zur Digitalisierung in Mitglieds-

Internationaler Währungsfonds (IWF)
Sonderorganisation der UNO; koordiniert die Hilfe für Länder mit Schulden und Wirtschaftsproblemen, hilft mit Krediten und erfahrenen Spezialisten

World Trade Organization (WTO)
internationale Organisation, beschäftigt sich mit der Regelung von Handels- und Wirtschaftsbeziehungen, teils auch mit der Koordination und Streitschlichtung zwischen Ländern

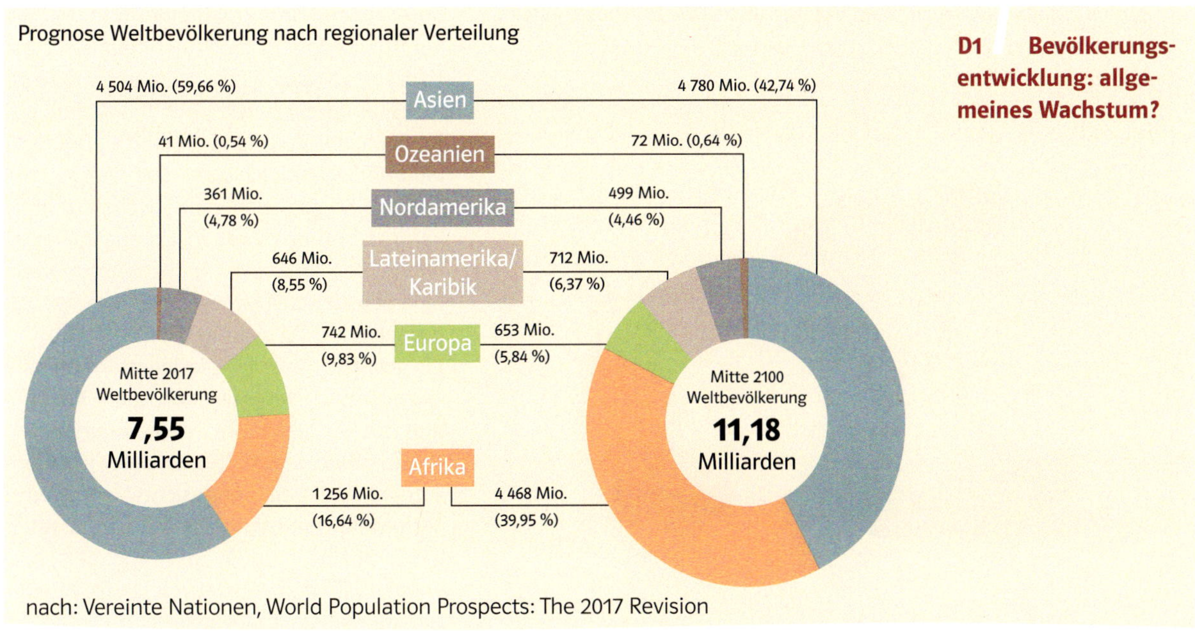

D1 Bevölkerungsentwicklung: allgemeines Wachstum?

United Nations High Commissioner for Refugees (UNHCR)
Unterorganisation der Vereinten Nationen; setzt sich für Flüchtlinge und Staatenlose ein

Weltsicherheitsrat
Teil der Vereinten Nationen; besteht aus zehn gewählten und fünf ständigen Mitgliedsstaaten (Frankreich, Großbritannien, USA, Russland, China); setzt sich für die Bewältigung von Konflikten in der Welt ein

ländern. Kleinere Staaten wären kaum in der Lage, aus eigener Kraft alle nötigen Innovationen voranzutreiben. Digitalisierung lebt von internationaler Forschung und Austausch. Es entstehen vielfältige neue Tätigkeitsfelder, doch gibt es auch Befürchtungen, dass Berufe verschwinden werden, der Mensch teilweise entbehrlich wird.
Im autoritär regierten China bietet sich ein zwiespältiges Bild. Das Land ist in der Forschung zur künstlichen Intelligenz führend und innovativ. Gleichzeitig aber ergeben sich damit auch Probleme: Die Regierung fürchtet zu weitgehende Freiheiten, die sich durch die Digitalisierung ergeben. So kontrolliert der Staat das Internet, um unliebsame Kritiker zum Schweigen zu bringen.

Migration: die Welt in Bewegung

In der globalisierten Welt sind viele Unternehmen und auch Nationalstaaten auf wirtschaftlichen und wissenschaftlichen Austausch angewiesen. Angesichts vieler Millionen Migranten weltweit zeigt sich aber auch, wie gespalten beispielsweise Europa ist. Für eine einheitliche Asylpolitik findet sich in der EU keine Mehrheit, manche national orientierten Regierungen wie in Ungarn, Polen oder Italien wehren sich weitgehend gegen die Aufnahme. Die USA unter Präsident Trump haben die Einreisebedingungen drastisch verschärft und streiten erbittert über eine Mauer an der Grenze zu Mexiko. Supranationale Flüchtlingsorganisationen wie der **UNHCR** oder Nicht-Regierungsorganisationen (NGOs) wie „Ärzte ohne Grenzen" sind zwar helfend tätig, letztlich aber von der Politik mächtiger Einzelstaaten abhängig.

Gemeinsam gegen Gefahren?

Die Spannungen in der Welt haben in den letzten Jahren deutlich zugenommen. Wachsende Differenzen zwischen den USA und Russland sind offensichtlich. Viele befürchten ein neues Wettrüsten und sprechen von einem neuen „Kalten Krieg".
Die UNO und insbesondere der **Weltsicherheitsrat** sind als supranationale Institutionen oft genug Orte, wo Konflikte ausgetragen werden. Letztlich aber zeigt sich, dass ihnen der Einfluss fehlt, um auf Kontrahenten einzuwirken. Da die US-Regierung unter Trump ihr Engagement in Europa künftig verringern möchte, schlug der französische Staatspräsident Emanuel Macron die Bildung einer europäischen Armee vor. Im Aachener Vertrag vereinbarten Deutschland und Frankreich 2019 eine engere militärische Kooperation. Militärische Konflikte kann kein Einzelstaat in Europa mehr alleine lösen. Unklar ist jedoch, ob und wie eine europäische Armee ergänzend zur US-geführten NATO bestehen kann.
Ein großes Problem stellt der internationale Terrorismus dar. Internationalen Koalitionen ist es gelungen, den sogenannten „Islamischen Staat" (IS) in vielen Ländern zurückzudrängen. Angesichts weltweiter Terrornetzwerke können Nationalstaaten kaum alleine agieren und sind beispielsweise auf den Austausch befreundeter Geheimdienste angewiesen.

Q1 Positive Perspektiven für Europa?
Angesichts von unterschiedlichen Geschwindigkeiten bei der europäischen Integration und teils grundlegend auseinandergehenden politischen Ansichten einzelner Mitgliedsländer der EU kam der Gedanke von „Kerneuropa" auf. Darunter versteht man vor allem Gründerstaaten wie Deutschland, Frankreich und die Benelux-Länder, deren Integration in der EU weiter fortgeschritten ist. Karikatur von Heiko Sakurai, 2017

Q2 Neue Weltordnung der Gegensätze?

Der ehemalige US-Außenminister Henry Kissinger führt im Jahr 2014 mit Blick auf die Weltordnung im 21. Jahrhundert aus:

Die USA und China sind beide als tragende Säulen einer Weltordnung unverzichtbar. Ironischerweise zeigten beide in der Geschichte gegenüber dem internationalen System, für das sie inzwischen als Anker dienen, eine zwiespältige Haltung. Sie bekennen sich zu ihren Verpflichtungen ihm gegenüber, begegnen Teilaspekten seines Aufbaus jedoch mit Vorbehalten. Für die Rolle, die China in der Ordnung des 21. Jahrhunderts als ein großer unter anderen Staaten spielen soll, gibt es keinen historischen Präzedenzfall. Auch fehlt es den Vereinigten Staaten an Erfahrung, kontinuierlich mit einem Land zusammenzuarbeiten, das an Größe, Einfluss und Wirtschaftsleistung mit den USA vergleichbar ist, innenpolitisch aber eine völlig andere Ordnung gewählt hat. […] China und die Vereinigten Staaten haben am internationalen System souveräner Staaten in der jeweiligen Landesgeschichte erst in jüngster Zeit umfassend partizipiert. China glaubte sich einzigartig und weitgehend in der eigenen Realität geborgen. Für einzigartig – das heißt „außergewöhnlich" – hält sich auch Amerika, aber mit der moralischen Verpflichtung, die Verbreitung seiner Werte aus Gründen, die jenseits der bloßen Staatsräson liegen, weltumspannend zu fördern. Zwei große Länder mit so unterschiedlichen Kulturen und Ausgangsbasen sind grundlegend inneren Anpassungen unterworfen. Ob das zu einer Rivalität oder zu einer neuen Form der Partnerschaft führt, wird die Gestaltung der Weltordnung im 21. Jahrhundert maßgeblich prägen.

Henry Kissinger, Weltordnung, C. Bertelsmann, München 2014, eBook: Pos. 4466–4483. Übers. von Karlheinz Dürr und Enrico Heinemann.

Q3 Das politische System von morgen: Demokratie oder Autokratie?

Barry Eichengreen, Professor für Ökonomie und politische Wissenschaften (Berkeley, USA) führt dazu aus:

Chinas wachsender geostrategischer Einfluss, seine zunehmende Soft Power [Beeinflussung ohne militärische Gewalt, z. B. durch Ideologie] und vor allem sein anhaltender wirtschaftlicher Erfolg lassen erwarten, dass andere Länder China als Vorbild betrachten, dem man nacheifern sollte. Sie dürften auch sein politisches Modell attraktiv finden, welches die Unwägbarkeiten westlicher Demokratie zugunsten einer zentralisierten administrativen Kontrolle verwirft. Diese Attraktivität ist umso größer vor dem Hintergrund des von Widersprüchen geprägten Regierungsstils der Trump-Administration, der chaotischen Brexit-Bemühungen der britischen Tories [konservative Partei in Großbritannien] und der chronischen Unfähigkeit Italiens, eine Regierung zu bilden (um nur drei Beispiele demokratischen Durcheinanders anzuführen). […]

Im Gegenzug dazu wächst mit Zunahme der Macht, des Wohlstandes und der Stabilität, die China verkörpert, die Attraktivität seines autoritären Modells. Beobachter in den Schwellen- und Entwicklungsländern werden nicht umhinkönnen, zu bemerken, wie aufwendig in demokratischen Systemen die Entscheidungsfindung ist und wie schwer sich diese Entscheidungen aufrechterhalten lassen. Sowohl der Prozess als auch die Ergebnisse sind unzuverlässig. Mehr spricht da für Chinas autoritären Ansatz, der seit inzwischen zwei Generationen Erfolge zeitigt – insbesondere aus Sicht armer Länder, in denen nachhaltiges Wachstum höchste Priorität hat. […]

Allerdings übersieht die positive Einschätzung des chinesischen Systems bei dieser Prognose einen zentralen Punkt. Demokratie mag mitunter chaotisch sein, doch sie enthält einen eingebauten Mechanismus zur Kurskorrektur. Wenn sich eine Politik als Fehlschlag erweist, kann man, was häufig auch passiert, die für die Fehler verantwortlichen Amtsinhaber abwählen und zumindest prinzipiell durch kompetenter scheinende Rivalen ersetzen. Ein autoritäres Regime verfügt über keinen derartigen automatischen Korrekturmechanismus. Autokratische Führer geben die Macht nicht ohne weiteres ab und können sich in ihrer „Weisheit" gar entscheiden, eine gescheiterte Politik noch zu forcieren. […]

Barry Eichengreen, An China entscheidet sich die Zukunft der Demokratie, 04.08.2018, auf: https://www.nzz.ch/meinung/china-und-die-zukunft-der-demokratie-ld.1407646 (Zugriff: 11.03.2019).

Q4 USA und China – friedliche Koexistenz?

Karikatur von Klaus Stuttmann, 2011

Q5 Das Empire – eine Alternative?

Der amerikanische Literaturwissenschaftler Michael Hardt und der italienische Philosoph Antonio Negri denken über Möglichkeiten einer neuen Weltordnung nach (2002):

Die Grundfaktoren von Produktion und Zirkulation – Geld, Technologie, Menschen und Güter – überqueren zunehmend mühelos nationale Grenzen; es steht von daher immer weniger in der Macht eines Nationalstaats, diese Ströme zu lenken und seine Autorität gegenüber der Ökonomie durchzusetzen […]. Der Niedergang der Souveränität von Nationalstaaten bedeutet jedoch nicht, dass Souveränität als solche im Niedergang begriffen wäre. Weiterhin beherrschen in den gegenwärtigen Veränderungen allenthalben politische Kontrolle, Staatsfunktionen und Lenkungsmechanismen den Bereich wirtschaftlicher wie gesellschaftlicher Produktion und Zirkulation. Unsere grundlegende Hypothese ist deshalb, dass Souveränität eine neue Form angenommen hat, sie eine Reihe nationaler und supranationaler Organismen verbindet, die eine einzige Herrschaftslogik eint. Diese globale Form der Souveränität ist es, was wir Empire nennen. […]

Viele siedeln die letzte Entscheidungsgewalt, die über die Globalisierungsprozesse und die neue Weltordnung herrscht, in den USA an. Befürworter einer solchen Vorstellung loben die Vereinigten Staaten als Weltführung und alleinige Supermacht, ihre Gegner bezichtigen sie der imperialistischen Unterdrückung. […]. Die Vereinigten Staaten bilden nicht das Zentrum eines imperialistischen Projekts, und tatsächlich ist dazu heute kein Nationalstaat in der Lage. Der Imperialismus ist vorbei. Keine Nation kann in dem Sinn die Weltführung beanspruchen, wie die modernen europäischen Nationen das taten.

Michael Hardt/Antonio Negri, Empire. Die neue Weltordnung, Darmstadt: Wissenschaftliche Buchgesellschaft 2002, S. 10–13. Übers. von Thomas Atzert und Andreas Wirthensohn.

Nachgefragt

1. Analysiere D1. Stelle dar, welche Chancen und Risiken sich durch die Entwicklung der Weltbevölkerung ergeben. ○

2. Nenne die wichtigsten Herausforderungen, denen die Welt deiner Meinung nach gegenübersteht. Nimm dazu auch den VT zur Hilfe und ordne die Punkte nach ihrer Wichtigkeit. Begründe deine Reihenfolge.

3. Analysiere Q1 und Q5. Beurteile jeweils die Aussagen der Karikaturen.

4. Arbeite heraus, was für ein Bild Henry Kissinger von der künftigen Weltordnung entwirft und welche Probleme er sieht (Q2). Vergleiche die Aussagen von Kissinger mit der Karikatur Q4. ○

5. Arbeite aus Q5 heraus, wie laut der Autoren die neue Weltordnung aussehen könnte. Gehe dabei besonders auf die Rolle der Nationalstaaten ein.

6. Beurteile, inwieweit du den Aussagen der Autoren in Q5 zustimmst.

Q6 Zukunft der UNO – supranationale Organisation in der Krise?

Anlässlich ihres 60jährigen Jubiläums erschien am 19. Juni 2005 ein Artikel über die UNO:

Der Bericht klingt ebenso schonungslos wie dramatisch: Überforderung und Missmanagement werden da konstatiert, Inkompetenz und fehlende Kontrollmechanismen, dazu eine Belegschaft, deren Arbeitsmoral am Boden ist – und ein Gremium von Aufsehern, das Reformkräfte daran hindert, auch nur die schlimmsten Mängel zu beseitigen. Doch nicht um ein Unternehmen am Rande der Pleite geht es in dem Bericht, sondern um eine Weltorganisation mit 191 Mitgliedstaaten: die Vereinten Nationen. [...]

Am kommenden Sonntag werden die Vereinten Nationen 60 Jahre alt. Am 26. Juni 1945 unterzeichneten in San Francisco die 51 Gründungsstaaten feierlich die UN-Charta, auf deren Grundlage sie nach den Zerstörungen des Zweiten Weltkrieges eine neue, friedliche Weltordnung errichten wollten. Seither hat die UNO vor allem mit ihren Blauhelmen zur Bewältigung zahlreicher Konflikte in Afrika, Asien und Lateinamerika beigetragen. Bei den Völkermorden in Ruanda und im Balkankrieg musste sie aber auch schwere Rückschläge hinnehmen. Steht die Organisation jetzt vor ihrem Ende als Hüterin des Weltfriedens? Einigkeit herrscht darüber, dass sechs Jahrzehnte nach ihrer Gründung die Vereinten Nationen mit ihren derzeitigen Strukturen, Mitteln und Möglichkeiten den tatsächlichen Herausforderungen nicht mehr gewachsen sind. Generalsekretär Kofi Annan will deshalb auf dem Jubiläumsgipfel im September den Mitgliedstaaten ein ambitioniertes Reformprogramm zur Annahme vorlegen. Geplant sind unter anderem ein neuer Menschenrechtsrat, der die völlig diskreditierte Menschenrechtskommission ersetzen soll, sowie eine Kommission zur Friedenskonsolidierung, die die Wiederaufbauprozesse in kriegszerstörten Ländern koordinieren soll.

Ein weiteres Kernstück der UNO-Reform ist die Erweiterung des Sicherheitsrates. Dieser soll, so die Idee, künftig auch jene Regionen repräsentieren, die bislang vernachlässigt wurden. Dies ist auch das Ziel eines Resolutionsentwurfs, den Deutschland zusammen mit Brasilien, Indien und Japan vor drei Wochen vorlegte.

Er sieht neue ständige Sitze im Sicherheitsrat vor, einen davon für Deutschland. Trotz heftiger Proteste von China und Verzögerungsmanövern der US-Regierung wächst unter den UNO-Mitgliedern die Unterstützung für diesen Antrag. Ein Versuch der USA, die Vierer-Gruppe zu spalten, scheiterte jetzt am Widerstand ihres festen Verbündeten Japan. Tokio stellte klar, dass eine Reform des Sicherheitsrats auch seine drei Mitstreiter einschließen müsste. Diplomaten in New York rechnen fest damit, dass die Initiative im Juli eine Zweidrittelmehrheit in der Generalversammlung finden wird. Allen Unkenrufen zum Trotz zeigt sich kurz vor dem 60. Jubiläum, dass die meisten Mitglieder die UNO noch nicht abgeschrieben haben. Der Wille zur Reform scheint zu wachsen. Vielleicht weil viele ahnen, dass er bis September mehrheitsfähig sein muß. Falls nicht, ist der Fall der UNO in die völlige Bedeutungslosigkeit kaum mehr aufzuhalten.

Sven Bernhard Gareis, Hat die UNO noch eine Zukunft?, 19.06.2005, auf: https://www.welt.de/print-wams/article129159/Hat-die-UNO-noch-eine-Zukunft.html (Zugriff: 11.03.2019).

7. Arbeite aus Q3 heraus, welche Chancen und Risiken es künftig für die Demokratie geben könnte.

8. Gestaltet mithilfe des VT, Q2 und Q3 eine Diskussion zu folgender Fragestellung: „China – führende Weltmacht der Zukunft?" ○

9. Nenne Probleme, mit denen die UNO als supranationale Institution konfrontiert ist (Q6).

10. Erörtere mithilfe des VT, inwieweit Nationalstaaten, Imperien oder supranationale Organisationen ein geeignetes Modell für die Zukunft sind.

11. „In welcher Welt wollen wir leben?" Gestaltet eine Diskussionsrunde zu dieser Fragestellung.

12. Bildet Gruppen und gestaltet Plakate, auf denen ihr darstellt, wie die Welt eurer Meinung nach im Jahr 2050 aussehen könnte bzw. sollte. ●

AFB I: 9 AFB II: 1, 2, 4, 5, 7 AFB III: 3, 6, 8, 10, 11, 12

Überprüfe dich
Selbsteinschätzungsbogen
n593ft

Üben interaktiv
n593ft

1. Überblickswissen

Wichtige Begriffe erläutern

Sachkompetenz

Erläutere die Begriffe.

Imperium	supranationale Organisation	Europäische Integration
Nationalstaat	Europäische Zentralbank (EZB)	Neue Seidenstraße

2. Zukünftige Herausforderungen

Wahlplakate analysieren

Sachkompetenz, Methodenkompetenz, Reflexionskompetenz

a) Analysiere die Plakate Q1 und Q2. Gehe dabei vor allem auf die Ziele ein, die beide Parteien verfolgen.
b) Nenne weitere Ziele, die Parteien deiner Meinung nach mit Blick auf die Zukunft hervorheben sollten.
c) Stell dir vor, du bist Werbespezialist/Werbespezialistin in einer Agentur und sollst die beiden Plakate bewerten. Gestalte eine Tabelle und notiere dir die jeweiligen Stärken und Schwächen der Darstellungen. Nenne mögliche Alternativen und begründe deine Entscheidung.

Q1 Wahlplakat der FDP (2017)

Q2 Wahlplakat der Grünen (2017)

3. Künftige europäische Integration

Einen Vertragstext analysieren

Sachkompetenz, Methodenkompetenz, Reflexionskompetenz

a) Arbeite heraus, in welchen Bereichen Deutschland und Frankreich kooperieren und in supranationalen Institutionen zusammenarbeiten wollen (Q3).
b) Erläutere, warum sich Deutschland und Frankreich gemeinsam engagieren. Berücksichtige dabei die historische Perspektive.
c) Bewerte die Aussagen der Artikel mit Blick auf zukünftige Herausforderungen.

4. Problemfelder der Zukunft – Lösungsansätze

Eine Stellungnahme verfassen

Sachkompetenz, Methodenkompetenz, Orientierungskompetenz

Der berühmte Physiker Stephen Hawking (1942–2018) sah mit Blick auf die vielen künftigen Probleme auf der Welt letztendlich nur eine Lösung: „Die Menschheit ist verloren, wenn wir nicht die Erde verlassen."
Bildet Gruppen und argumentiert gegen die These von Stephen Hawking, dass die Menschheit „verloren" sei. Tragt eure Stellungnahme vor der Klasse vor.

Folgende Fragen können euch dabei helfen:

- Was sind die wichtigsten Probleme, die uns künftig beschäftigen?
- Wie ist es möglich, diese Probleme zu überwinden? Wo gibt es Hoffnung?
- Können aus Risiken auch Chancen erwachsen?
- Gab es in der Vergangenheit große Probleme, die schließlich überwunden werden konnten? Wie war das möglich?
- …

Q3 Vertrag von Aachen

Am 22. Januar 2019 unterzeichneten Bundeskanzlerin Angela Merkel und der französische Staatspräsident Emanuel Macron den Vertrag von Aachen über eine vertiefte deutsch-französische Zusammenarbeit.

Artikel 1
Beide Staaten vertiefen ihre Zusammenarbeit in der Europapolitik. Sie setzen sich für eine wirksame und starke gemeinsame Außen- und Sicherheitspolitik ein und stärken und vertiefen die Wirtschafts- und Währungsunion. Sie bemühen sich um die Vollendung des Binnenmarkts […].

Artikel 3
Beide Staaten vertiefen ihre Zusammenarbeit in Angelegenheiten der Außenpolitik, der Verteidigung, der äußeren und inneren Sicherheit und der Entwicklung und wirken zugleich auf eine Stärkung der Fähigkeit Europas hin, eigenständig zu handeln. […]

Artikel 8
(1) […] Beide Staaten […] werden ihre Positionen eng abstimmen, auch als Teil breiter angelegter Bemühungen einer Abstimmung der dem Sicherheitsrat der Vereinten Nationen angehörenden Mitgliedsstaaten der Europäischen Union sowie im Einklang mit den Positionen und Interessen der Europäischen Union. […]

Artikel 18
Beide Staaten arbeiten darauf hin, den Prozess der Durchführung mehrseitiger Übereinkünfte in den Bereichen der nachhaltigen Entwicklung, der globalen Gesundheit sowie des Umwelt- und Klimaschutzes […]zu stärken. […]

Artikel 21
Beide Staaten verstärken ihre Zusammenarbeit im Bereich der Forschung und des digitalen Wandels […]. Sie werden sich für ethische Leitlinien für neue Technologien auf internationaler Ebene einsetzen. […]

Vertrag zwischen der Bundesrepublik Deutschland und der Französischen Republik über die deutsch-französische Zusammenarbeit und Integration, auf: https://www.auswaertiges-amt.de/blob/2178596/7b304525053dde3440395ecef44548d3/190118-download-aachenervertrag-data.pdf (Zugriff: 11.03.2019).

1 Fremde Räume? Ehemalige Imperien gestern und heute

Welche Bedeutung haben Russland, China und die Türkei in einer globalisierten Welt (→ S. 12–17)

6. Erkläre, inwiefern die Herausforderungen der drei Länder auch Deutschland betreffen (VT).

Berücksichtige bei deiner Antwort, inwiefern Deutschland mit den drei Ländern verbunden ist: politisch, wirtschaftlich, sozial, militärisch (hier auch bzgl. der internationalen Bündnisse).

Beispielsweise gibt es vielfältige wirtschaftliche Beziehungen zu China, das ein wichtiger Absatzmarkt für deutsche Produkte ist. Als Rechtsstaat, der sich der UN-Menschenrechtskonvention verpflichtet sieht, muss Deutschland aber auch eine Haltung zu Menschenrechtsverstößen in China formulieren.

Weiteres Beispiel: Deutschland = NATO-Mitglied, Verhältnis NATO – Russland

8. Formuliere mithilfe deiner Ergebnisse aus Aufgabe 7 einen Leserbrief an den SPIEGEL aus Sicht eines parteitreuen chinesischen Unternehmers. Berücksichtige in deiner Antwort die mögliche Wirkung einzelner Elemente (bspw. Titel, Untertitel, Gestaltung) des Titelblattes.

Recherchiere unter dem Stichwort „Terrakotta-Armee" das tatsächliche Aussehen der Soldaten.
Achte auf die Farbgebung des Plakates, die Gesichtsausdrücke, das Aussehen und die Formation der Soldaten. Formuliere Adjektive. Achte auf die Gegenstände, die die Soldaten halten.

Beschreibe, wie insbesondere die Worte „Angriff" und „Weltkrieg" aus Über- und Unterschrift wirken. Formuliere Adjektive.

Du kannst deinen Leserbrief wie folgt beginnen: „Sehr geehrte Damen und Herren, als Unternehmer, der seinem Land alles verdankt und als Unterstützer der Politik des Staatspräsidenten Xi Jinping wende ich mich an Sie, um auf Ihr Titelbild der Ausgabe ... einzugehen. Ich möchte Ihrer Darstellung ... widersprechen, denn ..."

11. Erläutere die Beurteilung von Xis Haltung durch den SPIEGEL-Journalisten (D4).

Beachte, aus welcher Perspektive der Journalist Bernhard Zand schreibt. Recherchiere, was jährlich beim Weltwirtschaftsforum in Davos besprochen wird und wer daran teilnimmt.

Beziehe den Verfassertext und weitere Informationen über die Wirtschaftspolitik Chinas mit ein.

Imperium und Nationalstaat (→ S. 18–23)

1. Beschreibe die Reiterstatue Q1. Stelle dar, welche antiken Bezüge der Bildhauer aufgegriffen hat.

Der Operator **darstellen** verlangt von dir, dass du Strukturen und Zusammenhänge zwischen einzelnen Sachverhalten beschreibst und verdeutlichst. Nach der Beschreibung der Reiterstatue musst du also deutlich machen, welche Elemente Bezüge zur (römischen) Antike aufnehmen. Anschließend erläuterst du, welche Zusammenhänge so hergestellt werden.

Recherchiere zum Vergleich das 177 n. Chr. entstandene Reiterstandbild Marc Aurels, das in Rom auf dem Kapitolsplatz steht.

2. Vergleiche in einer Tabelle Merkmale des Imperiums mit denen des Nationalstaats (VT).

Dazu ist es wichtig, geeignete Oberbegriffe zu finden, die du in der Tabelle in einer mittleren Spalte abbilden kannst. Beim Nationalstaat wirst du nicht zu allen Oberbegriffen geeignete Informationen finden, hier kannst du in der Tabelle k. A. (keine Angabe) ergänzen.

Imperium		Nationalstaat
	Räumliche Ausdehnung, Gründe und Folgen	
	Dauer	
	Herrschaftsausübung/ Regierung	
	...	

5. Arbeite anhand der Karte Gemeinsamkeiten zwischen dem Imperium Romanum und dem Chinesischen Imperium der Han-Zeit heraus (D1).

Benenne dabei zunächst die Gemeinsamkeiten, die du auf der Karte sehen kannst. Ziehe anschließend daraus deine eigenen Schlüsse: Was sagt das jeweils über das Imperium aus?

9. Formuliere Fragen, die sich dir beim Analysieren von D4–D6 stellen. Beantworte die Fragen im Laufe des Schuljahres mithilfe deines Schulbuchs. Lege dir dazu eine Tabelle an. Eine Vorlage zum Herunterladen findest du unter dem Code auf Seite 10.

Du kannst zunächst reine Wissensfragen formulieren, die sich auf Ereignisse und Abläufe beziehen, z.B. wie kamen die Romanows an die Macht? Möglich sind auch Fragen, die damalige Handlungsmuster hinterfragen. Ein Beispiel dazu wäre, warum der russische Zar 1721 den Imperator-Titel annimmt. Darüber hinaus kannst du Fragen stellen, die einen Bezug zwischen dem historischen Gegenstand, in diesem Fall den Imperien, und unserer heutigen Lebenswelt herstellen. Eine Frage könnte hier z.B. sein, inwiefern Chinas aktuelle Pläne zur Seidenstraße einen Bezug zu seiner imperialen Vergangenheit haben.

2 Russland – ein Imperium im Wandel

Die Herrschaft der Zaren (→ S. 28–33)

4. Erläutere die positiven und negativen Folgen der Bauernbefreiung (VT).

Bei der Lösung der Aufgabe helfen dir die Verfassertextabschnitte 4 und 5. Notiere dir stichpunkthaft in einer Tabelle die positiven und negativen Folgen und ergänze die jeweilige Zeile, in der du die Information gefunden hast.

7. Analysiere das Foto Q6. Beurteile das Selbstverständnis des Zaren anhand seiner Position im Saal und seiner Herrschaftsinsignien.

Die Beschreibung des Bildes wird dir leichter fallen, wenn du dich in die Rolle des Fotografen versetzt. Von einem erhöhten Standort aus will er die gesamte Szene darstellen. Beachte daher, wie sich die Personen voneinander unterscheiden lassen und in welcher räumlichen Ordnung sie zueinander stehen. Nutze Formulierungen wie „ausgerichtet auf", „dicht gedrängt", „gegenüber", „erhöht", „im Mittelpunkt".

9. Vergleiche die wirtschaftliche Lage Russlands mit der Lage anderer Länder (D2, Q3).

Beachte dabei, dass die Kohleförderung und die Eisenerzeugung die Leitsektoren in der ersten Phase der Industrialisierung waren (Dampfmaschinen, Eisenbahnbau). Das Erdöl löste die Kohle als Brennstoff dann zunehmend ab und wurde zum Rohstoff der Chemieindustrie in der Hochindustrialisierung. Setze die Förderung von Kohle und Eisen auch in Beziehung zur jeweiligen Bevölkerungszahl, um den Grad der Industrialisierung zu ermitteln.

Marx und der Marxismus (→ S. 34–37)

3. Ordne die Gesellschaftsformationen (D1) den Geschichtsepochen zu, die du bereits kennst.

Eindeutig zuordnen lassen sich die Frühzeit, die Antike, vor allem das Römische Reich, das Mittelalter und die Neuzeit. Schwieriger ist es, die Frühe Neuzeit einzuordnen. Überlege, warum.

8. Vergleiche die Urteile, die das Graffito bzw. die Ansichtskarte über den Marxismus fällen (Q1, Q4).

Für die Lösung dieser Aufgabe musst du Folgendes bedenken:
- Wann sind die Quellen entstanden?
- In welchen Ländern wurden sie veröffentlicht?
- Auf welche historischen Ereignisse beziehen sich die Quellen zum Zeitpunkt ihrer Entstehung?
- In welchem Verhältnis steht der Marxismus zu diesen Ereignissen?
- Kritisieren oder loben die Quellen den Marxismus und/oder die Ereignisse?

Lenin und die Revolution (→ S. 38–41)

6. Vergleiche Marxismus und Leninismus (VT, Q3–Q5).

Denke an die Rolle der Arbeiter, der Partei, die Weiterentwicklung des Kapitalismus und die Theorie, nach der die Revolution in einem entwickelten kapitalistischen Land stattfindet.

Hilfreich kann eine tabellarische Gegenüberstellung sein. Belege zunächst die Aussagen in der Tabelle mithilfe des Verfassertextes und der Quellen. Fülle anschließend die zweite Spalte aus.

	Marxismus	Leninismus
Rolle der Arbeiter		Die Arbeiterschaft entsteht erst. Ihr fehlt noch das Klassenbewusstsein.
Rolle der Partei	Kampf für bessere Arbeitsbedingungen; politische Mitwirkung in den Parlamenten	
Entwicklung des Kapitalismus		Imperialismus als neue Stufe des Kapitalismus
Revolution	durch Mehrheit des Proletariats in einem entwickelten kapitalistischen Land	

8. Verfasse eine politische Rede gegen Lenins Aprilthesen (Q3) aus der Sicht Plechanows (Q4).

Du kannst in folgenden Schritten vorgehen:
- Formuliere die einzelnen Thesen aus Q3 in ihr Gegenteil um.
- Untersuche Q4. Welche Umkehrungen von Lenins Thesen lassen sich belegen?
- Nennt Plechanow weitere Einwände?
- Bringe die Argumente gegen die Aprilthesen in eine sinnvolle Reihenfolge, etwa indem du sie hinsichtlich ihrer Verständlichkeit ordnest.
- Mache dir klar, an welche Zuhörer du deine Rede richtest.
- Überlege dir eine Metapher (ein Sprachbild) oder andere Stilmittel, mit welchen du deine Zuhörer überzeugen willst.
- Schreibe einen Entwurf für deine Rede.

Stalin – zwischen Modernisierung und Terror

(→ S. 42–47)

3. Stalin strebte danach, in kürzester Zeit die Rückständigkeit des Landes zu überwinden. Erläutere anhand des VT, wie Stalin dieses Ziel erreichen wollte.

Notiere zunächst in Stichpunkten die staatlichen Maßnahmen in den Bereichen Industrie, Landwirtschaft, Infrastruktur, Arbeitskräfte. Berücksichtige dabei jeweils auch die negativen Auswirkungen.
Mache die Rolle des Staates in diesem Prozess deutlich.

7. Arbeite aus dem VT heraus, in welcher Lage sich die Bauern unter Stalin befanden.

Verwende die Begriffe „Kollektivierung“, „Kolchosen“, „Kulaken“, „Hungersnot“.

10. Beschreibe wie die Verhaftungen abliefen (Q5). Überprüfe anhand konkreter Textstellen, wo aus heutiger Sicht rechtsstaatliche Regeln verletzt wurden.

Gliedere deine Beschreibung durch folgende Überschriften: „Willkür“, „Ungewissheit“, „Haftbedingungen“, „Ausgrenzung“.
Zur Überprüfung der Rechtsstaatlichkeit nach heutigen Maßstäben kannst du die §§ 101 bis 104 im Grundgesetz (Webseite des Deutschen Bundestags) heranziehen. Schreibe die Passagen heraus, gegen die bei den Verhaftungen in der Sowjetunion verstoßen wurde.

Vom „Großen Vaterländischen Krieg“ zur Supermacht

(→ S. 48–53)

3. Stalin nennt die Freiheit des Vaterlandes als Ziel des Krieges (Q2). Überprüfe seine Aussage mithilfe des VT.

Suche die Textstellen heraus, in denen Stalin von Freiheit spricht. Notiere, mit welchen Aspekten (z. B. ökonomisch, politisch, rechtlich) er Freiheit jeweils verbindet. Überprüfe anhand des VT, inwieweit diese verschiedenen Aspekte von Freiheit im Stalinismus verwirklicht waren.

10. Erläutere anhand der Karte D1, inwieweit sich das Einflussgebiet der Sowjetunion nach dem Zweiten Weltkrieg vergrößerte.

Liste die Länder und Gebiete auf, die Stalin 1945 annektiert hat. Liste außerdem die sozialistischen Länder auf, die zum Bündnissystem des Warschauer Paktes unter sowjetischer Führung gehörten. Achte insbesondere auf die baltischen Staaten und die Aufteilung Polens.

Gorbatschow – Krise oder Neubeginn? (→ S. 56–59)

2. Überprüfe Gorbatschows Aussagen in Q2 mithilfe des VT.

Stelle Gorbatschows Aussagen und die Aussagen des VT zu folgenden Fragen einander gegenüber:

	Gorbatschow	Schulbuchtext
Waren Frieden und Abrüstung nur Mittel zur Lösung der ökonomischen Krise der UdSSR oder ein Hauptziel der Politik der Sowjetunion?		
Haben die Reformen die Wirtschaftskrise gelöst?		
Waren die Menschen vom Sozialismus enttäuscht?		

4. Erkläre, warum Gorbatschows Reformpolitik Unabhängigkeitsbestrebungen in den Satellitenstaaten und bei vielen Nationalitäten in der Sowjetunion auslöste (VT, D3).

Gib wieder, worin die verschiedenen Nationalitäten die Ursache der Krise sahen. Gehe außerdem auf die besonderen historischen Gründe der baltischen Länder und der DDR-Bürger für ihre Forderung nach Unabhängigkeit bzw. Freiheit ein.

7. Der Titel von Michail Gorbatschows 1987 erschienenem Buch lautet: „Perestroika: Die zweite russische Revolution". Überprüfe, ob diese Bezeichnung gerechtfertigt ist.

Mache dir zunächst klar, wie der Revolutionsbegriff definiert wird. Recherchiere dazu bei Bedarf nochmals im Internet. Grenze die Begriffe **Revolution** und **Reform** voneinander ab.

Einige Fragen können dir bei der Aufgabe helfen:
- Ist der Begriff „Russische Revolution" für die Sowjetunion passend?
- Welche Ursachen hatte die Russische Revolution von 1917, welche Ursachen gab es für den Kurswechsel unter Gorbatschow?
- Von wem gingen die Impulse für die Veränderungen jeweils aus?
- Welche Folgen hatten die „Revolutionen" jeweils? Lassen sie sich vergleichen?

Überprüfe jeweils, ob der Begriff der Reform mit Blick auf Gorbatschows Politik passender ist.

Ende der Sowjetunion – Ende des Vielvölkerstaates? (→ S. 60–63)

1. Arbeite aus dem VT und Q1 heraus, wie und mit welcher Zielsetzung sich die GUS gebildet hat.

Die Aufgabe besteht aus zwei Teilen:

a) Wie wurden die GUS gegründet? Hier nennst du die historischen Zusammenhänge/Umstände der Gründung.

b) Mit welcher Zielsetzung wurden sie gegründet? Hier spielt herein, warum gerade diese Staaten entstanden und welchen Zweck sie haben sollten.

Lege dazu eine Tabelle an:

Gründung der GUS:

Wie wurden sie gegründet?	Mit welcher Zielsetzung wurden sie gegründet?
– Am 29. Dezember 1991 trafen sich Vertreter folgender Staaten in Alma Ata: … (Q1) – Sie gaben folgende Erklärung ab …	– Die Staaten wollen „demokratische Rechtsstaaten" sein (Q1, Z. 6). – Für den Umgang miteinander wird angestrebt, dass …

5. Arbeite aus Q3 heraus, wie die Aussiedlerin die Situation der Russlanddeutschen in der Bundesrepublik beurteilt.

Arbeite die Informationen heraus, indem du bspw. folgende Tabelle anlegst:

Situation der Eltern	Situation der Kinder
– mussten Arbeit und Wohnung zurücklassen …	…

Russland heute – zurück zum Zarentum oder Aufbruch in die Zukunft? (→ S. 64–69)

1. Analysiere die Verfassung der Russländischen Föderation (D1). Achte besonders auf die Machtbefugnisse des Präsidenten einerseits und des Parlaments (Duma und Föderationsrat) andererseits.

Schau dir die einzelnen Elemente der Verfassung an und ordne sie den Begriffen Exekutive, Legislative, Judikative zu.
Du kannst die Verfassung mit Fragen erschließen:
- Welche Aufgaben/Funktionen haben die jeweiligen Institutionen?
- In welchem Verhältnis stehen die Institutionen zueinander? Wie ist die Macht verteilt?
- ...

Fasse abschließend in zwei bis drei Sätzen zusammen, ob die Volksvertretung (Parlament) die Exekutive und besonders den Präsidenten kontrollieren kann und ob es in Russland eine Gewaltenteilung gibt.

3. „Russlands Aufbruch in die Moderne?" Schreibe unter dieser Überschrift als westlicher Journalist eine Reportage über die Moskau-City (Q1) vor dem Hintergrund der aktuellen gesellschaftlichen und wirtschaftlichen Entwicklung (VT).

Mache dir zunächst Notizen zu folgenden Aspekten:
- Beschreibe das Bild Q1. Wirken die Gebäude auf dich „modern"? Was soll wohl durch die Architektur ausgedrückt werden?
- Überprüfe, ob die wirtschaftliche Entwicklung (Landwirtschaft, Konsumgüterindustrie, Öl- und Gaskonzerne) zum Aufbruch in die Moderne passt.
- Gehe in diesem Zusammenhang auch auf die gesellschaftliche und politische Entwicklung ein (Armut, Demokratie und Menschenrechte).
- Stelle an geeigneten Stellen kurze Vergleiche zu Entwicklungen in westlichen Staaten an, die deiner Meinung nach den Weg der Moderne eingeschlagen haben.

8. Erörtere anhand von Q3, ob es gerechtfertigt ist, Putin als „Zar" zu bezeichnen.

Lies noch einmal die Lexikonbegriffe „Autokratie" (S. 28) und „Zarismus" (S. 30) und notiere die Kriterien für die Zarenherrschaft. Überprüfe diese Kriterien an den Aussagen von Gleb Pawlowsky in Q3 über Putins Herrschaftsverständnis. Diese Fragen helfen dir: Wie steht Putin als Präsident zu den anderen Verfassungsorganen (Gewalten)? Wie sieht Putin sein Verhältnis zum Volk?

3 China – ein Imperium im Wandel

Was macht China zu einem Imperium? (→ S. 74–79)

3. Charakterisiere die Rolle der chinesischen Kaiser und ihre Herrschaftspraxis (VT, Q3b, Q7, Q8).

Die Aufgabe besteht aus zwei Teilen, die du getrennt bearbeiten kannst: Lies zunächst den VT-Abschnitt „Was zeichnet den Staat aus?" und Konfuzius (Q3b). Arbeite heraus, welche Rolle die Kaiser für die chinesische Gesellschaft hatten. Lies anschließend den VT auf S. 76 und Q8 und notiere, wie die Kaiser seit dem 14. Jahrhundert regierten. Beachte, dass die frühen Kaiser oft anders regierten und ein anderes Verhältnis zu den Beamten hatten.

5. Analysiere die historische Karte Q1. Welche geografischen Kenntnisse und welche Weltsicht drücken sich darin aus?

Den ersten Teil der Aufgabe kannst du beantworten, wenn du die koreanische Weltkarte mit einer aktuellen Weltkarte vergleichst:
- Welche Kontinente sind auf der historischen Karte abgebildet, welche sind nicht abgebildet?
- Welche Kontinente/Länder werden in Q1 nur ungenau (Größe, Umriss, Lage ...) dargestellt?

Um den zweiten Teil der Aufgabe zu beantworten, kannst du auf diese Antworten zurückgreifen und erläutern, warum sich China als „das Reich der Mitte" verstand.

7. Erläutere die Lehre des Konfuzianismus (VT, Q3) und ihre Bedeutung für das Herrschaftssystem in China (VT, Q5).

Notiere die zentralen Begriffe aus Konfuzius Lehren (Q3) und ergänze dazu die Textstellen im VT „Was zeichnete den Staat aus?" und in Q5, zu denen die Begriffe passen. Achte darauf, wo die Wirklichkeit von den Lehren abwich.

China und der Westen – Expansion oder Selbstbeschränkung (→ S. 80–83)

3. Beschreibe, was die Europäer an China bewunderten (VT).

Lies dazu besonders genau die Abschnitte „Der Westen und China" und „Eine weise Entscheidung?" im VT.

Was hat die Europäer neugierig auf China gemacht?

Worin sahen sie China als Vorbild?

5. Der Chinese Jin Feibao zeigt westlichen Besuchern seine Modellflotte (D1) und erläutert ihnen die Bedeutung Zheng Hes als Seefahrer (VT). Versetze dich in seine Rolle und halte einen Kurzvortrag.

Lies die Bildunterschrift zu D1 und den VT „Expedition oder Expansion?" durch.

Hebe zunächst die Bedeutung der Expedition hervor:
- Wie groß waren die Schiffe im Vergleich zu europäischen? Wie groß war die Flotte?
- Welche Länder steuerte Zheng He an?
- Was wollte er dort erreichen?

Betone gegenüber den westlichen Zuhörern die Unterschiede zwischen Chinas Vorgehen und dem des Westens und rücke Chinas Verhalten in ein besonders günstiges Licht.

Wie verhielt sich China gegenüber den fremden Herrschern?

China – ein Objekt kolonialer Begierde (→ S. 84–87)

1. Nenne wichtige Ereignisse der Beziehungen zwischen dem Westen und China mit Daten und Stichpunkten (VT).

Lies den VT selektiv und filtere Daten und Ereignisse heraus. Achte dabei auch auf die Lexikonbegriffe. Schreibe zu jedem Ereignis oder Begriff in Stichpunkten seine Bedeutung für die Beziehungen zwischen China und dem Westen, z. B.
- 1793 – offizieller Besuch einer englischen Gesandtschaft beim Kaiser von China. Ihr Ziel, politische und wirtschaftliche Beziehungen herzustellen, wird nicht erreicht.
- 1839 …

6. Führt eine Pro- und Kontra-Diskussion über die Frage „Sollen wir uns am Westen orientieren?" aus der Sicht eines Reformbefürworters in China und eines „Boxers" (Q4, Q5).

Arbeitet aus den Quellen Argumente für oder gegen den Westen heraus und notiert sie in einer Tabelle:

Pro	Kontra
Der Westen ist uns überlegen im …	Die westliche Zivilisation ist der chinesischen unterlegen, weil …
Wir brauchen die Gelehrsamkeit und das Wissen des Westens, um …	Wir wollen …

Warum wird China kommunistisch? (→ S. 88–93)

1. Gestalte einen Zeitstrahl zur Geschichte Chinas vom Ende des Kaiserreichs bis zur Gründung der Volksrepublik (VT).

Ergänze den Zeitstrahl und füge weitere Daten hinzu:

1911/12: Sturz der Monarchie und Gründung der Republik China	1928:	1. Oktober 1949: Gründung der Volksrepublik China

3. Erkläre den Begriff „Großer Sprung nach vorn" (VT, Lexikonbegriff, Q6). Unterscheide dabei Propaganda und Wirklichkeit.

Notiere zuerst Stichpunkte zu den einzelnen Quellen. Ordne diese dann in eine Tabelle ein:

Propaganda	Wirklichkeit
Durch die Einführung von Volkskommunen und Kollektivierung …	Die Planziele in der landwirtschaftlichen Produktion sind viel zu hoch …
…	…
…	…

7. Wähle eine Person auf dem Foto Q1 aus und schreibe ihre Gedanken auf.

Lies dir dazu den VT „Sozialistische Experimente“ genau durch und beachte das Datum des Fotos.

Die Gedanken könnten folgende Punkte beinhalten:
- Welche Stellung hat die Person als Bauer in der Gesellschaft und nach Ansicht Mao Zedongs?
- Was denkt sie über Mao Zedong?
- Wie beeinflussen die Ziele der Kulturrevolution das Leben dieser Person?

9. Erläutere, was eine Umsetzung des Programms der „Roten Garden“ (Q7, Q8) für die Gesellschaft bedeuten würde.

Gib eine Einschätzung der historischen Situation unter Mao Zedong ab. Lies das Programm der „Roten Garden“ und überlege was für einen Einfluss es auf das Leben eines Menschen von der Geburt bis zum Tod gehabt hätte. Schaue dir dazu auch das Vorgehen der Roten Garden auf dem Foto Q8 an.

Der Weg in die Moderne – Reform statt Revolution?

(→ S. 96–101)

7. Stell dir vor, du hättest an der Demonstration auf dem Tiananmen-Platz teilgenommen: Schreibe einen Brief an einen Freund über die Motive und Ziele der Demonstranten (VT, Q4, Q5)

Notiere zuerst Stichpunkte über die wichtigsten Ziele und Motive der Demonstranten. Diese kannst du dann zu einem Brief verarbeiten.

Ziele	Motive
Anerkennung der ...	Unzufriedenheit mit den Reformen
...	...

9. Informiere dich über die Politik Chinas in Tibet oder in Xinjiang und die Menschenrechtssituation dort. Halte einen Kurzvortrag.

Du kannst dich dabei zum Beispiel auf Online-Artikel der Bundeszentrale für politische Bildung beziehen. Gib dazu die Stichworte „China, Tibet und Bundeszentrale für politische Bildung“ im Internet ein.

Folgende Leitfragen könnten dir bei der Vorbereitung des Vortrags helfen:
- Was ist der Kern der Auseinandersetzung?
- Welche Akteure spielen eine Rolle?
- Gibt es Lösungsansätze/Forderungen?

China – eine neue Supermacht? (→ S. 102–107)

3. Schreibe unter der Überschrift „Leben in China heute“ jeweils eine Bildlegende zu den Fotos Q7 und Q8 für eine chinesische und eine deutsche Zeitschrift.

Beachte dabei die verschiedenen Perspektiven Chinas und Deutschlands. Mache dir außerdem klar, wie die Situation der chinesischen Bevölkerung in den Städten und wie auf dem Land ist.

8. Stelle anhand von Q1 und Q2 dar, wie China heute von Deutschland gesehen wird.

Macht euch zuerst Stichpunkte in Form einer Mindmap über Merkmale der beiden Bilder.

Fasse danach die Punkte deiner Mindmap zu einem Text zusammen.

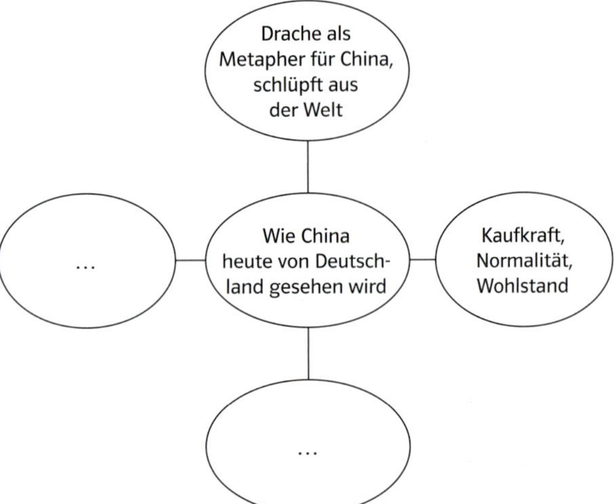

4 Osmanisches Reich und Türkei

Das Osmanische Reich – „Pax Ottomanica"?

(→ S. 112–117)

5. Vergleiche Q3 und Q4 unter dem Aspekt der Behandlung von Nicht-Muslimen.

Arbeite zunächst aus beiden Textquellen heraus, wie Nicht-Muslime behandelt werden. Vergiss dabei nicht, deine Erkenntnisse zu belegen. Überlege dabei, welchen Lebensbereich (Wirtschaft/Geschäftsleben, Alltag, Familie, Religion, etc.) die jeweilige Quelle beschreibt. Hilfsfragen für einen Vergleich können sein:
In welcher Beziehung stehen diese Bereiche? Was sagt es über die Behandlung von Nicht-Muslimen im Osmanischen Reich aus, wenn in unterschiedlichen Bereichen unterschiedliche Regeln gelten?

9. Erörtere, ob es richtig ist, von einer „Pax Ottomanica" zu sprechen.

Der Begriff „Pax Ottomanica" nimmt Bezug auf die „Pax Romana". Mit „Pax Romana" wird eine über zwei Jahrhunderte lang andauernde Zeit des Friedens im Römischen Reich bezeichnet, deren Beginn die Herrschaft von Kaiser Augustus markierte. Nach langen Jahren teilweise gewaltsamer Auseinandersetzungen und Bürgerkriege lebten die Römer ab 27 v. Chr. fast 200 Jahre lang einigermaßen friedlich zusammen. Im nun stabilen römischen Imperium blühten Kunst und Kultur ebenso auf wie die Wirtschaft. Dem Frieden im Inneren stehen kontrastierend allerdings immerwährende gewaltsame Konflikte an den Grenzen des Römischen Reiches sowie teilweise großangelegte gewaltsame Eroberungszüge gegenüber.

Um zu erörtern, ob man von einer „Pax Ottomanica" sprechen kann, muss man also zunächst ausgehend von der „Pax Romana" definieren, was man darunter versteht. Lassen sich die aufgeführten Merkmale dann auch für das Osmanische Reich nachweisen? Eine wichtige Frage, die unbedingt beantwortet werden sollte ist dabei: Für wen galt der Frieden?

Militärisch überlegen, wirtschaftlich unbedeutend?

(→ S. 118–123)

3. Beschreibe Q1 und erkläre den Vorgang ausgehend vom Verfassertext.

Beschreibe das Bild Q1 zunächst genau: Welche Personengruppen sind auf dem Bild auszumachen? Welche Kennzeichen haben sie? Was tun sie? Als nächstes liest du die Abschnitte „Die Janitscharen" und „Aufstieg durch „Knabenlese"?" im Verfassertext noch einmal. Kannst du nun zuordnen, wen die im Bild gezeigten Personen(-gruppen) darstellen? Jetzt kannst du die „Knabenlese" mithilfe von Q1 erklären.

7. Begründe ausgehend von D1, weshalb das Osmanische Reich lange Zeit den Handel zwischen Asien und Europa kontrollierte (VT).

In deiner Antwort musst du Argumente für die Aussage „Das Osmanische Reich kontrollierte vor den europäischen Entdeckungsfahrten den Handel zwischen Asien und Europa" sammeln. Der Operator „begründen" erfordert keine eigene Stellungnahme, sondern dass du eine gegebene Aussage mit Argumenten stützt.

Arbeite aus der Karte D1 heraus, wie die Handelsrouten zwischen Europa und Asien verliefen. Gab es dabei eine Route, die nicht über das Territorium des Osmanischen Reichs führte? Was bedeutet dies?

Der Nahe Osten im und nach dem Ersten Weltkrieg

(→ S. 124–129)

6. Erörtere mit Bezug auf Q2 und Q3, inwiefern von einem deutschen Imperialismus im Nahen Osten gesprochen werden kann.

Die Leitfrage dieser Aufgabe lautet: Muss das Deutsche Reich vor und im Ersten Weltkrieg als imperiale Macht bezeichnet werden? Zunächst definierst du den Begriff Imperialismus. Anschließend untersuchst du quellenkritisch die Materialien Q2 und Q3: Dabei berücksichtigst du Informationen zu den Autoren und fasst wesentliche Inhalte der Quellen zusammen. Schließlich prüfst du mit Bezug auf die Definition, ob die in den Quellen dargelegte Politik als imperialistisch zu gelten hat. In einem Fazit fasst du deine Ergebnisse zusammen. Beziehe dich dabei auf die Leitfrage.

11. Bewerte den Einfluss westlicher Staaten auf die Entwicklung des Nahen Ostens im 20. Jahrhundert. Berücksichtige hierfür den Begriff des Imperialismus.

In dieser Aufgabe bestimmst du mit Bezug auf den Verfassertext und die Quellenmaterialien, inwiefern europäische Mächte wie Großbritannien, Frankreich, Russland und das Deutsche Reich die Entwicklung des Nahen Ostens beeinflusst haben. Hierfür wendest du den theoretischen Begriff des Imperialismus an, den du zunächst nachschlagen und definieren musst. Liste danach Handlungen europäischer Mächte auf, die den Nahen Osten nachhaltig beeinflusst haben. Abschließend äußerst du deine Meinung zu dieser Politik. Begründe dein Urteil.

Vom Reich zur Republik: Die Türkei entsteht

(→ S. 130–135)

5. Erörtere, inwiefern dem Deutschen Reich eine Mitverantwortung an dem Völkermord an den Armeniern und Aramäern anzulasten ist (VT, Q1).

Nach der Lektüre des Verfassertexts untersuchst du quellenkritisch Q1, das heißt, du bestimmst den Autor der Quelle, fasst ihren Inhalt zusammen und ordnest sie in den Kontext des Völkermords an den Armeniern und Aramäern ein. Anschließend wägst du Argumente für und wider die These ab, das Deutsche Reich trage eine Mitverantwortung für den Genozid. Schließlich beziehst du auf Basis aller Arbeitsschritte begründet Stellung.

6. Versetze dich in die Lage Paul Graf Wolff-Metternichs. Verfasse einen Brief an Reichskanzler Bethmann Hollweg, in dem du dessen Position zum Völkermord beurteilst (Q1).

Paul Graf Wolff-Metternich war deutscher Botschafter im Osmanischen Reich und konnte in dieser Position aus erster Hand über den brutalen und organisierten Völkermord an den Armeniern berichten. Versetze dich in dessen Lage und fälle ein Sachurteil. Beantworte hierfür Reichskanzler Bethmann-Hollwegs Gleichgültigkeit gegenüber den Armeniern mit moralischen (Menschenrechte) und politischen (Bündnis Deutsches Reich und Osmanisches Reich) Argumenten.

Türkische Arbeitsmigration – nur Gewinner?

(→ S. 138–143)

1. Nenne Gründe, weshalb die Bundesrepublik mit Anwerbeabkommen ausländische Arbeiter gewinnen wollte (VT).

Lies den Abschnitt „Arbeitskräftemangel in Deutschland“ im Verfassertext (VT) noch einmal. Was werden für Gründe genannt, sogenannte „Gastarbeiter“ in die Bundesrepublik Deutschland zu locken? Liste diese Gründe nacheinander auf.

7. Der Schweizer Schriftsteller Max Frisch (1911–1991) schrieb einmal „Man hat Arbeitskräfte gerufen, und es kommen Menschen.“ Bewerte diese Aussage.

Der Operator „bewerten“ erfordert es, dass du aus deiner heutigen Sicht Stellung zu einem historischen Ereignis nimmst. Dabei ist es wichtig, dass du die Wertmaßstäbe nennst, auf die du dein Urteil gründest.

Der Schriftsteller Max Frisch spielt in diesem Zitat auf eine Zeit an, in der aktiv „Arbeitskräfte“, beispielsweise aus der Türkei, nach Deutschland geholt wurden. Zunächst solltest du dir überlegen: Worin besteht der Unterschied zwischen „Arbeitskräften“ und „Menschen“ mit Blick auf die „Gastarbeiter“ in der Bundesrepublik Deutschland? Stimmt es, dass man („nur“) „Arbeitskräfte“ gerufen hat und die „Menschen“ dabei vergessen hat? Anders formuliert: Lässt sich anhand der Geschichte der türkischen Arbeitsmigranten in Deutschland zeigen, dass die Deutschen von den sogenannten „Gastarbeitern“ nur ihre Arbeitskraft, sonst aber nichts wollten? Dies solltest du anhand verschiedener Kriterien (etwa gesetzlicher Maßnahmen) überprüfen und auf dieser Grundlage dein Urteil fällen.

Zurück Richtung Zukunft? Die Türkei heute

(→ S. 144–149)

2. Beurteile, inwiefern die Modernisierungspolitik der AKP das Leben der türkischen Bevölkerung in und außerhalb der Türkei beeinflusst hat (Q4, VT).

Um diese Aufgabe bearbeiten zu können, musst du die Vorzüge und Probleme der Modernisierung in der Türkei bestimmen. Dabei ist es hilfreich, sich zunächst über die Bedeutung des Begriffs Modernisierung klar zu werden. Lies dann den Verfassertext sowie die Aussagen in Q4. Vorzüge und Probleme trägst du anschließend in folgende Tabelle ein:

Vorzüge der Modernisierung	Nachteile der Modernisierung
...	...

Komme abschließend zu einer begründeten Stellungnahme, in der du die Leitfrage beantwortest.

4. Erkläre anhand des Verfassungsschemas D1, wie sich das politische System der Türkei im Jahre 2017 verändert hat.

Verschaffe dir dazu zunächst einen Überblick über die Grafik. Die Unterschiede sind mithilfe von Kreuzen („x"), Durchstreichungen sowie der Farbe Rot markiert. Du kannst dir dann eine Tabelle anlegen, in der du notierst, welche Aufgaben und Funktionen Staatspräsident, Regierung, Parlament, Rat der Richter und Staatsanwälte sowie wahlberechtigte Bevölkerung hatten bzw. seit 2017 haben.

8. Auf einer Feier in Istanbul treffen sich Kasim, ein Anhänger der AKP, und Pinar, eine Anhängerin des Kemalismus. Es entwickelt sich ein politisches Streitgespräch, als Kasim behauptet: „Unter Erdoğan geht es der Türkei besser denn je!" (Q2, Q4, D2). Arbeite zusammen mit einem Partner, gestalte den Dialog schriftlich.

Die Aufgabe erfordert es zunächst, mithilfe des Verfassertextes sowie den Quellen wesentliche Aspekte der AKP-Politik (Ziele, Methoden, Konflikte) herauszuarbeiten und diese den politischen Grundsätzen des Kemalismus (D2, S.134) gegenüberzustellen. Die dadurch sichtbar werdenden Gegensätze verarbeitest du anschließend in einem Dialog zwischen den fiktiven türkischen Charakteren Kasim und Pinar.

5 Ehemalige Imperien und die Europäische Integration im Vergleich

Die Europäische Union – ein „Imperium"? (→ S. 154–159)

3. Vergleiche die Verwaltung Europas (D1, VT) mit der Verwaltung Russlands, Chinas und des Osmanischen Reiches. Bildet Gruppen und geht arbeitsteilig vor.

Hier ist es wichtig, dass du Kriterien festlegst, anhand derer du die Verwaltung in der EU mit der in den Imperien vergleichen kannst. Sinnvoll ist es, wenn du von Anfang an zwischen den Begriffen Exekutive, Legislative und Judikative unterscheidest.

- Wer steht an der Spitze der Verwaltung?
- Gibt es ein Parlament? Welche Rolle übernimmt es?
- Werden die Institutionen gewählt? Wo finden sich demokratische Elemente?
- Gibt es gegenseitige Kontrolle/Gewaltenteilung?
- ...

Sinnvoll ist es, wenn du eine Tabelle anlegst und den Vergleich anhand der festgelegten Kriterien vornimmst. Achte darauf, dass du jeweils nochmals bei den Imperien differenzieren kannst, Beispiel: Das Russische Imperium unter den Zaren/die Sowjetunion als Imperium?

Vergleich der Verwaltung:

	EU	Russland	China	Osmanisches Reich
Spitze der Verwaltung (Exekutive)	EU-Kommission: je nach parlamentarischen Mehrheiten von demokratisch gewählten Regierungen eingesetzt, ...	Der Zar in Russland ... Unterstützt wurde er durch ... In der Sowjetunion ...	...	...
Parlament (Legislative)	Europäisches Parlament: es wird gewählt durch ... Es kontrolliert ...	Die Duma ...	...	...
...	...	...	...	...

8. Überprüfe anhand der Entwicklung der europäischen Integration (VT), inwieweit Churchills Vision von den „Vereinigten Staaten von Europa" in den folgenden Jahrzehnten umgesetzt wurde.

Es bietet sich an, eine Tabelle anzulegen, in der die Vorschläge Churchills und die jeweilige weitere Entwicklung der europäischen Integration einander gegenübergestellt werden:

Vorschläge Churchills	Entwicklung der Europäischen Integration
Schaffung der „Vereinigten Staaten von Europa"	Die wirtschaftliche Integration Europas wurde immer weiter vorangetrieben, das zeigt sich in der wirtschaftlichen Kooperation, wenn man an die EWG denkt ... In politischer Hinsicht sieht es anders aus, wenn man z. B. einen Blick auf die europäische Verteidigung oder eine gemeinsame europäische Verfassung wirft ...
Partnerschaft zwischen Frankreich und Deutschland	Die Partnerschaft ist schon in der Montanunion angelegt. Sie entwickelte sich weiter ... Die Kooperation zwischen Frankreich und Deutschland wird als „Motor Europas" angesehen ...
Briten sind nicht Teil der europäischen Integration	Es hat sich in der Folge allerdings gezeigt ...
...	...

13. Erörtere abschließend, ob man die EU als „Imperium" bezeichnen kann. Gehe dabei auf verschiedene Kriterien ein, die ein Imperium ausmachen und ziehe den VT sowie D1, Q4, Q5 und die Karte (S. 153) heran.

Voraussetzung für die Lösung dieser Aufgabe ist, dass du nochmals alle Kriterien auflistest, die ein Imperium ausmachen, wirf dazu bei Bedarf auch nochmals einen Blick auf die Seiten 18–20.

Erörtere nun anhand der Kriterien mit Pro und Kontra, inwieweit sie auf die EU zutreffen. Bringe an geeigneten Stellen Beispiele.

Beispiel:

Betrachtet man die territoriale Ausdehnung der EU auf der Karte, so erinnert das Gebiet von der Größe her zunächst an ein Imperium, weil ... Wenn man genauer hinsieht, fällt jedoch auf, dass die EU in souveräne Staaten aufgeteilt ist. Außerdem gibt es die Eurozone mit einer gemeinsamen Währung. Diese gemeinsame Währung ist ein Kennzeichen für Imperien. Die anderen Staaten der EU aber haben noch immer ihre nationale Währung behalten ...

Sucht man nach einer europäischen Hauptstadt, so fällt auf, dass ... Im Römischen Reich, in Russland war es beispielsweise so, dass...

Formuliere am Ende ein Fazit, in dem auch deine eigene Meinung deutlich wird.

Wie kann unsere Zukunft aussehen? (→ S. 160–165)

1. Analysiere D1. Stelle dar, welche Chancen und Risiken sich durch die Entwicklung der Weltbevölkerung ergeben.

Mach dir zunächst klar, wie die Weltbevölkerung Mitte 2017 verteilt war. Ordne die angegebenen Regionen nach der Größe ihrer Bevölkerung. Gehe genauso bei der Statistik vor, die die Prognose für Mitte 2100 zeigt.

Vergleiche jetzt die einzelnen Regionen mit Blick auf 2017 und Mitte 2100. Hebe die Unterschiede besonders hervor. Berücksichtige bei deinem Vergleich auch die Entwicklung der Bevölkerung insgesamt ...

4. Arbeite heraus, was für ein Bild Henry Kissinger von der künftigen Weltordnung entwirft und welche Probleme er sieht (Q2). Vergleiche die Aussagen von Kissinger mit der Karikatur Q4.

Behalte bei dem Vergleich besonders die Rolle der USA und Chinas im Blick. Du kannst den Vergleich anhand folgender Fragen in einer Tabelle durchführen:

	Henry Kissinger (Q2)	**Karikatur (Q4)**
Welche Rolle nehmen die USA ein?	Kissinger ist sich der besonderen Macht der USA bewusst, allerdings …	In der Karikatur sind die USA klein und als … dargestellt, dennoch …
Welche Rolle nimmt China ein?	Auch Kissinger erwähnt einen Kontrast zwischen den USA und China, allerdings …	Im Kontrast zu den USA …
Wie stehen die USA und China einander gegenüber?	Unklar ist …	Hier ist die Situation eindeutig …
Wo liegen Schwierigkeiten?	…	…
…	…	…

8. Gestaltet mithilfe des VT, Q2 und Q3 eine Diskussion zu folgender Fragestellung: „China führende Weltmacht der Zukunft?"

Mach dir zunächst klar, was du unter „Weltmacht" verstehst und lege Kriterien fest. Kriterien können beispielsweise sein:
- Herrschaftsform
- Technologische Entwicklung
- Wirtschaftskraft
- Militärische Macht
- Größe des Landes/Bevölkerungszahl
- …

Begründe jeweils, warum du China als künftig führende Weltmacht der Zukunft siehst oder nicht, gib auch Materialbezüge an. Auch hier kann eine Tabelle hilfreich sein:

China – künftige Weltmacht der Zukunft?

Kriterien	**Pro**	**Kontra**
Herrschaftsform	Das autoritäre Regime kann Entscheidungen schnell durchsetzen … Es gibt Länder, die Chinas Herrschaftsform als Vorbild sehen, …	Die Staatsform in China ist für viele Länder nicht nachahmenswert, weil …
Technologische Entwicklung	China ist in vielen Bereichen führend, dazu gehören … und …	Wenn man allerdings bedenkt, dass beispielsweise das Internet …
Wirtschaftskraft	…	…
…	…	…

Russland – ein Imperium im Wandel

	Zarenreich (1500–1917)	→	**Sowjetunion (1917–1991)**	→	**Russländische Föderation (1991 bis heute)**
Herrschaft	autokratische Zarenherrschaft gestützt durch starkes Militär, Bürokratie und Orthodoxe Kirche	Zusammenbruch durch den Ersten Weltkrieg und die wirtschaftliche Krise	Diktatur der kommunistischen Partei, Diktatur Stalins, Reformen unter Gorbatschow	Zusammenbruch durch das Wettrüsten und die wirtschaftliche Schwäche	demokratische Verfassung, sehr starke Stellung des Präsidenten
Gesellschaft	Ständehierarchie: Klerus, Adel, Bürgertum, Bauern, bis 1861 Leibeigenschaft, multiethnisches Imperium		Abschaffung der Stände und Klassen, Status je nach Nähe zur kommunistischen Partei, multiethnische Bevölkerung, Unterdrückung der Kirche		starke Stellung von Oligarchen, ausgeprägte soziale Ungleichheit, multiethnische Bevölkerung, Orthodoxe Kirche mit großer Nähe zur Regierung
Wirtschaft	rückständige Wirtschaft: kleinbäuerliche Produktionsweise, geringe Industrialisierung		Kollektivierung der Landwirtschaft, Verstaatlichung, Fünfjahresplan, Industrialisierung (Stalin)		Marktwirtschaft, hohe Staatsanteile an Schlüsselindustrien, Wirtschaftsprobleme: Abhängigkeit von Gas und Öl, Korruption
außenpolitischer Status	europäische Großmacht, Machterhalt und Expansion durch Kriege		„Sozialismus in einem Land" (Stalin), seit 1945: Atom- und Supermacht, Expansion, Satellitenstaaten		Großmacht (Atommacht), Interventionen u.a. im ehemaligen Machtbereich (Georgien, Ukraine/ Krim)

China – ein Imperium im Wandel

	Kaiserreich China	Öffnung → Krise	Volksrepublik China	Öffnung → Aufstieg
Herrschaft	autokratischer Kaiser, Beamte, Hofstaat	Aufstände, Republik, Bürgerkrieg	Mao Zedong, Kommunistische Partei	Deng Xiaoping, Xi Jinping
Gesellschaft	hierarchische Ständeordnung, multiethnische Gesellschaft	Auflösung der Stände	Klassenkampf, Gleichheit, multiethnische Gesellschaft	Ungleichheit
Kultur	Schrift, Rechtssystem, Konfuzianismus	westliche Ideen: Liberalismus, Kommunismus, Faschismus	Kommunismus	
Wirtschaft	staatlich regulierte Wirtschaft	Abhängigkeit vom Westen	Kollektivierung, staatliche Lenkung	Reformen, kapitalistische Wirtschaft

Osmanisches Reich und Türkei

	Osmanisches Reich (1281 bis 1923)	Republik Türkei (seit 1923)
Herrschaft und Verwaltung	• Sultan als weltlicher Alleinherrscher, der Gesetze erlässt • Staatsrat, dem Spezialisten für verschiedene Fachgebiete angehören („Wesire“), berät den Sultan • Aufteilung des Herrschaftsgebietes in Provinzen, die der „Hohen Pforte“ in Istanbul (seit 1453) unterstehen • Im „Timar-System“ bekommen verdiente Beamte und Soldaten zeitweilig und nicht vererbbar Lehen übertragen.	• Seit 1923 Türkei als verfassungsmäßig parlamentarische Republik: geprägt durch Zentralismus und Parteipolitik • Staatspräsident als führende politische Kraft
Gesellschaft	• Osmanisch als Verwaltungssprache, gleichzeitig große Vielfalt an Sprachen • Teilbereiche der Gesellschaft verfügen über ein hohes Maß an Autonomie und Möglichkeiten der Selbstverwaltung. • Aufstieg durch „Knabenlese“ (Devschirme-System) und auch (für Nicht-Muslime) durch Konvertierung zum Islam möglich.	Modernisierungsprojekt durch Atatürk: • Trennung von Staat und Religion • Rechtliche Gleichstellung der Frau • Nationalistische Ausrichtung der Gesellschaft – Heroisierung des Türkentums und Benachteiligung von Minderheiten • Einführung der lateinischen Schrift • Anpassung an „westliche“ Familien-, Kleidungs- und Lebensentwürfe
Militär und Expansion	• stehendes Heer mit regulären Truppen sowie Elitetruppe der Janitscharen • in den ersten Jahrhunderten regelmäßige Feldzüge, um das Herrschaftsgebiet durch Eroberungen zu vergrößern	• in der Republik Atatürks: türkisches Militär als zentraler Herrschaftsfaktor und Stabilisator • Führende Militärs mit politischem Einfluss im Staat • Einbindung der Republik Türkei in das westliche Militärbündnissystem der Nato (1952)
Religion	• Islam sunnitischer Prägung als Staatsreligion • Sultan seit dem 16. Jh. nicht nur weltlicher Herrscher, als Kalif auch religiöses Oberhaupt • Scharia ist verschränkt mit weltlichen Gesetzen • Duldung von anderen Religionen gegen Zahlungen; große Unterschiede in der Behandlung von Anhängern monotheistischer und polytheistischer Religionen (bspw. Hinduismus, Buddhismus) • andere Religionen besitzen ein hohes Maß an Selbstständigkeit und Autonomie („Millet-System“)	• dezidiert laizistischer Staat • Spannungen zwischen strenggläubigen und säkularen Türken

Fachmethode

Sachquellen analysieren, Band 5/6, Seite 20/21

Arbeitsschritte

1. Beschreiben →

- Stelle fest, um welchen Gegenstand es sich handelt.
- Sieh ihn an, nimm ihn in die Hand, probiere ihn aus.
- Beschreibe seine Besonderheiten.

2. Analysieren →

Beantworte die folgenden Fragen:
- Aus welchen Materialien ist der Gegenstand?
- Aus welcher Zeit stammt er vermutlich?
- Wozu diente er?
- Wie wurde er gehandhabt und von wem?

Dafür musst du dir unter Umständen zusätzliche Informationen aus Lexika, Sachbüchern, dem Internet oder von Experten besorgen. Als Experten können oft ältere Menschen dienen.

3. Deuten

- Überlege, was du aus dem Gegenstand über das Leben von Menschen früher entnehmen kannst. Welche Bedeutung hatte er für sie? Notiere Fragen, die sich an den Gegenstand anknüpfen und zu deren Beantwortung du weitere Informationen brauchst.
- Stelle abschließend fest, ob der Gegenstand für unser heutiges Leben noch eine Rolle spielt. Ist er durch andere ersetzt worden? Was lässt sich daraus über die Lebensweise der Menschen und ihren Wandel ablesen?

Verfassertexte auswerten, Band 5/6, Seite 28/29

Arbeitsschritte

1. Überblick verschaffen →

- Lies den ganzen Text einmal zügig durch. Um welches Thema und um welche Fragestellungen geht es?
- Notiere eine Überschrift und Stichwörter auf deinem Arbeitsblatt.

2. Analysieren →

- Finde Begriffe, mit denen du den Text gliedern kannst.
- Notiere die wichtigsten Gedanken eines jeden Abschnitts. Zum Beispiel: Welche Ereignisse und Entwicklungen werden genannt; wer sind die Handelnden; wie werden sie bewertet?
- Analysiere, wie der Verfasser seine Informationen und Argumentationen sprachlich darbietet. Zum Beispiel: Zeitliche Bezüge werden ausgedrückt durch „vorher“, „nachher“ oder „plötzlich“; Begründungen durch „weil“, „deswegen“; gegensätzliche Wertungen oder Widersprüche durch „einerseits – andererseits“, „obwohl“, „manche meinen“; Unsicherheit oder Vorbehalte durch „vielleicht“, „vermutlich“, „wahrscheinlich“.

3. Zusammenfassen

- Fasse die wichtigsten Informationen des Textes knapp zusammen und bringe sie in eine eigene Form. Dafür kannst du zum Beispiel
  - den Inhalt des Textes in wenigen eigenen Sätzen formulieren,
  - eine Stichwortliste erstellen (etwa mit einander widersprechenden Argumenten oder Wertungen),
  - eine Tabelle gestalten,
  - die Aussage des Textes in einer Strukturskizze wiedergeben.

Rekonstruktionszeichnungen analysieren, Band 5/6, Seite 44/45

Arbeitsschritte

1. Beschreiben →

- Stelle fest, worum es bei der Rekonstruktionszeichnung geht. Die Bildlegende gibt dir dazu Informationen.
- Handelt es sich um einen einzelnen Gegenstand, ein Bauwerk, eine historische Szene, ...?
- Ordne das Thema in Zeit und Raum ein.
- Überlege, was du bereits über das Thema weißt.

2. Analysieren →

- Welche Gegenstände sind zu sehen?
- Welche baulichen oder technischen Einzelheiten kannst du erkennen?
- Was kannst du über die Funktionsweise aussagen?
- Welche Personen sind abgebildet?
- Welche Tätigkeiten üben sie aus?
- Welche Darstellungsweise wurde gewählt: farbig oder schwarz-weiß, einige wenige Dinge oder viele Details, welche Perspektive?
- Geht es um Sachinformation oder um Atmosphäre und Dramatik?

3. Deuten

- Was sagt die Rekonstruktionszeichnung über das Thema aus?
- Ist erkennbar, was man über das Thema tatsächlich weiß und wo Ergänzungen vorgenommen wurden? Woran erkennst du das?
- Was würdest du möglicherweise an der Rekonstruktionszeichnung kritisieren? Begründe deine Kritik.

Schaubilder analysieren, Band 5/6, Seite 66/67

Arbeitsschritte

1. Thema erfassen →

- Stelle fest, welches Thema das Schaubild behandelt. Die Unterschrift hilft dir dabei.
- Ordne das Thema in Raum und Zeit ein. Manche Schaubilder geben Zustände wieder, die nur für kurze Zeit oder nur für einzelne Länder galten. Andere zeigen lange Zeit geltende typische Merkmale.

2. Analysieren →

- Stelle fest, welche Bestandteile das Schaubild hat. Das können zum Beispiel Kästchen, Kreise, Linien, Pfeile, Figuren oder Zeichen sein.
- Analysiere, wofür die verwendeten Symbole, Formen, Farben und Zeichen auf dem Schaubild stehen.
- Überlege, welchen Zusammenhang es zwischen dem Thema und der Form des Schaubildes gibt.

3. Deuten

- Arbeite heraus, wie die einzelnen Bestandteile miteinander verknüpft sind und was das bedeutet: Stehen sie z. B. nebeneinander oder untereinander oder sind sie mit Pfeilen verbunden?
- Erkläre, welches Verhältnis zwischen Personen oder Menschengruppen durch das Schaubild deutlich wird.
- Fasse zusammen, was du über das dargestellte Thema erfahren hast.

Geschichtskarten analysieren, Band 5/6, Seite 120/121

Arbeitsschritte

1. Beschreiben →

- Beschreibe das Thema der Karte.
- Nenne den Zeitraum, der mit der Karte dargestellt wird.
- Bestimme den Ausschnitt, den die Karte zeigt.
- Halte fest, ob die Karte eher einen Zustand oder eine Entwicklung darstellt (bspw. Gebietsveränderungen).

2. Analysieren →

- Arbeite die wichtigen Informationen, die du der Karte entnehmen kannst, heraus.
- Halte fest, welche Einzelheiten dir besonders auffallen.
- Prüfe, welche Informationen der Karte du in Verbindung mit deinem bisherigen Wissen bringen kannst.

3. Deuten

- Fasse die Aussagen der Karte in wenigen Sätzen zusammen.
- Erläutere, welche längerfristigen Entwicklungen oder auch Konflikte sich an der Karte ablesen lassen.
- Überlege dir, auf welche Fragen die Karte keine Antwort gibt.

Bildquellen analysieren, Band 7, Seite 18/19

Arbeitsschritte

1. Beschreiben →

- Erfasse, welches Thema das Bild hat.
- Ordne das Bild einer Bildgattung zu.
- Stelle fest: Wann, wo und unter welchen Umständen ist es entstanden?
- Beschreibe, was du siehst (ohne schon zu viel zu erklären!).
- Schildere, wie das Bild auf dich wirkt.

2. Analysieren →

- Erkläre den Bildaufbau. Verwende dazu geeignete Formulierungen (im Vordergrund …, im Hintergrund …, am unteren Bildrand …, in der Bildmitte …) und achte auf die Darstellung und Positionierung von Personen oder Dingen auf dem Bild.
- Analysiere nun im Detail, was zu sehen ist. Was bedeuten die Personen, Gegenstände, …?

3. Deuten

- Überlege, wofür das Bild steht.
- Erläutere, wie es mit deinem historischen Wissen in Verbindung gebracht werden kann.
- Erfasse die Botschaft des Bildes und erläutere sie.

Bauwerke analysieren, Band 7, Seite 56/57

Arbeitsschritte

1. Beschreiben →	2. Analysieren →	3. Deuten
- Stelle fest, um was für ein Gebäude es sich handelt und wann es errichtet wurde. - Beschreibe die Lage des Bauwerkes in der Stadt und suche eine Erklärung dafür. - Bestimme die Maße des Gebäudes, also Länge, Breite und Höhe.	- Benenne einzelne Teile des Bauwerkes und stelle fest, in welchem Baustil es erbaut wurde. - Bestimme anhand der einzelnen Bestandteile und Räume die Funktion des Bauwerkes. - Informiere dich, wer das Bauwerk errichten ließ und aus welchem Anlass. - Erkundige dich, wer die Bauarbeiten bezahlt hat. - Analysiere die Baugeschichte: Wurden z. B. Teile nachträglich an- oder umgebaut? Welche Gründe gab es dafür?	- Stelle Vermutungen an, wie das Bauwerk auf die Menschen wirkte und welche Absichten der Erbauer damit verfolgte. - Triff Aussagen über den heutigen Verwendungszweck. Hat er sich geändert, dann erkläre, warum.

Herrscherbilder analysieren, Band 7, Seite 150/151

Arbeitsschritte

1. Beschreiben →	2. Analysieren →	3. Deuten
- Halte deinen ersten Eindruck von dem Bild fest. - Stelle fest, was dir besonders ins Auge fällt. - Nenne Einzelheiten, die du auf dem Bild erkennst.	- Finde heraus, um wen es sich auf dem Bild handelt. - Kläre, wie die Herrscherfigur dargestellt wurde. Analysiere: • die Anordnung auf dem Bild, Körperhaltung, Gesten und Mimik, Blickrichtung und Kleidung, • die Perspektive des Künstlers beim Malen, • Herrschaftssymbole und deren Bedeutung, • künstlerische Mittel wie Farben, Lichtwirkung, Größe, Format. - Informiere dich über den Künstler, die Entstehung des Bildes und seine Verwendung.	- Formuliere zusammenfassend die Wirkung, die das Bild deiner Meinung nach bei den Zeitgenossen und späteren Generationen erzielen sollte. - Erkläre, welcher Herrschaftsanspruch in dem Bild deutlich wird.

Karikaturen analysieren, Band 7, Seite 170/171

Arbeitsschritte

1. Beschreiben →

- Beschreibe die gezeichneten Personen, Tiere und Gegenstände möglichst genau. Achte darauf, in welcher Beziehung sie zueinander stehen.
- Wenn eine Beschriftung vorhanden ist, ein Titel, eine Bildunterschrift, Sprechblase oder Ähnliches, lies sie gründlich und stelle eine Beziehung zu der Darstellung her.

2. Analysieren →

- Analysiere, welches Thema die Karikatur hat.
- Analysiere, wen oder was die einzelnen Personen und Figuren darstellen.
- Informiere dich über den geschichtlichen Hintergrund: abgebildete Personen, Entstehungszeit, Karikaturist, Ort der Veröffentlichung, Adressatenkreis. Manche Angaben findest du in deinem Geschichtsbuch, andere in Lexika oder im Internet.

3. Deuten

- Stelle fest, welche Meinung oder Kritik in der Karikatur deutlich wird. Was wollte der Zeichner ausdrücken?
- Stelle Vermutungen darüber an, ob die Aussage, die in der Karikatur steckt, für die Zeitgenossen leicht zu verstehen war.
- Nimm Stellung zu der Aussage der Karikatur.

Verfassungsschaubilder analysieren, Band 7, Seite 182/183

Arbeitsschritte

1. Beschreiben →

- Beschreibe den Aufbau und die grafischen Elemente des Schaubildes (Farbigkeit, Symbole, Pfeile, Aufteilung).
- Nenne das Land, für das die Verfassung gelten soll.
- Recherchiere wenn nötig Zusatzinformationen, z. B.:
  - Wann ist die Verfassung in Kraft getreten?
  - Wie lange und für welchen geografischen Raum war sie gültig?
  - Wer hat sie beraten und beschlossen?

2. Analysieren →

- Analysiere, welche Bestandteile das Schaubild hat und was sie bedeuten.
- Erläutere die Bedeutung der verschiedenen Elemente (Pfeile, Farben, Symbole).
- Überprüfe, wer wählen darf und wer nicht, wer gewählt wird und wer nicht.
- Erläutere, welche Aufgaben und Rechte die einzelnen Institutionen haben.
- Analysiere, welche Beziehungen es zwischen diesen Institutionen gibt.

3. Deuten

- Überprüfe, wie die Macht in dieser Verfassung verteilt ist.
- Stelle fest, um welche Staatsform es sich handelt.
- Formuliere ein Urteil darüber, wie demokratisch deiner Meinung nach die Verfassung ist.
- Stelle Vermutungen darüber an, ob alle mit dieser Verfassung zufrieden sein konnten oder ob sie Anlässe für Konflikte bietet.

Statistiken auswerten, Band 8, Seite 72/73

Arbeitsschritte

1. Beschreiben

- Stelle fest, worum es in der Statistik geht. Die Überschrift liefert dir dazu Informationen.
- Kläre, welchen Zeitraum die Statistik untersucht.
- Überprüfe, in welcher Größe/Einheit die Daten angegeben werden.
- Achte auf die Darstellungsart der Zahlen (absolute Zahlen, Prozentzahlen oder ein Vergleichswert).

→

2. Analysieren

- Arbeite heraus, welche Entwicklungen die Statistik zum Ausdruck bringt. Achte dabei auf auffällige Entwicklungen (extreme Werte, plötzliche Sprünge, Rückschritte, Fortschritte, Gleichbleibendes).
- Überprüfe, ob Daten fehlen, und erkläre dies gegebenenfalls.
- Stelle fest, von wem und wann die Statistik erstellt wurde.
- Lege begründet dar, welche Absicht mit der Erstellung dieser Statistik verfolgt wurde. Hierfür benötigst du meist Zusatzinformationen.
- Überlege, ob eine Umrechnung (Prozentzahlen, Indexwert) oder eine andere Darstellung (Diagramm) die Aussage besser veranschaulicht.

→

3. Deuten

- Fasse zusammen, welche einzelnen Informationen du erhalten hast, und erkläre die Gesamtaussage der Statistik.
- Überlege, ob im Untersuchungszeitraum wichtige historische Ereignisse Einfluss auf die Daten genommen haben könnten.
- Überprüfe, ob es offene oder neue Fragen gibt, die die Statistik nicht beantwortet.

Fotografien analysieren, Band 8, Seite 80/81

Arbeitsschritte

1. Beschreiben

- Betrachte das Foto zunächst ganz genau.
- Gib an, wer oder was abgebildet ist: Welche Einzelheiten erkennst du? Was fällt dir besonders auf?
- Stelle fest, zu welcher Zeit und in welcher Situation das Foto entstanden ist.
- Fasse deinen ersten Gesamteindruck vom Foto zusammen.

→

2. Analysieren

- Analysiere, wie das Foto aufgebaut ist: Was befindet sich in der Mitte, was im Vorder- und Hintergrund? Achte dabei auch auf Figurendarstellung und Größenverhältnisse.
- Ermittle den Standpunkt des Fotografen/die Perspektive.
- Versuche herauszuarbeiten, ob es sich um einen Schnappschuss oder eine gestellte Aufnahme handelt. Überprüfe, ob es einen Auftraggeber gibt.
- Erkläre das Motiv, die abgebildete Szene, den Vorgang.

→

3. Deuten

- Erläutere, was das Foto ausdrückt und ob es eine „Botschaft" vermittelt.
- Fasse zusammen, welche Erkenntnisse du aus der Abbildung über die damalige Zeit und das damalige Geschehen gewinnst.
- Begründe, ob es wichtige Dinge gibt, über die wir nichts erfahren.

Denkmäler analysieren, Band 8, Seite 104/105

Arbeitsschritte

1. Beschreiben →

- Beschreibe die äußere Erscheinungsform des Denkmals (figürliche Plastik, Relief, Bauform wie Säule, Kubus, Wand, ...).
- Benenne Zeichen und Symbole, die du an dem Denkmal findest (Kreuz, Adler, Fahne, ...).
- Benenne die Inschriften, die du an dem Denkmal findest.
- Beschreibe den Standort und die Umgebung des Denkmals (Platz, Friedhof, Hain, Park, ...).

2. Analysieren →

- Stelle fest, um welchen Typ von Denkmal es sich handelt (Mahnmal, Siegesdenkmal, Kriegerdenkmal, Denkmal für einzelne Personen wie Militärs, Politiker, Künstler).
- Analysiere anhand geeigneter Informationen und Materialien, welche Absichten die Erbauer des Denkmals verfolgten.
- In welchem politischen und gesellschaftlichen Zusammenhang wurde es errichtet?
- Wie wurde es in seiner Geschichte wahrgenommen und genutzt (Gedenkveranstaltungen)?

3. Deuten

- Charakterisiere den baulichen Gesamtausdruck des Denkmals.
- Fasse die Gesamtaussage des Denkmals zusammen und erläutere, welche Rolle die einzelnen Elemente dabei spielen.
- Erörtere (so vorhanden) die Bedeutung dieses Denkmals in der heutigen Zeit.

Im Internet recherchieren, Band 8, Seite 132/133

Arbeitsschritte

1. Suchen →

- Überlege, was du wissen willst, und notiere dir bestimmte Stichworte für die Suche.
- Rufe eine Suchmaschine oder eine dir bereits bekannte Seite auf.
- Verfeinere deine Suche mit weiteren präziseren Stichworten, wenn du bei den ersten Ergebnissen deiner Suche noch nichts Passendes gefunden hast.

2. Überprüfen →

- Überprüfe die Herkunft der Informationen: Wer ist der Autor? Handelt es sich um eine Seite einer ausgewiesenen Einrichtung (Universität, Forschungszentrum, Organisation ...)? Gibt es weiterführende Literaturangaben?
- Finde heraus, ob mit der Veröffentlichung bestimmte Absichten verfolgt werden.

3. Auswerten

- Wähle die wichtigsten Informationen aus und mache dir Stichworte zu den Aspekten, die dir interessant erscheinen und für eine Präsentation wichtig sind.
- Überlege, ob du noch weitere Informationen wie z. B. historische Landkarten oder Dokumente benötigst.
- Fertige eine Präsentation (Referat, PowerPoint-Präsentation ...) an.

Politische Plakate analysieren, Band 8, Seite 172/173

Arbeitsschritte

1. Beschreiben →

- Halte deinen ersten Eindruck vom Plakat fest.
- Nenne kurz Titel, Thema, Entstehungszeit bzw. Anlass und Auftraggeber.
- Beschreibe die wichtigsten Bild- und Textelemente sowie den Bildaufbau (Vordergrund, Hintergrund) und die Farbigkeit.

2. Analysieren →

- Erkläre zunächst die dargestellten Personen, Gegenstände, Figuren und Symbole, dann die Art und Weise der Darstellung (Vorder- und Hintergrund, Größenverhältnisse, Beziehungen zwischen den Personen, Farben).
- Erläutere die Textelemente.
- Suche nach Informationen zu Auftraggebern, Adressaten und den Gründen für die Gestaltung.

3. Deuten

- Formuliere die Botschaft des Plakats.
- Erläutere die Entstehungssituation und die Ziele der Auftraggeber.
- Beurteile, ob auf dem Plakat zugespitzte Sichtweisen dargestellt werden.
- Stelle dar, wie das Plakat auf die Wähler gewirkt haben könnte.

TV-Dokumentationen auswerten, Band 9, Seite 32/33

Arbeitsschritte

1. Beschreiben →

- Informiere dich über Titel und Entstehungsjahr des Films.
- Gib kurz den Inhalt des Gesehenen wieder.
- Führe auf, welche Gestaltungsbausteine (D2) verwendet werden.
- Formuliere erste Eindrücke zur Machart des Films.

2. Analysieren →

- Analysiere, welche Wirkung von den Gestaltungsbausteinen ausgeht.
- Analysiere, inwiefern die Gestaltungsbausteine eingesetzt werden, um etwas zu dramatisieren.
- Stelle fest, ob bei Filmdokumenten auf die Herkunft der Bilder hingewiesen wird.
- Stelle fest, ob Zeitzeugen und Experten lediglich zur Beglaubigung von Sachverhalten eingesetzt werden oder ob ihre Aussagen einen echten Mehrwert liefern.
- Analysiere, ob der Film unterschiedliche Beurteilungen historischen Geschehens liefert.
- Überprüfe, ob auch auf Unsicherheiten hingewiesen wird.

3. Deuten

- Erkläre, welches Bild von dem historischen Gegenstand der Film(ausschnitt) vermittelt.
- Beurteile, ob der Film(ausschnitt) eine Botschaft hat. Formuliere diese möglichst kurz und knapp.
- Bewerte den Film(ausschnitt) abschließend.

Historische Spielfilme analysieren, Band 9, Seite 116/117

Arbeitsschritte

1. Beschreiben →

Notiere vor dem ersten Anschauen des Films/Ausschnitts:
- welche Handlung und welche Schwerpunkte du erwartest,
- welche Frage dich an diesem Thema besonders interessiert,
- was man daraus für die Zukunft lernen könnte.

Notiere nach dem ersten Anschauen des Films/Ausschnitts:
- erste Eindrücke/Auffälligkeiten,
- was du als besonders emotional erlebt hast,
- erste Vermutungen darüber, was die Filmemacher uns als Lehre aus dieser Geschichte anbieten wollen.

2. Analysieren →

Schreibe auf,
- an welchen Schauplätzen der Film spielt,
- aus welcher Perspektive erzählt wird und welche anderen Perspektiven möglich gewesen wären,
- welchen Anfang und welches Ende die Geschichte hat und ob sie in chronologischer Reihenfolge erzählt wird,
- welche Übereinstimmungen mit, Abweichungen von und Widersprüche zu Quellen es gibt,
- welche Figuren auftreten, welche davon fiktiv sind und welche (un-)sympathisch dargestellt sind.

3. Deuten

- Notiere auf der Grundlage deiner Untersuchung, was die Filmemacher uns als Lehre aus dieser Geschichte anbieten, und vergleiche mit deiner anfangs angestellten Vermutung.
- Stell dir vor, du wolltest einen Film zu diesem Thema machen: Welche Quellengrundlage benutzt du, welche Schauplätze, Figuren, Perspektiven wählst du aus? Wen würdest du sympathisch/unsympathisch erscheinen lassen wollen? Warum?

Textquellen analysieren, Band 9, Seite 164/165

Arbeitsschritte

1. Beschreiben →

Formale Ebene
- Nenne Titel, Verfasser, Entstehungszeit, Adressaten.
- Kläre, ob es sich um eine Quelle oder Darstellung handelt und um welche Textsorte es sich handelt (Rede, Flugschrift, Brief usw.).

Inhalt und Sprache
- Arbeite die Frage- bzw. Problemstellungen und die zentralen Aussagen des Textes heraus.
- Welche Sprache verwendet der Autor? Gibt es besondere Stilmittel?

2. Erklären im historischen Kontext →

- Unter welchen Umständen ist der Text entstanden (z. B. wirtschaftliche, politische Situation)?
- Welche gesellschaftliche/politische Stellung hat der Verfasser?
- Welchen Standpunkt vertritt der Autor (Sichtweise der Regierung/der Opposition, ideologische Vorstellungen …)?
- Welche Ziele verfolgt der Autor mit dem Text (z. B. sachliche Information, Appell, Provokation)?
- Erkläre die Grundaussage des Textes.

3. Beurteilen

- Sind die Aussagen des Textes sachlich richtig?
- Werden Informationen/Fakten absichtlich verschwiegen?
- Gibt es logische Fehler/Widersprüche im Text?
- Formuliere ein zusammenfassendes Urteil.

Zeitzeugen befragen, Band 9, Seite 182/183

Arbeitsschritte

1. Vorbereiten	→	2. Befragen	→	3. Auswerten
- Überlege, welche Zeitzeugen für dein Thema infrage kommen. - Mache Zeitzeugen ausfindig. Am einfachsten ist es, wenn du in deinem persönlichen Umfeld suchst: Großeltern, Verwandte, Nachbarn. Auch Altersheime oder z. B. das Bürgermeister- oder Pfarramt bieten sicher Ansprechpartner, um Zeitzeugen zu finden. Vereinbare einen Gesprächstermin. - Informiere dich im Internet, in Büchern und anderen Medien über das Thema. - Schreibe dir Stichworte zu möglichen Themen auf und notiere wichtige Einstiegsfragen. - Überlege, wie du das Interview aufzeichnen willst. - Denke an ein kleines Dankeschön für den Zeitzeugen.		- Befrage Zeitzeugen in gut gewählter, möglichst vertrauter Umgebung. - Notiere dir die persönlichen Daten deines Zeitzeugen (Name, Alter, Geburtsort, Beruf u. a.). - Höre dem Zeitzeugen geduldig zu und falle ihm nicht ins Wort. - Achte aber auch darauf, dass du deine Fragen stellen kannst.		- Ordne deine Notizen. - Achte auf Widersprüche und Ungenauigkeiten. - Überprüfe anhand von Sachbüchern, Quellen oder weiteren Zeitzeugen, welche Aussagen du für glaubhaft, welche eher für unwahrscheinlich hältst. - Überlege, ob ein weiteres (telefonisches) Befragen notwendig ist. - Ordne die Aussagen in einen größeren Zusammenhang ein und fasse zusammen, welche Erkenntnisse du durch die Zeitzeugenbefragung gewonnen hast.

Arbeitstechnik

Ergebnisse präsentieren: Lernplakate und Gallery Walk, Band 7, Seite 114/115

Arbeitsschritte

1. Informationen sammeln	→	2. Informationen ordnen	→	3. Lernplakat gestalten
- Teilt euch in Gruppen zu den angebotenen Themen auf. - Jede Gruppe sammelt Informationen zu ihrem Thema. Fündig werdet ihr in diesem Buch, in Lexika und im Internet. Haltet die Informationen schriftlich fest. - Überlegt schon vor und während des Sammelns, welche Informationen für euch wichtig sind. - Teilt euch ein, wer nach welchen Informationen sucht.		- Sichtet die Notizen und sammelt all jene mit wichtigen Informationen zu eurem Thema. - Klärt gemeinsam, welche Daten, Personen, Begriffe und Ereignisse für euer Thema wichtig sind und was jemand unbedingt wissen muss. - Ordnet die Informationen ausgesuchten Teilthemen zu.		- Fertigt zunächst eine Skizze an, auf der ihr die einzelnen Elemente des Plakates plant und zuordnet. - Überlegt, wo und in welcher Größe ihr Texte und Bilder platzieren wollt. Bedenkt, dass euer Plakat nicht zu voll werden sollte. - Gestaltet dann euer Plakat. Benutzt verschiedene Farben und Bildmaterialien. Denkt an eine gut lesbare Schrift.

Gemeinsam lernen

Mit Think-Pair-Share lernen, Band 5/6, Seite 34/35

Arbeitsschritte

1. Think: Arbeite allein	→	2. Pair: Arbeite mit einem Partner	→	3. Share: Tauscht euch in der Gruppe/Klasse aus
– Lies dir deine Aufgabe genau durch. – Analysiere das Material entsprechend der Aufgabe. – Halte deine Ergebnisse in Form von Notizen fest. – Beachte in allen Arbeitsphasen die Zeitvorgabe deiner Lehrerin bzw. deines Lehrers.		– Stellt euch gegenseitig eure Ergebnisse vor. – Der jeweils Zuhörende notiert sich das Wichtigste. – Falls ihr dieselbe Aufgabe gehabt habt: Tauscht euch noch einmal darüber aus und verständigt euch auf ein gemeinsames Ergebnis.		– Bei verschiedenen Aufgaben: Stelle die Ergebnisse deines Partners in der Gruppe/Klasse vor. – Bei gleichen Aufgaben: Stellt gemeinsam eure Partnerergebnisse in der Gruppe/Klasse vor. – Haltet in der Gruppe/Klasse das gemeinsame Ergebnis in geeigneter Form fest. – Habt ihr euch zunächst in Gruppen ausgetauscht, so verständigt euch abschließend in der Klasse über die Arbeitsergebnisse. – Gestaltet eine geeignete Präsentation eures Arbeitsergebnisses.

Ein Rollenspiel entwickeln, Band 5/6, Seite 92/93

Arbeitsschritte

1. Vorbereitung	→	2. Durchführung	→	3. Auswertung
– Klärt Ziel und Inhalt (Rollen, Szene) des Spiels: Betrachtet dabei die historische Situation. – Verteilt die Rollen: Wer spielt was? Welche Aufgabe hat die Klasse? – Erarbeitet das Rollenverhalten (z. B. in Gruppenarbeit). Berücksichtigt dabei vor allem, wie viel Freiraum die Rollenspieler für ihr Spiel haben sollen. – Fertigt ggf. Rollenkarten an.		– Spielt die Rollen gemäß der Rollenverteilung und dem zuvor festgelegten Rollenverhalten. – Versetzt euch dabei in die damalige Zeit. – Ggf. kann die Klasse aktiv (fragt nach, kommentiert) in das Spielgeschehen einbezogen werden.		– Spieler: Berichtet, wie ihr die eigene Rolle erlebt habt. – Mitspieler und Klasse: Äußert euch zur Rollengestaltung der Spieler. – Beurteilt gemeinsam die Realitätsnähe und Überzeugungskraft des Spiels. – Beim Spiel von Entscheidungssituationen: Vergleicht und diskutiert die Entscheidung im Spiel mit der historischen Realität. – Diskutiert weiterführende Fragen, die sich aus dem Spiel ergeben.

Mit einem Gruppenpuzzle lernen, Band 7, Seite 24/25

Arbeitsschritte

1. Phase: Arbeit in Stammgruppen →

- Einigt euch, wer welches Teilthema bearbeiten möchte.
- Lies dir deine Aufgabe genau durch.
- Untersuche das Material entsprechend der Aufgabe.
- Halte deine Ergebnisse in Form von Notizen fest.
- Beachte die Zeitvorgabe deiner Lehrerin bzw. deines Lehrers.

2. Phase: Arbeit in Expertengruppen →

- Stellt euch als Experten zum gleichen Thema gegenseitig eure Arbeitsergebnisse aus der ersten Arbeitsphase vor.
- Fertigt dazu Notizen an.
- Ergänzt und korrigiert euch gegenseitig.
- Verständigt euch auf ein gemeinsames Ergebnis.

3. Phase: Arbeit in Stammgruppen

- Stellt euch als Experten zu unterschiedlichen Themen gegenseitig eure Arbeitsergebnisse aus der zweiten Arbeitsphase vor.
- Diskutiert die Arbeitsergebnisse und klärt offene Fragen.
- Einigt euch, wie ihr der Klasse eure Ergebnisse vorstellen wollt.
- Bereitet die Präsentation vor.
- Präsentiert die Arbeitsergebnisse und wertet sie anschließend aus.

Pro und Kontra diskutieren, Band 8, Seite 36/37

Arbeitsschritte

1. Vorbereitung →

- Klärt die Fragestellung der Pro-und-Kontra-Diskussion.
- Organisiert eine arbeitsgleiche Gruppenarbeit. Die Gruppen vertreten jeweils entweder die Pro- oder die Kontra-Position.
- Verschafft euch einen Überblick über die Materialien zu eurer Frage. Teilt diese unter euch auf.
- Jedes Gruppenmitglied wertet nun seine Materialien aus und sammelt Pro- und Kontra-Argumente.
- Ordnet und vergleicht gemeinsam alle Argumente nach Wichtigkeit und Überzeugungskraft.
- Formuliert gemeinsam das Plädoyer für eure Position.
- Wählt einen Gruppensprecher, der das Plädoyer hält.

2. Führen der Diskussion →

- Ein Moderator eröffnet die Diskussion. Er weist auf die Gesprächsregeln hin und achtet auf deren Einhalten.
- Die beiden Gruppensprecher halten ihr Plädoyer, das jeweils etwa 3–5 Minuten dauern sollte.
- Offene Diskussion: Alle Gruppenmitglieder beteiligen sich, unterstützen eigene Argumente und antworten auf Gegenargumente.
- Der Moderator steuert die Diskussion.
- Vor und nach der Diskussion kann eine Abstimmung unter den Zuhörern zum Thema erfolgen: Stimmen sie pro oder kontra?

3. Auswertung

- Die beiden Gruppen setzen sich zusammen und halten ihren Eindruck von der Diskussion fest.
- Der Moderator fasst seinen Eindruck zusammen.
- Offenes Auswertungsgespräch unter Leitung des Moderators: Wie haben sich die Gruppenmitglieder in ihrer Rolle verhalten? Welche Qualität hatten die Argumente der beiden Seiten – und wurden sie überzeugend vorgetragen?
- Wenn abgestimmt wurde: Wer hat seine Meinung geändert und warum? Wer ist bei seiner Meinung geblieben und warum?

Historisch denken

Sach- und Werturteile formulieren, Band 9, Seite 174/175

Arbeitsschritte

1. Sachanalyse →

- Analysiere einzelne Quellen oder Darstellungen zu einem historischen Thema. Diese können aus deinem Schulbuch oder anderswoher stammen. Du kannst dich dabei an den passenden Methodenseiten deines Schulbuches orientieren.

2. Sachurteil →

- Beurteile die historischen Ereignisse und Prozesse, um die es geht, im Zusammenhang. Berücksichtige dabei Bedingungen, Ursachen, Interessen, Ziele, Mittel und Wirkungen.
- Begründe dein Urteil anhand von Ergebnissen deiner Sachanalyse.
- Achte darauf, dass du bei deinem Sachurteil im Rahmen der **damaligen** gesellschaftlichen, politischen oder wirtschaftlichen Verhältnisse und der damaligen Vorstellungen und Denkweisen bleibst.

3. Werturteil

- Bewerte jetzt die historischen Ereignisse und Prozesse, um die es geht, auch auf der Basis heutiger Vorstellungen und Denkweisen.
- Lege die Wertmaßstäbe offen, die du deinem Urteil zugrunde legst.
- Beziehe die damalige und die heutige Perspektive aufeinander und arbeite die Unterschiede heraus, die sich zwischen den beiden Sichtweisen ergeben.
- Begründe diese Unterschiede auf der Basis der unterschiedlichen Rahmenbedingungen damals und heute.

Begriffsglossar

Du findest in der Randspalte deines Schülerbuchs Begriffserklärungen. Wichtige Fachbegriffe, wie zum Beispiel ***multiethnisches Imperium*** oder ***Sozialismus***, kannst du hier im Glossar noch einmal auf einen Blick nachschlagen. Zum besseren Verständnis der Verfassertexte sind zudem Begriffe wie **Imperialismus** und **Urbanisierung** ebenfalls in der Randspalte erklärt. Im folgenden Glossar sind Verweise auf einen anderen Begriff mit → gekennzeichnet.

Agrarreformen
Die Aufhebung persönlicher Abhängigkeitsverhältnisse zwischen Bauern und Grundherren, die Durchsetzung von privatem Landbesitz sowie der Einsatz neuer Methoden und Techniken in der Produktion bestimmten die Agrarreformen in Europa seit dem 18. Jahrhundert. (S. 29)

Anwerbeabkommen
Abkommen zwischen der Bundesrepublik Deutschland und der Türkei vom 30.10.1961 über die zeitweilige Beschäftigung türkischer Arbeitskräfte in der Bundesrepublik. (S.138)

Aramäer
Ethnische Gruppe, die ursprünglich in der Levante und Mesopotamien siedelte und christlich-orthodoxen Glaubens ist. In der Türkei gelten die Aramäer als religiöse Minderheit. (S. 130)

Armenier
Ethnische Gruppe, die traditionell zwischen dem ostanatolischen Hochland und dem Südkaukasus heimisch ist. Armenische Identität ist stark geprägt vom Christentum und der Erfahrung der erzwungenen Auswanderung. (S. 130)

Assoziierungsabkommen
1963 zwischen der Europäischen Wirtschaftsgemeinschaft (EWG, ein Vorläufer der EU) und der Türkei geschlossenes Abkommen über die Prüfung eines Beitritts der Türkei zur EWG. (S. 139)

Aussiedler
Menschen mit deutscher Abstammung, die vor allem in den 1980er- und 1990er- Jahren aus den Staaten des Ostblocks und den Nachfolgestaaten der → Sowjetunion in die Bundesrepublik übersiedelten (S. 61)

Autokratie
(griech. = Selbstherrschaft) Autokratie bezeichnet die unkontrollierte und uneingeschränkte Herrschaft eines Einzelnen. (S. 28)

Beamte
Personen, die dem Staat dienen und seine Aufgaben wahrnehmen. In China waren Beamte hoch gebildet. Seit dem Mittelalter mussten sie mehrfache Prüfungen ablegen. Die höchsten Staatsbeamten wurden als Mandarine bezeichnet und bildeten bis zum Ende des Kaiserreichs 1912 eine Elite mit großem Einfluss. (S. 74)

Bourgeoisie
Besitzer der Produktionsmittel wie Fabriken, Maschinen, Grund und Boden sowie von großem Geldkapital (S. 34)

Dekolonisierung
Nach dem Ersten Weltkrieg verwalteten die Siegermächte die ehemaligen deutschen Kolonien und Teile des Osmanischen Reiches im Namen des Völkerbundes als zeitlich befristete Mandate. Die Gebiete sollten so auf die Unabhängigkeit vorbereitet werden. Der Abzug Großbritanniens aus Palästina war Teil des Dekolonisationsprozesses, der nach dem Zweiten Weltkrieg begann. Nach und nach wurden die Mandate und ehemalige Kolonien souveräne Staaten. (S. 126)

deportieren/Deportation
(von lat. deportare = wegbringen, fortschaffen) Begriff für den Abtransport bzw. die Verschleppung von Menschen mit staatlicher Gewalt in Straf-, Konzentrations- oder Vernichtungslager (S. 44)

„Der Große Sprung nach vorn"
Maos 1958 begonnene Kampagne sollte China durch den massenweisen Einsatz von Arbeitskräften vom Entwicklungsland zur Industrienation machen. (S. 89)

„Diktatur des Proletariats"
Als Übergangsform zur klassenlosen Gesellschaft, so Marx und Engels, bekämpft die herrschende Arbeiterklasse die bürgerliche Gesellschaft. (S. 35)

Erster Weltkrieg
1914–1918; Weltweit geführter Krieg zwischen den „Mittelmächten" (Deutsches Reich, Habsburger Reich, Osmanisches Reich sowie Verbündete) und der „Entente" (Großbritannien, Frankreich, Russland sowie Verbündete). Die Mittelmächte wurden vernichtend geschlagen. (S. 131)

Frauenwahlrecht
Frauen in der Türkei durften erstmals 1935 bei der Wahl zur türkischen Nationalversammlung von ihrem aktiven und passiven Wahlrecht Gebrauch machen. In Frankreich wurde das Frauenwahlrecht erst 1944 eingeführt, in Deutschland bereits 1918. (S. 132)

Glasnost
(russ. = Offenheit) Transparenz der politischen Arbeit der Partei (S. 56)

„Großer Vaterländischer Krieg"
russische Bezeichnung für den Zweiten Weltkrieg; sie geht auf den Begriff „Vaterländischer Krieg" für den russischen Abwehrkampf gegen Napoleon 1812 zurück. (S. 48)

GUS (= Gemeinschaft Unabhängiger Staaten)
Ein 1991 gegründeter loser Staatenbund aller ehemaligen Sowjetrepubliken mit Ausnahme der baltischen Staaten. Georgien und die Ukraine haben die GUS inzwischen wieder verlassen. (S. 60)

Historischer Materialismus
Lehre von Marx und Engels, nach der die Geschichte der Menschheit von den materiellen, ökonomischen Bedingungen bestimmt wird, die sie selbst durch Arbeit erschafft. (S.35)

Hochkultur
Der Begriff wird für eine Gesellschaft verwendet, die eine Schrift, Religion, Städte und eine staatliche Ordnung besitzt und in der die Menschen unterschiedliche Aufgaben (Arbeitsteilung) haben. Auch besondere Leistungen in Kunst und Architektur zeichnen eine Hochkultur aus. (S. 75)

Imperium
(von lat. imperare = herrschen) Man bezeichnet damit ein Reich, das große Teile der Welt beherrscht. Weitere Kennzeichen von Imperien sind u. a. ihre lange Dauer und ethnische Vielfalt. (S. 18, 155)

imperialistisch/Imperialismus
(von lat. imperare = herrschen) Bestreben eines Staates, in einem anderen Staat oder gar in einer ganzen Region wirtschaftlichen, kulturellen und politischen Einfluss zu erlangen. Teil des imperialistischen Strebens ist oft der Kolonialismus. (S. 124)

Islam
Monotheistische Religion; entstanden im 7. Jh. n. Chr. auf der arabischen Halbinsel, ausgehend von Offenbarungen, die der Prophet Mohammed hatte; Es gibt zwei Hauptströmungen des Islam, Schiiten (ca. 15 % der Muslime) und Sunniten (ca. 85 %). Die Trennung erfolgte nach dem Tod Mohammeds und entzündete sich an dessen legitimer Nachfolge. Nach Überzeugung der Schiiten könne dies nur ein Mitglied aus der Familie des Propheten sein. Die Sunniten lehnten dies ab. Mohammed habe keinen Nachfolger auserwählt, weshalb man dem Brauch (arab. „Sunna") folgen solle, die Anführer immer zu wählen. (S. 112)

Islamismus
Begriff für eine im 19. Jahrhundert entstandene politische Ideologie, welche islamische Regeln und Gebote als allgemein gültige Handlungsanweisungen durchsetzen will. Islamisten befürworten einen Staat auf Grundlage islamischer Werte und Gesetze. Grundrechte wie Meinungs-, Presse-, Kunst- und Religionsfreiheit lehnen sie ab. Teilweise setzen Islamisten auf Gewalt als Mittel der Politik. (S. 125)

Kaiserreich
Politische Bezeichnung für ein Reich, das von einem Kaiser regiert wird. Es vereint verschiedene Herrschaftsgebiete und Völker. Das chinesische Kaiserreich existierte von 221 v. Chr. bis 1911. (S.74)

Kalifat
Islamisches Modell einer allumfassenden Regierung ohne Trennung von Staat und Religion; der Kalif ist dabei sowohl religiöses wie weltliches Oberhaupt (S. 113)

Kemalismus
Gründungsideologie und politische Bewegung in der Türkei, die sich auf Mustafa Kemal beruft. Sie strebt die politische und kulturelle Anlehnung an Europa sowie eine Modernisierung an. (S. 132)

Klassenkampf
Auseinandersetzung zwischen den herrschenden und besitzenden und den unterdrückten, besitzlosen sozialen Gruppen um Macht und wirtschaftliche Güter (S. 35)

Kommunismus
Idee einer Gesellschaftsordnung ohne Eigentum, mit sozialer Gleichheit und unbeschränkter Freiheit (S. 35)

Konfuzianismus
die Lehren des Philosophen Konfuzius (551–479 v. Chr.) und seiner Schüler, die China ungeachtet aller Veränderungen bis heute prägen (S. 75)

„Kulturrevolution"
Mao rief im Mai 1966 „Die Große Proletarische Kulturrevolution" aus. In seinem Namen bekämpften Schüler und Studenten als „Rote Garden" die alten Autoritäten. Die Kulturrevolution endete mit Maos Tod 1976 und der Ausschaltung vieler seiner Anhänger. (S. 89)

Kurden
Ethnische Gruppe westasiatischen Ursprungs, welche im Gebiet der heutigen Türkei, Irak und Syrien siedelt, jedoch nicht über einen eigenen Staat verfügt (S. 132)

Laizismus
Grundhaltung und politische Agenda, die die strikte Trennung von Religion und Staat fordert. In der Türkei ist sie verfassungsrechtlich verankert. (S. 132)

Leninismus
auf den Ideen von Karl Marx beruhende politische Lehre, die die führende Rolle der Kommunistischen Partei in der Revolution betont und die Revolution in einem wenig entwickelten Land für möglich hält (S. 38)

Maoismus
Dazu gehörte die Überzeugung, dass sich auch nach der sozialistischen Machtübernahme herrschende Gruppen und Widersprüche in der Gesellschaft herausbilden. Dies mache eine permanente Revolution nötig. Außerdem sah Mao auch die Bauern als revolutionäre Klasse an. (S. 89)

Marktwirtschaft
Wirtschaftsform, die auf Privateigentum, freier Berufswahl sowie freiem Wettbewerb beruht. Angebot und Nachfrage bestimmen dabei ganz wesentlich, was und wie viel produziert und zu welchem Preis etwas verkauft wird. (S. 97)

Marxismus
Lehren, die auf den Gedanken von Marx und dem → Historischen Materialismus aufbauen (S. 35)

Menschenrechte
Zentrale (Freiheits-) Rechte, die jedem Menschen überall, d.h. weltweit und immer zustehen (sollen). (S. 139)

Modernisierung
So bezeichnen Historiker die Prozesse, die zur Herausbildung einer wirkungsvollen staatlichen Verwaltung und zu planvollem wirtschaftlichen Handeln führten. (S. 28)

Modernisierungsdiktatur
bezeichnet ein Herrschaftssystem, das mit Zwang und Gewalt die Entwicklung der Gesellschaft voranbringen will. (S. 43)

multiethnisches Imperium
Im Gegensatz zu einem Nationalstaat, der sich meist über eine einheitliche Sprache, Ethnie oder Kultur definiert, leben in einem multiethnischen Imperium viele Gruppen mit unterschiedlicher Herkunft, Sprache und Kultur zusammen. (S. 29, 74, 114)

Nationalstaat
Staat, in dem Menschen, die sich einer Nation zugehörig fühlen, zusammenleben. (S. 20, 160)

Opiumkrieg
Chinas Maßnahmen gegen den britischen Opiumhandel lösten zwei Kriege aus: 1839 bis 1842 und 1856 bis 1860. In beiden Fällen reagierten die Briten mit der Entsendung von Kriegsschiffen und Truppen, die chinesische Schiffe versenkten sowie Festungen, Häfen und Städte besetzten. Großbritannien setzte mit diesen Opiumkriegen seine Handelsinteressen durch. (S. 84)

Orthodoxe Kirche
(orthodox, griech. = rechtgläubig) Im oströmischen Reich von Konstantinopel (Byzanz) entwickelte sich seit dem 4. Jh. n. Chr. ein eigenständiges Christentum, das sich in den slawischen Ländern ausbreitete. (S. 28)

„Partei neuen Typs"
Nach Lenins Vorstellungen sollte die Partei streng hierarchisch organisiert sein und aus Berufsrevolutionären bestehen. Er verstand sie als den klassenbewussten Teil der Arbeiterbewegung, der die Arbeiter im Kampf anleiten müsse. (S. 38)

Perestroika
(russ. = Umgestaltung) Umbau der Gesellschaft und der Wirtschaft (S. 56)

Personenkult
die Überhöhung einer lebenden Person, in der Regel eines politischen Führers in Bildern, Liedern, Statuen usw. Ihm werden alle positiven Entwicklungen eines Landes zugeschrieben, er gilt als allwissend und genial. (S. 90)

Proletariat
besitzlose und abhängig beschäftigte Arbeiter (S. 34)

Reformpolitik
Politik, die innerhalb der bestehenden Ordnung staatliche Institutionen, gesellschaftliche und/oder wirtschaftliche Strukturen durch reformerische Maßnahmen verändern will. In China bedeutete dies die Einführung marktwirtschaftlicher Elemente im → Sozialismus. (S. 96)

Revolution
grundlegende politische, soziale und wirtschaftliche Veränderung der Gesellschaft (S. 34)

Russlanddeutsche
Nachfahren von Siedlern aus dem deutschsprachigen Mitteleuropa, die sich seit der zweiten Hälfte des 18. Jahrhunderts in verschiedenen Regionen des Russischen Reiches niedergelassen hatten (S. 13, 29)

Scharia
Islamisch begründete Gesetze für das Zusammenleben, die universelle Gültigkeit beanspruchen (S. 113)

Schrift
Ein System von Zeichen, mit dem die gesprochene Sprache festgehalten und weitergegeben wird. Sie ist Voraussetzung für eine → Hochkultur, weil mit ihr Traditionen, Gesetze und Wissen bewahrt werden können. (S. 75)

Seeweg nach Indien
Die türkischen Osmanen eroberten 1453 das christliche Konstantinopel und beherrschten damit die Handelsrouten über Land nach Indien und China. Die Europäer suchten deshalb einen Seeweg nach Indien, den Vasco da Gama 1498 als Erster durch die Umsegelung Afrikas fand. (S. 81, 118)

Seidenstraße
Sammelbezeichnung für viele verschiedene Land- und Seewege für den Handel zwischen Asien und Europa. Bis zur europäischen Entdeckung des → Seeweges nach Indien wurde auf diesem Wegenetz hauptsächlich Seide (von Osten nach Westen), Porzellan sowie Wolle und Edelmetalle (von Westen nach Osten) transportiert. Aber auch Ideen breiteten sich über diese Handelswege aus. So gelangte der Buddhismus von Indien nach China. (S. 80, 119)

Sowjetunion
Lenin gründete 1922 aus dem ehemaligen Zarenreich die Union der Sozialistischen Sowjetrepubliken (= UdSSR). Diesen Staat nennt man auch Sowjetunion. (S. 42)

Sozialismus
Der Sozialismus strebt die Überwindung sozialer und wirtschaftlicher Ungleichheit und die Verbesserung der Lage der arbeitenden Bevölkerung an. Er will den Kapitalismus durch ein anderes Wirtschaftssystem ersetzen, in dem Banken, Fabriken und Großgrundbesitz vom Staat gelenkt werden. (S. 38, 97)

Stalinismus
Die Herrschaft Josef Stalins in der Sowjetunion von 1922 bis 1953. Stalin errichtete eine Diktatur, die ihm durch Terror alle Macht in Partei und Staat sicherte. (S. 44)

Suez-Kanal
Schifffahrtskanal in Ägypten zwischen den Hafenstädten Port Said und Port Taufiq, der das Mittelmeer mit dem Roten Meer verbindet; Er gilt als wichtige Handelsroute. (S. 125)

Supermacht
So nannte man die USA und die UdSSR, weil sie über riesige Bestände an atomaren, biologischen und chemischen Kampfstoffen verfügten. Sie besaßen militärische Stützpunkte und Verbündete in vielen Ländern der Erde. (S. 50)

Supranationale Organisation
eine über den Staaten stehende, europäische Behörde (S. 154)

Terror
Ausübung von Gewalt, um Menschen einzuschüchtern und in Angst zu versetzen. Im → Stalinismus übten staatliche Gruppen Terror aus, um die Diktatur Stalins zu festigen. (S. 44)

Transatlantischer Handel
Warenhandel vom 17. bis zum 19. Jahrhundert zwischen Europa, Afrika und Amerika. Gehandelt wurde mit Rohstoffen, fertigen Waren aber auch mit Menschen (Sklavinnen/Sklaven). Der früher gebräuchliche Begriff „Dreieckshandel" gilt heute als problematisch und wird nicht mehr verwendet. (S. 120)

Umerziehung
Mao und seine Anhänger wollten alle Menschen durch ideologische Beeinflussung und körperliche Arbeit nach ihrem sozialistischen Ideal formen. (S. 90)

Vielvölkerstaat
ein Staat, der sich im Gegensatz zum Nationalstaat über die Siedlungsgebiete verschiedener Ethnien (Nationen) erstreckt (S. 60)

Wirtschaftsmigration
Umsiedelung in eine andere Region oder ein anderes Land in der Hoffnung auf bessere Chancen auf dem Arbeitsmarkt und ökonomische (wirtschaftliche) Verhältnisse. (S.138)

Zarismus
Das System der autokratischen Herrschaft, das durch militärische und Polizeigewalt durchgesetzt und von der Kirche gestützt wurde. (S. 30)

Zheng He
(1371–1433) Er kam aus einer wohlhabenden und einflussreichen muslimischen Familie in der heutigen Provinz Yunnan. Auf Befehl des Kaisers unternahm Zheng He zwischen 1405 und 1433 sieben Reisen in Richtung Westen. (S. 80)

Register ausgewählter Personen und Begriffe

Verwendete Abkürzungen:
A = Abbildung; brit. = britisch; chines. = chinesisch; dt. = deutsch; geb. = geboren; K = Karte; röm = römisch; osman. = osmanisch; portug. = portugiesisch; russ. = russisch; türk. = türkisch; Ü = Übersicht/ Schaubild; venezian. = venezianisch
Hinweise:
→ Verweis auf ein Stichwort
~ ersetzt das Stichwort bei Wiederholung

Bei Fachbegriffen, die im Buch erläutert werden, ist die entsprechende Seitenzahl halbfett gesetzt. Hinter den Personennamen sind die Lebensdaten gesetzt, bei Amtsträgern ist die jeweilige Amtszeit ergänzt.

A

B

C

L

M

N

O

P

Abbildungsverzeichnis

Umschlag Ullstein Bild GmbH (Prisma/Vidler), Berlin; **10.Q1 M.** imago images (Xinhua), Berlin; **10. Q1 o.** Picture-Alliance (Kremlin Pool/Russian Look), Frankfurt; **10.Q1 u.** Picture-Alliance (REUTERS/ Adem Altan/Pool), Frankfurt; **11** Klett-Archiv, Stuttgart; **12.D1** Picture-Alliance (dpa-infografik), Frankfurt; **13.Q1** Haitzinger, Horst, München; **14.Q2** DER SPIEGEL 37/2006; **18.Q1** stock.adobe.com (ola_pisarenko), Dublin; **19.D1** Klett-Archiv, Stuttgart; **20.Q2** akg-images, Berlin; **24.Q1** Plaßmann, Thomas, Essen; **26.D1** Picture-Alliance (SULUPRESS.DE), Frankfurt; **27** Klett-Archiv, Stuttgart; **29.Q1** Ullstein Bild GmbH (Imagno), Berlin; **32.Q4** Ullstein Bild GmbH (Archiv Gerstenberg), Berlin; **33.Q6** akg-images (Archive Photos), Berlin; **34.Q1** Picture-Alliance (dpa/Günter Gueffroy), Frankfurt; **37.Q4** akg-images (WHA/World History Archive), Berlin; **39.Q1** Ullstein Bild GmbH (SPUTNIK/RIA Novosti), Berlin; **42.Q1** akg-images (Elizaveta Becker), Berlin; **43.Q2** akg-images (Elizaveta Becker), Berlin; **44.Q3** Ullstein Bild GmbH, Berlin; **46.Q6** akg-images (Universal Images Group/Sovfoto), Berlin; **49.Q1** BPK, Berlin; **50.D1** Klett-Archiv, Stuttgart; **52.Q4** BPK, Berlin; **53.Q5** ShutterStock.com RF (Irina Borsuchenko), New York, NY; **53.Q6** akg-images (Elizaveta Becker), Berlin; **54.D1** Picture-Alliance (dpa/EPA/SERGEI CHIRIKOV), Frankfurt; **54.D2** Picture-Alliance (AP Photo/Ivan Sekretarev), Frankfurt; **55.D4** Picture-Alliance (Emile Alain Ducke), Frankfurt; **57.Q1** akg-images (AP), Berlin; **61.D1** Klett-Archiv, Stuttgart; **63.Q2** stock.adobe.com (KateSheredeko), Dublin; **64.Q1** ShutterStock.com RF (Mikhail Leonov), New York, NY; **65.Q2** Picture-Alliance (dpa/ EPA/MIKHAIL KLIMENTYEV), Frankfurt; **66.D1** Oser, Liliane, Hamburg; **69.D2 a** Vector-Images. com, Moskau; **69.D2 b** gemeinfrei (PD),; **69.D2 c** Vector-Images.com, Moskau; **71.Q2** Klaus Stuttmann/laif; **72.D1** Picture-Alliance (Sven Simon), Frankfurt; **73** Klett-Archiv, Stuttgart; **74.Q1** DER SPIEGEL 16/2002; **75.Q2** Bridgemanimages.com (Pictures from History), Berlin; **76.Q3** Picture-Alliance (Kai-Uwe Wärne), Frankfurt; **78.Q7** Bridgemanimages.com (Pictures from History), Berlin; **79.Q8** Bridgemanimages.com (Pictures from History), Berlin; **81.D1** Picture-Alliance (REUTERS), Frankfurt; **83.Q4** akg-images (Pictures From History), Berlin; **85.Q1** akg-images, Berlin; **87.Q6** akg-images (Erich Lessing), Berlin; **89.Q1** Keystone, Hamburg; **90.Q2** Picture-Alliance (dpa Bilderdienste), Frankfurt; **92.Q5** akg-images (Pictures From History), Berlin; **93.Q8** Bridgemanimages.com (Pictures from History), Berlin; **94.Q1** Picture-Alliance (imageBROKER), Frankfurt; **95.Q3** Ullstein Bild GmbH (sinopictures / ViewChina), Berlin; **97.Q1** FOCUS (ian berry/ Magnum Photos), Hamburg; **98.D1** Oser, Liliane, Hamburg, Zahlen nach Weltbank und OECD, https://data.worldbank.org/indicator/NY.GDP.MKTP.CD?locations=CN (Zugriff: 28.02.2019); **100. Q5** Picture-Alliance (dpa - Bildarchiv), Frankfurt; **102.Q1** DER SPIEGEL 42/2004; **103.Q2** Mester, Gerhard, Wiesbaden; **104.D1** Picture-Alliance (dpa-infografik), Frankfurt; **106.Q7** laif (Philipp Engelhorn), Köln; **107.Q8** Picture-Alliance (Christoph Moh), Frankfurt; **108.Q1** Bridgemanimages. com, Berlin; **109.D1** Klett-Archiv, Stuttgart; **110.D1** Picture-Alliance (AP Photo/Roberto Pfeil), Frankfurt; **111** Klett-Archiv, Stuttgart; **113.D1** Klett-Archiv, Stuttgart; **114.Q1** akg-images, Berlin; **117. Q5** akg-images (Cameraphoto), Berlin; **119.Q1** akg-images (Roland and Sabrina Michaud), Berlin; **120.Q2** Interfoto (Sammlung Rauch), München; **121.D1** Klett-Archiv, Stuttgart; **121.D2** Klett-Archiv, Stuttgart; **125.Q1** Alamy stock photo (Trinity Mirror/Mirrorpix), Abingdon, Oxon; **128.D1** Klett-Archiv, Stuttgart; **129.Q5** Plaßmann, Thomas, Essen; **131.D1** Klett-Archiv, Stuttgart; **133.Q2** SZ Photo / DIZ München GmbH (Scherl), München; **133.Q4** SZ Photo / DIZ München GmbH (Scherl), München; **135.Q5** Ullstein Bild GmbH (VWPics / Pascal), Berlin; **136.Q1** akg-images (AP Photo/ Burhan Ozbilici), Berlin; **139.Q1** Mester, Gerhard, Wiesbaden; **140.Q2** Der Gastarbeiter. Text: Ekrem Bora © Rechte beim Urheber, Erschienen am 31.8.2012 beim Label Seven Days Music (Sony Music), Prod. Big Daddy Shane, auch unter: https://genius.com/Eko-fresh-der-gastarbeiter-lyrics; **141.Q3** Picture-Alliance (zb/Paul Glaser), Frankfurt; **143.Q6** Stadtarchiv Heilbronn B039-518; **145.D1** Oser, Liliane, Hamburg, nach: https://www.tagesschau.de/ausland/tuerkei-wahl-147~magnifier_pos-0.html (Zugriff: 06.06.2019); **146.Q1** stock.adobe.com (FOTOALEM), Dublin; **147.Q3** Getty Images (DeAgostini), München; **150.Q1** Geo Epoche, Ausgabe 56, Das Osmanische Reich; **152.Q1 M.** laif (Attila Volgyi/Polaris), Köln; **152.Q1 o.** SZ Photo / DIZ München GmbH (UPI), München; **152. Q1 u.** Plaßmann, Thomas, Essen; **153** Klett-Archiv, Stuttgart; **154.Q1** Picture-Alliance (dieKLEINERT. de/Paolo Calleri), Frankfurt; **155.D1** Oser, Liliane, Hamburg; **156.D2** Oser, Liliane, Hamburg, nach: https://www.bertelsmann-stiftung.de/de/themen/aktuelle-meldungen/2017/maerz/mehrheitder-jungen-mittel-und-osteuropaeer-steht-fest-hinter-der-eu/ (Zugriff: 06.06.2019); **161.D1** Oser, Liliane, Hamburg, nach: Vereinte Nationen, World Polulation Prospects: The 2017 Revision; **162.Q1** Sakurai, Heiko, Köln; **164.Q4** laif (Klaus Stuttmann), Köln; **166.Q1** FDP, Berlin; **166.Q2** gruene.de

Sollte es in einem Einzelfall nicht gelungen sein, den korrekten Rechteinhaber ausfindig zu machen, so werden berechtigte Ansprüche selbstverständlich im Rahmen der üblichen Regelungen abgegolten.

Literaturtipps

2 Russland – ein Imperium im Wandel

Gaidar, Arkadi: Timur und sein Trupp. Leiv, Leipzig 2003.
Sommer 1939 in einem sowjetischen Dorf: Eine Gruppe Jugendlicher leistet heimliche Nachbarschaftshilfe für Angehörige und Witwen von Frontsoldaten der Roten Armee. Ein Buch über Hilfsbereitschaft und Freundschaft.

Grossmann, Wassili: Leben und Schicksal. Claassen, Berlin 2007.
Ein Roman über Russland in den Jahren 1942/43, als die deutsche Wehrmacht vor Stalingrad steht. Der Autor beschreibt sowohl Szenen aus dem Krieg als auch aus dem Alltagsleben der Bürger und Bürgerinnen. Zentral ist dabei die Geschichte der Großfamilie Schaposchnikow, teils jüdischer Herkunft und die Frage warum Menschen handeln wie sie handeln.

Koestler, Arthur: Sonnenfinsternis. Europa Verlag, Hamburg 2000.
Der überzeugte Kommunist N. S. Rubaschow gerät wegen angeblich konterrevolutionärer Verbrechen in die Fänge der stalinistischen Geheimpolizei und soll dort zu einem selbstmörderischen Geständnis gezwungen werden. Das Buch verarbeitet den paradoxen Charakter der stalinistischen Säuberungswellen, in denen vor allem linientreue Kommunisten zu Feinden des Systems erklärt wurden.

Orwell, George: Farm der Tiere. Diogenes, Zürich 2011.
Die Tiere einer Farm rebellieren gegen die despotische Herrschaft ihres menschlichen Besitzers. Doch nach der erfolgreichen Revolte drohen sich neue Hierarchien unter den Tieren zu bilden. George Orwell, selbst ehemaliger überzeugter Kommunist, schrieb diese Fabel als Metapher auf die Oktoberrevolution und ihr Enden in der Diktatur Stalins.

3 China – ein Imperium im Wandel

Liu, Jing: Chinas Geschichte im Comic - China durch seine Geschichte verstehen. Chinabooks 2018.
Eine historische Comic-Reihe, die einen Überblick über 5000 Jahre der chinesischen Geschichte bietet. Dabei wird die politische, philosophische und gesellschaftliche Entwicklung verschiedener Strömungen berücksichtigt.

Thome, Stephan: Gott der Barbaren. Suhrkamp, Berlin 2018.
Der Autor schreibt über den Taiping-Aufstand und den Opiumkrieg in China zwischen 1851 und 1864 und spannt einen Bogen zu machtpolitischen und ideologischen Konflikten in der Gegenwart. Dabei wird die Geschichte aus verschiedenen Perspektiven erzählt.

Jianghong, Chen: An Großvaters Hand: Meine Kindheit in China. Moritz Verlag, Frankfurt am Main 2009.
Diese Graphic Novel erzählt die Kindheit des heute in Paris lebenden Autors und Illustrators Chen Jianghong zur Zeit der Kulturrevolution. Politischer Terror und persönliche Verluste werden aus dem Blickwinkel eines Kindes erzählt.

(weitere Literaturtipps auf der Rückseite)

Übersicht des Zusatzmaterials im Online-Bereich

Gib den Code einfach in das Suchfeld auf **www.klett.de** ein.

Seite	Kategorie	Beschreibung
1 Fremde Räume? Ehemalige Imperien gestern und heute		**24324k**
23	Kopiervorlage	**„Meine Fragen zu den drei Imperien"**
24	***Überprüfe dich***	**Selbsteinschätzungsbogen**
24	***Üben interaktiv***	
2 Russland – ein Imperium im Wandel		**56af3p**
29	Arbeitsblatt	**Das Zarenreich in Zahlen**
42	Arbeitsblatt	**Karte: Die Entstehung der Sowjetunion**
70	***Überprüfe dich***	**Selbsteinschätzungsbogen**
70	***Üben interaktiv***	
3 China – ein Imperium im Wandel		**w6jn3i**
88	Geschichtskarte	**China 1912 bis 1945**
107	Link-Tipp	**Shanghai-Infos**
108	***Überprüfe dich***	**Selbsteinschätzungsbogen**
108	***Üben interaktiv***	
4 Osmanisches Reich und Türkei		**c4qn4v**
150	***Überprüfe dich***	**Selbsteinschätzungsbogen**
150	***Üben interaktiv***	
5 Ehemalige Imperien und die Europäische Integration		**n593ft**
166	***Überprüfe dich***	**Selbsteinschätzungsbogen**
166	***Üben interaktiv***	

Literaturtipps

4 Osmanisches Reich und Türkei

Pamuk, Orhan: Das stille Haus. Carl Hanser, München 2009.
Das Buch besteht aus inneren Monologen von fünf verschiedenen Personen und erzählt so die Geschichte einer Familie in der Türkei. Die Handlung spielt kurz vor dem Militärputsch 1980, im Haus der Großmutter, wo die drei Enkelkinder ihre Ferien verbringen. Es geht um ihre Wünsche und Träume und der Suche nach einem Platz in der Welt.

Orga, Irfan: Das Haus am Bosporus, Arche Verlag, Zürich 2009.
Irfan Orga wächst Anfang des 20. Jahrhunderts in einer großbürgerlichen Familie an den Ufern des Bosporus auf. Doch der Erste Weltkrieg, das Ende des Osmanischen Reiches und die Entwicklung der modernen Türkei stellen sein Leben auf den Kopf.

Shafak, Elif: Der Geruch des Paradieses.Kein und Aber Verlag, Zürich 2016.
Ein Roman über Peri und ihre Freundschaft zu zwei muslimischen Frauen, denen sie beim Studium in Oxford begegnet. Das Buch beschäftigt sich mit aktuellen Fragen zu Gesellschaft, Religion und Kultur der Türkei.

So löst du die Aufgaben in diesem Buch

Das steht in der Aufgabe	So gehst du vor
	Anforderungsbereich III
Beurteile	Du gelangst zu einer Einschätzung einer historischen Situation oder Handlung, indem du sie allein in ihrem historischen Zusammenhang würdigst. Du gelangst so zu einem begründeten Sachurteil.
Bewerte	Du nimmst zu einem historischen Ereignis, einer Handlung oder einer Aussage Stellung und beziehst dabei heutige Sichtweisen und Wertmaßstäbe mit ein. Lege die Wertmaßstäbe offen, die du deinem Urteil zugrunde legst. Du gelangst so zu einem begründeten Werturteil.
Entwickle	Du entwirfst zu einer vorgegebenen oder selbst entworfenen Problemstellung einen begründeten Lösungsvorschlag.
Erörtere	Du wägst Argumente zu einer Frage oder einem Problem ab und entwickelst auf dieser Grundlage eine eigene Stellungnahme.
Gestalte	Du setzt dich mit einem historischen Problem auseinander, indem du (ggf. in einer historischen Rolle) eine Strategie, eine Beratungsskizze, ein Szenario oder ein Modell entwirfst.
Überprüfe	Du setzt dich kritisch mit einer Information, einem Sachverhalt oder einer Aussage auseinander und stellst anhand bestimmter Kriterien fest, ob sie angemessen sind.